江苏省绿色航道设计手册

主 编 刘俊生 高 莉 杨亚东 徐宿东

东南大学出版社
·南京·

内 容 简 介

《江苏省绿色航道设计手册》是一部航道专业工具书,它系统研究和总结了江苏省水网地区(不包括长江)绿色航道工程建设的成果和实践经验。内容包括水运量预测、通航标准与营运组织、航道通过能力、河床演变与碍航特性、航道工程水力计算、航道总体设计、生态护岸设计、生态疏浚工程、配套工程、航道绿化、节能、环境保护与水土保持、经济和社会影响评价等,覆盖面较广。各章均附有工程案例,案例均采用工程实施时的执行规范。

本书系统性强,理论和实践相结合,以文字与公式、图表相结合的形式表达,力求简练、清晰,便于查阅使用。本书除可供从事航道规划、设计、科研、施工、管理的工程技术人员使用外,也可供从事水运、生态、环境等专业的工作人员和有关大专院校、科研院所的工作人员参考。

图书在版编目(CIP)数据

江苏省绿色航道设计手册 / 刘俊生等主编. -- 南京:东南大学出版社,2024.11. -- ISBN 978-7-5766-1556-2

Ⅰ.U615-62

中国国家版本馆 CIP 数据核字第 20240T16Y6 号

责任编辑:丁 丁　　责任校对:子雪莲　　封面设计:余武莉　　责任印制:周荣虎

江苏省绿色航道设计手册

Jiangsu Sheng Lüse Hangdao Sheji Shouce

主　　编	刘俊生　高　莉　杨亚东　徐宿东
出版发行	东南大学出版社
出 版 人	白云飞
社　　址	南京市四牌楼 2 号(邮编:210096　电话:025-83793330)
网　　址	http://www.seupress.com
电子邮箱	press@seupress.com
经　　销	全国各地新华书店
印　　刷	南京工大印务有限公司
开　　本	787 mm×1 092 mm　1/16
印　　张	26
字　　数	600 千字
版　　次	2024 年 11 月第 1 版
印　　次	2024 年 11 月第 1 次印刷
书　　号	ISBN 978-7-5766-1556-2
定　　价	298.00 元

本社图书若有印装质量问题,请直接与营销部联系,电话:025-83791830。

编制单位

江苏省交通运输厅港航事业发展中心

泰州市交通运输局

东南大学

华设设计集团股份有限公司

主　编　刘俊生　高　莉　杨亚东　徐宿东
副主编　刘步景　翟剑峰　孙　宁　冒刘燕　郝建新
　　　　　李　艳　杨有军　杨一奇　殷　锴

参编人员

江苏省交通运输厅港航事业发展中心：
　　　　　王宗传　吕义港　林昱昕　季　立　陈佳洁

泰州市通扬线航道整治工程建设指挥部办公室：
　　　　　高志锋　黄晓祥　王　锐　高小红　黄　捷
　　　　　于建新　征　贞　左甲鹏

东南大学：
　　　　　谢　雯　韩鹏举　刘考凡　何利烨　吴世双
　　　　　刘春雨　王奕然　龚尚鹏　陈香橦　李梦琦
　　　　　马梦顿　张妮妮　唐　爽　刘佰文　许　慧
　　　　　崔泽邦　罗心悦　陈天宇　孙子涵

华设设计集团股份有限公司：
　　　　　马　超　刘秀魁　王　飞　徐思远　钱道清
　　　　　周颂雅　蔡　钰　严思寒

前 言

江苏省地跨长江、淮河南北,水系发达,内河航道分布极为稠密,是长江三角洲高等级航道网和综合运输体系的重要组成部分。《交通强国建设纲要》提出要按照"生态优先,绿色发展"的理念,为实现生态文明建设目标提供有效支撑。《交通强国江苏方案》中也强调着力构建高水平的绿色交通体系,推进生态保护,打造交通绿色廊道。在"碳达峰""碳中和"背景下,更要坚持绿色低碳理念,推广和应用更全面的绿色航道设计方法和技术。

近年来,我国在航道工程生态建设中进行了大量的研究,在实践中形成了一些比较成熟的建设理论和技术,相继颁布了一系列工程建设规范和指南。《江苏省绿色航道设计手册》以江苏省水网地区内河航道(不包括长江)建设工程为依托,以绿色理念为指导,在借鉴和总结以往的研究成果基础上编写而成。

本手册指导单位为江苏省交通运输厅。本手册编纂过程中,得到了宿迁市港航事业发展中心、京杭运河江苏省交通运输厅苏北航务管理处、扬州市港航事业发展中心、盐城市港航事业发展中心等多家专业机构和兄弟单位的大力支持。谨向有关领导和为本书付出辛勤劳动的同志致以诚挚的谢意。

限于编撰者学识水平和工程经验,不妥之处在所难免,恳请专家和广大读者批评指正。

编 者

2024 年 6 月

目 录

1 绿色航道工程概论 ········· 1
- 1.1 概论 ········· 1
  - 1.1.1 绿色发展理念 ········· 1
  - 1.1.2 绿色交通 ········· 2
  - 1.1.3 绿色水运 ········· 3
- 1.2 绿色航道 ········· 5
  - 1.2.1 绿色航道的概念、内涵与特征 ········· 5
  - 1.2.2 绿色航道建设原则与方法 ········· 8
  - 1.2.3 绿色航道建设与研究进展 ········· 9
- 1.3 江苏省绿色航道建设成就与发展 ········· 10
  - 1.3.1 江苏绿色航道建设的主要成就 ········· 10
  - 1.3.2 新形势下江苏绿色航道的发展要求 ········· 11
- 1.4 主要内容与体系 ········· 14

2 水运量预测 ········· 15
- 2.1 概述 ········· 15
- 2.2 水运现状 ········· 16
  - 2.2.1 航道现状 ········· 16
  - 2.2.2 船舶营运现状 ········· 17
  - 2.2.3 水运量现状 ········· 18
- 2.3 水运量预测 ········· 21
  - 2.3.1 腹地经济社会与交通发展分析 ········· 21
  - 2.3.2 水运量预测 ········· 23
- 2.4 工程案例 ········· 33
  - 2.4.1 苏南运河三级航道整治工程 ········· 33
  - 2.4.2 丹金溧漕河航道整治工程 ········· 41

3 通航标准与营运组织 ········· 60
- 3.1 概述 ········· 60
- 3.2 通航标准与尺度 ········· 61
  - 3.2.1 航道规划 ········· 61
  - 3.2.2 通航标准 ········· 66
  - 3.2.3 航道尺度 ········· 70

· 1 ·

  3.2.4 通航水流条件 ………………………………………………………… 80
 3.3 船型及营运组织 …………………………………………………………… 81
  3.3.1 营运组织方案的设立 ……………………………………………… 81
  3.3.2 营运组织方案的论证 ……………………………………………… 83
 3.4 工程案例 …………………………………………………………………… 87
  3.4.1 京杭运河施桥船闸至长江口门段航道整治工程 ………………… 87
  3.4.2 芜申线溧阳城区段航道整治工程 ………………………………… 94

4　航道通过能力 …………………………………………………………………… 100
 4.1 概述 ………………………………………………………………………… 100
 4.2 航道通过能力计算方法 …………………………………………………… 102
  4.2.1 理论计算方法 ……………………………………………………… 102
  4.2.2 船舶试验方法 ……………………………………………………… 107
  4.2.3 计算机模拟 ………………………………………………………… 107
 4.3 提高通过能力的措施 ……………………………………………………… 108
  4.3.1 改善基础条件的工程措施 ………………………………………… 108
  4.3.2 改善运行条件的维护管理措施 …………………………………… 109
  4.3.3 促进船舶向简化统一和大型化方向发展的措施 ………………… 109
 4.4 工程案例 …………………………………………………………………… 109
  4.4.1 芜申线溧阳城区段航道整治工程 ………………………………… 109
  4.4.2 秦淮河石白湖到彭福段航道整治工程 …………………………… 111

5　河床演变与碍航特性 …………………………………………………………… 113
 5.1 概述 ………………………………………………………………………… 113
 5.2 河床演变分析 ……………………………………………………………… 114
  5.2.1 河床演变基本原理 ………………………………………………… 114
  5.2.2 河床演变规律与趋势综合分析 …………………………………… 114
  5.2.3 河相关系 …………………………………………………………… 116
  5.2.4 平原河流的河床演变 ……………………………………………… 119
 5.3 碍航特性分析 ……………………………………………………………… 122
  5.3.1 碍航滩险的基本成因 ……………………………………………… 122
  5.3.2 潮汐河口的水沙运动和浅滩特性 ………………………………… 122
 5.4 工程案例 …………………………………………………………………… 126
  5.4.1 淮河出海航道(红山头—京杭运河段)整治工程 ………………… 126
  5.4.2 灌河口5万吨级航道整治工程 …………………………………… 133

6　航道工程水力计算 ……………………………………………………………… 136
 6.1 概述 ………………………………………………………………………… 136
 6.2 通航水位设计 ……………………………………………………………… 136

  6.2.1 通航水位常用计算方法 ·············· 138
  6.2.2 水网航道非恒定流计算方法 ·············· 140
 6.3 限制性航道船行波计算 ·············· 143
  6.3.1 波浪传播角、波长、波周期、波高 ·············· 144
  6.3.2 波浪上爬高度和回落深度 ·············· 146
  6.3.3 船尾横波 ·············· 148
  6.3.4 回流区内水位下降和回流速度计算 ·············· 149
  6.3.5 船舶螺旋桨尾流速计算 ·············· 151
  6.3.6 数值模型 ·············· 151
 6.4 限制性航道护岸设计水力计算 ·············· 151
  6.4.1 护岸设计高程水力计算 ·············· 151
  6.4.2 护岸边坡稳定计算 ·············· 156
 6.5 水土保持水力计算 ·············· 160
  6.5.1 起动流速计算 ·············· 160
  6.5.2 植被固土水力计算 ·············· 164
 6.6 工程案例 ·············· 165
  6.6.1 京杭运河施桥船闸至长江口门段航道整治工程 ·············· 165
  6.6.2 苏北运河船行波对芦苇等水生植物种植的影响及对策（SBYH-SSZW 标段）·············· 169

7 航道总体设计 ·············· 180

 7.1 概述 ·············· 180
 7.2 设计任务与原则 ·············· 180
  7.2.1 设计任务 ·············· 180
  7.2.2 设计原则 ·············· 182
 7.3 总体布置 ·············· 182
 7.4 航道竖向设计 ·············· 184
  7.4.1 航道水深 ·············· 184
  7.4.2 通航保证率和设计通航水位 ·············· 186
  7.4.3 通航净空尺度 ·············· 187
 7.5 航道平面设计 ·············· 187
  7.5.1 航道选线 ·············· 187
  7.5.2 航道平面线形设计 ·············· 188
 7.6 航道断面设计 ·············· 194
  7.6.1 航道纵断面设计 ·············· 194
  7.6.2 航道横断面设计 ·············· 199
 7.7 工程案例 ·············· 204

7.7.1 京杭运河江苏绿色现代化航运综合整治工程(江南段) ·············· 204
　　　7.7.2 宿连航道(京杭运河至盐河段)整治工程一期工程 ················ 208

8 生态护岸设计 ·· 214
8.1 概述 ··· 214
　　8.1.1 一般规定 ··· 214
　　8.1.2 极限状态设计 ·· 216
　　8.1.3 结构选型 ··· 217
　　8.1.4 结构耐久性设计 ·· 218
　　8.1.5 护岸碳排放量计算 ·· 218
8.2 直立式护岸 ··· 220
　　8.2.1 护岸类型 ··· 220
　　8.2.2 护岸计算 ··· 225
　　8.2.3 工程案例 ··· 233
8.3 斜坡式护岸 ··· 245
　　8.3.1 护岸类型 ··· 245
　　8.3.2 护岸计算 ··· 247
　　8.3.3 工程案例 ··· 248
8.4 复合式护岸 ··· 251
　　8.4.1 护岸类型 ··· 251
　　8.4.2 护岸计算 ··· 251
　　8.4.3 工程案例 ··· 251
8.5 护岸生态修复设计 ··· 257
　　8.5.1 护岸类型 ··· 257
　　8.5.2 工程案例 ··· 261
8.6 自然岸坡设计 ··· 267

9 生态疏浚工程 ·· 268
9.1 概述 ··· 268
　　9.1.1 生态疏浚的内涵 ·· 268
　　9.1.2 生态疏浚的内容 ·· 269
9.2 生态疏浚设计 ··· 270
　　9.2.1 确定疏浚保护区域 ·· 270
　　9.2.2 疏浚挖槽设计 ·· 271
9.3 生态疏浚实施 ··· 272
　　9.3.1 设备选择 ··· 272
　　9.3.2 二次污染控制 ·· 275
　　9.3.3 节能减排 ··· 281

目 录

9.4 疏浚土处理 ··· 281
 9.4.1 污染底泥处置 ··· 281
 9.4.2 土方综合利用 ··· 283

9.5 生态疏浚评价 ··· 287

9.6 工程案例 ··· 289
 9.6.1 灌河口 5 万吨级航道整治工程 ··· 289
 9.6.2 京杭运河施桥船闸至长江口门段航道整治工程 ··· 292

10 配套工程 ··· 295

10.1 概述 ··· 295

10.2 锚地与服务区 ··· 295
 10.2.1 一般规定 ··· 295
 10.2.2 建设规模 ··· 295
 10.2.3 高程和竖向设计 ··· 296
 10.2.4 水工结构与材料 ··· 296
 10.2.5 水上服务区设计 ··· 298
 10.2.6 工程案例 ··· 300

10.3 助航设施 ··· 303
 10.3.1 助航设施分类 ··· 303
 10.3.2 助航设施配布要求 ··· 308
 10.3.3 航标设计 ··· 309
 10.3.4 工程案例 ··· 310

11 航道绿化 ··· 313

11.1 概述 ··· 313

11.2 护岸绿化及景观设计 ··· 313
 11.2.1 硬质型驳岸 ··· 313
 11.2.2 生态型驳岸 ··· 320
 11.2.3 水上服务区 ··· 323
 11.2.4 绿化及景观标准模式 ··· 328

11.3 绿植配置与选择 ··· 335
 11.3.1 航段推荐树种 ··· 335
 11.3.2 水上服务区推荐树种 ··· 335
 11.3.3 植物应用 ··· 336

11.4 工程案例 ··· 342
 11.4.1 航道绿化 ··· 342
 11.4.2 服务区绿化 ··· 342

12 节能 ... 344
12.1 概述 ... 344
12.2 能耗分析及措施 ... 345
12.2.1 能耗分析 ... 345
12.2.2 节能措施 ... 349
12.3 工程案例 ... 356
12.3.1 宿连航道(京杭运河至盐河段)整治工程一期工程 ... 356
12.3.2 通海港区—通州湾港区疏港航道整治工程 ... 358

13 环境保护与水土保持 ... 362
13.1 概述 ... 362
13.2 环境保护 ... 363
13.2.1 环境影响因素分析 ... 363
13.2.2 治理与防范措施 ... 364
13.3 水土保持 ... 365
13.3.1 水土流失的影响与危害 ... 365
13.3.2 水土流失预测 ... 366
13.3.3 水土保持理念 ... 367
13.3.4 水土保持措施 ... 368
13.4 工程案例 ... 369
13.4.1 京杭运河绿色现代化航运综合整治工程(江南段) ... 369
13.4.2 杨林塘航道整治工程 ... 374

14 经济和社会影响评价 ... 381
14.1 概述 ... 381
14.2 国民经济评价 ... 382
14.2.1 国民经济评价指标 ... 382
14.2.2 影子价格 ... 383
14.2.3 内河航道建设项目效益 ... 385
14.2.4 内河航道建设项目费用 ... 387
14.2.5 评价指标的计算 ... 388
14.2.6 敏感性分析 ... 389
14.2.7 国民经济评价报表 ... 389
14.3 工程案例 ... 389
14.3.1 宿连航道整治工程 ... 389
14.3.2 苏南运河无锡段三级航道整治工程 ... 393

参考文献 ... 398

1 绿色航道工程概论

1.1 概论

1.1.1 绿色发展理念

绿色发展是在经济增长伴随资源耗竭和生态环境恶化背景下提出的新的发展理念。绿色发展理念最早源于1989年英国经济学家大卫·皮尔斯的《绿色经济的蓝图》中的"绿色经济"概念,是一种在自然环境与人类承受范围内,不因经济增长导致生态破坏、资源耗竭及社会分裂的可持续的经济发展方式。此后,经不断发展演化,绿色发展逐渐成为世界性用语。2011年,经济合作与发展组织(OECD)发布《走向绿色增长:进程监测》报告,提出构建绿色增长政策框架。2012年,联合国可持续发展大会提出"发展绿色经济"倡议,将绿色转型确定为全球经济的发展方向,至此,绿色经济和绿色增长成为全球广泛共识。绿色发展、绿色增长、绿色经济等概念均属于生态文明绿色发展时代的经济形态。

绿色发展是和谐性的发展,深刻体现了人与自然和谐共生、融合发展的鲜明的价值取向,人类社会与自然界和谐共生,自然为人类发展提供了基本的物质生活资料。绿色发展是系统性的发展,绿色发展、循环发展、低碳发展是现代生态文明的系统性整体发展,它否定了传统的线性经济生产方式,共同致力于可持续性发展目标,循环发展、低碳发展是绿色发展的具体化,绿色发展是通过循环发展、低碳发展等形态表现出来的。绿色发展是资源节约、生态保护和环境治理相统一的发展,绿色发展本身就包含节约用地、用水和减少环境污染、降低耗能之意,同时,资源节约、生态保护、环境治理又是持续健康发展的重要前提,只有贯彻绿色发展理念,坚持资源节约、生态保护和环境治理并行并重,才能实现永续发展,促进人的全面发展和社会全面进步。

绿色发展是世界潮流,同时也是中国保持经济社会持续健康发展的必然选择。中国传统文化孕育着深厚的生态智慧,不论是儒道所提出的天人合一、尊重自然的可持续发展思想,还是宋明理学中的"和谐共生",本质上都是中华传统文化中对人与自然关系的重要总结,体现了中华哲学思想的传承,彰显了生态价值的一脉传承,是绿色发展理念在传统文化意义上的根源和思想基础。习近平总书记指出:"让良好生态环境成为人民生活的增长点,成为展现我国良好形象的发力点,让老百姓呼吸上新鲜的空气、喝上干净的水、吃上放心的食物、生活在宜居的环境中、切实感受到经济发展带来的实实在在的环境效应",把改善生态环境作为实现人民美好生活的着力点。"环境就是民生,青山就是美丽,蓝天也是幸福",从十八大"美丽中国"构想提出,到十九大"美丽中国"时间表和路线图出炉,再到二十大"推动绿色发展,促进人与自然和谐共生",党和人民正在用实际行动,同画"生态圆,环保心"。"美丽"已成为新时代建设社会主义现代化强国的目标之一,进一步明确了中国特色社会主义道路的"绿色发展"方向,丰富了道路的科学内涵。

1.1.2 绿色交通

交通运输是国民经济中基础性、先导性、战略性产业和重要的服务性行业,必须全面贯彻落实绿色发展理念,为实现生态文明建设目标提供有效支撑。党的十八大以来,交通运输行业践行"绿水青山就是金山银山"理念、深刻认识生态文明建设是中华民族永续发展的根本大计。党的十九大提出"建设生态文明是中华民族永续发展的千年大计",首次将"建设美丽中国"作为社会主义现代化强国的目标之一。2018年全国交通运输工作会议提出交通强国建设需狠抓"四个着力"助推高质量发展,着力建设现代化交通,打造开放融合、共治共享、绿色智慧、文明守信的现代化交通体系。党的十九届五中全会强调要"守住自然生态安全边界""建设人与自然和谐共生的现代化"。习近平在二十大报告中指出,要加快发展方式绿色转型,加快推动交通运输结构等调整优化;积极稳妥推进碳达峰碳中和,推动能源清洁低碳高效利用,推进交通领域清洁低碳转型。

目前,交通行业已重点开展绿色交通试点示范,逐步形成了一套绿色交通试点管理模式。开展"车、船、路、港"千家企业低碳交通运输专项行动,开展重点企业能耗统计监测试点工作,初步建立部级公路水路交通运输能耗统计监测系统。

交通绿色技术的创新应用在科技创新驱动、绿色技术目录推广、绿色交通科技成果转化等各方面取得一定成效。发布了一批交通运输行业重点节能低碳技术推广目录,启动实施了一系列科技成果推广应用计划项目,同时,大力推进先进成熟适用绿色技术的应用,开展了绿色交通科技成果推广与重点工程示范。此外,在节能环保领域重点开展了清洁能源与可再生能源应用、靠港船舶使用岸电等一系列绿色交通技术研发工作,建立健全科技成果推广体系和成果转化机制。

大气污染防治方面,严格控制交通基础设施及运输装备污染物排放,重点推进了高速公路、国省干线公路、客货运场站等施工扬尘治理,全国重点港口实施了船舶岸电工程,减少船舶大气排放。机动车污染排放防治不断推进,加快淘汰黄标车和老旧车辆,大力推广新能源汽车。此外,重点加强了交通基础设施建设的生态保护和补偿,开展了一批生态型公路、港口和航道的建设。

绿色交通管理水平稳步提升,"十二五"以来建立并完善了交通运输节能减排专项资金激励机制。成立了交通运输部节能减排工作领导小组和交通运输部节能减排与应对气候变化工作办公室,组织机制不断健全。初步形成了包括法规、规划、标准和规范的多层次制度体系(如表1.1)。积极助力多式联运、新能源车辆、港口岸电布局建设、船舶排放控制区建立等污染防治攻坚战。绿色交通省、绿色交通城市和绿色港口有序创建。绿色发展取得了显著成效,生态环境质量不断提高,为创新优质绿色交通发展理念和目标提供了信心和基础。

表 1.1　绿色交通管理多层次制度体系创建

指导性文件	《加快推进绿色循环低碳交通运输发展指导意见》《关于全面深入推进绿色交通发展的意见》《推进交通运输生态文明建设实施方案》《交通运输部关于全面加强生态环境保护 坚决打好污染防治攻坚战的实施意见》等
生态保护制度和标准体系	《绿色交通标准体系(2022年)》等
公路水路相关标准和规范	《营运货车燃料消耗量限值及测量方法》《码头岸电设施建设技术规范》等

绿色交通高质量发展的目标愿景包括以下三个方面：

1) **实现交通强国**

根据《交通强国建设纲要》第一阶段目标,我国到2035年基本建成交通强国。当前我国仍处于"环境库兹涅茨曲线"拐点期,且为全球第一 CO_2 排放国,交通运输行业在全社会的石油能耗仅次于工业,仅公路水运能耗就占全国石油及制品能耗总量的30%以上,低碳发展形势严峻。根据《交通强国建设纲要》第二阶段目标,到21世纪中叶绿色化水平要处于世界前列水平,包含"零排放"的"四零"理念将很快从研究变为共识和行动。我国承诺2030年实现碳达峰,2060年实现碳中和,但我国交通碳排放峰值的实现落后于全球,与交通的地位和作用显然不相称,使得交通碳排放峰值到来的紧迫性加强。

2) **建设生态文明**

交通运输业是我国节能减排和应对气候变化的重点领域之一,建设生态文明综合交通体系,是加快建设生态文明的客观要求,是交通运输主动适应经济新常态、加快转变发展方式、推动行业转型升级提质增效的必然选择,将成为交通运输高质量发展的重要使命。

3) **发展绿色交通**

新时代绿色交通将从被动适应转变为主动引领交通发展,将根据创新的目标、理念,按照各区域生态文明建设要求,根据区域空间布局、交通运输结构、交通运输消费优化、生态文明进步等生态文明交通运输原则,制定和实施各区域的中长期生态文明交通运输发展战略规划,形成全国、各区域、综合交通运输统一的生态文明交通运输理念和顶层政策指导。

1.1.3　绿色水运

水运在货物运输中发挥着不可替代的作用,且由于其具备环境友好的特征,因此也是综合运输体系中最具低碳环保特点的运输方式。我国水运行业具有巨大市场体量,这对世界贸易和经济的未来发展走向至关重要。在新时代新要求下,研判我国水运未来发展趋势,预先制定水运未来合理占用我国资源环境承载力的宏观规划和对策,将对我国经济的全局发展和转型升级提供有力支撑。

实现内河水运高质量发展,更应注重生态优先,聚焦"绿色化"发展。习近平总书记指出,建立绿色低碳发展的经济体系,促进经济社会发展全面绿色转型,才是实现可持续发展的长久之策。这一重要论述紧密契合了中国对世界的2030年实现碳达峰、2060年实现碳中和的郑重承诺,充分体现了大国担当。近年来,我国内河水运在船舶靠港岸电使用、液化天然气(LNG)等新能源及清洁能源作为船舶动力应用方面进行了广泛实践,取得了积极成效。但内河水运作为能源消耗大户,同时也是碳排放大户,在实现"双碳"目标进程中任重而道远。目前,绿色低碳已成为全球水运的热点词汇,也是未来发展趋势,将赋予水运发展新动能。

1）加快运力结构调整，推动绿色化、标准化发展

研究建立现有船舶能耗标识制度，进行分类分级管理，引导现有船舶节能改造升级，加快推进高耗能、高污染老旧运输船舶提前报废更新或退出航运市场，为船舶绿色低碳发展营造良好市场环境。持续推进内河船舶标准化，以安全、绿色、经济、高效为原则，开展船型优选，引导水系或区域内运输船舶标准化发展。以新能源和清洁能源船舶发展为核心，加快船舶绿色低碳转型和品质升级，积极探索净零碳能源和动力技术应用。

2）加快推进先进高效船舶运输组织模式

创新内河运输组织模式，发挥船队运输组织边际成本低、能耗低、排放低的比较优势，在我国内河支流、运河等水域探索发展高效船组运输组织模式，并加快推进干支直达、江海直达、甩挂滚装运输等运输组织方式。积极推动智能技术应用，提高航运效率与质量水平。

3）建立健全船舶绿色低碳管理和政策体系

加快新造船舶能效设计相关技术法规的制定、营运船舶燃料消耗及碳排放行业标准的修订、国内船舶碳排放统计监测体系及评估评级机制的建立。发挥政府作用，通过经济补贴等激励政策鼓励运输结构调整和航运绿色低碳发展。推动形成有效市场，改善国内航运发展环境，营造绿色低碳发展理念和文化。

作为贯彻落实"双碳双减"目标要求的重要领域，内河水运需加速推动绿色低碳发展，加快推进航运企业绿色转型，加强绿色基础设施建设，推广新能源、智能化、数字化、轻量化运输装备，鼓励引导绿色出行，让交通更加环保、出行更加低碳。

内河水运必须按照碳达峰、碳中和总体工作部署，处理好船舶、港口、航道、企业等各要素与生态环境的关系，提升绿色发展水平：加快推动既有码头环保设施升级改造、新建码头环保设施建设使用，重点保障船舶污染物储存交岸处置，岸电设施、LNG加注设施能用好用，逐步建成设施布局合理、运转衔接高效、监管严格有力的污染防治格局。加快推动高耗能老旧船舶报废更新，落实好长江经济带船舶岸电系统受电设施改造，建立内河船舶燃料全生命周期排放评估机制及船舶排放核算机制，鼓励加快LNG动力、电动船发展，因地制宜探索甲醇、氢燃料电池研发与局部应用。实施港区绿化工程，实施航运设施的生态修复，大力支持新能源清洁能源码头岸线使用，加强过江通道、航道、岸线资源集约利用和生态保护，推进绿色航道、绿色港口建设。加快运输组织优化，推进大宗货物及中长途货物"公转铁""公转水"，实现交通运输整体能耗降低。健全长江干线船舶和港口污染防治齐抓共管的长效机制，提升污染监管与应急处置能力，推动长江航运与生态文明建设协同共进。

改革开放以来，中国大地上，生态良港临水而兴，绿色示范航道释放活力，低能耗运输装备不断涌现，环保举措积极落实。内河水运发展在紧扣生态的同时，更注重安全通畅，绿色发展理念渗透在水路交通行业的方方面面。当前，我国内河水运正不断提升含"绿"量，朝着科学、健康、绿色的方向阔步前行。水运行业新能源和清洁能源应用加快推广，持续推动大宗货物运输"公转水"。交通基础设施生态保护力度不断增强，绿色航道建设广泛推进，生态护岸、生态护滩、人工鱼礁等新材料、新技术、新结构、新工艺在航道建设工程中得到应用，航道景观与旅游融合发展加速推进。交通运输污染防治工作持续深化，船舶排放控制区政策效果明显，建立船舶排放控制区并逐步扩大覆盖范围，严格船舶排放控制要求，支撑重点区

域环境空气质量改善,行业污染物排放得到了有效控制。

我国绿色航道建设不断取得新进展。2002年,固化河沙块作为砼块的代替品被成功运用到长江中游沙市河段三八滩应急守护工程,拉开了绿色航道建设的新征程。"九五"以来,我国大力开发水运绿色资源,相继开展大型航道整治工程。推进了长江生态航道建设等环保示范工程,在航道建设中坚持生态设计、绿色施工,落实环保建设措施,加强相关环境保护和生态修复,建立并实施生态修复与生态补偿相结合的新机制。航道建设更加注重港区绿化等生态建设工作,不断提升港区绿化率。采取生态护坡、透水结构、"毫秒微差"爆破、声驱法等方式进行航道整治工作,减少对水生态环境和水生生物的影响。长江口航道整治工程和洋山深水港区工程率先对海洋生态和渔业资源现状进行分季节、大范围的调查监测,对生态系统、食物链网、既往环境问题等进行了科学系统分析,在揭示不同类型影响机理的同时,定量模拟计算生态环境影响源及其影响程度和范围,有针对性地提出预防、减缓、恢复、补偿不利影响的对策措施,该项工作已通过国家组织的工程竣工环保验收。荆江河段生态航道工程对河段的水文情势进行了模拟分析,对生态环境状况进行了生态调查和环境监测,通过应用透水框架、护岸鱼巢、植生型钢丝网格、生态护坡砖、仿生水草垫等生态技术,有效降低了航道整治工程的环境影响,增殖放流鱼苗两千余万尾,修复陆生、水生生境218万 m^2。"十三五"期间,交通运输行业认真贯彻国家生态文明思想,行动包括继续推进荆江生态航道和长江南京以下 $12.5\ m$ 深水航道等一批绿色航道工程,在泰州、岳阳等地开展长江航道疏浚砂综合利用工作等。

绿色船舶作为绿色水运发展的一部分,近年也开展了一系列积极工作。作为《经1978年议定书修订的〈1973年国际防止船舶造成污染公约〉》的缔约国,我国积极开展船舶污染防治工作。1983年,编制出台了《船舶污染物排放标准》。2012年,中国船级社发布《绿色船舶规范》。内河水运通过念好"加减乘除"四字经,持续强化船舶污染防控。在船舶污染物防治上做加法,如2015年发布《船舶与港口污染防治专项行动实施方案(2015—2020年)》。在船舶污染排放总量上做减法,如2016年内河船舶开始全面使用环保要求更为严格的普通柴油。在船舶防污染统筹协调机制建设上做乘法,如2018年修订后的《船舶水污染物排放控制标准》印发。在淘汰船舶、排放惩罚上做除法,如淘汰不符合环保技术标准要求的老旧船舶、开展"打非治违"等专项整治活动、推广标准船型及清洁能源动力船等。

1.2 绿色航道

1.2.1 绿色航道的概念、内涵与特征

1) 绿色航道的概念

绿色航道是一个全新的航道工程建设理念,现阶段的研究主要集中在航道建设和运营期间的环境污染防治、绿色航道评价体系、船舶节能减排、航道的养护等方面,对绿色航道理念的深入探讨较少。

交通运输部2018年发布的《绿色交通设施评估技术要求 第3部分:绿色航道》(JT/T

1199.3—2018)和《江苏省绿色航道建设指南》(DB 32/T 4191—2022)都对绿色航道进行了阐释。强调以可持续发展为理念,最大限度控制资源占用,降低能源消耗、减少污染排放、保护生态环境,注重品质建设与运行效率的提高,建设与资源、环境、生态、社会和谐发展的航道。

绿色航道包括水陆生态系统、沿河经济系统及人文生活系统,是一个完整的系统工程,需要在航道建设和运营过程中实现系统内部及系统间的均衡发展。

绿色航道包括以下功能:

(1) 运输功能。作为航道基本功能,为保证水上运输的安全和畅通,要求航道基础设施达到相应等级的建设标准,并具有良好的工程特性和工程质量。

(2) 社会功能。为保证泄洪、供水、净化环境、表现景观和传承文化等的实现,要求航道建设做到统筹兼顾,注意航道周边景观系统打造、沿河文物及水利设施的保护等。

(3) 生态功能。为保护生物栖息地,要求在航道的开发建设、运营和维护过程中,将生态工程方法和航道工程方法结合使用,减少对河流生态系统的负面影响。对原生态良好的河流尽可能恢复其原生态,对受损河流尽可能在航道建设和维护中加以修复。

(4) 汇水功能。属于河流的自然功能。汇水功能指在保证自净能力的前提下,承纳工农业和城镇生活排水。要求航道岸坡体系具备行洪排涝、固坡防冲、过滤面源污染、净化水体的功能。

(5) 碳汇功能。航道碳汇,即通过航道生物以及航道生态系统的运转,将大气中的二氧化碳吸收并固封于航道生态环境中的过程和机制。

(6) 交旅融合功能。交旅融合,即交通运输与旅游融合发展。航道既作为旅游者实现空间位移的载体,承担着不可或缺的流量输送功能,又可实现旅游资源富集,使其本身演变成独特的旅游产品。

(7) 交能融合功能。水路交通与能源融合的内涵是以可再生能源充分利用、能源自治为目的的水路交通与能源融合发展模式。航道沿线具有丰富的风能、光能等可再生能源可供开发利用。

综上,将绿色航道定义为:以绿色发展为理念,以生态系统良性循环为基本原则,综合考虑资源利用、能耗、污染、生态、质量、服务、效率等要素的关系,以达到资源占用、能源消耗、环境污染、生态影响、工程质量、服务水平及运输效率综合最优的目标,实现生态效益、经济效益与社会效益相协调的可持续发展航道。

2) 绿色航道的内涵

绿色航道有其丰富的内涵,主要概括为以下五点:

(1) 资源节约。绿色航道的建设要实现对能源、土地、材料的节约利用,稀缺资源尤其要实现减量利用、高效利用和循环利用。

(2) 低碳发展。建设过程中,土地利用面积的减少、原生植被和群落组成的破坏等,难以避免会对原生态系统产生影响。因此,绿色航道建设的重要目标就是要尊重、保护和恢复自然,协调环境因素、加强生态保护。

(3) 景观美化。从整体上对航道以及周边环境等元素统筹考虑,因地制宜,实现航道内部景观、视觉景观与自然景观的有机统一。同时加强绿色服务区建设、推进移动智能终端公共服务平台建设等。

（4）科技创新。持续推进理论、制度和技术创新,依托信息技术,建立智能化平台,提升管理效能、服务载体和服务水平。

（5）示范引领。航道示范工程具有一定代表性和影响力,在绿色航道建设方面的特色与亮点较为突出,能够以点带面,为全行业的绿色航道建设提供典型范例。

绿色航道的外延,可认为是在航道建管养过程中,全方位融合低碳节能以及环保的绿色技术与方法,打造环境友好型航道基础设施。通过这些促使航道建设养护行为产生积极的绿色价值,兼顾实现航道可持续发展与河流生态功能整体提升。

3）绿色航道的特征

（1）全过程统筹。绿色航道需重点考虑建设、管理、养护过程中各个阶段之间的关系,对全过程进行统筹。

（2）要素均衡协调。绿色航道要平衡航道建设与绿色发展理念之间的关系,要求做到资源利用、节能减排、污染控制、生态影响、安全效率、美观舒适等相关要素的均衡协调。

（3）全方位和谐发展。绿色航道不仅自身是全过程绿色,还应充分满足服务需求,强调全方位和谐发展。绿色航道发展不单是航道系统内部的优化问题,而且还包含航道系统与外部系统的协调共生问题,因而更具持续性。

绿色航道的主体是航道,但应体现绿色优先。绿色航道必须是清晰的独立体系。绿色航道与健康长江、生态河流等流域类生态概念不同。首先,在空间尺度上,后者着眼于全流域,同时考虑河道内水生态保护及整个集水面积内的陆域生态保护,而绿色航道主要关注具有通航功能的河段。其次,生态河流的概念主体是整个河流的系统功能,而绿色航道的主体为航道,可见两者的主体有本质不同。绿色航道与绿色水运、绿色航运等行业类绿色概念不完全相同。有学者提出,绿色水运是由绿色船舶、绿色航运、船舶绿色在港、绿色码头和绿色装卸等五大要素构成。绿色水运的内涵是指从根本上协调水运开发与生态保护之间的对立统一关系,促进水运工程绿色发展。这一类概念的主体通常涵盖了整个水运行业的物质基础,如航道、港口、航运枢纽与通航建筑物、船舶等,以及依托物质基础发生的经营、管理行为,即绿色航道在某种程度上构成了绿色水运的一部分,但两者在侧重点上还是有区别的。绿色水运等概念侧重于负面效应的管控,"绿色"大体可以阐释为节能减排、低碳环保,评价指标以水、声、气等方面的物理指标为主;而绿色航道则强调正面效应的营造,航道建管养过程中不仅要尽量管控航道对环境的不利影响,还应强化或主动营造正面影响。

绿色航道与传统航道有一定区别。传统航道设计过程中,主要考虑安全和畅通因素。绿色航道是在传统航道基础上的优化航道,在满足安全和畅通的基础上,将环境影响纳入考虑。相比于传统航道,绿色航道以绿色发展理念为指导,绿色设计贯彻规划、设计、施工、运营养护全过程,设计考虑节能减排、节约集约、减少污染、生态保护、品质服务等方面,是兼顾社会经济及生态环境的、更高质量更可持续的航道。

1.2.2 绿色航道建设原则与方法

1) 绿色航道建设原则

(1) 生态优先,绿色低碳。坚持尊重自然、顺应自然、保护自然,以碳达峰碳中和为统领,把绿色发展、低碳发展摆在行业发展更加突出的位置,从源头到终端,落实最严格的生态环境保护制度,全面提升航道建设的绿色水平。构建丰富的与原有的生态系统、自然环境系统和人文社会条件等协调统一的绿色航道。

(2) 重点突破,系统推进。坚持补齐短板、强化弱项,把航道建设过程中制约性强、群众反映突出的问题作为突破口,在碳达峰、碳中和、污染防治等重点领域和关键环节集中发力。根据生态文明建设,结合行业发展规律,以点带面,示范引领,不断拓展航道建设发展的广度和深度,全面推进航道建设绿色发展。

(3) 科技支撑,智慧融合。推动绿色低碳交通技术实现重大突破,部署低碳前沿技术研发,加快推广应用减污降碳技术。强化信息技术对提升交通运输效率、运输服务水平以及绿色交通监管水平的支撑作用,以大数据、云计算、5G、北斗等新基建技术为引领,建设以信息、融合、创新为主要特征的"智慧+绿色"航道。

(4) 多方参与,协同治理。坚持政府主导,企业主体、社会组织和公众共同参与,通过法律、经济、技术和必要的行政手段,着力构建约束和激励并举的绿色制度体系,推动形成政府企业公众共治的绿色行动体系。推进能源消耗、二氧化碳和常规污染物排放协同控制,实现绿色低碳发展。

(5) 综合开发,合理利用。在水资源综合利用和保护的基础上,满足航运、水利、生态、景观等多方面的功能需求。

(6) 集约利用,科学配置。合理确定绿色航道建设标准,集约利用资源,提升通航能力和整体效益。

(7) 因地制宜,分类施策。选择适宜当地气候条件、土壤条件、地理条件的航道尺度、岸坡结构与植物品种,构建重点突出、城乡一体、丰富而自然的生态航道。

2) 绿色航道建设方法

航道工程设计涉及河流的发展演变和综合开发利用,是一个复杂的系统。因此,绿色航道建设需采用系统思路,利用系统分析方法,对航道各因素进行全方面考虑,综合运用有关学科知识进行工程设计。在进行航道系统分析时,不仅要分析外部条件的影响,还要注意航道系统内部各因素之间的制约;不仅要考虑当前工程条件,还需考虑系统的动态发展。绿色航道建设过程中,必须遵循内部与外部相结合、局部效益与整体效益相结合、定性分析与定量分析相结合、当前利益与长远利益相结合、以客观事实为分析导向等系统分析准则。航道工程设计要从全河段航道开发的角度出发,一方面要充分利用有限河流资源,发挥其灌溉、通航等功能,另一方面需以全河段为目标进行综合设计与治理,考虑航道的上、下游以及水流、泥沙等的相互关系。

绿色航道是在传统航道基础上的更为低碳环保的高品质航道,在其设计建设过程中,除应遵循以上系统分析过程外,还需考虑生态环保、节能降碳等方面的要求。由系统分析的基本思

想及系统设计的理论,结合绿色发展思想,可将绿色航道建设方法概括为以下几个方面:

(1) 目标确定。在设计的开始阶段,分析整治区域对航道的基本要求,分析整治航段所需达到的目标航道等级的可能性、航道生态系统结构的合理性。通过水运要求、河流水文条件等方面的分析,得到一系列定量任务,明确航道设计重点以及绿色生态建设方向。

(2) 现状与需求分析。调查工程水域的动力学原理,了解河段河势、泥沙、滩险条件、河道历史演变等情况。对航道进行生态调查,分析航道生态系统现状。明确工程基础条件,分析工程实施影响,总结建设工作难点。明确工程设计主次,并统筹兼顾需求。

(3) 工程方案提出与优化。构思能满足预期目标的航道建设方案,进行包括航道规划与尺度、船舶选型、水运量预测、建筑物选型及材料尺寸选用等工作。在方案构思过程中,可适当选择绿色航道设计与建设新技术新方法,实现航道功能与自然系统的协调发展。通过水力计算、数值模拟或物理模型试验等方式,优化方案功能。

(4) 方案评估与决策。对所有设计方案进行评审与优选。除传统航道评价指标外,还可适当引入节能减碳、生态环保指标。如可通过理论方法对航道植被的碳排放进行计算,对碳中和能力进行评估;采用航道水生态数值模拟技术,构建生境因子适宜度模型,对方案实施后的各生境参数变化进行分析;采用水槽试验或缩尺试验等物理模型,研究特定生态构型的基本物理特性、受保护鱼类的行为学特征;进行能耗分析,对比各方案能耗大小及能源利用效率;分析各生产环节的二氧化碳及其他污染物排放,评价工程实施对环境的影响。以整体效益最佳为目标,选出推荐方案。

1.2.3 绿色航道建设与研究进展

20世纪80年代,西方发达国家开始关注河流治理带来的生态环境影响,遵循去硬质化的近自然河流治理理念,运用无混凝土或混凝土和植被相结合的护坡材料与结构,逐步恢复河道及河岸自然状态,开启了一系列理论创新和实践探索。莱茵河可持续发展计划,以流域综合保护和治理的不同阶段目标为指引,有计划、有步骤地实施基于水文生态系统的整体性流域保护与治理模式,将整治工程对生态环境的影响降到最小化,通过创新航道工程技术和工程结构形式,实现了德荷边界从生物几乎绝迹到河流生态良好的蜕变,恢复了河流的生态健康。美国密西西比河绿色航道治理过程中,基于大量的科学试验和不断完善的法律体系,在航道整治工程中大量运用新型生态型坝体,不仅能满足通航要求,还能营造多样性的适合水生生物的栖息地。总体上,欧美发达国家绿色航道治理以生态恢复为首要目标,保护河岸的自然属性,采用"软性化"的结构,最小化对河流生态的影响,并且通过设置法律法规加强流域保护,优化管理措施并进行跟踪监测,实现人与自然的和谐统一。

19世纪80年代以前,我国主要以河流的物理和化学水质监测指标为河流水生态治理的主要依据,很少考虑水文和生物指标。进入21世纪,以"河流健康"为评价基础的河流生态管理开始在国内流行。2003年左右,我国航道部门开始了生态型护岸结构的探索,运用以植物保护为主的柔性植被型生态护岸或是植物与天然或人工材料相结合的综合型生态护岸,在保障航道通航功能的前提下,努力实现生态岸坡的防护费用和生态效益的平衡。2008年后"生态航道"概念提出,针对我国内河航道绿色建设与保护的理念逐渐形成。通过对河流航运功能、生态功能和其他社会服务功能的综合考虑,提出了绿色航道的理论框架和实现途径。依托长江、京杭运河等干线航道整治工程,对绿色航道进行大量探索和实践,内容包括生态环境调查、设计理论与方法、生态型护岸与护底、生态疏浚与清礁等,并取得了丰硕的成果。

绿色航道理念的提出,对航道建设、管理和服务提出了新的要求。全国各级交通部门加大了航道建设项目对环境影响评价的重视力度,不断扩大生态航道建设技术的应用范围,取得了一系列的成果。2008年,京杭运河江苏省常州市区改线段建成"一河、一路、两林带"的绿色交通走廊,宿迁城区段两岸着力打造了集古代文化和现代文明于一身的公园式休闲场所,将环境保护和文化保护的理念带入航道建设中来,取得了良好的效果。浙江省提出了"打造绿色交通、建设美丽浙江"的绿色交通体系,旨在建立低碳循环的绿色航道。将绿色发展理念贯穿于航道建设和运营的全过程,从弃土综合利用、采用绿色低碳装备、装备机械油改电等方面减少建设能耗和环境污染,实现绿色可持续。湖北省应用信息化技术加强航道整治工程,在航道整治工程中推行生态爆破、环保驱鱼、生态护坡等环保新技术,并加快启动数字航道、智慧港口、电子巡航等工程。广东省坚持创新思维,结合新形势的要求,在工程建设中投入绿色工艺,例如西江航道升级工程中,大量采用了生态护坡,在满足通航标准的基础上,构筑透水透气、适合生物生长的生态平台,形成绿色河岸生态体系。

2017年8月4日,交通运输部制定印发了《关于推进长江经济带绿色航运发展的指导意见》,主要任务提出了6个方面、17项任务要求,其中包含了建设生态友好的绿色航运基础设施、提升绿色航运治理能力、深入开展绿色航运发展专项行动等涉及绿色航道建设的内容。要求以推进绿色航道、绿色港口、绿色船舶、绿色运输组织方式等为抓手,制定完善评价标准和考核机制等。交通运输部于2019年发布了《内河电子航道图技术规范》,指导建设数字航道图、智慧航道应用系统等平台,将劳动密集型变为技术密集型,将绿色、通畅、高效贯彻到船舶调度、经济航行中,实现航道管理模式上的绿色革命。2021年,交通运输部继续发布《内河航道绿色建设技术指南》,总结在长江干线、西江航运干线和京杭运河等主要内河航道工程建设中大量航道绿色建设工程实践经验,以及国外近年来航道绿色建设的理论研究和实践经验,进一步规范和指导了我国内河航道工程绿色建设的设计与施工,内容包括工程布置、护岸护滩护底工程、筑坝工程、疏浚工程、清礁工程等;发布的《内河航道绿色养护技术指南》,目的在于减少内河航道养护过程中可能对生态环境的影响,提高绿色养护水平,指导我国航道绿色养护工作,提高航道绿色养护技术水平,主要内容包括航标、疏浚、航道整治建筑物、航道养护生产设施和船舶等的绿色养护。2022年,江苏省发布《江苏省绿色航道建设指南》,对绿色航道的建设原则、设计、施工及养护管理进行了说明,用于指导江苏省境内内河(不含长江)绿色航道工程的设计、施工和养护。

1.3 江苏省绿色航道建设成就与发展

1.3.1 江苏绿色航道建设的主要成就

江苏坚持以绿色发展理念引领航道规划、建设、生产、服务全过程,以"集约、高效、生态"

丰富高质量发展内涵。在"十三五"期间,航道建设绿色发展持续推进,取得下列主要成绩:

(1) 完善顶层设计。出台了《江苏省绿色航道建设指南》等文件,印发了《江苏省交通干线沿线环境综合整治五项行动方案》《江苏省推进京杭运河绿色现代航运发展实施方案》等行动方案,制定了洗舱站、岸电、粉尘在线监测系统、码头油气回收设施、干线航道服务区船舶污染物接收设施等建设实施方案。

(2) 突出示范引领。京杭运河绿色现代航运示范区建设初见成效,基本完成苏州、扬州、淮安先导段建设,建设了生态长廊、景观长廊和"会呼吸的护岸"。

(3) 深化污染防治。高效推进新能源和清洁能源装备应用。在全国率先开展内河船舶应用 LNG 清洁能源的研究和推广工作。通过试点示范引领、专项资金激励、多部门协同推进等方式,大力推动靠港船舶使用岸电,使沿海、沿江及内河主要港口、船闸及水上服务区基本具备岸电供应能力。深入推进"263"专项整治、交通干线沿线环境综合整治五项行动。

(4) 优化运输结构。水运优势进一步发挥:全省内河干线航道达标里程为 2 363 km,占全国的 19%,干线通航保证率为 98%。积极引导公路运输转向铁路、水路。在全国率先出台运输结构调整补助政策,推动道路货运行业转型升级,促进高质量发展。水路和铁路运输低能耗优势得到进一步发挥,"十三五"期间约减少 100 万 t 碳排放量,节能减排成效显著。

(5) 提升绿色治理。绿色交通科技创新成果得到推广,发布了《江苏省交通运输节能减排技术目录清单》《江苏省省级交通运输发展专项资金(节能减排方向)项目案例汇编(2020年)》,岸基供电、水上 ETC、绿色维修等多项技术在省内实现规模化应用。绿色交通标准规范体系日益健全,发布了《内河航道生态护岸工程质量检验标准》(DB 32/T 2976—2016)等相关标准规范。

1.3.2 新形势下江苏绿色航道的发展要求

1) 绿色航道建设所面临的新形势

"十四五"时期是我国全面建设社会主义现代化国家新征程的重要时期。习近平总书记赋予江苏"争当表率、争做示范、走在前列"的新使命、新要求。"强富美高"新江苏建设离不开江苏水运的绿色发展。江苏省作为水运大省,要将高水平的绿色发展作为内河航道高质量发展的显著标志。随着"一带一路"、长江经济带、"交通强国"、长三角区域一体化、淮河生态经济带等国家重大战略在这里交会叠加和深入实施,江苏省高质量发展步入新阶段,交通试点工作进一步推进,对内河航道的支撑和服务作用提出了更高的要求。内河航道建设,须贯彻"共抓大保护、不搞大开发""生态优先、绿色发展"的理念,发挥内河水运低碳环保的优势,进而促进综合交通的高质量发展。

对照高质量发展、交通强国等新形势、新要求,对标交通运输现代化的要求,需加强内河航道建设的"含绿量"。而当前航道建设要素保障以及项目的前期工作、建设推进、竣工验收等推进工作难度加大;过闸费收费标准的降低、人员经费支出的上升以及日常养护规模的扩大"一降两升",使得资金要素制约趋紧;自然资源部对永久基本农田的管理和保护要求进一步提高,使得土地要素制约趋紧;加之更为严格的生态保护红线管控要求,航道建设推进受到较大影响。

加快美丽江苏建设,推进内河航运绿色发展,对江苏省内河航运绿色建设提出了新的发展目标。在"十四五"时期,要求江苏省生态绿色发展水平显著提高,建成一批绿色航道、绿色港口示范工程。大幅提升 LNG 等清洁能源消费量占比;大幅提高岸电使用率,使船舶靠港使用岸电量年均增长 20% 以上;全省干线航道沿线可绿化区域绿化率保持在 95% 以上;大幅提高新能源和清洁能源船所占比重。围绕绿色领域取得相对完善的系统性成果,打造好品质样板示范,使京杭运河的航运转型提升取得明显成效,实现货物通过量增长 25% 以上,船舶平均过闸时间缩短 30% 以上。京杭运河全线实现智能调度与运行监测,船舶污水零排放,港口污染全接收,清洁能源使用高效率。建成京杭运河绿色现代航运示范区,形成运河航运现代化标准体系,成为全国内河航运标杆。

2023 年,江苏省政府提出进一步发挥江苏水运优势,打造更具特色的"水运江苏",加快建设交通强省和交通运输现代化示范区,更好地服务保障推进中国式现代化江苏新实践、推动高质量发展继续走在前列。这也是为深入贯彻党的二十大精神,全面落实习近平总书记关于交通运输、水运发展的重要论述和对江苏工作的重要指示精神。

2) 绿色航道建设所面临的新要求

在新形势下,围绕高起点推进美丽江苏建设,要求江苏省绿色航道建设坚持生态优先、绿色发展理念,集约高效利用资源,持续推进内河水运绿色发展,成为美丽江苏标志名片和"强富美高"新江苏建设特色篇章。打造更具特色的"水运江苏",实现由水运大省向水运强省高质量转变。

(1) 基础设施生态化

强化航道生态保护。完善绿色航道建设标准体系,建立健全绿色航道发展体系。推广应用具有较好透水性、有利于水体交换、适宜生物栖息及繁殖的生态型结构和生态型建筑材料,提升通航设施的生态性。严格落实生态保护和生态修复措施,推进早期建设航运设施的生态修复工程,强化对重要生态功能区的生态保护与修复。加强水资源综合利用,内河航道建设过程中注重与其他交通项目的建设统筹以及与水利、城市建设的协作。

加强绿色技术推广应用。继续开展江苏绿色航道标准体系和建设指标体系研究工作,推进实施通扬线(运东船闸—海安船闸段)绿色智能航道建设与维护科技示范工程。优先采用生态效果好的航道整治技术和施工工艺,积极推广生态友好型新材料、新结构在航道工程中的应用。创新探索推进水上服务区和生态护岸等建设,在满足航运需求的基础上,在有条件的航道推广建设集航运通道、绿化通道、景观通道、人文通道等多种功能于一体的绿色生态人文航道。

(2) 以治理推进绿色化

强化污染防治。巩固提升污染防治成果,建立健全污染防治长效机制,推进各项污染防治设施规范化运行和常态化管理,提升污染防治设施信息化监测水平。继续推动原油成品油装船码头油气回收装置有效运行。督促港口企业对防尘抑尘设施进行提质增效或装卸工艺改造,进一步推进易起尘港口安装粉尘在线监测设备,推进港口码头粉尘监测由单点监测向多点监测、粉尘防控智能联动相结合发展。建设高质量船舶污染防治支持保障系统,完善船舶污染物接收设施,推动船舶含油污染物接收处置能力建设,深化船舶污染物排放智能监控设备的运用。提升船舶污染物送交接收转运处置运行和管理水平,建立完善船舶污染物接收处置联单制度,推广实施电子信息平台,实现线上联单监管。落实"先递交船舶污染物再装卸作业"要求,实现船舶污染物"应交尽交、应收尽收"。研究制定洗舱站作业标准规范,完善洗舱站运行机制和洗舱操作规程,加强对化学品洗舱水的接收转运处置流程的监管。

强化清洁能源应用。推广应用新能源和清洁能源,持续推进港口岸电设施建设,建立健全港口岸电设施使用机制和船舶使用岸电的激励机制,设立岸电推广使用示范区、示范点,提高岸电使用效率,岸电使用电量年均增长20%以上。推进清洁能源应用,规模化港区布局LNG等清洁能源加注点。加快淘汰老旧高排放港作机械,鼓励新增和更换的岸吊、场吊、吊车等作业机械,采用新能源或清洁能源机械,大力推动叉车、牵引车采用新能源或使用清洁能源车。鼓励发展绿色低碳环保型船舶,加快船舶受电设施设备改造,积极推进苏州纯电动船试点工作,依法依规推进船舶LNG加注站建设,稳步推进LNG动力船舶的新改建。

加强资源循环利用和生态保护。严格管控和合理利用深水岸线,提倡建设公用码头,鼓励现有货主自用码头提供公共服务。严控新增使用长江港口岸线,优先保障LNG加注站、洗舱站等港口岸线使用,严格控制工矿企业自备码头和危险化学品码头岸线使用。内河港口推广挖入式港池集中布局,减少自然岸线的使用量。实施既有设施设备改造,推广应用节能节水新技术、新工艺。综合利用航道疏浚土、施工材料、废旧材料。推进港区生产生活污水、雨污水循环利用。实施生态补偿和绿化环境提升,为美丽江苏建设"留白添绿"。到2025年,港口资源节约循环利用的水平明显提升。

(3) 集约高效利用资源

加强岸线资源统筹利用。统筹生产、生活、生态岸线利用,按照"控总量、调存量、优增量、提效率"的原则,加快构建完善的岸线资源管理长效机制,提高港口岸线利用效率,实现岸线利用规模有效控制和集约高效。严控规划港口岸线规模,沿江各港在修编港口总体规划时,规划的港口岸线总规模只减不增。推动各市开展本行政区划内港口岸线利用情况系统评估并上报,建立定期评估和信用管理制度。强化岸线资源事中事后监管,建立岸线利用巡查检查制度,定期开展现场巡查检查。

(4) 环境影响评价

节约集约利用资源减少污染。加强资源集约化开发、精细化利用。加强码头设施检测维护,支持码头通过升级改造等方式,增强泊位能力适应性,提升港口资源利用效率,尽量减少土地占用,实现土地和环境等资源利用最优化。大力推广节能环保技术,全面推进新能源船舶应用,加速淘汰高耗老旧船舶,提高港口岸电使用效率,减少能源消耗和环境污染。积极发展多式联运,提高水运承运比重,减轻陆路运输对环境的影响程度。

强化生态保护和污染防治。严格落实水运项目环境影响评价和环境保护"三同时"及排污许可要求,加强施工期间环境保护,重点加强水环境污染、空气环境污染、噪声环境污染、固体废物等污染防治,确保污染物排放达标。加强建设期生态保护,重点加强生态型护岸建设、生态补偿措施、人工湿地建设、景观设计与建设等措施。加强生产运营期环境保护,重点加强污水、粉尘、有害气体、固体废物、噪声等污染防治。各地在编制港口总体规划时,应充分考虑岸线和水陆域规划方案的环境保护要求,合理规划环境保护设施。

加强突发环境事件风险防控。强化船舶溢油事故的应急处理,设立船舶污染事故应急指挥机构,加强水路危险货物运输交通事故突发事件应急行动的指挥和协调。在出现溢油污染时应立即调用围油栏、围油索、吸油毡、消油剂等防污染设备,不使污染范围扩大。危化品码头企业应开展突发环境事件风险评估,完善环境应急预案并备案。定期开展危险货物装卸专项治理,港口作业区内成立污染事故应急机构,加强污染事件应急处置队伍建设。

1.4 主要内容与体系

为贯彻生态文明战略,全面推进江苏省交通运输行业绿色发展,推进新形势下航道整治工程向生态环境友好型转变,促进航道建设对河流生态环境的恢复与保护,现编写《江苏省绿色航道设计手册》。手册针对江苏省水网地区(不含长江)环境特点,紧扣绿色主题,对航道设计工作中各个环节进行详细的介绍和规定,既具备学术性,又有工程指导性。手册内容不含船闸、桥梁设计。每个章节的具体内容如下:

第1章为绿色航道工程概论,主要阐述绿色航道的概念、内涵与特征,建设原则与方法,国内外研究概况,介绍了江苏省绿色航道建设当前的主要成就、新形势下的发展要求。

第2章为水运量预测,介绍了水运现状、背景调查所需资料,以及水运量预测所应进行的分析工作、预测方法步骤。

第3章为通航标准与营运组织,介绍了航道规划的相关内容,通航标准的确定方法,船型及营运组织方案的设计。

第4章为航道通过能力,介绍了航道尺度与通航水流条件的划分与确定,航道通过能力的计算方法和优化措施。

第5章为河床演变与碍航特性,介绍了对航道河床演变、碍航特性的分析要求与方法。

第6章为航道工程水力计算,介绍了航道整治工程中涉及水力计算的各种公式,包括通航水位设计、限制性航道船行波计算、限制性航道护岸设计水力计算、水土保持与植被固土水力计算。

第7章为航道总体设计,介绍了航道竖向设计、平面设计以及断面设计的具体方法。

第8章为生态护岸设计,介绍了包括直立式生态护岸、斜坡式生态护岸、老旧护岸生态修复、自然岸坡护岸的设计方法。

第9章为生态疏浚工程,介绍了生态疏浚的实施方法,疏浚土的处置与利用。

第10章为配套工程,介绍了锚地与服务区的设计标准,助航设施的配布要求,信息化系统的相关技术设备。

第11章为航道绿化,规定了航道绿化及景观设计的标准,绿植配置与选择的方式。

第12章为节能,介绍了航道能耗分析方法与节能措施。

第13章为环境保护与水土保持,阐述了环境保护、水土流失现状,给出污染治理与防范、水土保持措施。

第14章为经济和社会影响评价,主要对绿色航道建设项目的费用和效益进行评价。

2 水运量预测

2.1 概述

绿色航道建设对货运量具有诱增和吸引作用,从而加快水路货运量增长,进一步释放水运潜能,优化调整运输结构,提高运输绿色化水平。运量预测是绿色航道规划设计的重要组成部分,是确定建设项目规模的重要依据。调查航运服务范围内的社会经济,了解国民经济和交通运输的现状及远景发展规划;听取国民经济各部门对航运开发的要求和意见,分析研究国民经济对交通运输特别是对航运发展的需求;综合交通运输体系的合理分布,论证航运开发的价值。运用现代科学预测技术和方法,预测一定时期内航运量的合理发展水平和需要承担的运输任务,为工程方案及建设项目决策提供可靠依据(图2.1)。

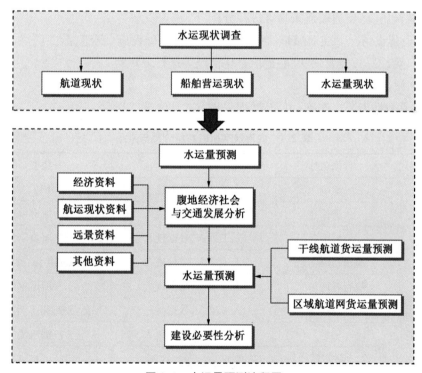

图 2.1 水运量预测流程图

航道建设的规模和方向,首先取决于未来的客、货运量。航道建设的标准、船舶吨级、运输组织方案、港口的新建和扩建、工程效益的好坏,都与预测的运量大小关系极大。如果预测的运量缺乏落实的依据,导致建设规模过大,造成港口、航道的运输能力和国家投资的浪费,影响工程效益。反之,如果预测的运量过小,工程规模和标准适应不了运量增长的需要,造成货物积压,给国家带来经济损失,制约国民经济的发展。因此,正确运用经济发展规律,在充分调查研究的基础上,较准确地预测航运建设的客、货运量,对搞好工程建设和运输生产具有非常重要的意义,可避免盲目建设、重复建设和资源浪费,体现了绿色发展的理念。

进行水运量预测,按照实际流程首先对预测所需的航道及船舶营运现状资料的内容及收集方法进行介绍。其次,对水运量预测的方法步骤进行介绍,包括水运腹地社会经济及交通发展的分析方法、水运量预测的不同方法。最后,给出不同水运量预测方法在工程中的实际应用案例,以便加深对水运量预测工作方法及流程的理解和认识。

2.2 水运现状

2.2.1 航道现状

1) 航道信息采集内容

航道条件及建设情况分析主要应包括下列内容:

(1) 航道自然条件。应对航道所处的地理位置、地形地貌、水文气象等进行分析。

(2) 航道通航条件。应对航道的现状等级、航道尺度、困难河段状况、跨河建筑物、助航条件、导助航设施、已建通航建筑物等进行分析。

(3) 航道建设情况。应对航道维护和管理情况、基础设施(枢纽、沿江防洪工程、渡口、取排水设施、管线等)、开发现状、航道信息化情况等进行分析。

2) 航道信息获取方法

内河航道数据来源应准确、可靠,数据采集方式如表2.1所示。

表2.1 内河数字航道数据分类与来源

序号	数据分类	数据名称	采集方式	数据来源
1	航道基础数据	地名	人工录入、数据接入	航道单位、外部单位
		水道信息	人工录入、数据接入	航道单位
		航段信息	人工录入、数据接入	航道单位
		航道地形信息	人工录入、数据接入	航道单位、外部单位
		航行基面信息	人工录入、数据接入	航道单位
		枢纽	人工录入、数据接入	港航部门、外部单位
		锚地	人工录入、数据接入	港航部门
		水上过河、拦河和临河建筑物	人工录入、数据接入	航道单位、港航部门、外部单位
		航道整治建筑物	自动采集、人工录入、数据接入	航道单位、港航部门
		通航净空尺度	自动采集、人工录入、数据接入	航道单位、港航部门、外部单位
		其他数据	自动采集、人工录入、数据接入	航道单位、港航部门、外部单位

续表

序号	数据分类	数据名称	采集方式	数据来源
2	航道通航环境数据	水位数据	自动采集、数据接入	航道单位、港航部门、外部单位
		流速、流量信息	自动采集、数据接入	航道单位、港航部门、外部单位
		气象信息	数据接入	外部单位
		其他数据	自动采集、人工录入、数据接入	航道单位、港航部门、外部单位
3	航道运行数据	航标数据	自动采集、人工录入	航道单位
		工作船舶	自动采集	航道单位
		视频监控	自动采集	航道单位、港航部门、外部单位
		控制河段通行数据	自动采集、人工录入、数据接入	航道单位、港航部门、外部单位
		通航建筑物信息	自动采集、人工录入、数据接入	航道单位、港航部门、外部单位
		锚地运行信息	人工录入、数据接入	航道单位、港航部门、外部单位
		电子航道图数据	数据接入	航道单位
		其他数据	自动采集、人工录入、数据接入	航道单位、港航部门、外部单位
4	航道管理数据	生产计划	人工录入、数据接入	航道单位
		生产任务	人工录入、数据接入	航道单位
		物资器材	人工录入、数据接入	航道单位
		其他数据	人工录入、数据接入	航道单位、港航部门、外部单位

来源:《内河数字航道工程建设技术规范》(JTS/T 185—2021)

2.2.2 船舶营运现状

1) 船舶营运信息采集内容

从信息变化的角度来看,船舶交通流状态信息主要分为静态信息和动态信息。

(1) 静态信息

① 船舶资料:描述船舶的一些基本常用物理量,如船名、船型、船舶代码、船长船宽、吃水等;

② 航线信息:描述船舶行驶航线的基本数据,如起始港、中途港、目的港、航线名称、里程数等;

③ 货物资料:将货种分为几大类,使分析和统计相对集中而有使用价值;

④ 港口信息:描述港口、泊位的地理位置及水文资料,如港口名、港区、经纬度、标识等。

(2) 动态信息

① 在航信息:动态日期、时间、动态位置(经纬度)、航向、航速等;

② 在港信息:港口名、港区、泊位、动态行为(装、卸)等;

③ 开航信息:开航日期及时间、航线名、货物类型、吨数、航速、航向等;

④ 抵港信息:抵港日期及时间、抵达港口名等。

2) 船舶营运信息获取方法

为了获取船舶流量、船长船宽、船舶航速、吃水、船舶类型等各种船舶静态、动态信息。

目前有两大类手段可实现船舶交通流信息的采集：

（1）通过船舶和岸基之间的信息交互获取到船舶交通流信息，代表的信息采集系统有 AIS、GPS、IC 卡、RFID 系统。

（2）依靠岸基主动检测设备主动采集船舶交通流信息，代表的信息采集系统有 CCTV 系统、VTS 雷达系统。

以上技术手段中，应用最广泛的有 VTS、AIS、GPS 系统。由于船舶种类繁多，因此采用单一的技术手段无法获取完整的船舶交通流状态数据。随着航运基础设施的不断发展，以及无限传感、无线网络、图像传感器等技术手段的成熟应用，交通流状态信息采集逐渐向多元化发展。

2.2.3 水运量现状

1）水运量信息采集内容

（1）船舶类型：反映该地区船型的分布及营运组织情况，包括船队、机动船、挂机船、专业船等；

（2）起讫点（OD）：反映内河船舶交通流和货物的流向分布情况，即船舶的始发港、目的港；

（3）货种：反映内河货物的构成情况，主要分为煤炭、石油及制品、矿建材料、钢铁、木材、水泥、矿石、粮食、化工品及其他货种；

（4）通过量：反映内河货物的运量情况，包括船舶额定吨位、实载吨位；

（5）船籍、船舶通过时间、出行频率等，反映内河航道的交通流特征。

2）基于人工调研的 OD 调查方法

为全面、准确地了解区域内河航道货物流量、流向规律以及货种、出行状况，宜对内河航道进行 OD 调查。通过该调查方法，给我国尤其是水网地区科学规划、建设和管理内河航道提供最基础的数据支持。

（1）调查表格设计

OD 调查表应包括船型、出发地、目的地、船籍、货种、出行目的、额定吨位、实载吨位、通过时间、出行频率、调查情况等内容。为方便调查人员对调查表内容进行查询及填写，需设计船舶装载货物品种区分表、地区编码表、船籍编码表等辅助表格。

（2）调查时间地点的选取

调查点应主要设置在航道通过量较大的断面，且重复调查的运量要尽可能的少。具体要求如下：

① 调查点总体设置应符合航道网布局规划。

② 调查点应能够准确观测所在航段交通量，尽量利用船闸作为调查点；能够定性、定量反映调查航段、航线及其所在区域内交通量分布、变化特征。

③ 调查点应注意分布合理，应远离城镇，与大城市保持一定距离，应距大城市 10 km 以上，距中小城市 5 km 以上。

④ 调查点应设置在视野好、水域宽阔的直线航道或原有 OD 调查点处，可考虑设置在主要航道交叉口处，以便在一个交叉口处调查多条航道，减少调查工作量。

调查时间一般是夏秋季节，以反映航道正常运输情况。为方便调查数据的统一分析，各 OD

调查点应同时展开调查。在航道上进行调查需要消耗大量人力、物力,因此调查时间一般为 24 h。

(3) 调查方法

传统水路货运 OD 主要通过人工调研方式获得,人工登记主要航道上的船舶及货运情况,辅以交通统计年鉴资料、港口吞吐量统计资料、航道观测点的交通量观测资料,分析出船舶及货物的流量流向规律。在航道上进行 OD 调查,可在航道上设置调查点,可通过目测、询问的方法进行调查。一般航道采用双向 OD 调查,若在三叉、四叉河口,则采用三向或四向 OD 调查,仅调查由调查点中心往外行驶的船舶。若航道设有船闸,则可依托船闸进行 OD 调查,在过闸船舶填写登记信息时,由船闸工作人员协助进行询问调查。该方法可大大降低 OD 调查工作量(图 2.2)。

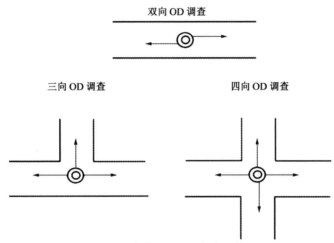

图 2.2 航道 OD 调查方法示意图

(4) 调查样本率

为保证调查点精度,原则上要求对每艘船舶均进行调查,即 100% 全样调查。

(5) 调查实施步骤

① 通常每个方向分一个组,船舶通过量特别大的方向需安排两个组同时调查。由航政人员指挥过往船舶降速行驶,并将巡逻艇靠近需调查的船舶。

② 调查人员登船询问并记录。

③ 每隔一小时将记录表格汇齐一次,并交给资料员统一保管,由资料员检查表格填写是否有错误、遗漏之处,及时更正,进行现场编码后放入档案袋,档案袋注明调查地点、时段及方向。

④ 调查过程中,各工作人员灵活调剂,进行适当的休息。

(6) 数据录入及分析

① 将原始数据录入电脑,利用专业软件进行整理、分析。

② 对录入原始数据进行有效检查,确保数据处理能够在真实数据的基础上进行。

③ 对数据进行分析,并结合历年内河航道交通量观测资料数据实现总体把握。

3) 基于多源水运大数据的 OD 调查方法

(1) 多源水运数据准备

传统方法花费大量人力物力,且数据仅限某段时间,有较大局限性。基于 AIS 数据、报港数据、港口基础设施地理信息数据等多源水运大数据,可更准确方便获取水路货运OD。

① AIS数据

通过AIS数据,可获得船舶海上移动服务标识(MMSI)编号、船名、船宽、船上定位天线的位置等静态信息;协调世界时、对地航向、对地航速、船首向、航行状态、倾角、转向率等动态信息;船舶吃水深度、船舶运载的危险货物类型、目的港口与预达时间、航线计划等航次相关信息;与船舶航行相关的航权消息等安全信息。AIS数据主要用以判断船舶与货物的流向。

② 报港数据

通过报港数据,可获得船舶的中文船名、海船与内河船的标志、船舶种类、进(出)港标志、进(出)港时间、查验机构、海事机构、签证方式、总吨、载重吨、实载货量、载/卸货量、前吃水以及后吃水等各港口船舶的装卸信息。报港数据主要用以在知道货物流向后,进一步确定货物流量。

③ 港口基础设施地理信息数据

通过港口基础设施地理信息数据,可获得作业区名称、位置坐标、所属港区、所属港口、所属区县、所属城市、所属省等信息。

(2) 货运OD特征数据挖掘算法

通过AIS轨迹数据判断出船舶停靠点是货运OD特征挖掘的关键。将行驶速度小于0.5 km/h,行驶距离大于10 km,停泊时间大于3 h的停靠点初步判断为水路货运OD点;结合港口地理信息数据,应用射线法,进一步检验确定船舶的OD位置,同时结合报港数据确定每次货运OD的货种及运量。最后实现对水路货物运输总量及主要货种运输的流量及流向分析(图2.3)。

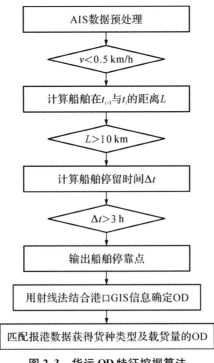

图 2.3 货运OD特征挖掘算法

2.3 水运量预测

2.3.1 腹地经济社会与交通发展分析

1) 经济腹地的划分

所谓腹地就是各种运输方式所吸引(或服务)的范围,在这个运输区域内,采用该种运输方式费用最低。水运的腹地范围,就是指在河流流域内的各个点与城市的物资交流,用水运来承运是较经济合理的范围。当然,在划定腹地范围的过程中,一定要注意客观实际的各种因素,具体情况具体分析。水运腹地可分为直接腹地、中转腹地和通过腹地三种。

(1) 直接腹地

沿河两旁所有经济据点的货物,根据其流向,无论调进调出都以通过该河流运输最为经济,这些经济据点的区域称为直接腹地。

(2) 中转腹地(或称联合腹地)

与某河直接腹地相邻,从铁路或公路或海运的直接腹地内运出的物资,通过该河流入任何港口装卸再转运到货物需要的城市去是经济合理的,那么,对其他交通工具来说是直接腹地,对该河来说是中转腹地。

(3) 通过腹地

某河直接腹地内的物资,通过某运河运往其他河流,而不在本运河任何港口装卸作业,这种运输在经济上是合理的,那么,对某河来说是直接腹地,对本运河来说是通过腹地。

2) 货流密度及货流图

(1) 货流密度

① 大宗货流分析

货流分析的任务就是对腹地内能产生大宗货类的厂矿企业,对物资进行运销分析,明确大宗货类流向的合理性。所谓合理流向的论证,就是使运输的物资用最少的吨公里及最经济的费用,从产地运到消费地,以加速货物周转,多快好省地完成运输任务。

在分析合理流向时可采用运程比较法和方案比较法。运程比较法从缩短运输距离、节约运输费用的角度出发,进行货流的合理分配。方案比较法就是在对货物的运距和费用进行比较后,选取货运距离短、运费省,又能充分发挥各种运输工具特别是内河运输的作用的方法。

② 货物流向表

根据各货类流向的论证,可把各类货物流向分货类、分年度进行整理并列表,在流向表的基础上,再绘制全河流货流密度表。必须注意,每种货应分年作表。

(2) 货流图的绘制

① 货流图的作用

根据货流密度表可以绘制全河流的货流密度图。这张图的作用是为设计各河段的航道尺度、船舶运输组织形式、船型尺度及船舶数量、通航建筑物的尺度及其通过能力,评估各项工程方案和工程措施的经济合理性，进行工程项目评价提供依据。货流图每个年度一张。

② 货流图的编制原则及方法

将货流图根据河道特点（航道水深、通航船舶吨级等）及货物流向按河段分成若干区段。根据货物流向，货流图应分上行和下行，一般右侧为下行，左侧为上行。货流图中每个货种用不同颜色绘制，并标出全河段上的通航建筑物。从货流图中可以直观看出哪一段的货流密度最大，在研究航道开发方案和措施、船舶运输组织方案时就应考虑这段运量密度大的因素。

3) 经济调查与资料的整理

(1) 经济调查

根据航运开发目的、流域内经济特点、工矿企业的布局和调查范围，拟定调查提纲，一般包括产、运、销三个环节。具体内容如下：

① 航运现状资料，包括河流长度、流经地区、通航标准、航运发展沿革，新中国成立后各年度完成的客、货运量和典型年份货类的货运量，主要货物及客运的流量流向、港口吞吐量等，并收集每个历史时期客、货运量的增长规律和主要经济指标。

② 腹地内行政区（以县为单位）的分布、人口、土地面积、耕地面积、历年工农业产值、工农业主要产品产量、调运情况、原燃料来源地等的现状及发展规划资料，产品调运采用的运输方式，各类原材料的消耗定额等。

③ 腹地内主要矿藏资源的分布、储量及探明储量、品类及开采现状和规划发展资料，矿区的交通和产品的调运情况，并收集资源分布图。

④ 腹地内基本建设现状及发展规划资料，原材料的消耗定额、消耗量、来源地和采用的运输方式。

⑤ 腹地内森林资源的分布、林（竹）区面积、蓄积量、可采伐量、调运现状和发展规划资料，木材的调运流向，以及采用的运输方式。

⑥ 腹地内交通线路分布、通过能力、各年度客、货运量完成情况，拟新建的线路和能力，单位造价，现在的运输成本和运价，主要技术经济指标，并收集交通运输线路布局图。

⑦ 各部门的发展战略研究报告和交通运输的专题研究成果。

⑧ 各地方政府（新开发区）引资和开发建设的优惠政策和有关文件。

⑨ 各有关部门对开发航运的意见和要求。

(2) 经济资料的整理分析

① 社会经济现状资料的整理分析

分析整理国民经济资料。对各县（市）历史现状资料必须按照统一年度进行分门别类的整理、汇总，工农业总产值要长些，并对其变化规律进行分析，作文字说明和历年国民经济统计表。

腹地内主要工矿企业产品调运资料整理分析。工矿企业产品产量及原燃料的调运是运输生产的主要任务。对腹地内现有厂矿企业的产品及原燃料的调运情况，产品的流向及原燃料的来源地进行必要的分析，弄清是否存在迂回过远等不合理运输情况，找出原因，供分析远期运量时参考。

② 社会总运输量的整理分析

对流域内各种运输工具历年完成的运输量进行整理分析。首先要分析历年各种运输工具完成的客、货运量各自所占的比重及变化情况,根据分析的数据可以说明航运在这一地区的地位和作用;其次要分析各种运输工具运送什么货类,在总运量构成中的比重;然后要分析各种运输工具的协作关系,水陆联运的比重及作用;最后要分析总运量与国民经济产值的相关关系等。

(3) 航运现状资料的整理分析

① 运输货种的分析

分货类整理历年货运量完成情况及其增长规律与国民经济发展关系,各主要物资在总运量中所占的比重,分析沿河生产企业对内河航运产生的影响。

② 整理主要港口历年吞吐量完成情况

整理分析沿河各主要港口历年吞吐量完成情况及增长规律,大宗货类在港口吞吐量中所占的比重。

③ 大宗货物流向的整理分析

货物流向是与产、运、销三个要素密切联系的,三个要素中任何一个发生了变化,都会引起货物流向的变化。在整理分析货物流向的现状时,应从产、运、销三者入手,根据当地交通运输布局,分析论证现有货物的流向是否合理,找出存在的问题。对迂回运输或不合理流向,应进行两三个年度的调查分析,看其有无变化,并分析其原因。

(4) 远景资料的整理分析

为研究腹地内各地区间的经济联系,必须将国民经济各部门的规划资料及各工矿企业的发展规划按不同类别进行综合整理,以便于远景运量的分析研究,整理腹地内主要工矿企业产品产量及原燃料需求量规划资料综合表。

(5) 其他资料的整理分析

对工农业生产所需各类原料、材料、燃料等的消耗定额、经济指标,以及各有关部门的研究成果进行分门别类的整理。

2.3.2 水运量预测

1) 运量预测的基本原则

运量预测就是对未来可能发生的运量情况进行科学的设想,并能科学、客观地反映国民经济与交通运输的发展、变化的相互关系。为此,预测运量时必须遵守以下原则。

(1) 平衡的原则

运输部门的货运量应该是起运地可能发生的量,也应该是消费地的消费量,而且产、销基本是平衡的,从生产、运输到消费地也应该是平衡的。

(2) 连贯的原则

任何事物的发展都是与过去行为相连贯的,而且有其规律性。在预测运量时,影响因素有很多,预测结果出现偏离时要进行修正,使之变动趋势更符合实际。

（3）类推的原则

国民经济各部门、各企业的经济活动均有各自的模式，生产、运输、消费之间的关系也有固定的模式，利用这种经济变化的模式，运输量与影响运量发生的因素之间的关系模式，就可以预测未来的运输量。

（4）反馈的原则

水运量受多种因素的制约，预测的运量可能受到无法预料的突发因素的影响，其结果可能发生偏差，这就要根据一定的预测方法和新的反馈信息，对预测模型和参数进行调整和修改，使预测的运量基本符合实际。

（5）定量预测与定性预测相结合的原则

实践证明，定量预测与定性预测都各有其局限性，预测模型预测的运量，并不能充分反映出影响未来水运量的各种复杂因素，当未来出现超常变化时，预测可信度就会明显降低，这些变化，是定量预测难以解决的。要克服这些缺点，必须定量预测与定性预测相结合，即定量预测在定性分析的基础上进行，定性预测也采用定量分析，这样各取所长，弥补不足，以提高预测的准确性。

（6）综合运输的原则

交通运输由五种运输方式组成，各种运输方式根据其运输的布局和特点，在国民经济中都有各自的地位和作用。在预测和分析运量时应注意物资的合理流向，充分论证和合理分配各种运输方式的运量，特别要注意充分发挥内河水运的作用，尤其是加快港口集装箱铁水联运发展，不断提高集装箱铁水联运量占吞吐量的比重。

2）干线航道货运量预测

预测就是根据系统发展变化的实际数据和历史资料，运用现代科学理论和方法，以及经验知识，对事物在未来一定时期内可能变化的情况进行推测、估计和分析。

预测方法大体可分为两种：定量预测法和定性预测法。

定量预测法，优点是具有较强的客观性，预测方法的科学性和数据资料的准确性是定量预测结果的可靠保证，常用的定量预测法有弹性系数法、投入产出平衡法、回归分析法、有序时间排列法等。

定性预测法指的是预测者基于数据资料的专业水平、实践经验及实际情况，对水运量未来发展程度、方向及性质做出科学性判断的方法。要求预测人员具备较强的专业水平和丰富的实践经验，具有便捷性较强、考虑全面、数据需求量小等优点，缺点为存在一定的片面性和不确定性，常用的定性预测法有情景分析法、主观概率法、头脑风暴法、专家预测法及专家调查法（德尔斐法）等。

不同的预测对象、预测方法，预测实施过程可能不同，总体来看大致可分为以下几个步骤：

（1）明确预测目的。预测不是研究的最终目的，它是为系统决策和规划任务服务的，因此首先要在总目标的指导下，确定预测对象及具体要求，包括预测指标、预测期限、可能选用的预测方法、基本资料及数据等。

（2）收集整理资料。一方面，需要将有关历史资料、统计数据、试验数据收集齐全，并进一步去伪存真、填平补齐,形成合格的数据样本;另一方面,也需要开展调查和访问,获取最新的数据资料。

(3) 建立预测模型。根据所选择的预测方法,用各种有关变量表达预测对象的关系,建立数学模型。必要时可对数据样本进行适当处理以符合模型本身的要求。

(4) 模型参数估计。根据模型性质和样本数据,用科学的统计方法对模型中的参数进行估计,得到最终的模型形式和结构。

(5) 模型检验。检验模型的合理性和有效性。一方面,应对有关假设进行检验,如线性关系、变量选取等;另一方面,应对模型精度(即预测误差)进行检验,如误差区间、标准离差等。一旦检验发现模型不合理,必须对模型加以修正。

(6) 预测实施结果与分析。对预测结果进行理论、经验方面的分析,必要时可用不同预测方法同时预测,对结果加以对比分析,做出更加可靠的判断。

对于实际的预测工作,不可能仅靠上述步骤完全达到目标,有时需经过多次反复和迭代,多次样本修改、信息补充、模型修正等,才能完成系统预测任务。

在水运量预测中,既要采用传统的方法,又要应用现代科学技术,根据历史数据,采用一定的数学模型进行定量预测,将分析论证预测的各种结果进行比较修正,得出比较符合实际的结论。现将水运量预测的主要方法介绍如下,供预测时选用:

(1) 产、需平衡法

产、需平衡法也称产、销平衡法,是我国水运量预测的传统方法。货物运输是因物资生产和消费的流通而产生的,所以应查明规划地区内生产的物资除供本地消费之外还有多少要外运出去,同时本地区还要从外地调入其他什么物资,对各类大宗物资逐个进行产需平衡的调查,求出其社会总运输量,然后根据产品调运的流向进行比较优化,确定合理水运量和港口吞吐量。

平衡法是利用平衡原则预测运量的,它采用编制平衡表的方法进行预测。运输经济平衡表分为全国运输经济平衡表和地区运输经济平衡表。运输经济平衡表可以反映腹地生产与需求之间的关系,使各地区最大限度地利用本地区资源。

(2) 系数法

① 运输系数法

根据现有物资生产量和发生货运量的比例关系,求出运输系数,再将规划年度的物资生产量乘以运输系数,求出社会总运量,然后按合理流向进行论证,分析水运量和港口吞吐量。

运输系数法可以用每亿元值来计算或用实物单位来计算。运输系数受各种客观因素制约,如生产力布局的改变,物资综合利用的发展,新经济区的形成,运输网的扩大,产、供、销之间关系的变化,以及资源储量增减、进出口物资的变化,都能引起运输系数的变化,一般运输系数小于1。

② 弹性系数法

历史期内货运量平均递增速度与相同期内工农业总产值平均递增速度之比,即为弹性系数,由弹性系数可求得规划期内的总货运量,再按前述方法分析水运量和港口吞吐量。

弹性系数可用幂指数回归分析法计算:

$$\ln Y = a_i + E_i \ln X \tag{2.1}$$

式中：X——历年国民经济(GDP)增长(%)；

Y——历年同期货运量增长(%)；

a_i——回归参数；

E_i——货运量增长与国民经济增长间的弹性系数。

③ 运量递增率法

根据历史期内货运量年平均递增速度，分析计算未来货运量。

以上三种方法，在历史资料较完整的情况下，应用较为广泛。

(3) 德尔斐法(Delphi Mothod)(专家调查法)

这种方法主要由预测单位发出函信，或派人直接联系专家，取得专家意见和资料，然后将专家的意见和资料进行分析，把专家不一致的意见进行统一描述后又反馈给专家，经过多次反馈，最后确定一个比较一致的结果。这种方法是在新开发的河流，或历史资料非常缺乏的情况下应用较多的方法。

(4) 回归分析预测法

回归分析法就是在"平均"意义下定量地描述经济变量之间的关系。依据这些关系，对经济现象进行预测，称为"回归分析预测法"或"因果关系预测法"。回归分析又分单元线性回归和多元线性回归分析。此法可靠性较高，有一定的实用价值，但在历史资料不全的情况下预测的运量是不准确的。因为历史数据只能说明过去的情况或规律，对未来的预测，也可能是过去的延伸或重复，也可能会发生转变或突变，所以预测的正确性，决定的因素是人，是预测人员的水平和知识的广泛性。为便于理解和应用，现介绍单元回归预测公式。

单元线性回归预测法，在数学上可用以下数学关系式表达，或称 X、Y 两变量之间的线性模型：

$$Y = a + bX \tag{2.2}$$

式中：Y——因变量；

X——自变量；

a、b——回归系数。

回归系数 a、b 可按以下两式计算：

$$a = \frac{\sum_{i=1}^{n} Y_i}{n} - \frac{b}{n} \sum_{i=1}^{n} X_i \tag{2.3}$$

$$b = \frac{n \sum_{i=1}^{n} X_i Y_i - \sum_{i=1}^{n} X_i \sum_{i=1}^{n} Y_i}{n \sum_{i=1}^{n} X_i^2 - (\sum_{i=1}^{n} X_i)^2} \tag{2.4}$$

式中：n——所用资料期数；

Y_i——历年运量数；

X_i——年份的序列数。

检验可信度可用下式:

$$\gamma = \frac{(X_i - \overline{X})(Y_i - \overline{Y})}{\sqrt{(X_i - \overline{X})^2 (Y_i - \overline{Y})^2}} \quad (2.5)$$

式中:γ——可信度,以接近 1 为佳;
$\overline{X}$——序列数的平均值;
$\overline{Y}$——运量数的平均值。

(5) 指数平滑法

指数平滑法是移动平均法中的一种,其特点在于给过去的观测值不一样的权重,即较近期观测值的权数比较远期观测值的权数要大。根据平滑次数的不同,指数平滑法分为一次指数平滑法、二次指数平滑法和三次指数平滑法等。指数平滑法可用于中短期经济发展趋势预测,所有预测方法中,指数平滑法是用得最多的一种。

① 线性平滑预测公式:

$$Y_{t+T} = a_t + b_t T \quad (2.6)$$

② 非线性平滑预测公式:

$$Y_{t+T} = a_t + b_t T + c_t T^2 \quad (2.7)$$

式中:a_t、b_t、c_t——参数;
Y_{t+T}——$t+T$ 时刻预测值,T 是以 t 为起点往未来伸展到 T 时刻之意,即 t 以后外推的时间值。

参数 a_t、b_t、c_t 的计算公式如下:

线性模型

$$a_t = 2S_t^{(1)} - S_t^{(2)} \quad (2.8)$$

$$b_t = \frac{\alpha}{1-\alpha}[S_t^{(1)} - S_t^{(2)}] \quad (2.9)$$

非线性模型

$$a_t = 3S_t^{(1)} - 3S_t^{(2)} + S_t^{(3)} \quad (2.10)$$

$$b_t = \frac{\alpha}{2(1-\alpha)^2}[(6-5\alpha)S_t^{(1)} - 2(5-4\alpha)S_t^{(2)} + (4-3\alpha)S_t^{(3)}] \quad (2.11)$$

$$c_t = \frac{\alpha^2}{2(1-\alpha)^2}[S_t^{(1)} - 2S_t^{(2)} + S_t^{(3)}] \quad (2.12)$$

计算时所使用的数据见表 2.2。

表 2.2 计算数据序列表

t	X_t	$S_t^{(1)}$	$S_t^{(2)}$	$S_t^{(3)}$
0	0	$S_0^{(1)}$	$S_0^{(2)}$	$S_0^{(3)}$
1	x_1	$S_1^{(1)}$	$S_1^{(2)}$	$S_1^{(3)}$
2	x_2	$S_2^{(1)}$	$S_2^{(2)}$	$S_2^{(3)}$
3	x_3	$S_3^{(1)}$	$S_3^{(2)}$	$S_3^{(3)}$

表 2.2 中 x_1、x_2、x_3 为运量数字,即实际统计数据,S_t^i 为 i 时刻第 j 次加工后的平滑值,各次平滑值为:

$$S_t^{(1)} = \alpha x_t + (1-\alpha) S_{t-1}^{(1)} \tag{2.13}$$

$$S_t^{(2)} = \alpha S_t^{(1)} + (1-\alpha) S_{t-1}^{(2)} \tag{2.14}$$

$$S_t^{(3)} = \alpha S_t^{(2)} + (1-\alpha) S_{t-1}^{(3)} \tag{2.15}$$

必须说明的是:

a. 加权系数 α 一般由经验给定,大概在 0.01~0.3 之间,α 值的大小,实际上体现了不同时期的因素在预测中所起的作用不同,α 值越大,则其对应项在 $S_t^{(1)}$ 中所占比重越高,该项所起的作用也就越大;反之亦然。

b. $S_t^{(1)}$ 是指第 t 周期的 i 次指数平滑值,后一级的平滑值 $S_t^{(i)}$ 是根据前一级平滑值 $S_{t-1}^{(i)}$ 算出的,$t=0$ 时,无前一级平滑值,$S_0^{(1)}$、$S_0^{(2)}$、$S_0^{(3)}$ 一般凭经验给出,大多采用与其他实际数值较接近的值。

实际上,预测值等于新数据与原估算值的不同比例之和,即:

$$预测值 = \alpha(新数据) + (1-\alpha)(原估算值)$$

(6) 其他预测方法

除上述方法外,随着预测理论研究的深入和广泛应用,一系列新的理论和方法应运而生,如系统动力学、OD 调查法、灰色理论等方法都可根据条件在交通运输中选用。

3) 区域航道网货运量预测

一般的预测方法只能反映单条航道的水运量变化规律,而不能反映周围航道条件变化对航道水运量的影响。"四阶段法"是公路交通需求预测中的一种较为成熟的方法,能较好地解决网络交通量预测问题。航道网水运量预测与公路网交通需求预测有着极为相似的地方,因此,可以考虑用"四阶段法"研究航道网水运量问题,根据航道网水运交通流特点进行具体分析应用。

由于公路路网相对密集且存在交织,公路运输方式较为灵活,路线选择环境依赖性小,因此具有一定的随机性。而区域航道网线路较为单一,路线选择很大程度上受外部环境的影响,另外,航道船型发展也会对水运量预测产生影响。因此,依据"四阶段法"的基本思想,结合航道运输自身的特征,将水运量预测分为:区域水运生成量预测、区域水运量分布预测、区域水运量分配预测。

(1) 区域水运生成量预测

区域货物生成量(货物发生集中量)是社会经济发展对运输需求的具体反映。货物发生集中量的预测以社会经济发展趋势为基本依据,常用的方法有增长率法、相关分析法、强度分析法等。

采用增长率法进行预测的具体步骤为:

① 对历史年区域水运量增长与地区经济增长的相关关系进行分析,并计算历史弹性系数,据此估计未来水运量与经济增长的相关关系,得到未来弹性系数。

a. 历史弹性系数分析

根据掌握的历史货运量及经济资料,按弹性系数法计算各区货运量增长与国民经济增长间的弹性系数,弹性系数用幂指数回归分析法计算,计算公式同式(2.1)。

　　b. 未来各水平年弹性系数

根据货运量发展的历史弹性系数,参考国外发达国家的水运发展经验,以及对水运发展普遍规律的宏观把握,预测未来弹性系数。

② 根据地区未来的经济增长率,推算区域未来水运发生、集中量的增长率。

未来货运量增长率由下式计算:

$$R_k = E_k X_k \tag{2.16}$$

式中:R_k——各影响区未来水平年 k 货运量增长率(%);

　　　E_k——各影响区未来水平年 k 货运量对国内生产总值的弹性系数;

　　　X_k——各影响区未来水平年 k 国内生产总值增长率(%)。

③ 最后以基年区域水运发生、集中量为基础,预测未来水运生成总量。

未来各影响区货运发生、集中量预测计算公式如下:

$$P_n = P_k (1+R_n)^{n-k} \tag{2.17}$$

式中:P_n——第 n 年影响区货运发生、集中量(t);

　　　P_k——第 k 年影响区货运发生、集中量(t);

　　　R_n——第 k 年至第 n 年影响区货运量增长率(%);

　　　n——预测年份。

常用的交通指标主要有航道货运量、区域运输量等,经济指标主要有国内生产总值(GDP)、工农业产值等。

(2) 区域水运量分布预测

① 趋势型水运量分布预测

对研究区域的水运量进行分布预测,可采用 FRATAR 模型。FRATAR 模型中,两交通小区之间未来的货运量不仅与两交通小区的运量生成增长系数有关,而且还与整个区域的各交通小区的运量生成系数有关。模型计算公式如下:

$$T_{ij}^f = T_{ij}^0 G_i G_j \frac{L_i + L_j}{2} \tag{2.18}$$

$$L_i = \frac{P_i^0}{\sum_j T_{ij}^0 G_j} \tag{2.19}$$

$$L_j = \frac{A_j^0}{\sum_i T_{ij}^0 G_i} \tag{2.20}$$

式中:T_{ij}^f——未来特征年小区 i 与小区 j 之间的货运量(t);

　　　T_{ij}^0——基年小区 i 与小区 j 之间的货运量(t);

　　　G_i——小区 i 货运发生量的增长率,即 $G_i = \frac{P_i^f}{P_i^0}$(%);

　　　G_j——小区 j 货运集中量的增长率,即 $G_j = \frac{A_j^f}{A_j^0}$(%);

　　　L_i, L_j——出行阻挠因素;

P_i^f, A_j^f——未来特征年小区 i 货运发生量和小区 j 货运集中量(t);

P_i^0, A_j^0——基年小区 i 货运发生量和小区 j 货运集中量(t)。

用 T_{ij}^f 代替 T_{ij}^0,用 $\sum_j T_{ij}^f$ 代替 P_i^0,用 $\sum_i T_{ij}^f$ 代替 A_j^0 重复计算,反复修正,直到 G_i、G_j 收敛在误差范围之内为止(精度为95%以上)。

② 诱增型水运量预测

航道整治升级后,货运能力提升,航程时间更短,必然对腹地产生诱增作用,即除正常增长的货运量外,还会诱发产生一部分货运量,这部分货运量为诱增型水运量。一般来讲,诱增、转移货运量主要包括以下五个方面:第一,航道的新建或整治改善了通航条件,诱发了原来潜在的货运需求;第二,航道的新建或整治使船舶行驶时间和距离缩短,引起市场范围的变化,改变了经济可接近性,因此产生了新货运量;第三,航道的新建或整治引起经济结构和产业布局发生变化,产生新的开发项目,因此也产生了新的货运量;第四,航道的新建或整治使得水运的运输成本降低、效率提高、运量增加,公路或铁路的部分货运量因此而转移到水运;第五,其他运输方式设施的改善,将部分由水运承担的货运量转移过去。上述诱增、转移货运量五个方面对于不同地域表现的程度不同,产生量的大小也有差别。

诱增交通量可采用无约束重力模型推算,主要考虑以各交通小区间的航行时间为阻抗,按照有无项目比较法的原则,对项目建成前后货物通过所用时间的缩短来推算诱增交通量。

无约束重力模型的基本形式为:

$$T_{ij}^0 = k \frac{(P_j^0)^\alpha (A_j^0)^\beta}{t_{ij}^\gamma} \quad (2.21)$$

式中:t_{ij}——小区 i 与小区 j 之间的交通阻抗参数;

k、α、β、γ——均为待定系数。

根据航道 OD 调查得到的现状分布量和各小区间的现状时间距离,进行多元回归分析得到重力模型各参数值。

诱增交通量预测:

$$Q'_{ij} = Q_{ij} \left[\left(\frac{t_{ij}^N}{t_{ij}^F} \right)^\gamma - 1 \right] \quad (2.22)$$

式中:Q'_{ij}——小区 i 到小区 j 未来诱增货运量;

Q_{ij}——小区 i 到小区 j 未来趋势货运量;

t_{ij}^N——项目建成后小区 i 到小区 j 的出行时间;

t_{ij}^F——项目建成前小区 i 到小区 j 的出行时间;

γ——无约束重力模型回归参数。

通过上述计算参数,由未来趋势型 OD 矩阵和航道网运行时间推算得到未来诱增型 OD 矩阵。

③ 转移型水运量预测

航道项目的建设会对其他运输方式的运量产生影响,其他运输项目的建设也会反过来对航道水运量产生影响。这种影响所产生的水运与铁路、公路等其他运输方式之间转移的货运量,称为转移型水运量。

时间价值消耗、运费消耗与货物自身价值的比值,是选择货物运输方式所需考虑的关键因素。对转移型水运量的预测,可考虑从广义费用的角度出发,研究各种运输方式的分担。选择 Logit 模型进行预测,其基本形式为:

$$P_k = \frac{\exp(-\lambda \alpha_k)}{\sum_{k=1}^{n} \exp(-\lambda \alpha_k)} \tag{2.23}$$

式中:α_k——第 k 种运输方式的广义运输费用比;

λ——运输方式分担参数;

P_k——第 k 种运输方式的分担比例,满足 $\sum_{k=1}^{n} P_k = 1$ 的约束条件。

单位质量货物的广义运输费用比值为:

$$\alpha = (C_1 + C_2 + C_3)/V \tag{2.24}$$

式中:α——广义运输费用比;

C_1——运输过程货物的时间价值消耗(元);

C_2——运输过程货物的运费消耗(元);

C_3——两端转运费用(元);

V——运输货物的自身价值(元)。

④ 水运量总 OD 矩阵

通过预测,得到趋势型 OD 矩阵、诱增型 OD 矩阵和转移型 OD 矩阵,将诱增型 OD 矩阵并入趋势型 OD 矩阵,并减去转移型 OD 矩阵,即可得到区域航道网未来的总 OD 矩阵。

(3) 区域水运量分配预测

得到水运 OD 矩阵后,构建航道网络进行网络配流,以及区域水运量分配预测。航道网水运量分配预测与公路网交通需求预测相似,因此,可借鉴常用的交通量分配方法,典型方法有最短路径法、容量限制分配法、多路径概率分配法等。

最短路径法是一种静态的交通分配方法,按该方法分配的交通量,最能反映出行愿望,而且计算相当简便,其致命缺点是出行量分布不均匀,全部集中在最短路上。这种分配方法是其他各种交通分配方法的基础。

容量限制分配法是一种动态的交通分配方法,它考虑了航道与通航负荷之间的关系,即考虑了航线通行能力的限制,比较符合实际情况。但该方法不能收敛,在某些航段上可能会反复分配流量。

多路径概率分配法以合理的航道为原则,认为船舶量以不同的概率分配到各条航道上。由航线选择特性可知,船舶希望选择最合适(最经济、最短、最快、最方便等)的航线出行,称之为最短路因素,但由于航道通过的复杂性及状况的随机性,船舶的航线也带有一定的不确定性,称之为随机因素。这两种因素存在于整个航行过程中,两因素所处的主次地位取决于可供选择的出行航道的路权差(时间或费用差等)。各出行路线被选用的概率可采用 Logit 型路径选择模型计算。

其基本原理是:出发地与目的地之间存在几条可能的出行航线,广义行驶时间越短,选择该航线的概率越大。其公式为:

$$P(k) = \frac{\exp(-\theta \cdot t_k)}{\sum_{i=1}^{m} \exp(-\theta \cdot t_i)} \quad (2.25)$$

$$T_{ij(k)} = T_{ij} \cdot P(k) \quad (2.26)$$

式中:$T_{ij(k)}$——T_{ij} 分配到第 k 条航线上的货运量(t);

T_{ij}——i 区到 j 区的货运量(t);

θ——分配参数;

m——有效出行航线条数;

$P(k)$——第 k 条航线的使用概率;

t_k——第 k 条航线的广义行驶时间。

水网地区航道货运量预测方法具体见图 2.4。

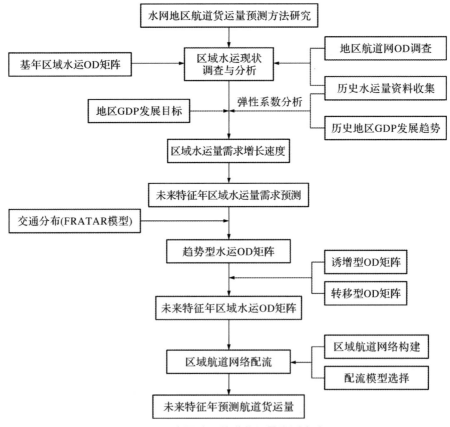

图 2.4 水网地区航道货运量预测方法

2.4 工程案例

2.4.1 苏南运河三级航道整治工程

1) 项目概况

苏南运河北起长江谏壁口门,南至江浙交界的鸭子坝,全长约212.029 km(含常州改线增加里程),现在按照Ⅲ级航道标准进行整治建设。该航道沟通长江、太湖水系,连接苏申内外港线、长湖申线等省际航道,常年有13个省市的船舶在苏南运河上航行,是京杭运河上运量最大、船流密度最高的河段之一。

苏南运河进行了多期航道整治建设。本案例中,苏南运河整治范围为不含已按Ⅲ级标准实施的常州改线段在内的186.265 km的航道整治工程及桥梁改建工程。苏南运河在1958年进行了全面规划,但仅对部分航段进行局部整治。苏南运河全面整治工程于1992年8月开工,1997年9月完工,按四级航道标准进行整治。谏壁二线船闸经过三年的建设,于2001年完工,其建设规模为23 m×230 m×4 m(闸室口宽×闸室长×门槛水深),二线船闸为Ⅲ级通航建筑物,主体结构为Ⅱ级水工建筑物。京杭运河常州市区段改线工程于2005年开工建设,航道设计等级为Ⅲ级,永久性水工建筑物按Ⅲ级水工建筑物建设。

2) 水运现状

(1) 航道现状

1992—1997年,苏南运河进行了大规模的全面整治,整治标准为四级,一般河段底宽$B=40$ m,两岸采用1:3的砼预制块护坡或1:20~1:15模袋砼护坡,市镇河段采用浆砌块石直立式或半直立式驳岸,其最小底宽$B=40$ m,最小设计水深为2.5 m,直立式驳岸段口宽为60 m,最小弯曲半径为600 m,可常年通航500 t级船舶。根据调查,河床在动水作用下,沿航道中心线一般均被冲刷成宽2~5 m、深0.5~2 m的深槽,而航道两侧坡脚附近则淤高了1~3 m,现状苏南运河航道底宽在30~35 m之间。苏南运河全面整治完成后,通航条件进一步改善,船舶流量迅速增长,船舶大型化发展趋势明显,常有800 t级以上船舶行驶。苏南运河全线现有桥梁102座,主桥跨径在50~90 m之间,净高均不低于7 m。

由于江苏及周边地区经济的迅猛发展,船舶迅速向大型化方向发展,且数量猛增,加之措施滞后及航道建设投资滞后等原因,苏南运河航段多次出现堵航现象。2000年以来苏南运河共发生了24次连续48 h以上船舶堵航,有20次是因航道通过能力不足以及船舶大型化、航道口宽及水深不满足船舶航行要求而引发的事故。

(2) 船舶营运现状

① 谏壁船闸船舶现状

根据镇江谏壁船闸2002~2005年过闸船舶统计资料:各年船队比例均占总船舶量的70%以上,船队中200 t级及以下所占比例逐年减小且减幅较大,300 t级维持平稳水平,

500 t 级增幅较大,800 t 级以上也有增加,但增幅较 500 t 级小;单船中 100 t 级及以下所占比例迅速减小,2005 年仅为 2002 年的 33.0%,200~300 t 级在一定范围内变化,500 t 级及 800 t 级增幅较大;挂机船从 2002 年的 15.0%下降至 2005 年的 2.0%,2006 年 1 月 1 日起,苏南运河已禁止挂机船驶入(表 2.3)。

表 2.3 谏壁船闸船型比例表   单位:%

船型	2002 年	2003 年	2004 年	2005 年
船队	69.9	72.5	75.5	78.7
单船	15.1	16.9	18.1	19.3
挂机船	15.0	10.6	6.4	2.0
小计	100	100	100	100

② 苏南运河节点船舶现状

苏南运河船舶大型化发展迅速,船舶平均吨位由 1997 年的 82.2 t 上升至 2005 年的 242 t,年平均增长速度在 20%以上(表 2.4)。

表 2.4 苏南运河各节点船舶平均吨位表

年份	节点						
	陵口(t)	新闸(t)	小九华(t)	下甸桥(t)	浒关(t)	平望(t)	平均值(t)
1997	83	83	83	83	75	—	81.4
1998	104	86	78	94	77	—	87.8
1999	190	88	85	105	80	—	109.6
2000	196	104	64	96	86	93	106.5
2001	199	104	65	89	91	104	108.7
2002	200	98	98	91	94	116	116.2
2003	198	155	158	202	107	126	157.7
2004	205	191	221	226	151	136	188.3
2005	306	—	196	242	234	232	242

(3)航道货运现状

苏南运河运输量已超过 1.91 亿 t,船舶越来越大型化,苏南运河中 500 t 级船舶已较普遍,1 000 t 级拖带船舶也屡见不鲜。苏南运河航道现状已与繁忙的航运不相匹配,制约其未来集装箱快速通道功能的发挥,成为苏南地区经济发展的瓶颈。

① 航道货运量现状

2005年本线共发生货运量19 066万t,其中上行(往长江方向)9 672.5万t,占50.7%,下行(往浙江方向)9 393.5万t,占49.3%。

从货物流向来看:区域外至区域外的过境货物主要是发生在长江沿线、苏北地区与上海、浙江之间的货物交流;区域内外交换量主要是发生于镇江、常州、无锡、苏州四市与苏北、浙江、上海以及长江沿线各省的物资交流;区域内部主要是镇江、常州、无锡、苏州之间的物资交流(图2.5~图2.7)。

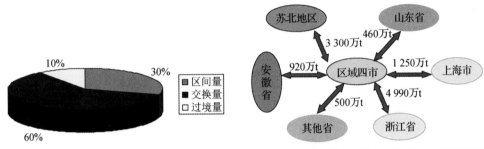

图2.5 苏南运河货运量构成比例图　　图2.6 苏南运河与周边地区货物交流情况图

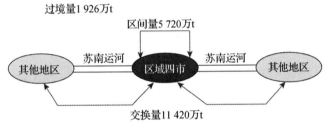

图2.7 苏南运河货物交流情况图

② 2005年航道货运量及主要流向分析

以2005年苏南运河各观测点上、下行货运量为各区段控制运量,参考沿河镇江、常州、无锡、苏州港口吞吐量,调查了解运河沿线水运吞吐量及流量流向,考虑与运河发生较大物流关系的航道各节点进出货运量,综合确定苏南运河货运量及货物流量的走向(图2.8)。

从货物流向来看:区域外至区域外的过境货物主要是发生在长江沿线、苏北地区与上海、浙江之间的货物交流,2005年这部分过境量为1 925.7万t,占总量的10.1%;区域内外交换量主要是发生于区域四市与苏北、浙江、上海以及长江沿线各省的物资交流,这部分运量为11 420.3万t,占总量的59.9%;区域内部的货运量为5 720万t,所占比重为30.0%,主要是区域四市之间的物资交流。货物的种类分析如下:2005年全线共发生煤炭运量4 156万t,占全线货运量的比重为21.8%;矿建材料10 830万t,占56.8%;水泥820万t,占4.3%;钢铁762.6万t,占4.0%;粮食286万t,占1.5%;石油267万t,占1.4%;矿石(非金属矿)381.3万t,占2.0%;其他货物1 563.1万t,占8.2%(详见表2.5)。

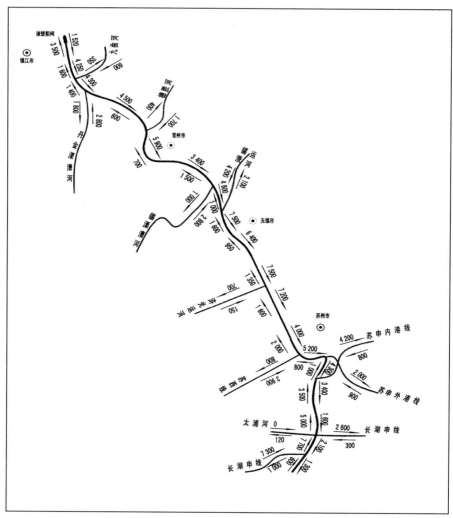

图 2.8　2005 年苏南运河断面货流情况图(单位:万 t)

表 2.5　2005 年苏南运河分货种运量表

货种	上行(万 t)	下行(万 t)	合计(万 t)	比例(%)
煤炭	160.6	3 995.4	4 156	21.8
矿建材料	7 616.8	3 213.2	10 830.0	56.8
水泥	170.0	650.0	820.0	4.3
钢铁	300.0	462.6	762.6	4.0
粮食	190.0	96.0	286.0	1.5
化肥、农药	30.0	85.7	115.7	0.6
石油	180.0	87.0	267.0	1.4
木材	20.5	100.5	121.0	0.6
矿石	190.0	191.3	381.3	2.0

续表

货种	上行(万 t)	下行(万 t)	合计(万 t)	比例(%)
其他	814.6	511.8	1 326.4	7.0
合计	9 672.5	9 393.5	19 066.0	100

由此可见,苏南运河不仅承担着苏南区域内的大量货物运输,同时还发挥着过境主通道的功能。

③ 1997年苏南运河四级航道整治后货运量变化分析

由表2.6可见,从1997年到2005年,苏南运河和4个观测点两者的货运总量年均增长率分别为7.6%、15%,两者的增长率虽不一样,但有着共同的发展规律和发展趋势,苏南运河航道总货运量随着断面货运量的增长而相应的增长。

以前苏南运河运输货物以下行为主,下行量占航道总量的68%左右,随着区域经济发展和浙江等地资源的开采,目前苏南运河运输货物上行、下行量比较均匀,上行占50.7%,下行占49.3%;苏南运河运输货物以传统水运物资为主,由1997~2005年各观测点统计资料可见货物的种类基本保持不变,以矿建材料、煤炭、水泥、钢铁、粮食、石油和农用物资为主,矿建材料由于区域内的需求而快速增长,从整治前的40%增至56.8%,同时随着区域经济发展,区域内生产的日用品、百杂货等价值较高的物资也较整治前有所增加。

表2.6 苏南运河观测站历年货运量表

年份	谏壁船闸			陵口段			浒光			吴江平望			观测站合计	苏南运河货运量
	上行	下行	合计	上行	下行	合计	上行	下行	合计	上行	下行	合计		
1997	920	567	1 487	170	668	838	419	2 597	3 016	3 805	951	4 756	10 097	10 576
1998	1 574	947	2 521	350	1 450	1 800	460	2 400	2 860	3 608	902	4 510	11 691	11 470
1999	1 824	1 081	2 905	453	1 952	2 405	515	2 558	3 073	4 100	1 025	5 125	13 508	12 950
2000	2 074	953	3 027	397	2 178	2 575	449	3 168	3 617	4 454	1 113	5 567	14 786	13 760
2001	2 372	862	3234	3 25	2 219	2 544	380	3 871	4 251	4 980	1 253	6 233	16 262	14 350
2002	2 785	1 068	3 853	393	2 831	3 224	465	4 316	4 781	5 500	1 572	7 072	18 930	15 590
2003	2 998	1 038	4 036	401	2 660	3 061	769	4 484	5 253	7 623	1 877	9 500	21 850	16 500
2004	3 782	1 027	4 809	613	2 784	3 397	1 997	6 410	8 407	7 500	1 855	9 355	25 968	18 158
2005	3 447	1 515	4 962	540	4 510	5 050	1 509	7 199	8 708	7 538	4 714	12 252	30 972	19 066
年平均增长率													15%	7.6%

注:表中的数据除增长率外,其余单位均为万 t。

3) 水运量预测

(1) 预测的方法和依据

① 预测原则

从系统观点和交通要适应国民经济发展的基本原则出发,本着各种运输方式协调发展、综合利用,各尽其能、各显所长,充分发挥综合运输效益,促进区域经济发展的宗旨,在未来运量预测时,根据改善后的航道条件和沿线区域经济增长对运输的需要进行配流。

② 预测思路

交通运输是区域经济的纽带和桥梁,水路运输的发展与基础产业的发展是相互影响和相互促进的。在预测苏南运河运输量时,应首先分析历年项目影响区苏南运河货物量增长与地区生产总值增长的相应关系,建立在目前航道条件下的水运量与地区生产总值之间的对应关系,同时对今后的经济发展趋势及发展水平做出分析,按照区域内经济社会发展规划和产业结构调整的方向,结合地区生产总值的发展水平和规模,然后根据预测模型进行相应计算,预测苏南运河增长的货物运输量,最后考虑航道按三级整治后产生的诱增、转移运量,综合两者预测结果,通过专家讨论得到较为合理的航道货运量预测值。由此预测苏南运河的运输量和分货种 OD 量。

③ 预测方法

根据苏南运河的实际情况,本次预测综合采用弹性系数预测法与三次指数平滑预测法,以提高预测的科学性与准确性。

④ 预测数据来源

本预测历史数据主要来源于《江苏统计年鉴》《江苏交通统计年鉴》《苏州统计年鉴》《苏州交通统计年鉴》《无锡统计年鉴》《无锡交通统计年鉴》《镇江统计年鉴》《镇江交通统计年鉴》《常州统计年鉴》《常州交通统计年鉴》《江苏省内河航道交通量观测资料汇编》《江苏省干线航道网规划》《苏州市国民经济和社会发展第十一个五年规划纲要》《苏州市航道网规划》《无锡市国民经济和社会发展第十一个五年规划纲要》《无锡市航道网规划》《常州市航道网规划》等。

⑤ 预测内容

以 2005 年为基准年,预测规划水平年为 2010 年、2020 年和 2030 年。预测内容为苏南运河在规划水平年的货运量和相应水平年货种 OD 量(表 2.7)。

(2) 货运量预测的结论

根据苏南运河趋势、转移、诱增货运量的预测结果,在各水平年航道上进行配流,得到苏南运河各水平年货运量和货流密度图(图 2.9～图 2.11)。

表 2.7 苏南运河货运量最终预测值　　　　　　　　　　　　　　　　　　　单位:万 t

货种	2010			2015			2020			2025			2030		
	上行	下行	合计	上行	下行	合计	上行	下行	合计	上行	下行	合计	上行	下行	合计
煤炭	350	4 350	4 700	420	5 300	5 720	450	6 000	6 450	470	6 500	6 970	480	6 890	7 370
矿建材料	8 000	3 500	11 500	7 900	3 600	11 500	7 470	3 300	10 770	7 300	3 200	10 500	7 300	3 000	10 300
水泥	210	700	910	250	790	1040	300	1 050	1 350	400	950	1 350	520	980	1 500
钢铁	500	550	1 050	580	680	1 260	650	850	1 500	800	1 000	1 800	850	950	1 800
集装箱	120	330	450	200	400	600	310	590	900	400	700	1 100	500	800	1 300
粮食	250	120	370	300	150	450	400	300	700	450	320	770	400	420	820
石油	220	120	340	250	160	410	300	250	550	350	360	710	400	400	800

续表

货种	2010 上行	下行	合计	2015 上行	下行	合计	2020 上行	下行	合计	2025 上行	下行	合计	2030 上行	下行	合计
木材	56	150	206	70	200	270	80	220	300	100	250	350	110	280	390
矿石	220	260	480	250	300	550	350	500	850	400	460	860	410	400	810
其他	1 074	620	1 694	1 300	900	2 200	1 600	1 330	2 930	1 700	1 390	3 090	2 000	910	2 910
合计	11 000	10 700	21 700	11 520	12 480	24 000	11 910	14 390	26 300	12 370	15 130	27 500	12 970	15 030	28 000

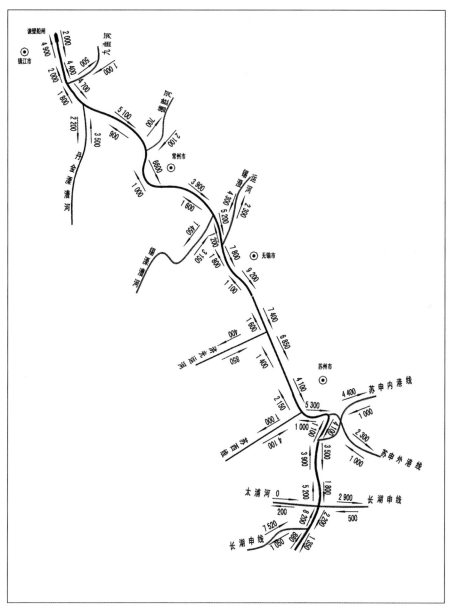

图 2.9 2010年苏南运河断面货流情况图(单位:万 t)

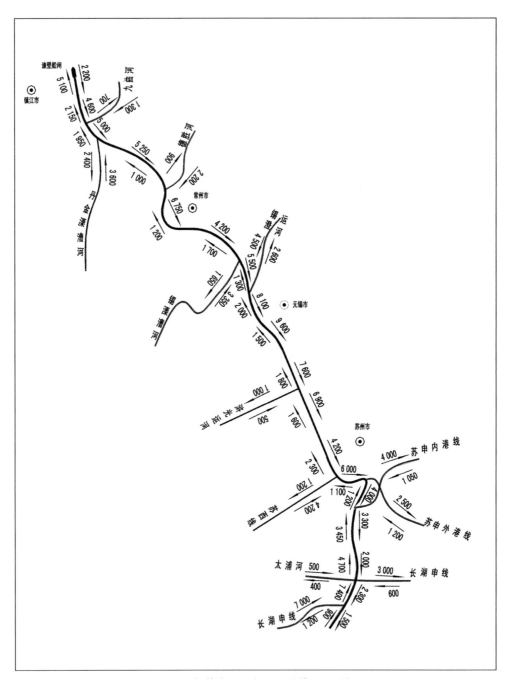

图 2.10 2020 年苏南运河断面货流情况图(单位:万 t)

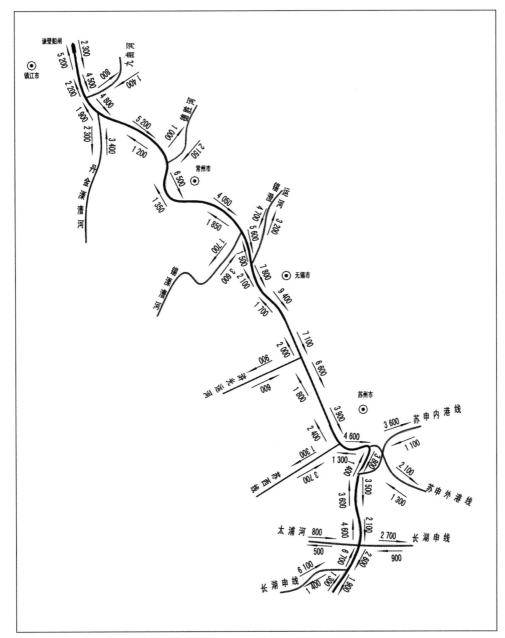

图 2.11　2030 年苏南运河断面货流情况图(单位:万 t)

2.4.2　丹金溧漕河航道整治工程

1) 项目概况

丹金溧漕河整治航道北起京杭运河丹阳七里桥口,经金坛至溧阳芜申线交会口,全长 65.590 km。多年来,丹金溧漕河基本没有进行过系统的航道整治,多处于自然状态,航道常年只能通航 100 t 级船舶。丹金溧漕河作为沟通京杭运河和芜申线的一条重要航道,规划等级为Ⅲ级航道。整治标准为:航道底宽不小于 45 m,设计水深为 3.2 m,航道最小弯曲半径为480 m。根据本航道的货运特点确定丹金溧漕河为双线航道,半直立式驳岸河口宽不小于70 m,通航净空满足:60 m×7 m(净高×净宽)。丹金船闸建设规模为Ⅲ级船闸,船闸尺度为23 m×180 m×4 m(口门宽×闸室长×槛上水深)。

本项目通过对全线货运量预测和货物流量流向的调查研究,选取合理的航道整治方案,研究拟建丹金船闸的必要性和可行性,结合规划确定跨河桥梁的建设规模,沿线港口、水上服务区和锚地等位置和规模,论证工程建设可行性和经济合理性,为丹金溧漕河航道整治工程建设研究和决策提供科学依据。

2) 水运现状

(1) 航道现状

丹金溧漕河航道沿线区域经济发达,航运近年来一直维持较高的货运量。2005年里庄闸观测点的船舶通过量为6 255万t,货物通过量为4 219万t;2006年航道沿线的里庄闸观测点的船舶通过量为8 400万t,货物通过量为5 600万t,航道通过能力已处于超饱和状态。同时,船舶大型化趋势明显,300 t级以上的船舶逐步增多。丹金溧漕河的航运现状已经远远不能适应区域经济发展的要求,迫切需要进行全面的整治。

自20世纪80年代起,镇江、常州两市航道部门陆续对丹金溧漕河航道进行了养护,但一般航段养护仅按六级标准进行,常年可通行100 t级船舶,大型船舶的直达性运输受到限制。大部分航道的弯曲半径小,线型较差,最小航宽仅为20 m,最小水深为2.0 m。

丹金溧漕河现状航道跨河桥梁较多,共计为32座(不含芜申线交叉口至溧阳城区的3座)。其中,2000年后建造的桥梁多满足五级通航净高5 m的标准。

(2) 水运量现状

① 丹金溧漕河历年运量发展状况

丹金溧漕河沿线有里庄闸(位于丹阳市)、城南桥(位于金坛)两处间隙式观测点,其中里庄闸为常设观测点,城南桥观测点设于2002年,原有的龙山观测点被废除。根据观测点提供的历年数据可知,丹金溧漕河运量持续快速增长,1990年观测点的货物平均通过量为598万t,2000年为1 642万t,2006年高达3 972万t,年均增长率为12.6%(图2.12,表2.8)。

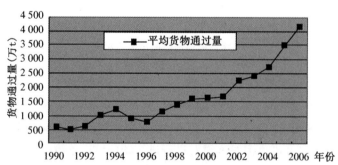

图2.12 丹金溧漕河沿线观测点平均货物通过量历年发展趋势

表 2.8 丹金溧漕河各观测点历年货物通过量

年份	里庄闸			城南桥或龙山			平均		
	上行	下行	总计	上行	下行	总计	上行	下行	总计
1990	391	194	585	417	195	612	404	194	598
1991	223	125	348	394	217	611	309	171	480
1992	342	171	513	552	288	840	447	230	677
1993	407	379	786	691	561	1 252	549	470	1 019
1994	387	244	631	1 448	405	1 853	917	324	1 241
1995	521	297	818	571	371	942	546	334	880
1996	351	197	548	664	342	1 006	507	269	776
1997	708	487	1 195	743	316	1 059	726	401	1 127
1998	1 305	552	1 857	655	261	916	980	407	1 387
1999	1 498	508	2 006	859	316	1 175	1 178	412	1 590
2000	1 466	472	1 938	910	437	1 347	1 188	454	1 642
2001	1 484	494	1 978	879	474	1 353	1181	484	1 665
2002	1 187	778	1 965	1659	868	2 527	1 423	823	2 246
2003	1 540	856	2 396	1 614	775	2 389	1 577	816	2 393
2004	1 688	1 212	2 900	1 476	1 021	2 497	1 582	1 116	2 698
2005	2 359	1 860	4 219	1 632	1 089	2 721	1 995	1 475	3 470
2006	3 339	2 300	5 639	1 341	965	2 306	2 340	1 632	3 972
年平均增长率	15.2%			8.6%			12.6%		

注:表格中数据除增长率外,其余单位均为万 t。

② 丹金溧漕河运量分布状况

丹金溧漕河是丹金溧地区的南北向水运大动脉,主要承担溧、金以及宜兴西南等地区矿建材料、水泥及矿石的外运,同时也担负着丹金溧地区与外地之间的货物交流任务。

③ 丹金溧漕河沿线港口分布状况

丹金溧漕河流经丹阳、金坛、溧阳,沿线除有地方港务处所属的港口码头外,同时也分布着众多个体及业主码头,现状沿线港口码头的吞吐总量约为 364 万 t,其中丹阳地区沿线吞吐量约为 80 万 t,货物以矿建材料为主;金坛地区沿线吞吐量约为 24 万 t,货物也是以矿建材料为主;溧阳地区沿线吞吐量约为 260 万 t,货物以钢铁为主。

④ 丹金溧漕河周边航道状况

丹金溧漕河地处苏南水网地区,芜申线、京杭运河等与其南北相接,锡溧漕河位于其东部;同时,丹金溧漕河周边地区还分布着通尧河、通济河、常溧线、常宜线等市干线航道以及常金北线、薛埠河、上兴河、上沛河、中河、溧梅线、戴埠河等多条支线航道。

在航道等级方面,目前丹金溧漕河周边主要航道中除京杭运河为四级航道,丹金溧漕河、锡溧漕河、芜申线、中河为六级航道外,其他航道绝大部分为等外级。在航道运输上,京杭运河、丹金溧漕河、锡溧漕河等省干线航道的运量基本保持在 3 000 万~5 000 万 t,承担着繁重的运输任务,其他市干线、支线航道的运量也大多在 300 万 t 以上,由于航道条件差,部分航道已经不堪重负(表 2.9)。

表 2.9　丹金溧漕河周边航道现状货物通过量

航道		现状等级	观测点	运量(万 t)
省干线航道	丹金溧漕河	六级	里庄闸	4 219
			龙山	2 721
	京杭运河	四级	谏壁	4 961
			陵口	5 049
	锡溧漕河	六级	宜城	3 320
			戴溪	5 118
	芜申线	六级	—	2 607
市干线航道	常宜线	等外	丫河口 1	455
	常溧线	等外	丫河口 2	346
	通尧河(丹金溧漕河以东段)	等外	—	250
	通济河、通尧河(丹金溧漕河以西段)	六级~七级		592
市支线航道	常金北线	等外	导士	39
	薛埠河	等外	—	357
	上兴河	等外	—	484
	上沛河	等外	—	1 048
	中河	六级	—	834
	溧梅线	等外	老角嘴	452
	戴埠河	七级	—	147

3) 水运量预测

(1) OD 调查与分析

① 形成初始基年 OD

在进行常州市、无锡市航道网规划时,曾对无锡、常州两市进行过船舶 24 h 连续 OD 调查与观测,并获得了该地区的现状内河航运 OD。为更好地把握丹金溧漕河当前的流量、流向分布状况,又针对丹金船闸、谏壁船闸进行了 OD 补充调研,建构了镇常锡地区的基年初始 OD;然后在航道网上进行交通分配,通过航道各观测点年观测通过量进行校核、调整,直至交通分配结果与观测资料相符,最终形成基年 OD(图 2.13)。

对项目影响区进行 OD 小区划分。分析统计共分 35 个交通小区,限于篇幅,此处将部分小区合并形成 15 个交通中区(表 2.10)。

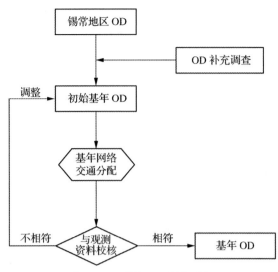

图 2.13 基年 OD 制作过程

表 2.10 基年货运表

单位:万 t

中区	1	2	3	4	5	6	7	8	9	10	11	12	13	14	15	小计
1	0	6	0	75	392	761	408	0	598	216	138	60	8	0	0	2 662
2	6	2	27	0	109	747	178	0	61	191	0	197	9	0	8	1 535
3	111	0	0	20	17	427	34	0	0	0	0	0	0	0	0	609
4	5	0	3	127	248	1 627	238	2	0	871	216	52	107	0	0	3 496
5	227	32	5	282	1 731	1 989	232	2	215	150	18	27	0	0	5	4 915
6	131	68	64	283	212	2 455	303	77	82	704	2	83	58	10	64	4 596
7	64	6	0	108	115	414	0	53	52	53	5	19	80	0	0	969
8	51	0	0	73	31	387	137	0	0	22	0	0	0	0	0	701
9	0	0	0	19	39	134	35	0	0	0	0	0	0	0	0	227
10	18	11	0	13	18	274	155	0	0	0	0	6	0	0	0	495
11	0	0	0	0	0	16	8	0	0	0	0	0	0	0	0	24
12	116	0	0	198	3	609	617	0	0	0	0	0	0	0	0	1 543
13	172	0	0	97	55	1 049	473	0	0	16	0	0	0	0	0	1 862
14	216	122	0	0	229	407	304	0	0	0	0	0	0	0	0	1 278
15	0	0	0	3	10	1 983	85	0	0	0	0	0	0	0	0	2 081
小计	1 117	247	99	1 298	3 209	13 279	3 207	134	1 879	1 568	215	493	161	10	77	26 993

② 丹金溧地区内河货物流量、流向分布

根据货物的发出地和到达地，可将内河货运量分成三个部分：第一部分为货物发出地和到达地都在丹金溧地区内部，即"两头在内"，称为区间量；第二部分为丹金溧地区与外地之间的货运量，即"一头在外"，称为交换量；第三部分为"两头在外"的货运量，称为过境量，本次过境量主要分析由宜兴经丹金溧漕河至外地的货运量。

对区域OD进行分析可知，丹金溧地区的内河现状运量达7 455万t。在运量构成上，丹金溧地区的区间量较小，约152万t，占总量的2.0%，为丹阳、金坛、溧阳之间的内部调剂量；过境量次之，约1 185万t，占总量的15.9%，主要为由宜兴经丹金溧漕河运往镇江、长江以北地区等地的矿建材料，其中至镇江地区约300万t，至江北徐宿淮扬、连盐通泰地区分别约305万t、478万t，至其他地区约102万t。丹金溧地区与外地的交换量达6 118万t，在流向分布上，主要有苏锡地区、连盐通泰地区、镇常其他地区和沪浙四个主要流向：其中与苏锡地区的交换量最大，约2 300万t；与江北连盐通泰地区的交换量次之，约1 235万t；与镇常其他地区的交换量约为782万t；与沪浙地区的交换量约为690万t。此外，丹金溧地区与山东的交换量约为338万t，与徐宿淮扬地区的交换量约为373万t，与安徽等其他地区的交换量约为400万t。

③ 丹金溧漕河货物流量、流向分析

丹金溧漕河是丹金溧地区内河运输的大动脉，承担了该地区的绝大部分南北向内河运输。据分析，在丹金溧地区的内河运输构成中，除溧阳市西南部分地区无须通过丹金溧漕河，直接通过芜申运河、锡溧漕河即可完成与锡、苏、沪、浙等东南地区之间的交换量外（该部分交换量约为1 800万t），该地区的区间量、过境量及其余交换量，绝大部分都需要通过丹金溧漕河完成。据统计，丹金溧漕河完成的内河货运量约为5 670万t，在货种方面，矿建材料所占比例最高，现状约为59.5%；其次为煤炭，约为12.3%；矿石、水泥、钢铁，所占比例分别为9.5%、6.9%、4.2%（表2.11、表2.12）。

表2.11 丹金溧漕河现状货种流量、流向构成情况表（流向：上行） 单位：万t

流向	货种						合计
	煤炭	矿建材料	钢铁	水泥	盐卤	其他	
丹金溧地区→丹金溧地区	—	12	21	24	—	4	61
丹金溧地区→无锡、常州	—	37	33	169	243	8	490
丹金溧地区→苏州、沪、浙	—	51	—	—	—	4	55
丹金溧地区→苏北地区	—	2 198	—	—	—	—	2 198
丹金溧地区→其他地区	—	88	—	42	—	—	130
宜兴→苏北地区	—	286	—	—	—	—	286
宜兴→镇江及其他地区	—	402	—	—	—	—	402
合计	—	3 074	54	235	243	16	3 622

表 2.12 丹金溧漕河现状货种流量、流向构成情况表(流向:下行)　　　　单位:万 t

流向	货种					其他	合计
	煤炭	矿建材料	钢铁	水泥	盐卤		
丹金溧地区→丹金溧地区	—	—	—	—	38	3	41
无锡、常州→丹金溧地区	—	—	184	—	—	87	271
丹金溧地区→苏州、沪、浙	—	300	—	124	296	—	720
苏州、沪、浙→丹金溧地区	—	—	—	—	—	140	140
山东、安徽→丹金溧地区	400	24	—	—	—	—	424
山东、安徽→宜兴	297	—	—	—	—	31	328
其他地区→宜兴	—	—	—	32	—	90	122
合计	697	324	184	156	334	351	2 046

(2) 运量预测方法

货运量预测采用以船舶起讫点调查为基础的"四阶段法"。

(3) 运量生成预测

考虑增长率法有比较成熟的经验,指标易于获得,资料相对全面,本次研究推荐采用增长率法预测未来发生、集中交通量。

在交通指标与经济指标的选择上,根据经验,运量与GDP之间有着最为直接、敏感的相关关系,而且各地区将来的经济发展目标均以GDP作为衡量指标。因此采用弹性系数计算时经济指标选择GDP作为分析对象。航道货运量直接反映了内河航道货物需求的发展状况,且资料具有连续性、全面性的特点,因此采用弹性系数计算时交通指标采用主要航道观测点的货运量。

① 历史弹性系数分析

对于历史年弹性系数,本案例对丹金溧漕河直接影响区和间接影响区分别进行计算。对于直接影响区,本案例选取了丹金溧漕河上的观测点与丹金溧地区的GDP资料;对于间接影响区,选取了江苏省具有代表性的20条(其中苏南10条,苏北11条)省干线航道上的21个观测点(货运量之和)的资料,与全省GDP的发展水平进行对比分析,计算得出直接影响区以及间接影响区货运量增长历史弹性系数(表2.13)。

表 2.13 各影响区历年GDP、货运量及弹性系数(拟合后)

年份	直接影响区		间接影响区	
	GDP指数 (1990年为100)	观测点货运量 (万 t)	全省GDP指数 (1990年为100)	观测点 货运量(万 t)
1990	100.0	1 196	100.0	18 304
1991	107.3	960	108.3	18 782
1992	144.7	1 352	136.0	20 593
1993	193.7	2 038	162.9	22 302

续表

年份	直接影响区		间接影响区	
	GDP 指数（1990年为100）	观测点货运量（万 t）	全省 GDP 指数（1990年为100）	观测点货运量（万 t）
1994	225.8	2 484	189.9	24 020
1995	256.5	1 760	219.1	23 121
1996	284.2	1 554	245.8	23 445
1997	310.1	2 254	275.3	23 569
1998	343.6	2 772	305.6	23 614
1999	378.6	3 180	336.5	25 098
2000	420.3	3 284	372.1	25 613
2001	470.7	3 330	410.1	27 888
2002	529.1	4 492	457.7	32 639
2003	605.8	4 786	519.9	35 476
2004	700.0	5 396	597.4	44 684
2005	806.0	6 940	684.0	48 000
2006	923.3	8 325	776.8	51 263
1990～2006年货运量弹性系数	0.80		0.38	

经计算，货运量增长与 GDP 增长有着较好的弹性关系，其中直接影响区的历史弹性系数为0.80，间接影响区的历史弹性系数为0.38。

② 未来各水平年弹性系数

对于间接影响区，通过对江苏省未来经济发展趋势、综合交通发展规划进行深入分析，并综合考虑"西气东输"、"西电东送"，公路、铁路等大型基础设施建设以及城市化、综合物流现状和发展趋势等，估计在项目今后的二十多年里，水运货运量的增长将主要取决于政府宏观经济政策和经济发展。21世纪前十年，拉动经济增长仍需加快基础设施建设，特别是水利、高速公路、铁路和电厂等基础设施的进一步发展，内河货运量的增长较为明显，但弹性系数会略有下降；估计后十年随着水运网、公路网、铁路网，以及周边地区大规模的城市基础设施建设的逐步完成以及能源结构的调整，货运量增长也将逐步趋缓，弹性系数的下降幅度稍有增加。

对于直接影响区，其内河货运量发展趋势与江苏省基本类似，但又有所区别。直接影响区内的镇常山区拥有丰富的矿建、矿产资源，是目前江苏省主要的矿建材料及水泥供应地。在矿建资源方面，近年由于苏州、宜兴等地矿建材料的相继限采或禁采，镇常山区的石料开采力度开始有所加大，预计未来十几年，直接影响区的矿建材料将继续保持稳中有升的趋势。随着经济的不断发展以及对环境保护、资源节约的日益重视，在2020年以后矿建材料会有所减少。在矿产资源方面，金坛地区盐矿蕴藏量巨大，预计未来将成为盐卤原料及其制成品的重要供应地。同时,从区域产业结构分析,直接影响区内的支柱工业为机械、冶金、建材、化工等,这种工业结构所需原材料、工业制成品均以大宗物资为主,也将会产生较大的内河货运需求。与间接影响区相比,直接影响区的弹性系数在近期仍将保持在一个相对较高的水平,但弹性系数将逐渐下降,在2020年左右接近其他区域。

综上所述,预测直接影响区与间接影响区年未来水运货运量与GDP增长率的弹性系数如表2.14所示。

表2.14 各区域水运货运量与GDP增长率弹性系数预测

年份	2006~2010年	2011~2015年	2016~2020年	2021~2030年
直接影响区	0.50	0.40	0.30	0.20
间接影响区	0.30	0.25	0.20	0.20

③ 未来货运量增长率

根据本案例前述经济发展预测,各地区经济发展速度预测结果引用此成果。根据项目各影响区GDP增长率及弹性系数的预测结果,经计算得到各影响区未来水平年货运量增长率如表2.15所示。

表2.15 各地区货运量增长率预测表

	2006~2010年	2011~2015年	2016~2020年	2021~2025年	2026~2030年
丹阳	4.40%	3.28%	2.34%	1.12%	1.08%
金坛	4.95%	3.68%	2.52%	1.40%	1.32%
溧阳	4.85%	3.64%	2.49%	1.40%	1.32%
南京	3.15%	2.40%	2.23%	1.34%	1.32%
镇江	3.99%	2.68%	2.48%	1.40%	1.14%
常州	2.64%	2.05%	1.95%	1.12%	1.08%
无锡	3.72%	2.65%	2.43%	1.38%	1.24%
苏州	3.81%	2.40%	2.28%	1.32%	1.24%
扬州	2.97%	2.35%	2.28%	1.36%	1.26%
泰州	2.70%	2.10%	1.95%	1.18%	1.22%
南通	2.76%	2.13%	2.03%	1.18%	1.12%
盐城	2.76%	2.15%	2.08%	1.36%	1.32%
宿迁	3.18%	2.58%	2.60%	1.80%	1.80%
淮安	2.70%	2.13%	2.10%	1.36%	1.32%
徐州	2.85%	2.25%	2.18%	1.34%	1.28%
连云港	2.76%	2.18%	2.13%	1.34%	1.32%
上海	2.82%	2.00%	1.63%	1.12%	0.94%

续表

	2006～2010 年	2011～2015 年	2016～2020 年	2021～2025 年	2026～2030 年
浙江	2.79%	2.15%	2.00%	1.42%	1.24%
安徽	2.43%	1.73%	1.73%	1.30%	1.20%
山东	2.61%	2.03%	1.88%	1.32%	1.14%
全国	2.61%	1.98%	1.88%	1.34%	1.20%

④ 未来各影响区货运发生、集中量预测

根据基年(2006 年)各小区货运发生、集中量及未来各阶段增长率,可计算特征年各小区货运发生、集中量,限于篇幅,本次只给出交通中区的发生、集中量,见表 2.16。

表 2.16 特征年交通中区货运发生、集中量预测　　　　　　单位:万 t

交通中区	2010 年		2020 年		2030 年	
	发生	集中	发生	集中	发生	集中
1	3 701	1 296	5 166	1 613	5 862	1 831
2	2 133	2 88	2 977	359	3 378	408
3	742	122	936	159	1 062	180
4	4 117	1 525	5 195	1 920	5 896	2 178
5	5 788	3 870	7 304	4 958	8 289	5 626
6	5 414	15 777	6 832	19 991	7 753	22 687
7	1 103	3 835	1 355	4 879	1 538	5 537
8	799	155	982	193	1 115	219
9	259	2 350	318	3 086	361	3 502
10	565	1 931	694	2 509	787	2 847
11	27	283	34	382	38	434
12	1 760	635	2 163	848	2 455	962
13	2 123	191	2 609	241	2 961	273
14	1 457	12	1 791	15	2 032	17
15	2 372	92	2 915	118	3 308	134
合计	32 360	32 362	41 271	41 271	46 835	46 835

(4) 运量分布预测

① 趋势型货运量分布预测

本案例采用 FRATAR 进行货运量分布预测。

② 诱增、转移货运量预测

根据直接影响区的实际情况,主要考虑两个方面的转移、诱增量,一是与行程时间的缩短、运输成本的降低密切相关的诱增量,二是航道网的建设,对沿江港口集疏运的转移量。

a. 诱增货运量

在参考有关资料的基础上,结合项目直接影响区的产业布局特点,以及项目对区域运输需求增加的诱发作用逐渐减弱的规律性,针对区域经济发展以5年为一阶段发生一次飞跃,报告在分析预测项目沿线区域的诱增货运量时,2010~2015年以趋势货运量的5%,2015~2020年以趋势货运量的4%,2020~2030年以趋势货运量的2%计算诱增货运量;过境量的诱增比例相对较小。诱增量的计算将以趋势型货运量OD表为基础,诱增量占趋势型货运量的比例系数见表2.17。

表2.17 各水平年诱增量比例系数表

年份	2010~2015年	2016~2020年	2021~2030年
区间量、交换量	5%	4%	2%
过境量	3%	2%	2%

b. 转移货运量

对于转移货运量,依据镇江、常州港的吞吐量及内河分担的集疏运比例而得。由于现状航道等级较低,内河所承担的沿江港口集疏运量很少,本项目部分承担着沿江港口内河集疏运通道的功能,其建设将会推动沿江港口吞吐量中内河集疏运比例的增加。参考镇江、常州、苏州沿江港口规划报告,2010年、2015年、2020年丹金溧地区的内河航道的集疏运量分别为334万t、542万t和1 039万t,其流量流向分布见表2.18。此外,项目要在2010年左右才逐步建成,因此2010年前不考虑诱增、转移货运量。

表2.18 项目建成后港口集疏运量转移分布　　　　　　　单位:万t

年份	溧阳	金坛	丹阳	宜兴	其他	合计
2010	168	82	16	29	39	334
2020	267	105	47	56	67	542
2030	482	226	89	115	127	1 039

③ 货运量总OD表

将以上预测的趋势和诱增、转移二项OD表叠加,即得未来各水平年货运量总OD表,可用于航道网货运量分配预测。2010年、2020年和2030年的汇总结果见表2.19~表2.21。

表2.19 2010年货运量总OD表　　　　　　　单位:万t

中区	1	2	3	4	5	6	7	8	9	10	11	12	13	14	15	小计
1	1	8	8	109	656	1 110	595	0	873	315	202	88	12	0	0	3 977
2	9	3	39	0	200	1 090	259	0	89	279	0	287	14	0	12	2 281
3	150	0	0	25	21	536	43	0	0	0	0	0	0	0	0	775
4	6	0	3	154	331	1 974	288	2	1 056	262	63	130	0	0	0	4 269

续表

中区	1	2	3	4	5	6	7	8	9	10	11	12	13	14	15	小计
5	364	81	6	372	2 100	2 413	282	2	261	182	22	32	0	0	6	6 123
6	162	84	77	343	258	2 979	368	94	100	854	2	101	71	12	77	5 582
7	76	8	0	126	135	486	0	62	61	62	6	23	94	0	0	1 139
8	60	0	0	85	37	455	161	0	0	26	0	0	0	0	0	824
9	0	0	0	22	46	157	41	0	0	0	0	0	0	0	0	266
10	21	14	0	15	21	322	182	0	0	0	0	0	7	0	0	582
11	0	0	0	0	0	19	9	0	0	0	0	0	0	0	0	28
12	139	0	0	233	4	716	725	0	0	0	0	0	0	0	0	1 817
13	206	0	0	114	65	1 231	556	0	0	19	0	0	0	0	0	2 191
14	258	146	0	0	269	478	357	0	0	0	0	0	0	0	0	1 508
15	0	0	0	4	12	2 328	99	0	0	0	0	0	0	0	0	2 443
小计	1 452	344	133	1 602	4 155	16 294	3 965	160	2 440	1 999	295	661	198	12	95	33 805

表 2.20　2020 年货运量总 OD 表　　　　　　　　单位：万 t

中区	1	2	3	4	5	6	7	8	9	10	11	12	13	14	15	小计
1	1	11	8	151	925	1 535	823	0	1 206	436	279	122	17	0	0	5 514
2	13	4	54	0	219	1 507	359	0	123	386	0	396	19	0	17	3 097
3	186	0	0	31	26	670	53	0	0	0	0	0	0	0	0	966
4	7	0	4	193	477	2 467	360	2	1 320	327	79	162	0	0	0	5 398
5	484	50	8	527	2 624	3 015	352	2	326	227	27	41	0	0	7	7 690
6	202	105	96	429	322	3 722	460	117	124	1 068	3	126	88	15	97	6 974
7	93	9	0	154	164	591	0	75	74	75	7	28	114	0	0	1 384
8	74	0	0	104	45	553	196	0	0	32	0	0	0	0	0	1 004
9	0	0	0	27	56	192	50	0	0	0	0	0	0	0	0	325
10	26	16	0	19	26	392	221	0	0	0	0	0	8	0	0	708
11	0	0	0	0	0	23	11	0	0	0	0	0	0	0	0	34
12	169	0	0	283	5	871	882	0	0	0	0	0	0	0	0	2 210
13	251	0	0	139	79	1 498	676	0	0	23	0	0	0	0	0	2 666
14	314	178	0	0	328	581	435	0	0	0	0	0	0	0	0	1 836
15	0	0	0	4	15	2 833	121	0	0	0	0	0	0	0	0	2 973
小计	1 820	373	170	2 061	5 311	20 450	4 999	196	3 173	2 574	395	875	246	15	121	42 779

表 2.21 2030 年货运量总 OD 表　　　　　　　　　　　　　　　　　　　　　　单位：万 t

中区	1	2	3	4	5	6	7	8	9	10	11	12	13	14	15	小计
1	1	13	8	168	1 181	1 708	916	0	1 343	485	311	136	19	0	0	6 289
2	14	4	61	0	244	1 677	399	0	137	429	0	441	21	0	19	3 446
3	206	0	0	35	30	760	60	0	0	0	0	0	0	0	0	1 091
4	8	0	5	219	577	2 800	409	3	1 498	372	89	184	0	0	0	6 164
5	690	56	9	635	2 978	3 422	399	3	370	258	31	46	0	0	8	8 905
6	225	117	109	487	365	4 224	522	133	141	1 212	3	143	100	17	110	7 908
7	104	10	0	175	186	671	0	85	84	86	8	32	129	0	0	1 570
8	82	0	0	118	51	628	222	0	0	36	0	0	0	0	0	1 137
9	0	0	0	30	63	217	57	0	0	0	0	0	0	0	0	367
10	29	18	0	21	29	444	251	0	0	0	0	0	0	9	0	801
11	0	0	0	0	0	26	13	0	0	0	0	0	0	0	0	39
12	188	0	0	321	5	988	1 001	0	0	0	0	0	0	0	0	2 503
13	279	0	0	158	90	1 700	768	0	0	27	0	0	0	0	0	3 022
14	350	198	0	0	372	660	493	0	0	0	0	0	0	0	0	2 073
15	0	0	0	5	17	3 215	137	0	0	0	0	0	0	0	0	3 374
小计	2 176	416	192	2 372	6 188	23 140	5 647	224	3 573	2 905	442	982	278	17	137	48 689

（5）运量分配预测

① 分配方法

本项目货运量分配采用多路径概率分配法。

② 分配区域航道网方案

未来各水平年的分配航道网根据《江苏省公路水路交通"十一五"发展规划》《江苏省干线航道网规划》，以及《常州市航道网规划》《无锡市航道网规划》《镇江市航道网规划》进行确定，与本项目关系密切的几条航道的规划等级及建设时间如表 2.22 所示。

表 2.22　与本项目关系密切的航道规划等级及建设时间

	航道工程	现状等级	规划等级	建设起止年限
省干线航道	1. 苏南运河"四改三"工程	四级	三级	2007～2015 年
	2. 锡溧漕河	七级～五级	三级	2004～2010 年
	3. 芜申线宜兴段	七级～六级	三级	2003～2009 年
	4. 芜申线高淳溧阳段	等外～七级	三级	2006～2012 年
	5. 德胜河	七级	三级	2013～2017 年
	6. 锡澄运河	六级～五级	三级	2007～2012 年

续表

航道工程		现状等级	规划等级	建设起止年限
市干线航道	7. 常宜线	等外	五级	2007~2010 年
	8. 通尧线	等外	五级	2010~2020 年
	9. 常溧线	等外	五级	2010~2020 年
	10. 句容河	—	五级	2010~2020 年

③ 航道网配流

根据以上各航道的建成时段，在交通规划软件 TransCAD 中编制了本项目用于货运量分配的不同特征年份的路网。

对 2006 年项目影响区域内干线航道货运量进行配流，货流密度见图 2.14。

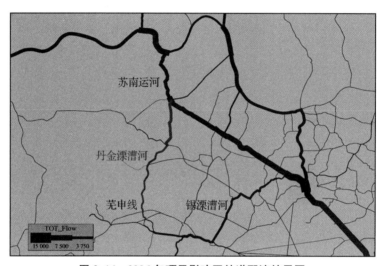

图 2.14　2006 年项目影响区航道配流结果图

对配流结果与丹金溧漕河及相邻干线航道的交通量观测点资料进行核对，5 个观测点的加权平均误差上行为 4.9%，下行为 3.9%，具有较好的精度。因此可以认为最终调整好并经实际情况验证的配流模型可作为预测使用。

在此基础上，对规划年项目影响区域航道网进行配流，得到 2010 年、2020 年、2030 年的航道网货流密度，见图 2.15~图 2.20。

通过网络配流，可以得到丹金溧漕河在 2010 年、2020 年、2030 年等规划年各段断面货流密度（表 2.23）。

表 2.23　丹金溧漕河规划年分段货运量配流表

起点	终点	里程(km)	2010 年(万 t)			2020 年(万 t)			2030 年(万 t)		
			上行	下行	合计	上行	下行	合计	上行	下行	合计
苏南运河	珥陵镇	7.1	3 501	2 333	5 834	3 675	2 450	6 125	3 624	2 416	6 040

续表

起点	终点	里程(km)	2010年(万t)			2020年(万t)			2030年(万t)		
			上行	下行	合计	上行	下行	合计	上行	下行	合计
珥陵镇	丹金闸	16.4	3 530	2 254	5 683	3 630	2 420	6 051	3 711	2 475	6 186
丹金闸	指前镇	24.0	2 995	1 996	4 992	3 439	2 293	5 732	3 539	2 359	5 899
指前镇	别桥镇	7.8	1 547	2 320	3 867	1 955	2 934	4 890	1 995	2 992	4 987
别桥镇	溧城镇	10.35	1 210	1 815	3 025	1 589	2 385	3 974	1 655	2 481	4 136
全线平均值		65.65	2 594	2 094	4 688	2 911	2 423	5 334	2 981	2 487	5 468
年平均增长率				5.2%			1.3%			0.2%	

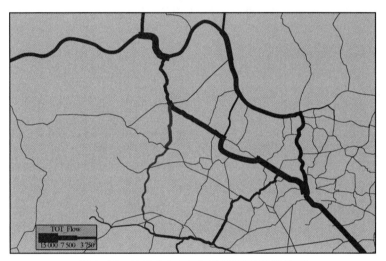

图 2.15 2010年项目影响区航道配流结果图

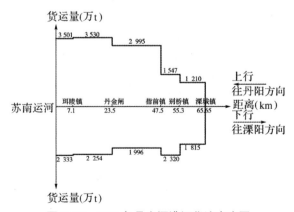

图 2.16 2010年丹金溧漕河货流密度图

图 2.17 2020 年项目影响区航道配流结果图

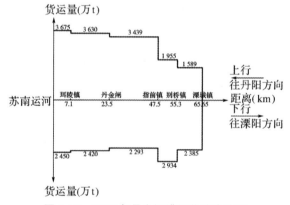

图 2.18 2020 年丹金溧漕河货流密度图

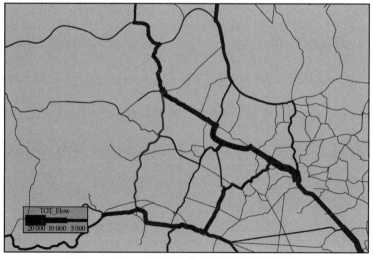

图 2.19 2030 年项目影响区航道配流结果图

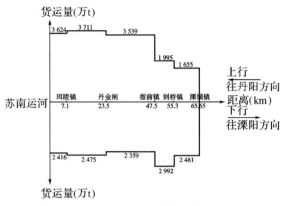

图 2.20　2030 年丹金溧漕河货流密度图

④ 配流结果分析

由图 2.15～图 2.20 以及表 2.23 可知,由于丹金溧漕河地处水网地区,直接影响区域内有京杭运河、芜申运河、锡溧漕河、通尧线、常溧线等众多干线航道与其连通成网,因此该航道在各规划年的运量发展情况,既取决于丹金溧地区的运输需求增长态势,又与上述干线航道的规划等级、建设时序密切相关。

据预测,丹金溧漕河近期继续保持了较快的增长速度,年均增长率约为 5.2%,至 2010 年航道平均货流密度约为 4 688 万 t。受需求形势及航道条件的影响,丹金溧漕河航道货流密度分布仍呈"北高南低"状,其中丹金闸以北段的货流密度高达 5 850 万 t;丹金闸以南至别桥镇段为 3 900 万 t;别桥镇以南段更低,约为 2 400 万 t。

随着远景年丹金溧地区航道的建设,特别是受通尧线、常溧线开通的影响,丹金溧地区与常、锡等地区之间的部分货物交流可通过通尧线、常溧线进行,丹金溧漕河上的运量得到一定程度的分流,至 2020 年全线平均货流密度约为 5 334 万 t,年均增长率约为 1.3%;同时,航道货流密度分布较为均匀,丹金闸以北段的货流密度约为 6 100 万 t;丹金闸以南至别桥镇段约为 4 800 万 t;别桥镇以南段升至约 3 580 万 t。

至 2030 年,随着丹金溧地区航道网络建设更加完善,干线航道之间的沟通进一步加强,丹金溧漕河全线平均货流密度约为 5 468 万 t,断面货流更为均匀。

⑤ 运量构成分析

对丹金溧漕河配流数据进行整理,可以得到丹金溧漕河在 2010 年、2020 年、2030 年完成的货运量分别为 6 345 万 t、7 350 万 t 和 7 680 万 t。本次对丹金溧漕河运量的分析,主要是针对货种构成以及货种流量、流向的分析。

未来丹金溧漕河上的主要货种流量、流向将大体维持目前的格局,但货种之间的比例组成将会发生一些变化。在规划年里,丹金溧漕河仍然以矿建材料所占比例最高,但随着苏南地区大型基础设施建设的逐步完成以及快速城市化进程的逐渐结束,其比例将呈不断下降趋势;受丹金溧地区工业结构的影响,该地区煤炭的比例将有所增长;随着矿产资源的加快开发,矿石的比例将会增长较快;此外,作为丹金溧地区重要工业的钢铁业、水泥业,其比例将保持稳步增长。

丹金溧漕河在规划年的货种构成及分货种流向情况详见表2.24~表2.29。

表2.24 丹金溧漕河2010年货种流量、流向构成情况表(流向:上行)　　　单位:万t

OD	货种						合计
	煤炭	矿建材	钢铁	水泥	盐卤	其他	
丹金溧地区→丹金溧地区	—	15	54	65	42	6	182
丹金溧地区→无锡、常州	—	68	93	242	414	12	829
丹金溧地区→苏州、沪、浙		14				5	19
丹金溧地区→苏北地区		1 976					1 976
丹金溧地区→其他地区		67	38	42			147
宜兴→苏北地区		144					144
宜兴→镇江及其他地区		55					55
合计	—	2 339	185	349	456	23	3 352

表2.25 丹金溧漕河2010年货种流量、流向构成情况表(流向:下行)　　　单位:万t

OD	货种						合计
	煤炭	矿建材	钢铁	水泥	盐卤	其他	
丹金溧地区→丹金溧地区	—				47	3	50
无锡、常州→丹金溧地区	—	42	139			87	268
丹金溧地区→苏州、沪、浙		925		132	319	—	1 376
苏州、沪、浙→丹金溧地区						140	140
山东、安徽→丹金溧地区	443	29					472
山东、安徽→宜兴	355					31	386
其他地区→宜兴	—			40		124	164
合计	798	996	139	172	366	385	2 856

表2.26 丹金溧漕河2020年货种流量、流向构成情况表(流向:上行)　　　单位:万t

OD	货种						合计
	煤炭	矿建材	钢铁	水泥	盐卤	其他	
丹金溧地区→丹金溧地区	—	12	112	67	63	35	289
丹金溧地区→无锡、常州	—	154	96	391	477	87	1 205
丹金溧地区→苏州、沪、浙		12	—			29	41
丹金溧地区→苏北地区		1 952	—			34	1 986
丹金溧地区→其他地区		52	51	42			145
宜兴→苏北地区		32					32
宜兴→镇江及其他地区		99					99
合计	—	2 313	259	500	540	185	3 797

表2.27 丹金溧漕河2020年货种流量、流向构成情况表(流向:下行) 单位:万t

OD	货种						合计
	煤炭	矿建材	钢铁	水泥	盐卤	其他	
丹金溧地区→丹金溧地区	—	—	—	—	62	26	88
无锡、常州→丹金溧地区	—	51	174	—	—	102	327
丹金溧地区→苏州、沪、浙	—	1 055	—	165	337	24	1 581
苏州、沪、浙→丹金溧地区	—	—	—	—	—	198	198
山东、安徽→丹金溧地区	526	41	—	—	—	—	567
山东、安徽→宜兴	413	—	—	—	—	42	455
其他地区→宜兴	—	—	—	51	—	26	77
合计	939	1 147	174	216	399	418	3 293

表2.28 丹金溧漕河2030年货种流量、流向构成情况表(流向:上行) 单位:万t

OD	货种						合计
	煤炭	矿建材	钢铁	水泥	盐卤	其他	
丹金溧地区→丹金溧地区	—	17	124	75	104	41	361
丹金溧地区→无锡、常州	—	98	116	412	595	102	1 323
丹金溧地区→苏州、沪、浙	—	5	—	—	—	35	40
丹金溧地区→苏北地区	—	2 036	—	—	—	52	2 088
丹金溧地区→其他地区	—	49	60	50	—	—	159
宜兴→苏北地区	—	21	—	—	—	—	21
宜兴→镇江及其他地区	—	42	—	—	—	—	42
合计	—	2 268	300	537	699	230	4 034

表2.29 丹金溧漕河2030年货种流量、流向构成情况表(流向:下行) 单位:万t

OD	货种						合计
	煤炭	矿建材	钢铁	水泥	盐卤	其他	
丹金溧地区→丹金溧地区	—	—	—	—	54	35	89
无锡、常州→丹金溧地区	—	26	199	—	—	115	340
丹金溧地区→苏州、沪、浙	—	1 311	—	184	323	43	1 861
苏州、沪、浙→丹金溧地区	—	—	—	—	—	235	235
山东、安徽→丹金溧地区	590	26	—	—	—	—	616
山东、安徽→宜兴	448	—	—	—	—	57	505
其他地区→宜兴	—	—	—	46	—	53	99
合计	1 038	1 363	199	230	377	538	3 745

3 通航标准与营运组织

3.1 概述

通航标准是指为内河航道建设而制定的标准。其主要内容包括：标准船舶、船队尺度、航道等级与航道尺度、桥梁净空尺度和对桥梁的航运要求、最低通航水位、最高通航水位、通航流速和导航设施等。为了协调船舶、航道、船闸和跨河建筑物的主要尺度，实现内河通航的标准化，促进了航道网建设，各国都制定了相应的标准。通航标准统一了我国内河通航技术要求，促进了内河通航的标准化、现代化。航道尺度是航道建设的主要标准，包括航道深度、宽度、弯曲半径、断面系数以及水上净空等。它应满足船舶航行安全方便和建设、运行经济的要求。航道尺度与船型的选定相互影响，与水域的条件和货运量大小有关。运量大需要的航道尺度就要相应增大，应进行运输成本、航道工程基建投资和维护费用等的综合比较。一般应根据国家制定的通航标准选取航道尺度，以便使各地区各水系航道畅通，实现直达运输。

船舶营运组织是对运输船舶运行活动的合理安排。基于绿色智能要素优化内河船舶运输组织，要准确把握船、港、货等生产要素与运、管、维等组织要素的发展规律和逻辑关系，聚焦船舶"绿色"发展这一总体目标，以船舶"智能"作为支撑手段，贯彻落实培元固本、创新驱动理念，深化内河水运绿色低碳技术革命及实践，从节约物流成本、提高运输效率、应用先进技术等方面转变发展方式，推动运输主体、运输链条、运输模块、运输装备、运输操控、运输保障等六方形成合力，有效提升船舶营运管理水平和服务能力，提高企业物流效率和经济效益，促进行业降低能耗和低碳排放，形成经验可推广、模式可复制的建设性意见。

船舶为了安全、迅速、经济、方便地运送旅客与货物，除了必须与港口、航道等在技术条件、营运管理上相互适应外，还应与其他运输方式如铁路、公路、管道运输的运输过程，甚至包括承运货物的生产过程和消耗过程以及旅客的旅行活动协调配合。

本章介绍的通航标准和船型营运组织的方案设立流程如图3.1所示。

3 通航标准与营运组织

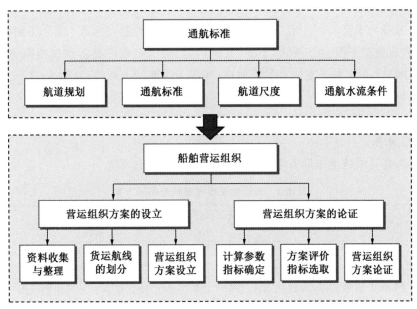

图 3.1 通航标准与营运组织方案设立流程图

3.2 通航标准与尺度

3.2.1 航道规划

航道规划是根据国民经济发展对水运的要求(含国防要求),结合国土、流域规划,对航道的建设与发展所做的较长期安排。《中华人民共和国航道法》中提道:航道规划分为全国航道规划、流域航道规划、区域航道规划和省、自治区、直辖市航道规划;航道规划应当包括航道的功能定位、规划目标、发展规划技术等级、规划实施步骤以及保障措施等内容;航道规划应当符合依法制定的流域、区域综合规划,符合水资源规划、防洪规划和海洋功能区划,并与涉及水资源综合利用的相关专业规划以及依法制定的城乡规划、环境保护规划等其他相关规划和军事设施保护区划相协调。

1)《全国内河航道与港口布局规划》

《全国内河航道与港口布局规划》贯彻落实科学发展观,体现国家发展内河水运的意志,进一步厘清发展思路,更好地指导内河水运健康发展,充分发挥内河水运占地少、运能大、能耗低、污染小的优势,完善综合运输体系,促进水资源综合开发利用。此规划重点是内河高等级航道和主要港口。内河其他等级航道、地区重要港口和一般港口由各省(自治区、直辖市)人民政府在各地内河水运规划中明确。

《全国内河航道与港口布局规划》将全国内河航道划分为两个层次:高等级航道和其他等级航道。高等级航道是全国内河航道的核心和骨干,是国家综合运输体系的重要组成部分,有条件的还可与其他交通方式共同组成发展为综合运输大通道,主要指现有的和规划建设为可通航千吨级船舶的三级及以上航道,个别地区的航道受条件限制为可通航 500 t 级船舶的四级航道。

在水资源较为丰富的长江水系、珠江水系、京杭运河与淮河水系、黑龙江和松辽水系及其他水系,形成长江干线、西江航运干线、京杭运河、长江三角洲高等级航道网、珠江三角洲高等级航道网、18条主要干支流高等级航道(两横一纵两网十八线、简称2-1-2-18)。

规划内河高等级航道约1.9万 km(约占全国内河航道里程的15%),其中三级及以上航道14 300 km,四级航道4 800 km,分别占75%和25%。

(1)长江水系

长江水系高等级航道布局方案为"一横一网十线"(表3.1)。

表3.1 长江水系高等级航道布局方案

航道名称				
一横	长江干线			
一网	长江三角洲高等级航道网	以长江干线和京杭运河为核心,三级航道为主体,四级航道为补充,由23条航道组成"两纵六横"高等级航道网	两纵	京杭运河—杭甬运河(含锡澄运河、丹金溧漕河、锡溧漕河、乍嘉苏线),连申线(含杨林塘)
			六横	长江干线(南京以下)、淮河出海航道—盐河,通扬线、芜申线—苏申外港线(含苏申内港线)、长湖申线—黄浦江—大浦线、赵家沟—大芦线(含湖嘉申线)、钱塘江—杭申线(含杭平申线)
十线	岷江、嘉陵江、乌江、湘江、沅水、汉江、江汉运河、赣江、信江、合裕线			

(2)京杭运河与淮河水系

提高京杭运河航道标准和通过能力。实施京杭运河江南段三级航道建设工程和苏北运河二级航道建设工程,整治湖西航道。扩建台儿庄、微山船闸,结合南水北调东线工程,建设济宁至东平湖航道。

京杭运河航道的起讫点为梁山—杭州,里程为1 052 km,现状为六~二级航道,规划建设成三级~二级航道,其中梁山—济宁三级,济宁—扬州二级(含湖西航道),谏壁—杭州三级。

2)《长江三角洲地区高等级航道网规划》

本规划是为贯彻落实国务院领导指示精神,进一步厘清思路,更好地指导长江三角洲地区内河航运发展与建设,适应区域经济快速发展对内河航运提出的更高求而制定的。规划的范围为江苏省、浙江省和上海市,规划现状基础年为2002年,水平年为2010年、2020年。

(1)航道等级与尺度

长江三角洲地区高等级航道网的规划标准为三级,少数运量较大的航道因城市发展限制可按照四级标准规划建设。三级航道尺度的最低标准为水深3.2 m、底宽45 m。四级航道尺度的最低标准为水深2.5 m、底宽40 m。

(2)跨河桥梁与建筑物通航净高标准

长江三角洲地区高等级航道网(长江干线除外)跨河桥梁与建筑物通航净高标准为7 m。

(3)布局规划方案

以长江干线和京杭运河为核心,三级航道为主体,四级航道为补充,由23条航道组成长江三角洲地区"两纵六横"高等级航道网。

规划航道里程约4 200 km,占长江三角洲地区等级航道里程的33%,其中规划三级及

3 通航标准与营运组织

以上航道3 400 km,四级航道800 km,分别占规划航道里程的81%和19%。

为了促进并适应内河集装箱运输发展的需要,将长江干线、京杭运河、杭申线、大浦线、大芦线、赵家沟、锡溧漕河、杨林塘、苏申内港线、苏申外港线、湖嘉申线和杭甬运河共12条航道规划为内河集装箱运输通道(表3.2)。

表3.2 长江三角洲地区高等级航道网规划方案

	航道名称	航道起讫点	里程(km)	现状等级	规划等级
两纵	京杭运河—杭甬运河(含锡澄运河、丹金溧漕河、锡溧漕河、乍嘉苏线)	京杭运河:苏北运河—江南运河	800.2	五～二级	三～二级
		杭甬运河:三堡—甬江口	238.0	六、四级	四级
		锡澄运河:黄田港—皋桥	37.0	五级	三级
		丹金溧漕河:七里桥—溧阳	66.5	六、五级	三级
		锡溧漕河:宜城—洛社	55.0	五级	三级
		乍嘉苏线:乍浦—平望	72.2	五级	四级
	连申线(含杨林塘)	连申线:盐城—灌河—通榆河—射阳河—通榆河—通扬运河—如泰运河—焦港河—申张线—苏申内港线	604.7	七～三级	三级
		杨林塘:巴城—杨林口	40.8	七级	三级
六横	长江干线	长江干线:南京—长江口	437.0	一级	一级
	淮河出海航道—盐城	淮河出海航道:洪泽湖南线—淮河入海水道—通榆河—灌河	278.5	五～三级	三级
		盐城:杨庄—武障河闸	95.0	七、六级	四级
	通扬线	通扬线:高东线—建口线—通扬运河—通吕运河	299.0	七～五级	三级
	芜申线—苏申外港线(含苏申内港线)	芜申线:芜太运河—太湖航线—太浦河	297.0	七～五级	三级
		苏申外港线:宝带桥—分水龙王庙	64.7	六、五级	三级
		苏申内港线:瓜泾口—宝钢支线铁路桥	111.0	五级	三级
	长湖申线—黄浦江—大浦线、赵家沟—大芦线(含湖嘉申线)	长湖申线:小浦—西溇河口	143.2	五、四级	四～三级
		黄浦江:分水龙王庙—吴淞口	91.7	三、一级	一级
		大浦线、赵家沟:赵家沟—大治河;随塘河—黄浦江	51.5	七级	三级
		大芦线:内河集装箱港区—黄浦江	46.1	七、五级	三级
		湖嘉申线:闸西—红旗塘	104.0	六～四级	三级
	钱塘江—杭申线(含杭平申线)	钱塘江:衢州—赭山	296.0	五、四级	四级
		杭申线:塘栖—分水龙王庙	123.0	五、四级	三级
		杭平申线:新市—竖潦泾	138.0	六、五级	四级

3)《江苏省干线航道网规划(2017—2035 年)》

《江苏省干线航道网规划(2017—2035 年)》于 2018 年 10 月 1 日被江苏省政府批复同意。此规划提出至 2035 年全省干线航道网形态上呈"两纵五横"布局,形成以长江干线、京杭运河为核心,三级及以上航道为骨干,达海、通江、联网、互通的千吨级干线航道网,里程共计 4 010 km,千吨级船舶通达全省 90%以上的县级节点,80%以上的沿海主要港区和全部的沿江主要港区。其中,宿连航道、徐圩港区疏港航道正式纳入规划,成为新增"一横"通道的重要组成部分。

(1) 布局方案

至 2035 年,全省干线航道网形态上呈"两纵五横"布局,形成以长江干线、京杭运河为核心,三级及以上航道为骨干,达海、通江、联网、互通的千吨级干线航道网,里程共计 4 010 km。规划共形成一级航道 365 km,二级航道 643 km,三级航道 3 002 km(表 3.3)。

表 3.3 江苏省干线航道网布局规划方案

通道名称		航道名称	航段及起讫点	规划技术等级	里程(km)
两纵	京杭运河通道	京杭运河			687
		苏北运河	湖西航道—苏北运河—中运河(二级坝—六圩)*	二级	475
		苏南运河	谏壁—鸭子坝(苏浙界)*	三级	212
		徐洪河—金宝航线	房亭河—徐洪河—洪泽湖航线—金宝航线(房亭河口—南运西闸口门)	三级	244
		成子河	成子河—洪泽湖北线(京杭运河—顺勒河口)	三级	33
		芒稻河	江都邵伯—三江营	三级	37
		丹金溧漕河	丹阳七里桥—溧阳芜申线口*	三级	64
		德胜河	魏村江口—连江桥	三级	21
		锡澄运河	山北大桥北—新夏港船闸*	三级	39
		锡溧漕河	宜城—洛社*	三级	49
		乍嘉苏线	平望—王江泾(苏浙界)*	三级	15
	连申线通道	连申线苏北段	盐河—灌河—通榆河—通扬运河—如泰运河—焦港河*	三级	372
		连申线苏南段	申张线—金鸡河—苏申内港线(张家港船闸—三江口)*	三级	149
		盐宝线	宝应运河口—盐城龙岗盐邵线口	三级	74
		盐邵线	邵伯运河口—通榆河口	三级	132
		刘大线	刘庄船闸—大丰港内港池	三级	56
		兴东线	兴化轮船站—通榆河口	三级	46
		泰东线	泰东河—引江河(东台通榆河口—引江河河口)	三级	88
		锡十一圩线	白荡圩—申张线	三级	36
		杨林塘	申张线巴城—杨林口*	三级	42

3 通航标准与营运组织

续表

通道名称	航道名称	航段及起讫点	规划技术等级	里程(km)
五横	徐宿连通道	京杭运河	万寨作业区—陆运河船闸*	二级	161
		宿连航道	陆运河—路北河—军屯河—沭新河—古泊河	三级	124
		徐圩港区疏港航道（善后河）	善后河—南复堆河—复堆河	三级	43
	淮河出海通道	淮河出海航道	洪泽湖南线—灌溉总渠（红山头—京杭运河）*	三级	106
			淮河入海水道—通榆河—灌河*	二级	168
		盐河	杨庄船闸—武障河闸*	三级	91
		张福河	京杭运河口—复线2#标	三级	35
		滨海港区疏港航道（中山河）	通榆河—滨海港区内河港池	三级	62
		吕四港区疏港航道（黄沙港）	通榆河—射阳港区内河港池	三级	50
	通扬线通道	通扬线	高东线—建口线—通扬运河—通吕运河*	三级	289
		通州湾港区航道	通栟线—通同线—九贯河—如泰运河（通扬线—如泰运河安东闸）	三级	68
		洋口港区疏港航道（九贯河）	通州湾港区疏港航道—海堤河	三级	16
		吕四港区东灶港疏港航道	通扬线通吕运河—东灶套闸	三级	6
		新江海河	通吕运河—新江海河闸	三级	27
	长江通道	长江江苏段	苏皖界—苏沪界*	一级	365
		滁河驷马山干渠	切岭山(苏皖界)—建设村(苏皖界)	三级	9
	芜申线通道	芜申线	芜太运河—太湖航线—太浦河*	三级	251
		秦淮河	入江口—杨家湾闸	三级	97
		苏申内港线	瓜泾口—三江口(苏沪界)*	三级	56
		苏申外港线	宝带桥—周庄(苏沪界)*	三级	29
		长湖申线	南浔(苏浙界)—平望京杭运河口*	三级	23
		水阳江	西陡门—甘家拐(苏皖界)	三级	5
合计（剔除重复里程）					4 010

注：总里程4 010 km已剔除重复里程；标注*为《全国内河航道与港口布局规划》中确定的长三角高等级航道。

(2) 规划标准

江苏省干线航道网航道规划标准为三级及以上航道。部分实施难度较大的规划三级航道，近期可按四级标准规划建设实施，但水深应不小于三级航道最低标准(3.2 m)。

江苏省干线航道网航道（长江干线除外）跨河桥梁及建筑物通航净高标准不小于7 m，海轮航道和感潮河段应同时符合《海轮航道通航标准》(JTS180—3—2018)的相关规定。

3.2.2 通航标准

1)《内河通航标准》(GB 50139—2014)

为统一我国内河通航技术要求,促进内河通航的标准化、现代化,发挥内河水运优势,适应交通运输发展需要,制定了《内河通航标准》。

内河航道应按可通航内河船舶的吨级划分为7级,一、二、三、四、五、六、七级航道分别对应于通航3 000、2 000、1 000、500、300、100 和 50 t 级驳船。具体等级划分应符合表3.4的规定。

表3.4 航道等级划分

航道等级	Ⅰ	Ⅱ	Ⅲ	Ⅳ	Ⅴ	Ⅵ	Ⅶ
船舶吨级(t)	3 000	2 000	1 000	500	300	100	50

注:船舶吨级按船舶设计载重吨确定;通航3 000 t级以上船舶的航道列入Ⅰ级航道。

表3.5 天然和渠化河流航道尺度

航道等级	船舶吨级(t)	代表船型尺度(m)(总长×型宽×设计吃水)	代表船舶、船队	船舶、船队尺度(m)(长×宽×设计吃水)	水深	航道尺度(m) 直线段宽度 单线	航道尺度(m) 直线段宽度 双线	弯曲半径
Ⅰ	3 000	驳船90.0×16.2×3.5 货船95.0×16.2×3.2	(1)	406.0×64.8×3.5	3.5~4.0	125	250	1 200
			(2)	316.0×48.6×3.5		100	195	950
			(3)	223.0×32.4×3.5		70	135	670
Ⅱ	2 000	驳船75.0×16.2×2.6 货船85.0×10.8×2.6	(1)	270.0×48.6×2.6	2.6~3.0	100	190	810
			(2)	186.0×32.4×2.6		70	130	560
			(3)	182.0×16.2×2.6		40	75	550
Ⅲ	1 000	驳船67.5×10.8×2.0 货船85.0×10.8×2.0	(1)	238.0×21.6×2.0	2.0~2.4	55	110	720
			(2)	167.0×21.6×2.0		45	90	500
			(3)	160.0×10.8×2.0		30	60	480
Ⅳ	500	驳船45.0×10.8×1.6 货船67.5×10.8×1.6	(1)	167.0×21.6×1.6	1.6~1.9	45	90	500
			(2)	112.0×21.6×1.6		40	80	340
			(3)	111.0×10.8×1.6		30	50	330
			(4)	67.5×10.8×1.6				
Ⅴ	300	驳船35.0×9.2×1.3 货船55.0×8.6×1.3	(1)	94.0×18.4×1.3	1.3~1.6	35	70	280
			(2)	91.0×9.2×1.3		22	40	270
			(3)	55.0×8.6×1.3				
Ⅵ	100	驳船32.0×7.0×1.0 货船45.0×5.5×1.0	(1)	188.0×7.0×1.0	1.0~1.2	15	30	180
			(2)	45.0×5.5×1.0				
Ⅶ	50	驳船24.0×5.5×0.7 货船32.5×5.5×0.7	(1)	145.0×5.5×0.7	0.7~0.9	12	24	130
			(2)	32.5×5.5×0.7				

注:① 本表所列航道尺度不包含黑龙江水系和珠江三角洲至港澳线内河航道尺度;
② 当船队推轮吃水等于或大于驳船吃水时,应按推轮设计吃水确定航道水深;
③ 流速 3 m/s 以上、水势汹乱的航道,直线段航道宽度应在本表所列宽度的基础上适当加大;
④ 航道最小弯曲半径应结合本标准第3.0.5条的有关规定确定。

《内河通航标准》规定天然和渠化河流航道尺度不得小于表3.5所规定数值,限制性航道尺度不得小于表3.6所规定数值。

表3.6 限制性航道尺度

航道等级	船舶吨级(t)	代表船型尺度(m)(总长×型宽×设计吃水)	代表船舶、船队	船舶、船队尺度(m)(长×宽×设计吃水)	水深	直线段双线底宽	弯曲半径
Ⅱ	2 000	驳船 75.0×14.0×2.6 货船 90.0×15.4×2.6	(1)	180.0×14.0×2.6	4.0	60	540
Ⅲ	1 000	驳船 67.5×10.8×2.0 货船 80.0×10.8×2.0	(1)	160×10.8×2.0	3.2	45	480
Ⅳ	500	驳船 42.0×9.2×1.8 货船 47.0×8.8×1.9	(1)	108.0×9.2×1.9	2.5	40	320
Ⅳ	500		(2)	47.0×8.8×1.9	2.5	40	320
Ⅴ	300	驳船 30.0×8.0×1.8 货船 36.7×7.3×1.9	(1)	210.0×8.0×1.9	2.5	35	250
Ⅴ	300		(2)	82.0×8.0×1.9	2.5	35	250
Ⅴ	300		(3)	36.7×7.3×1.9	2.5	35	250
Ⅵ	100	驳船 25.0×5.5×1.5 货船 26.0×5.0×1.5	(1)	298.0×5.5×1.5	2.0	20	110
Ⅵ	100		(2)	26.0×5.0×1.5	2.0	20	110
Ⅶ	50	驳船 19.0×4.5×1.2 货船 25.0×5.5×1.2	(1)	230.0×4.7×1.2	1.5	16	100
Ⅶ	50		(2)	25.0×5.5×1.2	1.5	16	100

注:航道最小弯曲半径应结合本标准第3.0.5条的有关规定确定。

《内河通航标准》第3.0.5条:内河航道尺度的确定,尚应满足下列要求:

① 天然和渠化河流航道水深应根据航道条件和运输要求通过技术经济论证确定。对枯水期较长或运输繁忙的航道,应采用本标准表所列航道水深幅度的上限;对整治比较困难的航道,应采用表列航道水深幅度的下限,但在水位接近设计最低通航水位时船舶应减载航行。当航道底部为石质河床时,水深值应增加0.1~0.2 m。

② 内河航道的线数应根据运输要求、航道条件和投资效益分析确定。除整治特别困难的局部河段可采用单线航道外,均应采用双线航道。当双线航道不能满足要求时,应采用三线或三线以上航道,其宽度应根据船舶通航要求研究确定。

③ 内河航道弯曲段的宽度应在直线段航道宽度的基础上加宽,其加宽值应通过分析计算或试验研究确定。

④ 内河航道的最小弯曲半径,应采用顶推船队长度的3倍、货船长度的4倍、拖带船队最大单船长度的4倍中的大值。在条件受限河段,航道最小弯曲半径不能达到上述要求时,航道宽度应加大,加大值应经专题研究确定。流速3 m/s以上、水势汹乱的山区性河流航道,其最小弯曲半径应采用顶推船队长度的5倍或货船长度的5倍中的大值。

⑤ 限制性航道的断面系数不应小于6,流速较大的航道不应小于7。

2)《运河通航标准》(JTS 180—2—2011)

《运河通航标准》(JTS 180—2—2011)与《内河通航标准》(GB 50139—2014)相比,更具体和有针对性。

运河航道应按可通航船舶的吨级划分为5级,一、二、三、四、五级航道分别对应于通航3 000、2 000、1 000、500 和 300 t 级驳船。具体等级划分应符合表3.7的规定。

表3.7 运河航道等级划分

航道等级	Ⅰ	Ⅱ	Ⅲ	Ⅳ	Ⅴ
船舶吨级(t)	3 000	2 000	1 000	500	300

注:船舶吨级按船舶设计载重吨确定;通航3 000 t 级以上船舶的航道列入Ⅰ级航道。

运河航道直线段尺度应根据航道等级确定,不得小于表3.8所列数值。受风浪流影响较大的运河湖区段、汇流口和取排水口河段的航道尺度宜适当加大。运河支流上的航道水深宜与干流航道保持一致。

《运河通航标准》第4.2.2条:运河航道弯曲段的尺度应根据航道等级和代表船型、船队尺度等确定,并应符合下列规定:

① 运河航道弯曲段的最小弯曲半径应符合表3.8的规定,也可采用顶推船队长度的3倍或货船长度、拖带船队最大单船长度的4倍计算。对特殊困难河段,在宽度加大和驾驶通视均能满足需要的前提下,弯曲半径可适当减小,但不应小于顶推船队长度的2倍或货船长度、拖带船队最大单船长度的3倍。

表3.8 运河航道尺度

航道等级	船舶吨位(t)	航道尺度(m) 水深	航道尺度(m) 直线段双线底宽	航道尺度(m) 弯曲半径	代表船型尺度(m)(总长×型宽×设计吃水)	代表船舶、船队	船舶、船队尺度(m)(长×宽×设计吃水)
Ⅱ	2 000	4.0	60	540	驳船 75×14.0×2.6	(1)1顶2	180×14.0×2.6
				480	驳船 65×15.8×(2.6~2.9)	(2)1顶2	160×15.8×(2.6~2.9)
				360	货船 90×15.4×2.6	(3)货船	90×15.4×2.6
				260	货船 65×13.0×(2.6~2.9)	(4)货船	65×13.0×(2.6~2.9)
Ⅲ	1 000	3.2	45	480	驳船 65×10.8×(1.9~2.2)	(1)1顶2	160×10.8×(1.9~2.2)
				220	驳船 55×10.8×2.5	(2)1拖6	357×10.8×2.5
				280	货船 68×10.8×2.6	(3)货船	68×10.8×2.6
Ⅳ	500	2.5	40	320	驳船 42×9.2×1.9	(1)1顶2	108×9.2×1.9
				170	驳船 42×8.2×(1.9~2.1)	(2)1拖7	320×8.2×(1.9~2.1)
				210	货船 52×9.6×2.2	(3)货船	52×9.8×2.2
Ⅴ	300	2.5	35	250	驳船 30×8.0×1.8(1.9)	(1)1顶2	82×8.0×1.9
				140	驳船 35×6.8×(1.7~2.0)	(2)1拖8	303×6.8×(1.7~2.0)
				170	货船 42×8.2×(1.8~2.2)	(3)货船	42×8.2×(1.8~2.2)

注:① Ⅰ级运河航道尺度应根据具体情况分析确定;
② 集装箱船可参照货船尺度确定;
③ 航道水深对于卵石、岩石质河床或泥沙易淤积河段宜适当加大;
④ 三线及三线以上航道尺度应根据具体情况,综合分析确定。

② 运河航道弯曲段的宽度应在直线段航道宽度的基础上加宽,其加宽值可通过分析计算或试验研究确定。

3)《平原水网地区闸控航道通航标准》(DB 32/T 3946—2020)

江苏省发布的《平原水网地区闸控航道通航标准》(DB 32/T 3946—2020)规定了平原水网地区闸控航道中的航道、船闸、过河建筑物的规模、尺度、布置和通航水位等与通航有关的技术要求。

本标准适用于平原水网地区闸控航道,主要指江苏境内除长江、灌河、湖区航道等天然航道外的内河航道及其相关建筑物的规划、设计和管理等。

平原水网地区闸控航道(以下简称航道)应按批准的航道等级进行规划设计,其航道尺度应通过综合技术经济比较,合理确定。内河船闸和过河建筑物、临河建筑物等不易扩建、改建的永久性工程和一次性建成比较合理的工程,应按远期航道技术等级或航运发展长远需求进行规划设计。

航道等级根据通航船舶的吨级划分为七级,船舶吨级按船舶设计载重吨位确定。

航道线数应根据运输要求、航道条件和投资效益分析确定。当双线航道不能满足要求时,应采用三线或三线以上航道,其宽度应根据船舶通航要求研究确定。对于单线航道可满足通航需求的,可在充分论证的基础上,采用单线航道,并同步完善单线航道通航管理制度和通行警示标志配置。

航道的尺度标准

航道代表船型应与航道功能、等级相适应,可按表 3.9 选择,必要时也可根据地区和流域的特点通过论证选择确定。

航道尺度(图 3.2)应根据航道代表船型确定,不得小于表 3.9 所规定的数值。

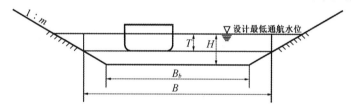

H—航道水深;T—设计船舶吃水;B—航道宽度;B_b—航道底宽;m—边坡系数。

图 3.2 航道断面图

表 3.9 航道尺度

航道等级		船舶吨级	代表船舶、船队	代表船舶、船队尺度(m)(总长×型宽×设计吃水)	直线段航道底宽(m)		航道水深(m)	航道弯曲半径(m)
					单线	双线		
II	II-a	2 000 t	(1)1顶2	160×13.8×3.0	35	60	4	480
	II-b	120~150 TEU	(2)集装箱船	88×15.8×3.0				360
	II-c	2 000 t	(3)货船	67.6×13.8×3.0	30	55		280
III	III-a	1 000 t	(1)1顶2	135×10.8×2.5	25	45	3.2	410
	III-b	90~100 TEU	(2)集装箱船(三层)	73×12.7×2.5				300
	III-c	60~70 TEU	(3)集装箱船(二层)	73×12.7×2.2				300
	III-d	1 000 t	(4)1拖6	357×10.8×2.5				240
			(5)货船	60×10.8×2.5				

续表

航道等级		船舶吨级	代表船舶、船队	代表船舶、船队尺度(m)(总长×型宽×设计吃水)	直线段航道底宽(m)		航道水深(m)	航道弯曲半径(m)
					单线	双线		
Ⅳ	Ⅳ-a	50 TEU	(1)集装箱船(三层)	55×10.8×2.2	22	40	2.5	220
	Ⅳ-b	30 TEU	(2)集装箱船(二层)	44×8.0×2.0				180
		500 t	(3)1拖7	320×8.8×2.1				
			(4)货船	44×8.0×2.2				
Ⅴ		300 t	(1)1拖8	295×8.0×1.9	18	35	2.5	180
			(2)货船	44×8.0×1.9				
Ⅵ		100 t	(1)1拖11	298×5.5×1.5	10	20	2	110
			(2)货船	26×5.0×1.5				
Ⅶ		50 t	(1)1拖11	230×4.7×1.2	8	16	1.5	100
			(2)货船	25×5.5×1.2				

注：① 水文、泥沙条件复杂的河段，经充分论证，航道设计水深可适当增加；
② 内河旅游专用航道尺度应根据旅游船舶尺度参照《航道工程设计规范》(JTS 181)论证确定。
③ 经论证，代表船型与表中不一致时，航道宽度可按3.2.3节公式(3.7)~(3.9)计算确定。

3.2.3 航道尺度

按照《内河通航标准》(GB 50139—2014)的规定，航道尺度是设计最低通航水位时航道的最小水深、宽度和弯曲半径的总称。按照《航道工程设计规范》(JTS 181—2016)的规定，航道尺度对于内河航道，为航道水深、宽度、弯曲半径的总称；对于沿海和潮汐河口航道，为通航水深、通航宽度、设计水深、弯曲半径的总称。《航道工程设计规范》第4.5.1条指出，航道尺度应根据不同水域或河流的性质、设计通航船型船队、客货运量和船舶航行密度等进行分析论证。

1) 航道水深

航道水深是指航道内最小水深。在航道整治工程设计中，航道水深是各项尺度中最为重要的一项，需充分论证。航道水深可按下式计算：

$$H = T + \Delta H \tag{3.1}$$

式中：H——航道水深(m)；

T——船舶吃水(m)，根据航道条件和运输要求可取船舶、船队设计吃水或枯水期减载时吃水；

ΔH——富裕水深(m)，天然径流航道可按表3.10的规定选用，运河航道可按表3.11的规定选用。

3 通航标准与营运组织

表 3.10 天然径流航道富裕水深值　　　　　　　　　　　　　　单位：m

航道等级	Ⅰ	Ⅱ	Ⅲ	Ⅳ	Ⅴ	Ⅵ	Ⅶ
富裕水深	0.4～0.5	0.3～0.4	0.3～0.4	0.2～0.3	0.2～0.3	0.2	0.2

注：① 富裕水深值主要包括船舶航行下沉量和触底安全富裕量；
② 流速或风浪较大的水域取大值，反之取小值；
③ 卵石和岩石质河床富余水深值应另加 0.1～0.2 m。

表 3.11 运河航道富裕水深值　　　　　　　　　　　　　　单位：m

航道等级	Ⅱ	Ⅲ	Ⅳ	Ⅴ
富裕水深	0.8～1.0	0.5～0.7	0.3～0.5	0.3～0.5

注：卵石和岩石质河床富裕水深值应另加 0.2 m。

2）航道宽度

航道宽度可分为单线航道宽度和双线航道宽度，根据船舶密度和航道条件可按下列规定确定。

（1）天然径流航道宽度

① 直线段单线航道宽度

$$B_1 = B_F + 2d \tag{3.2}$$

$$B_F = B_S + L\sin\beta \tag{3.3}$$

式中：B_1——直线段单线航道宽度（m）；

B_F——船舶（队）航迹带宽度（m）；

d——船舶（队）外舷至航道边缘的安全距离（m），船队可取（0.25～0.30）倍航迹带宽度，货船可取（0.34～0.40）倍航迹带宽度；

B_S——船舶（队）宽度（m）；

L——顶推船队长度或货船长度（m）；

β——船舶或船队航行漂角（°），Ⅰ～Ⅴ级航道可取 3°，Ⅵ级和Ⅶ级航道可取 2°。

② 直线段双线航道宽度

$$B_2 = B_{Fd} + B_{Fu} + d_1 + d_2 + C \tag{3.4}$$

$$B_{Fd} = B_{Sd} + L_d \sin\beta \tag{3.5}$$

$$B_{Fu} = B_{Su} + L_u \sin\beta \tag{3.6}$$

式中：B_2——直线段双线航道宽度（m）；

B_{Fd}——下行船舶（队）航迹带宽度（m）；

B_{Fu}——上行船舶（队）航迹带宽度（m）；

d_1——下行船舶（队）外舷至航道边缘的安全距离（m）；

d_2——上行船舶（队）外舷至航道边缘的安全距离（m）；

C——船舶（队）会船时的安全距离（m）；

B_{Sd}——下行船舶（队）宽度（m）；

L_d——下行顶推船队长度或货船长度（m）；

β——船舶（队）航行漂角（°），Ⅰ～Ⅴ级航道可取 3°，Ⅵ级和Ⅶ级航道可取 2°；

B_{Su}——上行船舶(队)宽度(m);

L_u——上行顶推船队长度或货船长度(m);

d_1+d_2+C——各项安全距离之和(m),船队可取(0.50~0.60)倍上行和下行航迹带宽度,货船可取(0.67~0.80)倍上行和下行航迹带宽度。

③ 当采用三线或三线以上航道时,其宽度应根据船舶通航要求确定。

(2) 运河航道宽度

① 直线段单线航道宽度

$$B_1 = B_F + 2d \tag{3.7}$$

$$B_F = B_S + L\sin\beta \tag{3.8}$$

式中:B_1——直线段单线航道宽度(m);

B_F——船舶(队)航迹带宽度(m);

d——船舶(队)外舷至航道边缘的安全距离(m),船队可取(0.25~0.30)倍航迹带宽度,货船可取(0.34~0.40)倍航迹带宽度;

B_S——船舶(队)宽度(m);

L——顶推船队长度或货船长度(m);

β——船舶或船队航行漂角(°),顶推船队和单船对Ⅰ~Ⅴ级航道可取2.5°,拖带船队对Ⅰ~Ⅴ级航道可取1.2°。

② 直线段双线航道宽度

$$B_2 = 2B_F + 2d + C \tag{3.9}$$

式中:B_2——直线段双线航道宽度(m);

C——船舶(队)会船时的安全距离(m);

$2d+C$——各项安全距离之和(m),船队可取1.0倍航迹带宽度,单船可取1.5倍航迹带宽度。

3) 航道最小弯曲半径

(1) 航道最小弯曲半径的确定

航道最小弯曲半径是指航道中心线上的曲率半径,弯曲半径越大,航行越便利。但因受河道地形限制,弯曲半径难以扩大。为了保障航行安全,需规定一个弯曲半径的最小限值。在《内河通航标准》(GB 50139—2014)中规定,应采用顶推船队长度的3倍、货船长度的4倍、拖带船队最大单船长度的4倍中的大值。在条件受限河段,航道最小弯曲半径不能达到上述要求时,航道宽度应加大,加大值应经专题研究确定。

《航道工程设计规范》(JTS 181—2016)规定,当弯曲半径小于等于3倍设计船队长度时,应在直线段航道宽度的基础上加宽;当弯曲半径大于3倍设计船队长度,但小于6倍设计船队长度时,应根据水流等具体条件确定是否加宽;当弯曲半径大于6倍设计船队长度时,弯曲段航道宽度可不加宽。

《平原水网地区闸控航道通航标准》(DB 32/T 3946—2020)第4.2.3条:航道弯曲半径的确定,尚应满足下列要求:

① 航道弯曲段的最小弯曲半径应符合表3.9的规定,也可采用顶推船队长度的3倍或

货船长度、拖带船队最大单船长度的4倍计算。对特殊困难河段,在宽度加大和驾驶通视均能满足需要的前提下,弯曲半径可适当减小,但不应小于顶推船队长度的2倍或货船长度、拖带船队最大单船长度的3倍。

② 航道弯曲段的宽度应在直线段航道宽度的基础上加宽,其加宽值可通过分析计算或试验研究确定。

(2) 弯道加宽计算

有些困难弯道因受河道地形限制,不能满足要求的最小弯曲半径,则应采取航道加宽措施,其加宽值 ΔB 不能用简单公式计算,可按下列公式估算。

$$\Delta B = L^2/(2R+B) \tag{3.10}$$

$$\Delta B = K[R-(R^2-L^2/4)^{0.5}] \tag{3.11}$$

式中:ΔB——航道宽度增加值(m);

R——最小弯曲半径(m);

L——最大船舶(队)长度(m);

B——该河段直线段航道宽度(m);

K——航迹带宽度/船宽。

航道最小弯曲半径,宜采用设计顶推船队长度的3倍、货船长度的4倍或拖带船队最大单船长度的4倍,并取大值。在特殊困难河段,航道最小弯曲半径不能达到上述要求时,在宽度加大和驾驶通视均能满足需要的前提下,弯曲半径可适当减小,但不得小于顶推船队长度的2倍、货船长度的3倍、拖带船队最大单船长度的3倍中的大值。流速3 m/s以上、水势汹乱的山区性河流航道,其最小弯曲半径宜采用顶推船队长度或货船长度的5倍。条件复杂时宜通过船舶操纵模拟试验确定。

4) 航道底宽

航道底宽 B_b 由航道宽度 B 和航道水深 H 及两侧边坡系数 m 确定。航道底宽可根据下列公式计算:

$$B_b = B - 2m(H-T) \tag{3.12}$$

式中:B——航道宽度(m);

H——航道水深(m);

T——船舶的设计吃水(m);

m——河底两侧设计边坡系数。

航道底宽应满足《内河通航标准》(GB 50139—2014)表3.6所示限制性航道尺度以及《运河通航标准》(JTS 180—2—2011)表3.8所示运河航道尺度最小航道底宽规定。

5) 通航净空尺度

通航净空尺度是指跨越航道的建筑物下保证船舶安全航行的应有净空。《内河通航标准》(GB 50139—2014)与《运河通航标准》(JTS 180—2—2011)中都提到通航净空尺度是水上过河建筑物通航净高和净宽尺度的总称。前者指最高通航水位以上至跨越航道建筑物以下之间的净空高度;后者指最低通航水位时跨越航道建筑物墩柱间的净空宽度。

(1)《内河通航标准》(GB 50139—2014)

水上过河建筑物的通航净空尺度不应小于表3.12与表3.13所规定数值。

表3.12 天然和渠化河流水上过河建筑物通航净空尺度(m)　　　　单位:m

航道等级	代表船舶、船队	净高	单向通航孔			双向通航孔		
			净宽	上底宽	侧高	净宽	上底宽	侧高
Ⅰ	(1)4排4列	24.0	200	150	7.0	400	350	7.0
	(2)3排3列	18.0	160	120	7.0	320	280	7.0
	(3)2排2列		110	82	8.0	220	192	8.0
Ⅱ	(1)3排3列	18.0	145	108	6.0	290	253	6.0
	(2)2排2列		105	78	8.0	210	183	8.0
	(3)2排1列	10.0	75	56	6.0	150	131	6.0
Ⅲ	(1)3排2列	18.0*	100	75	6.0	200	175	6.0
		10.0						
	(2)2排2列	10.0	75	56	6.0	150	131	6.0
	(3)2排1列		55	41	6.0	110	96	6.0
Ⅳ	(1)3排2列	8.0	75	61	4.0	150	136	4.0
	(2)2排2列		60	49	4.0	120	109	4.0
	(3)2排1列		45	36	5.0	90	81	5.0
	(4)货船							
Ⅴ	(1)2排2列	8.0	55	44	4.5	110	99	4.5
	(2)2排1列	8.0或	40	32	5.5或	80	72	5.5或
	(3)货船	5.0▲			3.5▲			3.5▲
Ⅵ	(1)1拖5	4.5	25	18	3.4	40	33	3.4
	(2)货船	6.0			4.0			4.0
Ⅶ	(1)1拖5	3.5	20	15	2.8	32	27	2.8
	(2)货船	4.5						

注:① 角注*号的尺度仅适用于长江;
　　② 角注▲号的尺度仅适用于通航拖带船队的河流。

表3.13 限制性航道水上过河建筑物通航净空尺度　　　　单位:m

航道等级	代表船舶、船队	净高	双向通航孔		
			净宽	上底宽	侧高
Ⅱ	(1)2排1列	10.0	70	52	6.0
Ⅲ	(1)2排1列	10.0	60	45	6.0
Ⅳ	(1)2排1列	8.0	55	45	4.0
	(2)货船				

续表

航道等级	代表船舶、船队	净高	双向通航孔		
			净宽	上底宽	侧高
V	(1)1拖6	5.0	45	36	3.5
	(2)2排1列	8.0			5.0
	(3)货船				
VI	(1)1拖11	4.5	22	16	3.4
	(2)货船	6.0	30	22	3.6
VII	(1)1拖11	3.5	18	13	2.8
	(2)货船	4.5	25	18	2.8

注：三线及三线以上的航道，通航净宽应该根据船舶通航要求研究确定。

天然和渠化河流水上过河建筑物通航净宽应按以下方法计算。

天然和渠化河流水上过河建筑物轴线法线方向与水流流向的交角不大于5°时，通航净宽可按下列公式计算：

$$B_{m1}=B_F+\Delta B_m+P_d \tag{3.13}$$

$$B_{m2}=2B_F+b+\Delta B_m+P_d+P_u \tag{3.14}$$

$$B_F=B_S+L\sin\beta \tag{3.15}$$

式中：B_{m1}——单孔单向通航净宽(m)；

B_F——船舶或船队航迹带宽度(m)；

P_d——下行船舶或船队偏航距(m)，可按表3.14取值；

B_{m2}——单孔双向通航净宽(m)；

b——上下行船舶或船队会船时的安全距离(m)，可取船舶或船队宽度；

P_u——上行船舶或船队偏航距(m)，可取0.85倍下行偏航距；

B_S——船舶或船队宽度(m)；

L——顶推船队或货船长度(m)；

β——船舶或船队航行漂角(°)，I～V级航道可取6°，VI级和VII级航道可取3°。

表3.14 天然和渠化河流各级横向流速下船舶下行偏航距　　　　单位：m

航道等级	代表船舶、船队	下行偏航距		
		横流流速0.1 m/s	横流流速0.2 m/s	横流流速0.3 m/s
I	(1)4排4列	10	25	40
	(2)3排3列	10	20	35
	(3)2排2列	10	20	30
II	(1)3排3列	10	20	35
	(2)2排2列	10	20	30
	(3)2排1列	10	15	20

续表

航道等级	代表船舶、船队	下行偏航距		
		横流流速 0.1 m/s	横流流速 0.2 m/s	横流流速 0.3 m/s
Ⅲ	(1)3 排 2 列	10	20	30
	(2)2 排 2 列	10	15	20
	(3)2 排 1 列	8	10	15
Ⅳ	(1)3 排 2 列	10	15	20
	(2)2 排 2 列	8	10	15
	(3)2 排 1 列	8	10	15
	(4)货船	8	10	15
Ⅴ	(1)2 排 2 列	8	10	15
	(2)2 排 1 列	8	10	15
	(3)货船	8	10	15
Ⅵ	(1)1 拖 5	8	10	15
	(2)货船	8	8	10
Ⅶ	(1)1 拖 5	5	8	8
	(2)货船	5	8	8

注:当横向流速为表中范围内某一值时,偏航距可采用内插法确定。

天然和渠化河流水上过河建筑物轴线的法线方向与水流流向的交角大于5°,且横向流速大于 0.3 m/s 时,单向通航净宽应在表3.12所规定数值的基础上加大,其增加值应符合表3.15 的规定。

表3.15　天然和渠化河流各级横向流速下单向通航净宽增加值　　　　单位:m

航道等级	代表船舶、船队	单向通航净宽增加值				
		横流流速 0.4 m/s	横流流速 0.5 m/s	横流流速 0.6 m/s	横流流速 0.7 m/s	横流流速 0.8 m/s
Ⅰ	(1)4 排 4 列	30	60	90	115	140
	(2)3 排 3 列	25	45	65	90	115
	(3)2 排 2 列	20	35	55	70	90
Ⅱ	(1)3 排 3 列	25	45	60	75	95
	(2)2 排 2 列	20	35	50	65	80
	(3)2 排 1 列	20	30	45	60	70
Ⅲ	(1)3 排 2 列	20	35	50	65	80
	(2)2 排 2 列	20	30	40	55	70
	(3)2 排 1 列	15	25	40	50	65

续表

航道等级	代表船舶、船队	单向通航净宽增加值				
		横流流速 0.4 m/s	横流流速 0.5 m/s	横流流速 0.6 m/s	横流流速 0.7 m/s	横流流速 0.8 m/s
Ⅳ	(1)3排2列	15	30	45	55	70
	(2)2排2列	15	25	35	45	55
	(3)2排1列	15	25	35	45	55
	(4)货船	15	25	35	45	55
Ⅴ	(1)2排2列	15	20	25	30	40
	(2)2排1列	15	30	25	30	40
	(3)货船	15	20	25	30	40
Ⅵ	(1)1拖5	8	18	28	33	38
	(2)货船	8	18	28	33	38
Ⅶ	(1)1拖5	8	13	23	28	33
	(2)货船	8	13	23	28	33

注:① 双向通航净宽增加值为单向通航净宽增加值的2倍;
② 当横向流速为表中范围内某一值时,通航净宽增加值可采用内插法确定。

(2)《运河通航标准》(JTS 180—2—2011)

运河中的水上过河建筑物的通航净空宜为矩形,尺度不应小于表3.16所列数值。

表3.16　水上过河建筑物通航净空尺度　　　　　　　　　　单位:m

航道等级	代表船舶、船队	净高		双线通航孔净宽	多线通航孔净宽
		长江三角洲地区	其他地区		
Ⅱ	1顶2	7.0	10.0	70	多线通航孔净宽值应根据船舶通航要求研究确定
	货船				
Ⅲ	1顶2	7.0	10.0	60	
	1拖6				
	货船				
Ⅳ	1顶2	7.0	8.0	55	
	1拖7				
	货船				
Ⅴ	1顶2		8.0	45	
	1拖8	5.0	5.0		
	货船		8.0		

注:Ⅰ级航道和单线通航孔净宽值应根据船舶通航要求研究确定。

长江三角洲以外地区运河上的过河建筑物,可根据需要并充分论证适当减小通航净高,但Ⅳ级及以上航道通航净高不得小于7 m。

(3)《平原水网地区闸控航道通航标准》(DB 32/T 3946—2020)

水上过河建筑物应一孔跨过通航水域。对通航水域特别宽阔的航段,经充分技术论证,可通过水中落墩设置两个或多个通航孔以满足通航要求,具体布置方式应根据通航需求确定,航道通航孔净宽可根据公式(3.13)~(3.15)进行计算。其中船舶下行偏航距参考表3.17。

表 3.17 平原水网地区闸控航道各级横向流速下船舶下行偏航距

航道等级	代表船舶、船队	下行偏航距(m)		
		横流流速 0.1 m/s	横流流速 0.2 m/s	横流流速 0.3 m/s
Ⅱ	(1)1 顶 2	10	15	20
	(2)集装箱船	10	15	20
	(3)货船	10	15	20
Ⅲ	(1)1 顶 2	8	10	15
	(2)集装箱船(三层)	8	10	15
	(3)集装箱船(二层)	8	10	15
	(4)1 拖 6	8	10	15
	(5)货船	8	10	15
Ⅳ	(1)集装箱船(三层)	8	10	15
	(2)集装箱船(二层)	8	10	15
	(3)1 拖 7	8	10	15
	(4)货船	8	10	15
Ⅴ	(1)1 拖 8	8	10	15
	(2)货船	8	10	15
Ⅵ	(1)1 拖 11	8	10	15
	(2)货船	8	8	10
Ⅶ	(1)1 拖 11	8	8	8
	(2)货船	8	8	8

注:当横向流速为0时,偏航距取值为0;当横向流速为表中范围内某一值时,偏航距可采用内插法确定。

水上过河建筑物轴线的法线方向与水流流向的交角大于5°,且横流流速大于 0.3 m/s 时,单向通航净宽应在表 3.18 所规定数值的基础上加大,其增加值可参照《内河通航标准》确定。

水上过河建筑物的通航净空尺度不应小于表 3.18 所列数值。对于通航条件受限的城镇段航道,如桥梁一跨过河,其通航净宽可在表 3.18 所列数值的基础上适当缩小,但不应小于所在航段设计航道底宽。

表3.18 水上过河建筑物通航净空尺度

航道等级		代表船舶、船队	净高(m)	单线通航孔净宽(m)	双线通航孔(m)		
					净宽	上底宽	侧高
Ⅱ	Ⅱ-a	(1)1顶2	7.0	35	70	60	6.0
	Ⅱ-b	(2)集装箱船					
	Ⅱ-c	(3)货船					
Ⅲ	Ⅲ-a	(1)1顶2	7.0	30	60	45	6.0
	Ⅲ-b	(2)集装箱船(三层)					
	Ⅲ-c	(3)集装箱船(二层)					
	Ⅲ-d	(4)1拖6					
		(5)货船					
Ⅳ	Ⅳ-a	(1)集装箱船(三层)	7.0	28	55	40	6.0
	Ⅳ-b	(2)集装箱船(二层)	5.5				4.0
		(3)1拖7					
		(4)货船					
Ⅴ		(1)1拖8	5.0	23	45	—	—
		(2)货船					
Ⅵ		(1)1拖11	4.5	11	12	—	—
		(2)货船		16	30		
Ⅶ		(1)1拖11	3.5	9	18	—	—
		(2)货船		13	25		

注:对于运量较小、仅通航单船或二层集装箱船的Ⅲ级航道,经充分论证,通航净高可按不小于5.5 m控制。

受建设条件限制近期难以改建的Ⅲ、Ⅳ级航道跨河桥梁,经对设计通航水位核定后,如其通航净高不小于5.5 m,且通航净宽不小于航道设计底宽,可暂缓改建,并应设置助导航标志,采取必要的防护和管理措施。

架空缆线跨越内河航道的通航净高应按缆线夏季驰度最低点计算,其最小值应采用公式(3.16)进行计算。架空缆线的杆塔设置选址应当结合航道规划预留足够空间。跨越航道架设架空缆线的,应当确保其杆塔基础外缘布置在航道规划控制线以外。

架空缆线跨越内河航道的通航净高计算公式:

$$H \geqslant H_1 + H_2 \tag{3.16}$$

式中:H——架空缆线最大计算垂弧最低点至设计最高通航水位的垂直距离(m);

H_1——缆线最小架空高度(m),为船舶最大船舶空载高度和船舶航行安全富裕高度之和;

H_2——缆线安全富裕高度(m)。

缆线最小架空高度和缆线安全富裕高度见表3.19、表3.20。

表 3.19 缆线最小架空高度 H_1

航道等级	Ⅱ	Ⅲ	Ⅳ	Ⅴ	Ⅵ	Ⅶ
H_1(m)	17.0	16.5	16.0	12.5	9.0	8.5

表 3.20 缆线安全富裕高度 H_2

电压等级(kV)	电力线							通信和广播电视线
	<1	1～10	35～110	220	330	500	1 000	
H_2(m)	1.0	1.5	2.0	3.0	4.0	6.0	10.0	1.0

(4) 航道通航净空尺度相关研究

董敏等在国内规范的基础上,结合船舶领域理论,提出单孔跨越多线通航航道桥梁通航净空宽度确定方法。

对于最复杂的多线通航航道情况的单跨桥梁通航净空宽度的确定,也就是大船航道为复式航道,小船在复式航道两侧靠边航行,通航孔内主航道、辅助航道通航宽度可按照国内规范计算取值,在复式航道两侧靠近桥墩的小船航道自由航行通航净宽按照国际桥梁及结构工程协会(International Association for Bridge and Structural Engineering)规定,单向通航净宽按照 3.2 L 倍设计船长计算。多线通航航道桥梁通航净空宽度计算方法如下:

多线通航航道桥梁通航净空宽度＝大船主航道有效宽度＋分隔带宽度＋大船辅助航道有效宽度＋小船航道通航净宽

6) 航道断面系数

《运河通航标准》(JTS 180—2—2011)规定,断面系数为设计最低通航水位时,运河过水断面面积与设计船舶满载吃水舯横剖面浸水面积之比值。《内河通航标准》(GB 50139—2014)规定,断面系数为过水断面面积与设计船舶或船队满载吃水舯横剖面浸水面积之比值。断面系数可按照下列公式计算:

$$n = A/A_Q \tag{3.17}$$

式中:A——设计最低通航水位时的航道过水横断面面积(m^2);

A_Q——设计最低通航水位时的船舶中部水下横断面面积(m^2)。

《运河通航标准》(JTS 180—2—2011)规定,运河航道的断面系数不应小于 6,流速较大的航段不应小于 7。《内河通航标准》(GB 50139—2014)规定,限制性航道的断面系数不应小于 6,流速较大的航道不应小于 7。

3.2.4 通航水流条件

通航水流条件指与通航有关的水流条件,包括流速、流向、流态、水面比降、波浪等。水的流速、流态和比降对船舶航行影响很大,在设计航道时应充分考虑这些因素对船舶安全航行的影响。《运河通航标准》(JTS 180—2—2011)规定,运河航道中的通航水流条件应满足设计船舶、船队安全航行和停泊的要求,必要时应通过试验研究进行论证。

1)《内河通航标准》(GB 50139—2014)

船闸引航道、口门区及连接段应避免出现影响船舶、船队航行和停泊安全的泄水波、泡漩和乱流等不良水流条件。

船闸引航道口门区的水流表面最大流速限值应符合表3.21的规定。

表3.21 口门区水流表面最大流速限值

船闸级别	平行于航线的纵向流速(m/s)	垂直于航线的横向流速(m/s)	回流速度(m/s)
Ⅰ～Ⅳ	2.0	0.3	0.4
Ⅴ～Ⅵ	1.5	0.25	

船闸引航道口门外连接段与主航道的水流应平稳过渡,连接段的水流表面最大流速不应影响过闸船舶与船队的安全航行。

2)《运河通航标准》(JTS 180—2—2011)

运河航道中的纵向流速不宜大于1.0 m/s。

运河中的取、泄水口和其他汇流口的水域,航道横向流速不应超过0.3 m/s,回流流速不应超过0.4 m/s。

运河通航建筑物引航道口门区表面最大流速限值,应符合表3.22的规定。

表3.22 运河通航建筑物引航道口门区水面最大流速限值

运河航道级别	平行于航线的纵向流速(m/s)	垂直于航线的横向流速(m/s)	回流速度(m/s)
Ⅰ～Ⅳ	≤2.0	≤0.3	≤0.4
Ⅴ	≤1.5	≤0.25	≤0.4

利用运河调水时,其工程方案应进行论证,不得影响运河通航建筑物的安全使用。

3.3 船型及营运组织

航道工程与船型及营运组织密不可分,任何等级的航道都必须由相应的船舶及营运组织参与运行才能发挥其最佳的经济效益。因此,船型及营运组织论证是航道开发前期工作的重要组成部分。

3.3.1 营运组织方案的设立

船型及营运组织论证的目的是采用科学的方法和手段,经多方案的分析、计算、比选,论证出技术上先进、经济上合理、社会效益好并与相应航道及港口条件相适应的船型及营运组织。

1)资料的收集与整理

应收集的资料主要有以下几个方面:

(1)经济资料:包括现有的和规划的客、货运量,客、货周转量,港埠货物的中转量等,对于大宗散货,如石油、煤炭、金属矿石、非金属矿石、矿建材料、木材等要将其流量、流向调查清楚。

(2)航道资料:包括流域内的气象、水文资料,航道尺度,水流速度、比降、波浪等资料,河床底质、滩险个数、长度,港口间距,困难河道的特性及其详细情况,航道和过船建筑物规划的尺度,跨河建筑物的净空、跨度等。

(3) 船舶资料:包括不同河流、不同吨级的典型船舶性能资料及船名录、建造年份、技术状况,各类船舶的技术经济指标,典型船舶的造价等。

(4) 营运组织:包括流域内航运组织机构的分布和数量,流域内主要货种的航线划分,各航线的船舶种类、数量,船舶运行方式、编队形式,船舶运输生产过程和作业定额(技术作业时间、装卸货物时间,过闸时间等),船舶在港停泊时间的分析资料,船舶过闸不平衡系数和到发不平衡系数,有关航运局的统计年报等。

(5) 各类费用定额资料:包括船员定额、船员工资(辅助工资、附加工资和奖金等),船舶折旧率、修理提成率、燃润料消耗定额及单价,各类杂费及税金,运输成本构成等。

(6) 港口资料:主要指港口水陆域条件、集疏运条件、装卸工艺、装卸效率、气象因素等。

将收集到的各类资料进行分门别类的整理分析,绘制成图表,以便于应用。例如,对大批量的货物要分析其流量、流向,整理分析后列表以确定合理的航线;根据收集的船名录,分析整理"船舶数量表"和"技术状况表"等。在整理资料时,不能列表的资料,如港口、航道的现状及规划资料等,用文字阐述,分析清楚,用作设立船舶及船舶运输组织方案的基本条件。

2) 货运航线的划分

货运航线是各类货运船舶及营运组织论证的基础,可按下列情况进行划分:

(1) 专业航线

对于集中生产、集中供应的或集中生产、经过长途运输后再分散供应的,以及分散生产、集中到枢纽港后再经长途运输集中供应的大宗稳定货流,可以组织大吨位的专线直达运输,以发挥水运的优势。

(2) 综合航线的划分

对于批量较小、货类又多的物资,因产、供地点复杂,运输距离有长有短的分散航线,则宜逐条地加以分析研究,提出适合各航线的船队组织,本着既简化船型、统一运输组织,又高度灵活的原则,组织合理的综合航线。

(3) 直达航线与非直达航线的划分

在组织货运航线时,会遇到不少货物的流向同时跨越两个不同等级航道,如支流到干流或浅水航道到深水航道等情况,而不同航道要求通航不同标准的船队,因此在研究运输组织时应进行多方案的比较,即进行直达运输与非直达运输的比较。这里所说的直达运输是指由小型船队从较小航道驶入大航道,或由大航道的大船队减载后驶入小航道。非直达运输是指船舶驶入航道变化段,由小船过驳至大船或由大船过驳至小船;有些则不需要过驳,但要进行编解队作业,在不同河段采用不同船队的分段运输。以上两种运输方式都需要经过技术经济比较。当然这两种运输方式都有优缺点,只有经过分析比较后,才能确定最优运输方式。

3) 营运方案的设立

(1) 设立方案的原则

① 设立方案时,应尽量综合考虑各方面因素,同时又要与基础条件相吻合,使论证方案覆盖整个需求而又切实可行。

② 设立方案时应尽量简化工作量。虽然计算机辅助论证可以进行上万个方案的计算分析，并且可以进行反复迭代，但从节约人力物力的观点看，方案设立不宜过多，因此要求方案具有代表性，以尽量少的工作量，来满足全部论证工作的要求。

③ 设立方案时应兼顾技术上先进与经济上合理的原则。技术上先进的产品，不仅可以提高效率，降低消耗，而且可以增强企业在社会上的竞争力，保持生存活力。

④ 设立方案时既要考虑现状，又要兼顾发展趋势。船舶从论证到设计、建造、试航、交船，需2～3年的时间，从投产到报废有15～25年的时间，在此期间内，技术上和经济都会发生许多变化。因此，在考虑方案时，既要考虑船舶活动的现状条件，又要考虑未来20～30年的技术发展趋势。

（2）方案的设立

① 船型方案：应用船舶主尺度（长、宽、满载吃水）和主参数（功率、航速、载量）等的变化，并与港口、航道条件相适应，可以组合成各种满足不同需求的方案。在内河航运开发时，为了简化工作量，从实际出发，往往可以选择定型船作为论证船型。

② 机型选择：机型选择时，要结合船型一起进行比较分析。一般来说，对于平原河流，由于航道条件较好，可以采用较小功率顶推（或拖带）较大的船队，单位千瓦拖（推）量较大，其经济效益较好；对于浅水急流河道，则要采用较大功率顶推（或拖带）较小的船队，单位千瓦拖（推）量较小，其经济效益较差。为提高运输船队的效益，在选择机型时，应尽量考虑结构简单、质量轻、尺寸小和耗油低的机型，同时要考虑航运公司使用经济和简化机型的要求。具体船型尺度可参考《内河过闸运输船舶标准船型主尺度系列》（GB 38030—2019）。

③ 营运组织方案：在货运量、航线、航道尺度和船型确定后，根据货物流向、流量及划分的航线，设立各种不同吨级并配备相应功率的拖（推）船的船队编组方案。考虑航道条件和水流流态的影响，营运组织方案还包括直达、中转或换拖，单船或船队等运输方式。

3.3.2 营运组织方案的论证

1）营运计算参数指标的确定

选择合理的营运指标，是评价和论证营运组织的基础，营运经济指标主要包括营运率、营运速度、船舶造价、修理提成率、基本折旧提成率、船员工资、燃润料费用、港务费、管理费、物料费、航养费等。这些指标大都是经过对原有航运企业或相近航运企业历史统计资料的分析，并结合具体情况而确定的（表3.23）。

（1）营运率：船舶营运时间占在册时间的百分比。主要通过调查规划航区内航运企业的历年统计资料分析而得；或者通过扣除船舶在使用期内的计划修理及零星修理时间求得。

（2）营运速度：单船和船队的营运速度是以单船和船队的静水航速为基础，考虑到水的流速，并扣除气候因素影响，航行中船舶避让和其他不可预见因素，以及船舶进出港时减速行驶等因素的速度储备后的速度，简单说就是船舶航行时的平均速度。

（3）船舶造价：一艘船舶的制造价格，是计算规划年度内完成一定客货运量需要船舶投资的基础。它的估算方法有很多，一般可分两大类进行估算，一类是整船一次估算，另一类是分项进行估算。最简单的方法就是因地制宜地收集规划地区内的各船厂实际或远景规划期的造价资料,进行分析确定;亦可用各类船舶的造价曲线求得。

(4) 修理提成率:船舶大、中、小修以及航次和事故修理的费用占造价的百分数,亦可以根据从规划地区各航运企业调查的资料分析确定。

(5) 基本折旧提成率:投资新造的船舶投入营运后,应逐年提成一部分费用,使船舶报废时可以收回全部投资。基本折旧提成率就是每年收回的投资部分和船舶造价的比值。基本折旧提成率可按政府相关规定执行。

(6) 船员工资:各类船舶的船员定额均按有关规定确定。可在规划航区的航运单位调查船员的现行工资(包括基本工资、附加工资、航行津贴、伙食津贴和医疗费,但不含奖金),并结合党的政策及企业生产发展趋势进行分析确定。

(7) 燃润料费用:根据选用的机型所使用的燃润料型号及消耗定额,调查规划区内燃润料的价格后确定。

(8) 港务费:参照有关规定计算。

(9) 管理费:调查并参照有关资料计算。

(10) 物料费:机动货船、拖船、驳船等的物料消耗不同,可参照各地有关资料计算。

(11) 航养费:各地航养费不同,可根据当地规定提取。

以上各类指标的确定,一是根据中央和地方的现行规定,一是调查规划区内航运企业的历史统计资料分析所得,规划人员要注意各项规定及调查资料的变化,选择使用。

2) 方案评价指标的选取

评价指标是评价方案优劣的依据,在论证中评价指标有很多,但最常用的指标有单位运输成本和必要运费率。

(1) 单位运输成本:在一定航线上运输每吨货物的费用或运输每吨公里货物的费用。显然,它的值越低越好,初始投资以折旧的形式体现在成本中,具体计算见船舶及营运组织计算表(表3.23)。计算公式为:

$$\text{单位运输成本} = \frac{\text{年总成本(包括折旧费用)}}{\text{年运量}} \tag{3.18}$$

(2) 必要运费率(RFR):在还本付息期内,完成每单位运输量(t 或 t·km)所支付的费用。初始投资以还本付息的形式体现在必要运费率中,用 RFR 表示,RFR 值越低方案越优。当 RFR 值大于市场价(现行运价)时,说明入不敷出,或者说此方案在规定的还本付息期内无偿还能力,因而方案是不可取的。RFR 的计算公式如下:

$$RFR = [CR(P-L) + Li + Y]/Q(1-t) \tag{3.19}$$

式中:P——初始投资;

L——残值;

Y——年营运费(不包括折旧),具体计算见船舶及营运组织计算表;

Q——运输量;

t——营运税率(包括营业税、城市维护建设税、教育费附加等);

i——贷款年利率。

CR——投资回收因数,计算公式如下:

3 通航标准与营运组织

$$CR = i(1+i)^n / (1+i)^{n-1} \tag{3.20}$$

式中：n——贷款年限。

表 3.23　船舶及营运组织计算表

序号	计算项目	单位	计算公式
1	年货运量（正向）	10^4 t	
2	航线距离	km	
3	船队上水营运航速	km/h	
4	船队下水营运航速	km/h	
5	往返航次航行时间	h	2/3+2/4
6	船闸数量	个	
7	每次过闸时间	h	
8	往返航次过闸时间	h	6×2×7
9	驳船在港装卸时间	h	
10	驳船在港技术作业及其他时间	h	
11	驳船在港停泊总时间	h	9+10
12	驳船航行气象影响时间	h	(5+8)×%
13	驳船往返航次总时间	d	(5+8+11+12)/24
14	推（拖）船在港供应及其他时间	h	
15	推（拖）船航行气象影响时间	h	(5+8)×%
16	推（拖）船往返航次总时间	d	(5+8+14+15)/24
17	驳船营运率	%	
18	驳船营运天数	d	365×17
19	驳船年往返航次	次	18/13
20	推（拖）船营运率	%	
21	推（拖）船年营运天数	d	365×20
22	推（拖）船年往返航次	次	21/16
23	船队载货量	t	
24	每个驳队年货运量	10^4 t	23×19/10 000
25	推（拖）船年货运量	10^4 t	23×22/10 000
26	驳船需要量	艘	(1/24)×每队艘数
27	推（拖）船需要量	艘	1/25
28	驳船单价	万元/艘	
29	驳船投资	万元	28×26

续表

序号	计算项目	单位	计算公式
30	推(拖)船单价	万元/艘	
31	推(拖)船投资	万元	30×27
32	船舶总投资	万元	29+31
33	驳船每艘船员定额	人	
34	驳船船员平均工资	元/(人·a)	
35	驳船工资总额	万元	33×34×26/10 000
36	驳船年修理费	万元	29×%
37	驳船年折旧费	万元	29×%
38	驳船物料费及其他费	万元	35+36+37×%
39	驳船直接费	万元	35+36+37+38
40	推(拖)船每艘船员定额	人	
41	推(拖)船船员平均工资	元/(人·a)	
42	推(拖)船工资总额	万元	40×41×27/10 000
43	推(拖)船修理费	万元	31×%
44	推(拖)船折旧费	万元	31×%
45	推(拖)船往返航次航行时间	h	5+8
46	推(拖)船往返航次停泊时间	h	
47	推(拖)船航行燃料消耗定额	kg/h	
48	推(拖)船停泊燃料消耗定额	kg/h	
49	推(拖)船往返航次燃料消耗量	t	(45×47+46×48)/1 000
50	燃料单价	元/t	
51	推(拖)船往返航次燃料费	元	49×50
52	推(拖)船往返航次润料费	元	51×%
53	推(拖)船往返航次燃润料费	元	51+52
54	每艘推(拖)船年燃润料费	万元	53×22/10 000
55	推(拖)船年燃润料费合计	万元	54×27
56	推(拖)船物料费及其他费	万元	(42+43+44+55)×%
57	推(拖)船年直接费	万元	42+43+44+55+56
58	推(拖)船驳船年直接费合计	万元	39+57
59	港口费	万元	58×%
60	管理费	万元	58×%
61	年营运费总计	万元	58+59+60

续表

序号	计算项目	单位	计算公式
62	不包括折旧的营运费总计	万元	$\underline{61}-\underline{37}-\underline{44}$
63	反向货运量	10^4 t	
64	货运总量	10^4 t	$\underline{1}+\underline{63}$
65	平均运距	km	
66	货运周转量	kt·km	$\underline{64}\times\underline{65}\times 10$
67	单位运输成本	元/(kt·km)	$\underline{61}\times 10\,000/\underline{66}$
68	必要运费率	元/(kt·km)	$[CR(\underline{32}-L)+Li+\underline{62}]/\underline{66}(1-t)$

3) 营运组织方案的论证

论证计算按船舶及营运组织计算表及有关公式进行。根据计算结果进行方案论证比选，提出初步推荐方案，并参照《内河通航标准》(GB 50139—2014)、《运河通航标准》(JTS 180—2011)及《内河过闸运输船舶标准船型主尺度系列 第2部分：京杭运河、淮河水系》(GB 38030.2—2019)，确定项目的设计船型。

船型及营运组织论证是研究航运开发的一个组成部分。因此，最优方案的推荐，只考虑单位运输成本和必要运费率两个指标是不够的，还必须考虑航道综合开发方案指标的优选顺序。故所推荐的最优方案首先应服从综合开发的原则。

3.4 工程案例

3.4.1 京杭运河施桥船闸至长江口门段航道整治工程

1) 项目概况

京杭运河施桥船闸至长江口门段位于经济发达、人口稠密、城市密集的京杭运河徐扬段入江口门处，是长江与京杭运河的交会处。航道北起施桥船闸下游，止于六圩长江口，全长5.3 km(现状长度)。京杭运河徐扬段是长江三角洲地区高等级航道网和江苏省"两纵五横"干线航道网中的重要组成部分，是我国内河水运主通道"一纵三横"总体布局的重要组成部分，也是我国东部地区南北物资交流，尤其是北煤南运的黄金水道。

本项目航道整治里程为 5.37 m（整治后长度），全线按Ⅱ级标准建设，新建护岸8 142 m，改建桥梁1座，新建停泊区，配套建设航标及绿化等。

2) 通航标准与尺度

(1) 航道规划

《全国内河航道与港口布局规划》将京杭运河江南段规划为Ⅲ级航道，苏北运河规划为Ⅱ级航道；《长江三角洲地区高等级航道网规划》将京杭运河（苏北运河—江南运河）列为"两纵六横"干线航道网中的一纵，规划为Ⅱ/Ⅲ级航道；《江苏省干线航道网规划（2017—2035年）》将京杭运河列为江苏省"两纵五横"干线航道网组成部分，规划为Ⅱ/Ⅲ级航道。

(2) 通航标准

① 确定通航标准的依据

a. 依据《内河通航标准》(GB 50139—2014)及《运河通航标准》(JTS 180—2—2011)合理确定航道尺度;

b. 实施内河优势战略,按《长江三角洲地区高等级航道网规划》对京杭运河航道整治的要求确定建设标准;

c. 树立全省"一盘棋"的观念,通航标准符合《江苏省干线航道网规划(2017—2035年)》的要求;

d. 分析现有技术状况下的航道货运量及通过量,结合影响区域的经济发展及各航段的货运预测量,确定经济合理并具有一定发展潜力的通航标准;

e. 航道标准要适应船舶发展方向,为船舶大型化发展留有空间。

② 通航标准确定

根据《长江三角洲地区高等级航道网规划》和《江苏省干线航道网规划(2017—2035年)》,京杭运河(苏北段)是规划的长三角地区重要的内河水运主通道之一,全线规划为Ⅱ级航道。

根据货运量预测,2016年京杭运河施桥船闸至长江口门段为22 719万t,到2025年达到26 500万t,2035年达到28 500万t,2045年将达到29 000万t。目前,航道的正常通过能力已经不能满足运量的现状和发展情况,只有大幅度提高船舶吨级,改善航道通航条件,才能适应运量的发展和要求。根据《内河通航标准》(GB 50139—2014)规定和京杭运河施桥船闸至长江口门段运量预测成果,并结合相关规划要求,有关建设标准如下:

该工程采用Ⅱ级双线航道建设标准,航道水深不小于4.0 m,航道弯曲半径不小于540 m。双线通航的航道底宽不小于60 m。同时,考虑本航段为入江口门段,结合该航段2005年的疏浚整治要求,河底宽度按不小于70 m考虑。

(3) 航道尺度

京杭运河施桥船闸至长江口门段航段具有水深大、水面宽的特点,因此在确定本航道尺度时,应考虑这种特性并根据相关规范的要求综合取值。

① 航道水深

根据《航道工程设计规范》(JTS 181—2016),航道水深计算公式如式(3.1)所示。

根据设计船型,船舶吃水取吃水最大的2 000 t级京淮货船,$T=3.0$ m,富裕水深取0.8 m。

经计算,$H=3.0$ m$+0.8$ m$=3.8$ m。

京杭运河航道属于限制性Ⅱ级航道,根据《内河通航标准》(GB 50139—2014),航道设计水深为4.0 m。故航道水深取4.0 m。

② 航道宽度

根据《航道工程设计规范》(JTS 181—2016),航道宽度计算公式如式(3.4)～(3.6)所示。

若按上、下行2 000 t级京淮货单船单列交会行驶确定航道宽度:

$$B_{Fu}=B_{Fd}=13.8+68\times\sin2.5°\approx16.8(\text{m})$$

$$B_2=16.8+16.8+16.8\times2\times0.8=60.48(\text{m})$$

若按1顶$2\times2\,000$ t级船队单列交会行驶确定航道宽度:
$$B_{Fu}=B_{Fd}=15.8+161\times\sin2.5°\approx22.8(\text{m})$$
$$B_2=22.8+22.8+22.8\times2\times0.5=68.4(\text{m})$$

航道航宽按上、下行$2\,000$ t级顶推船队单列交会行驶确定,取$B_2=70$ m。

③ 航道最小弯曲半径

根据《内河通航标准》(GB 50139—2014)和《航道工程设计规范》(JTS 181—2016),Ⅱ级航道的最小弯曲半径取540 m。根据江苏航道整治经验,相邻反向弯曲段之间直线段长度不小于200 m,同向弯曲段中间可以不设直线段。

④ 航道底宽

航道底宽B_b根据航道宽度B和航道水深H及两侧边坡系数m确定。计算公式如式(3.12)所示。航道宽度取70 m,航道水深Ⅱ级航道取4.0 m,船舶的设计吃水取3.3 m,河底两侧设计边坡系数取4。经计算,航道底宽$B_b=64.4$ m。

根据《内河通航标准》(GB 50139—2014),限制性航道的双线通航的航道底宽B_b不小于60 m。考虑本航段为入江口门段,结合该航段2005年的疏浚整治要求,本次整治的航道底宽按B_b不小于70 m考虑。

⑤ 通航净空尺度

通航净高:设计最高通航水位以上7.0 m。

通航净宽:不小于80 m,且桥梁应一孔跨越通航水域。

架空电力线、通信线、水文测验和其他水上过河缆线的净高,按夏季缆线垂弧最低点至设计最高通航水位的距离计算,其净高值不应小于最大船舶空载高度与安全富裕高度之和。

河底管线、电缆、涵洞、涵管、隧道等过河建筑物,其顶部在设计河床底高程以下的埋置深度,不应小于远期规划航道底标高以下2 m。

(4) 航道断面系数

断面系数根据公式(3.17)计算。其中,设计最低通航水位时的航道过水横断面面积:$A=344$ m²;设计最低通航水位时的船舶中部水下横断面面积:$A_Q=15.8\times3.3\times0.9\approx46.9(\text{m}^2)$。

$n=A/A_Q=7.33>6$,断面系数n满足规范要求。

(5) 通航水流条件

本段航道起点为施桥船闸,终点为六圩长江口,航道全长仅5.3 km,部分航段作为施桥船闸引航道和停泊段,因此本航段特征水位仍取施桥船闸下游特征水位,并根据现场收集的施桥船闸下游2001~2016年的日平均水位资料,对施桥船闸下游特征水位进行复核。本工程设计水位详见表3.24。

表3.24 设计水位一览表(1985国家高程)

序号	起讫地点	设计最高通航水位 数值(m)	设计最低通航水位 数值(m)
1	施桥船闸~长江口	6.83	0.23

3)船型及营运组织

(1)营运组织方案的设立

① 船舶营运现状分析

营运方案的设立首先是根据运输任务的需要和使用条件的限制在总结现有船舶经验的基础上建立起来的,然后对不同方案的技术经济可行性进行分析,最后选定技术上先进、营运上经济合理的船型,以达到提高船舶运输效率和经济效益的目的。

营运组织方案的研究必须以船舶发展为前提,将船舶标准化、大型化、系列化作为研究的指导方针。考虑到航道通达性以及运输船舶的统一性,所选船型必须参考《内河过闸运输船舶标准船型主尺度系列》中所规定的标准船型主尺度。

同时,注意江苏省特别是苏北地区船型发展的独特地方,船型选择应与区域内相关航道设计船型保持一致。

② 货运航线的划分

货物流向根据运量预测结果,可设定的典型航线有:南京、镇江、安徽等→扬州、淮阴,主要是矿建材料;扬州、淮阴、徐州→苏州、无锡,主要是煤炭;淮阴、安徽等其他地区→苏州、南京,主要是其他类件杂货。

③ 船型方案

根据《京杭运河运输船舶标准船型主尺度系列》和《内河过闸运输船舶标准船型主尺度系列》选取船型与机型。拖带船队中1 000 t级采用1拖6和1拖3的组队方式,配套拖船总功率分别为272 kW和186 kW;800 t级采用1拖5的组队方式,配套拖船总功率为184 kW;500 t级采用1拖7的组队方式,配套拖船总功率为220 kW;300 t级选用1拖8的组队方式,配套拖船总功率为184 kW。单船中选用2 000 t级、1 000 t级、500 t级的货船。详见表3.25。

表3.25 备选船型、机型汇总表(1)

方式		总长(m)	型宽(m)	吃水(m)	载货量(t)	船队长度(m)
1拖6拖带船队	272 kW 拖轮	23.4	6.5	2.0	6 000	≤357
	1 000 t 驳船	48~55	11	2.1~2.5		
1拖3拖带船队	186 kW 拖轮	21.0	5.0	1.5	3000	≤186
	1 000 t 驳船	48~55	11	2.1~2.5		
1拖5拖带船队	184 kW 拖轮	21.0	5.0	1.5	4 000	≤263
	800 t 驳船	42~47	10	1.9~2.2		
1拖7拖带船队	220 kW 拖轮	21.0	5.0	1.5	3 500	≤320
	500 t 驳船	35~42	8.8	1.9~2.2		
1拖8拖带船队	184 kW 拖轮	23.0	5.2	1.65	2 400	≤303
	300 t 驳船	32~35	7	1.7~2.0		

续表

方式	总长(m)	型宽(m)	吃水(m)	载货量(t)	船队长度(m)
2 000 t 级货船	63～68	13.8	3.0	2 000	
1 000 t 级货船	47～58	11.0	2.7	1 000	
500 t 货船	42～45	8.8	2.2～2.5	500	
100 TEU 集装箱船	65～68	13.8	2.5～3.0	100 TEU	

(2) 营运组织方案的论证

① 营运计算参数指标的确定

a. 营运率

根据对主要航运企业的调查分析,营运率取定如下:拖(推)轮取 96%、驳船、货船取 90%。

b. 折旧率

推轮、拖轮和驳船的折旧率均取 6.0%。

c. 船舶修理提存率

根据统计资料,修理提存率按照 7% 提存。

d. 船舶造价

根据现有同类船舶的实际造价做适当调整后,确定所选船型的造价,如表 3.26 所示。

表 3.26 各种船型造价表

推/拖轮	造价(万元)	驳船	造价(万元)	货船	造价(万元)
272 kW 拖轮	80	1 000 t 驳船	100	2 000 t 货船	190
220 kW 拖轮	70	800 t 驳船	85	1 000 t 货船	160
184 kW 拖轮	60	500 t 驳船	75	500 t 货船	100
		300 t 驳船	50		

e. 船员人数及工资

拖(推)轮船员定额:272 kW 推轮配 5 人,220 kW 拖轮配 5 人,184 kW 拖轮配 5 人;2 000 t 级货船配 5 人,1 000 t 级货船配 5 人,500 t 级货船配 5 人。对于船队,拖船队配 13 人。关于船员工资,应将其基本工资、航行津贴、伙食津贴、奖金等综合起来考虑,确定各类拖轮船员的工资为 30 000 元/(人·a),各类驳船船员(含货船)工资为 25 000 元/(人·a)。

f. 燃润料费

由于目前轻、重柴油已取消计划供应,因此,油价取市场价,即 7 500 元/t。另根据航运企业调查资料,润料费约占燃料费的 10%。

g. 保险费

取船价的 1%。

h. 物料费

物料费按照工资、修理费之和的10%估算。

i. 港务费、航养费

船舶港务费按照0.55元/t收取,港口平均停泊费按照0.25元/(t·天)收取,过闸费按照0.9元/(次·t)收取。

j. 事业费及管理费

取上述费用之和的6%。

上述营运指标及参数详见表3.27。

表3.27 船舶营运计算参数的选取表(1)

运输营运经济参数	取值
营运率	拖(推)轮96%,货船、驳船90%
折旧率	取6.0%,按20年折旧(期末无残值)
年修理费	船价的7%
船员工资及福利	拖轮船员:30 000元/(人·a),驳船(含货船):25 000元/(人·a)
燃料价格(柴油)	7 500元/t
燃润料费	取燃料费的10%
保险费	取船价的1%
物料费	占工资、修理费之和的10%
港务费	0.55元/(t·次)
港口平均停泊费	0.25元/(t·天)
过闸费	0.9元/(次·t)
装卸效率	散货:装船效率300 t/h,卸船效率150 t/h 杂货:装船效率80 t/h,卸船效率60 t/h
作业技术时间	两端技术作业时间各取1 h,非生产性停泊时间为装卸时间的40%
配员	拖船队13人,机动船5人
事业费及管理费	取上述费用之和的6%

② 方案评价指标的选取

根据确定的营运经济参数,采用船舶或船队的必要运费率和单位运输成本作为本次工程可行性研究的方案评价指标。

a. 必要运费率

必要运费率表示每单位运输量(t或t·km)所需的最低运费,与单位运输成本指标相比,它考虑了投资的时间价值因素。根据公式(3.19)计算。

b. 单位运输成本

根据公式(3.18)计算。

③ 营运组织方案的论证

经过对船舶或船队营运计算参数的选取,分别对 1 000 t、800 t、500 t、300 t 级拖带船队以及 2 000 t 级、1 000 t 级、500 t 级机动驳船和 100 TEU 集装箱船进行营运组织方案的评价指标计算,具体计算结果见表 3.28。

表 3.28 单位运输成本及必要运费率计算结果(1)

营运组织方式	船型及编队	年货运量 (10^8 t)	综合平均运距(km)	年周转量 (10^8 t·km)	单位运输成本 [元/(t·km)]	必要运费率 [元/(kt·km)]
拖带船队	1 拖 6×1 000 t	158	500	7.9	40.12	41.32
	1 拖 3×1 000 t	79	500	3.95	40.59	41.81
	1 拖 5×800 t	105	500	5.25	40.65	41.87
	1 拖 7×500 t	131	350	4.58	41.73	42.98
	1 拖 8×300 t	90	350	3.15	54.76	56.40
驳船	2 000 t	87	300	2.61	55.63	57.30
	1 000 t	43	300	1.29	61.69	63.54
	500 t	36	180	0.65	71.75	73.90
集装箱船	100 TEU	60	300	1.8	86.75	89.35

④ 计算结果分析

通过对营运组织方案的计算结果进行比较,可以得出如下结论:

经过计算与分析,拖带运输方式中推荐 1 顶 2×2 000 t、1 顶 2×1 500 t、1 顶 2×1 000 t、1 拖 6×1 000 t 的船队;货船运输推荐 2 000 t、1 500 t 和 1 000 t 的单船。同时考虑专业运输的需要及江苏省外贸发展需要,将 100 TEU 集装箱作为兼顾船型。

综合考虑施桥船闸过闸船舶现状及设计船型,本项目设计船型见表 3.29。

表 3.29 设计船型(1)

序号	船舶吨级	长×宽×吃水(m)			备注
		货船	驳船	船队	
1	2 000 t 京淮货	68×13.8×3.0			代表船型
2	1 500 t 京淮货	63×13×3.0			兼顾船型
3	1 000 t 京淮货	58×11×2.7			兼顾船型
4	100 TEU 集装箱	68×13.8×(2.5~3.0)			兼顾船型
5	1 顶 2×2 000 t		68×15.8×3.0	161×15.8×(2.6~2.9)	代表船型
6	1 顶 2×1 500 t		68×13.8×2.6	161×13.4×(2.3~2.6)	兼顾船型
7	1 顶 2×1 000 t		55×11×2.5	161×10.8×(1.9~2.2)	兼顾船型
8	1 拖 6×1 000 t			357×10.8×(2.3~2.5)	兼顾船型

3.4.2 芜申线溧阳城区段航道整治工程

1) 项目概况

芜申线溧阳城区段航道整治后总里程为 9.518 km,规划改建桥梁 11 座(其中线外桥梁 1 座),新建锚地 1 座。全线按Ⅲ级双线通航进行整治,设计最大船舶吨级为 1 000 t 级。航道设计底宽不小于 45 m,最小通航水深为 3.2 m,最小弯曲半径为 480 m(特殊困难段不小于 320 m,且考虑内侧加宽),航道口宽不小于 70 m。改建、新建桥梁桥下通航净空尺度不小于 60 m×7 m(净宽×净高)。

2) 通航标准及尺度

(1) 航道规划

芜申线溧阳城区段航道整治工程的建设符合长江三角洲地区高等级航道网规划、江苏省干线航道网规划及常州市内河航道网规划,规划航道等级为Ⅲ级。

(2) 通航标准

根据本段航道货运量预测,2025 年货运量为 3 350 万 t,2035 年为 4 750 万 t,2045 年达到 5 300 万 t,目前航道的通过能力及通航尺度已不能满足货运量及船型发展的需要,只有提高航道等级才能满足发展需求。根据规划,采用双线航行Ⅲ级通航建设标准,航道底宽不小于 45 m,航道水深不小于 3.2 m,航道弯曲半径不小于 480 m;新、改建桥梁的通航净空不小于 60 m×7 m(净宽×净高)。

(3) 航道尺度

① 航道水深

根据《航道工程设计规范》(JTS 181—2016),航道水深计算公式如式(3.1)所示。

根据《内河通航标准》及《运河通航标准》,本工程的航道水深取为 3.2 m。

② 航道宽度

根据《航道工程设计规范》(JTS 181—2016),航道宽度计算公式如式(3.4)~(3.6)所示。

本段航道的航行方式采用双线航行,设计采用 2 个 1 000 t 级顶推船队交会行驶。经计算,一般航段航宽 $B=53.34$ m,取 55 m。

③ 航道最小弯曲半径

根据《内河通航标准》(GB 50139—2014)和《航道工程设计规范》(JTS 181—2016),Ⅲ级航道最小弯曲半径 $R=480$ m,当不满足最小弯道半径 $R=480$ m 时,内侧应加宽。

两反向弯道之间的最小直线段长度,采用 200 m。

④ 航道底宽

航道底宽 B_b 根据航道宽度 B 和航道水深 H 及两侧边坡系数 m 确定。计算公式如式(3.12)所示。航道宽度取 55 m,航道水深Ⅱ级航道取 3.2 m,1 000 t 级顶推船舶的设计吃水取 2.0 m,河底两侧设计边坡系数取 $m \geqslant 5$。经计算,航道底宽 $B_b=43$ m,取 45 m。

⑤ 通航净空尺度

新、改建桥梁的通航净空不小于 60 m×7 m(净宽×净高),本段航道整治工程共改建桥梁 10 座。

架空电力线、通信线、水文测验等缆线净宽要求一跨过河,净高应满足夏季缆线垂点至最高通航水位的距离不小于缆线的安全距离加最大船舶空载高度。

(4) 航道断面系数

断面系数根据公式(3.17)计算。其中,设计最低通航水位时的航道过水横断面面积:$A=211.05 \text{ m}^2$;设计最低通航水位时的船舶中部水下横断面面积:$A_Q=15.8 \times 3.3 \times 0.9 \approx 28.6 (\text{m}^2)$。

$n=A/A_Q=7.38>6$,断面系数 n 满足规范要求。

(5) 通航水流条件

本工程设计通航水位详见表3.30。

表3.30 设计通航水位

工况	水位(m)	备注
设计最高通航水位	▽3.77	20年一遇洪水位
设计最低通航水位	▽0.80	98%保证率

3) 船型及营运组织

(1) 营运组织方案的设立

① 船舶营运现状分析

由目前造船业发展迅速的趋势可见,航运企业的营运状况较前几年有所好转,随着水运运输市场的放开,加之国家鼓励私营经济,个体水运运输户增加较快,为追求经济效益,其经营的船舶越来越大,一般机动货船都在300 t以上。根据统计,近几年小型船舶的艘数和承担的运量比例都在下降,反映了船型的竞争和经营者的竞争同样激烈。水运运输市场需求量的增长、航道基础设施条件的逐步改善、经济利益的驱动均为船舶大型化发展提供了基础。有关统计数据表明,近年来船舶大型化发展较快,小型船舶的艘数和承担的运量比例加速下降,这充分反映了水运经济的价值规律。

② 货运航线的划分

芜申线地处我国经济最发达的长江三角洲地区,可沟通江、河、湖、海的联运,成为苏、皖及长江中上游地区与上海进行物资交流的水运主通道,在促进苏南地区经济发展、水资源开发等方面具有十分重要的作用。

货物流向根据运量预测结果,可设定的典型航线有:上海、苏州→溧阳,主要是其他货类;上海、苏州→南京、安徽、镇江,主要是钢铁;浙江、湖州→溧阳,主要是矿建材料;苏州沿江港口→溧阳,主要是煤炭;苏州沿江港口、无锡常州→溧阳,主要是金属矿石;宜兴→镇江、常州、南京、安徽,主要是非金属矿石和其他货类。

③ 船型方案

根据《内河通航标准》(GB 50139—2014)以及《运河通航标准》(JTS 180—2—2011),结合芜申线航道在长三角高等级航道网规划中的功能、地位选取船型与机型。顶推船队采用1顶2的1 000 t级方案,主机总功率为180 kW。拖带船队中1 000 t级采用1拖3形式,配套拖船总功率为136 kW;500 t级选用1拖5的形式,配套拖船总功率为220 kW;300 t级选用

1拖8形式,配套拖船总功率为184 kW。单船中选用1 000 t级的货船,主机总功率为204 kW;500 t级的货船,主机总功率为120 kW;300 t级的货船,主机总功率为90 kW。详见表3.31。

表3.31 备选船型、机型汇总表(2)

方式		总长(m)	型宽(m)	吃水(m)	载货量(t)	船队长度(m)
1顶2	180 kW 推轮	23.4	8.0	2.0	2 000	≤160
	1 000 t 半分节驳(Ⅰ)	67.5	10.8	2.0		
1拖3	136 kW 拖轮	21.0	5.0	1.5	3 000	≤186
	1 000 t 驳船	55.0	11.0	2.5		
1拖5	220 kW 拖轮	25.75	5.6	2.0	3 500	≤320
	500 t 驳船	42.0	8.8	2.2		
1拖8	184 kW 拖轮	23.0	5.2	1.65	2 400	≤303
	300 t 驳船	35.0	7.0	2.0		
1 000 t级货船		58.0	11.0	3.1	1 000	
500 t级货船		45.0	8.8	2.5	500	
300 t级货船		40.0	7.0	2.2	300	
50 TEU 集装箱船		55.0	11.0	2.5	500	

(2)营运组织方案的论证

① 计算参数指标的确定

a. 营运率

根据对主要航运企业的调查分析,营运率取定如下:拖(推)轮取96%,货船、驳船取90%。

b. 折旧率

推轮、拖轮和驳船的折旧率均取6.0%。

c. 修理提存率

根据统计资料,修理提存率按7%提存。

d. 船舶造价

根据同类船舶的实际造价,进行适当调整,所选船型的造价如表3.26。

e. 船舶人员及工资

船舶人员按不同船型定额配备,配备情况见表3.32。

船员的工资应综合考虑基本工资、航行津贴、伙食津贴和奖金等诸方面,分析确定船员的工资为4.0万元/(人·a)。

表3.32 各种船型配备人员表

船型	人员（人）	船型	人员（人）	船型	人员（人）
180 kW 推轮	5	1 000 t 驳船	4	1 000 t 货船	6
220 kW 拖轮	5	500 t 驳船	3	500 t 货船	5
184 kW 拖轮	5	300 t 驳船	3	300 t 货船	4
136 kW 拖轮	5			50 TEU	5

f. 燃润料

根据市场调查，油价每吨以 8 600 元计。另根据对航运企业的调查，润料费约占燃料费的 10%。上述营运指标和参数详见表3.33。

表3.33 船舶营运计算参数的选取表(2)

项目	单位	推轮	拖轮	货船、驳船
营运率	%	96	96	90
船员工资	元/(人·a)	40 000	32 000	25 000
气象影响因素	%	\multicolumn{3}{c}{2.0}
修理提存率	%	\multicolumn{3}{c}{7}
折旧率	%	\multicolumn{3}{c}{6}
船舶残值	%	\multicolumn{3}{c}{10}
油价	元/t	\multicolumn{3}{c}{8 600}
润料费		\multicolumn{3}{c}{占燃料费的 10%}
物料费及其他费		\multicolumn{3}{c}{(工资＋折旧＋修理＋燃润料费)×10%}
港务及管理费		\multicolumn{3}{c}{(工资＋折旧＋修理＋燃润料费)×20%}
折现率	%	\multicolumn{3}{c}{10}
计算年限	年	\multicolumn{3}{c}{15(取船舶平均使用年限)}
工商营业税	%	\multicolumn{3}{c}{3.0}

② 方案评价指标的选取

a. 必要运费率

必要运费率表示每单位运输量(t 或 t·km)所需的最低运费，与单位运输成本指标相比，它考虑了投资的时间价值因素。根据公式(3.19)计算。

b. 单位运输成本

根据公式(3.18)计算。

③ 营运组织方案的论证

a. 营运组织方案的计算

经过对船舶和船队营运计算参数的选取，分别对 1 000 t、500 t、300 t 级拖带船队以及 1 000 t、500 t、300 t 级货船进行营运组织方案的评价指标计算，具体计算结果见表3.34。

表 3.34　单位运输成本及必要运费率计算结果(2)

营运组织方式	船型及编队	年货运量 (10^4 t)	综合平均运距(km)	年周转量 (10^8 t·km)	年营运费 (万元)	单位运输成本 [元/(t·km)]	必要运费率 [元/(kt·km)]
顶推船队	1 顶 2×1 000 t	628	500	31.38	23 627	75.29	97.88
拖带船队	1 拖 3×1 000 t	523	500	26.15	17 300	66.16	86.00
	1 拖 7×500 t	837	350	29.29	20 952	71.54	93.00
	1 拖 8×300 t	418	350	14.64	13 340	91.09	118.42
货船	1 000 t	1 046	300	31.38	28 030	89.32	116.12
	500 t	1 046	200	20.92	24 449	116.87	151.93
	300 t	471	12	7.53	11 807	156.78	203.81
集装箱船	50 TEU	262	300	7.85	12 092	165.59	239.62

b. 计算结果分析

在顶推运输方式中,考虑船舶吃水要求,选用 1 顶 2×1 000 t 级的船队。在拖带运输方式中,1 000 t 级 1 拖 3 单位运输成本为 66.16 元/(t·km),必要运费率为 86.00 元/(kt·km),500 t 级 1 拖 7 单位运输成本为 71.54 元/(t·km),300 t 级 1 拖 8 单位运输成本为 91.09 元/(t·km),可见拖带运输方式中 1 000 t 级 1 拖 3 最优。货船运输采用 1 000 t 级的效益最好,500 t 级、300 t 级的次之。其单位运输成本分别为 89.32 元/(t·km)、116.87 元/(t·km)和 156.78 元/(t·km)。50 TEU 的集装箱船其单位运输成本为 165.69 元/(t·km),必要运费率为 239.62 元/(t·km)。

④ 论证结果分析

根据表 3.34,货船的经济性明显不如拖带船队,但 300 t 级以上单船在短途运输或进入跨支河运输时,因其具有灵活性和通达性而有较大的发展余地。

a. 1 顶 2×1 000 t 级顶推船队为《内河通航标准》中的推荐船型,故本次将其选定为设计船型。参照交通运输部公告,考虑将公告中京杭运河典型 1 拖 3×1 000 t 级拖带船队作为兼顾船型。

b. 500 t 级船队以其吨位大、直达性好等优势给水运企业调整运力结构、降低运输成本提供了条件并已迅速得到推广。故将 1 拖 7×500 t 级拖带船队和 500 t 级货船(单船)均作为兼顾船型。

c. 300 t 级船型通达性最强,其形式多为经济效益优和适应性强的拖带船队。同时考虑货船机动灵活性的需求,故将 1 拖 8×300 t 级拖带船队和 300 t 级货船作为兼顾船型纳入设计船型中。

d. 该航道作为省干线航道网重要的"一横",需考虑集装箱船型。随着长江三角洲地区高等级航道网的建设,安徽与苏南、苏南与上海的外贸经济发展需求增加,集装箱内河运输货源丰富,集装箱设计船型也是本次考虑的设计船型之一。从集装箱船运输的经济性出发,选用 50 TEU 的集装箱船作为兼顾船型列入本次船型中。

3 通航标准与营运组织

经以上计算与分析,顶推运输中推荐1顶2×1 000 t级的船队;拖带运输方式中推荐1拖3×1 000 t、1拖7×500 t、1拖8×300 t的船队;货船运输推荐1 000 t、500 t和300 t的单船。同时考虑专业运输的需要和未来集装箱运输发展的需求,将50 TEU的集装箱船作为本项目的设计船型。由于目前芜申线航道等级较低,因此存在着大量的低吨位的船舶。仅从船舶营运成本角度分析,船舶载重吨位越大,运输距离越长,运输成本就低,即千吨级船舶经济效益最好。但根据目前江苏省境内的航道及本航道上运输船舶的现状,通航船舶的运营线路还受支线航道等级的限制,通达性受到影响,所以发展300 t级至500 t级的船舶具有一定的经济性和较大的灵活性。随着航道等级的提高和高等级航道成网,1 000 t级及以上吨位的船舶将有更大的发展空间。根据上述原则,结合营运组织方案论证,并参照《内河通航标准》《运河通航标准》及《内河过闸运输船舶标准船型主尺度系列 第2部分:京杭运河、淮河水系》,本项目设计船型见表3.35。

表3.35 设计船型(2)

序号	船舶吨级	长×宽×吃水(m)			备注
		货船	驳船	船队	
1	1顶2×1 000 t		67.5×10.8×2.0	160×10.8×2.0	设计船型
2	1拖3×1 000 t		55×10.8×2.5	186×10.8×2.5	设计船型
3	1拖7×500 t		42×8.8×2.1	320×8.8×2.1	兼顾船型
4	1拖8×300 t		34×6.8×2.0	303×6.8×2.0	兼顾船型
5	500 t货船	44×8.8×2.3			兼顾船型
6	300 t货船	44×7.4×1.9			兼顾船型
7	50 TEU 集装箱船	55×10.8×2.5			兼顾船型
8	1 000 t货船	60×10.8×2.7			设计船型

4 航道通过能力

4.1 概述

航道通过能力就是单位时间或特定时段内,能通过航道某区段(或某一地点)的船舶数量或船舶载重吨的最大能力。这里所指的航道都是具有一定等级和通航标准的航道;这里所指的船舶及其载重吨基本上是标准船舶船队和相应的载重吨。在我国,一般实际工作者都习惯于把航道通过能力界定为一年内某一区段的航道能通过的最大货运量(包括敞流河段和设闸河段),即以万吨每年为计量(客运量也折算成货运量)。

随着船舶大型化的发展,航道通过能力逐步提高,船舶运输成本和中转费用逐渐降低。在通过各种措施提高航道通过能力的同时,要注意航道工程对河流生态环境的影响。通过保护水生动植物,营造有利于生物多样性的水环境,促进航道建设的结构升级和转型,实现循环经济和可持续发展。

相对于铁路、公路而言,航道的潜在通过能力是比较大的,航道通过能力的研究主要针对以下几种情况:

第一,对已有的天然航道,有时需要研究其利用率。在进行国土规划、综合运输网规划时,为生产力分布、运输平衡提供依据。

第二,研究并克服已有航道的薄弱环节,包括狭窄、急弯、滩险河段等的消除或改善,借以提高整个航段的通过能力,以适应内河运输中船舶运输、港口扩大生产的需要。

第三,当河流中兴建水利、水电枢纽时,为了使枢纽形成后的航道通过能力不低于工程前的航道通过能力,并满足规划发展的需要,有必要对工程前后的航道通过能力进行研究。

航道通过能力不同于在某区段内已经实现的实际过货量和过客量,它反映的是过货和过客的潜在能力。这种能力只能通过计算获得。因此,它可以有两种含义,一种是理论通过能力,一种是设计通过能力。

理论通过能力是指在理想条件下的航道通过能力。其计算假定是:

(1) 通航期内的水文、气象条件稳定,通航尺度达到或超过等级标准,能保持船舶畅通;
(2) 货物来源充分,保证上、下水船舶满载;
(3) 港口具有较强的集疏运能力,并能及时发船,船舶到达均衡;
(4) 通航建筑物工作始终正常;
(5) 具有足够的港口泊位、锚地;

(6) 运行的船舶、船队全符合航道等级标准,技术状态好,数量充足,而且在保持一定间距、正常航速、运行中互不干扰等。

理论通过能力只是在极短的时段内有可能实现的能力,而实际上大部分时段是不可能实现的。因为,在现实生活中上述各因素无论哪一方面都不可能是平衡的。

设计通过能力是针对理论通过能力中所假定的各因素,考虑自然条件的变化影响及运输生产中的不均衡性后,进行计算的航道通过能力。这些考虑包括:

(1) 通航期内应扣除因特大洪水、冰凌、雾障、特大风浪等耽误的时间。

(2) 对于货流应考虑上、下水的不均衡,或重向与非重向货流在货源上存在着的差别;当轻泡货比重大及船舶调度欠协调时,会降低船舶装载率;某些货种由于生产的季节性将导致运量的不平衡。

(3) 运行的船舶及船队的构成不规范。

(4) 由于港口吞吐量各月不均衡,因此到、发船舶也会不均衡,在港口有压船现象,在通航建筑物前有可能产生船舶候闸(高峰期),或开闸候船(低谷期)现象。

(5) 当进行航道整治、维护或船闸检修时,船舶有可能不能正常通过。有时航标失常、桥梁维修也影响船舶运行。

(6) 当港口能力不足或船舶运力不足时,不可能保证航道中有足够的船舶航行。也就不可能在航道中形成源源不断的船舶"链"。

(7) 一些公务船、客船、游艇等非货运船舶在航行中的影响。

对以上各因素加以考虑,即在理论通过能力的基础上加以修正,其计算值即为设计通过能力,也就是在相对合理的条件下所预期的航道通过能力,这是研究的重点。

航道通过能力的计算流程以及本章节的主要内容如图 4.1 所示。

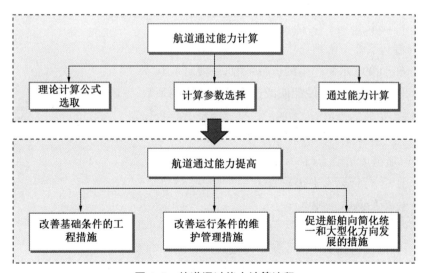

图 4.1 航道通过能力计算流程

4.2 航道通过能力计算方法

《航道工程设计规范》(JTS 181—2016)指出,航道的线数需分析其通过能力,目前国内尚无公认的公式。虽然船舶试验更为客观且与真实情况比较接近,但实船及船模试验都以前期的大量理论测算为基础。

《运河通航标准》(JTS 180—2—2011)中提道:运河设计通过能力应满足设计水平年内各期的客、货运量和船舶通航要求。运河的设计水平年应根据运河的不同条件采用工程建成后20~30年;对扩建和改建困难的运河工程,应采用更长的设计水平年。运河通过能力的估算应考虑下列因素:航道等级、船舶或船队的平均载重量和实载率、船流密度、船舶或船队平均运营航速、通航时间、控制河段的通航条件、运输组织调度等。

作为分析通过能力的参考,目前国内外的一些研究成果分为以下三个方面介绍:理论计算、船舶试验和计算机模拟。

4.2.1 理论计算方法

1) 德国公式

$$W_W = PMNta_1a_2a_3a_4 \tag{4.1}$$

式中:W_W——航道通过能力(10^4 t);

P——标准船队载重吨(t);

M——单位时间内通过的船队数,$M=D_0V$,其中D_0为运输密度,以每千米河段上的船队数表示,D_0与航道条件有关,一般$D_0=2$,V为船队的营运航速(km/h);

N——上、下行载重量利用系数之和;

t——全年可通航时间(h);

a_1——船舶密度增大使运行阻力增加而产生的折减系数,一般上游河段取0.7,中下游河段取0.9;

a_2——港口工作不平衡而产生的折减系数,一般可取0.6;

a_3——船舶变吃水而产生的折减系数,一般可取0.6;

a_4——船舶交会,避让使船舶减速而产生的影响系数,一般可取0.8。

2) 长江公式

$$W_W = C \times 31.536 \times 10^6 \times W \times F_1 \times F_2 \times F_3 \times F_4 \div T \tag{4.2}$$

式中:W_W——航道通过能力(10^4 t);

C——上、下行货运不平衡系数,$C=1+$上水/下水;

W——标准船队载重吨(t);

F_1——年通航时间系数,$F_1=t/8\,760$,t为年通航小时数(h);

F_2——实际运行船队吨级不统一对通过能力的影响系数;

F_3——港口、航道、运行调度产生的运输不平衡影响系数,一般可取0.6;

F_4——非货运船队占用航道的影响系数,客船和其他非营运船舶较多的河段有时可取0.5;

T——一个标准船队安全通过控制河段的时间(h/队)。

应当说,长江公式在一定程度上借鉴了德国公式,并根据天然河流的实际情况做了某些改进。该公式在长江、珠江水系一些长河段航道建设的前期工作中先后得到过应用。

3) 航道通过能力综合公式

$$W_B = \left(24 \times 3\,600 F_4 \frac{t_1}{T_0}\right) \frac{tF_1}{24 \times 3\,600 t_1} WM_0 TCF_2 F_3 \quad (4.3)$$

式中:F_1、F_2、F_3、F_4——含义参考公式(4.2)。

4) 基于船舶交通流的航道通过能力公式

$$Q = MCF_1 F_3 t \quad (4.4)$$

式中:Q——标准船舶的航道通过能力(10^4 t);

M——单位时间内通过航道的标准船的数量;

C——上、下行货运不平衡系数;

t——全年可通航时间(h);

F_1、F_3——含义参考公式(4.2)。

5) 利用乘潮水位航道的通过能力公式

此公式由天津水运工程科学研究院提出:

$$P = \sum_{i=1}^{n} P_i N_i m_i a k_1 k_2 k_3 k_4 k_5 k_6 \quad (4.5)$$

式中:P——航道通过能力(10^4 t);

P_i——船舶载重吨(t);

N_i——船舶数;

m_i——一年的有效潮汐个数;

a——航道系数,单航道时 $a=1$,双航道时 $a=2$;

k_1——船型阻力系数;

k_2——港口影响系数;

k_3——不满载系数;

k_4——船舶交会系数;

k_5——客运船影响系数;

k_6——非标准船影响系数;

n——船型数。

6) 王宏达公式

20世纪90年代,在江苏省内河航运船舶发展综合研究课题的研究过程中,原交通运输部水运规划设计院提出了新的内河航道通过能力计算公式,曾以京杭运河江苏段和江苏航道网为例试算,计算所得结果与实际调查数据较为接近。公式分别计算航道控制河段正向和反向通过量,以不同船型组成的船队完成全年各自承运运量(通过量)为基础,考虑了各型船舶配置的船队数,占用航道时间、船队营运航速的不同,船队交会和追越时航速的折减,上、下行船舶载重量利用率的不同等对航道通过量的影响。

(1) 航道正向通过能力估算公式

$$W_{zh} = \sum_{i=1}^{n}(SHN)(CGN)(DZ_i)(CZL_i)(BZH_i)(VZJ_i)(M_i/10\ 000) \quad (4.6)$$

式中：W_{zh}——航道正向通过量(10^4 t/年)。

SHN——航道年营运时间(h/年)。

CGN——港口、航道调度不均衡时，航道通过量的缩减系数。

DZ_i——昼夜内非运货船过闸次数。

$$BZH_i = \frac{i\ 型船队数占航道时间}{\sum_{i=1}^{n}(i\ 型船队数占航道时间)} = \frac{(BD_i)[(L_i+JJ_i)/V_i]}{\sum_{i=1}^{n}\{(BD_i)[(L_i+JJ_i)/V_i]\}}$$

$$BD_i = \frac{i\ 型船队完成 BS_i\ 份额需要的船队数}{\sum_{i=1}^{n}(i\ 型船队完成 BS_i\ 份额需要的船队数)} = \frac{BS_i/DZ_i}{\sum_{i=1}^{n}(BS_i/DZ_i)}$$

BD_i——i 型船队完成 BS_i 份额需要的船队数占总船队数的归一比；

BS_i/DZ_i——i 型船队完成 BS_i 份额需要的船队数。

$(BD_i)[(L_i+JJ_i)/V_i]$——i 型船队完成 BS_i 份额需占用的航道时间。

L_i——i 型船队或艘长度(m)。

JJ_i——i 型船队或艘航行中的最小间距(m)。

M_i——i 型船队每队占用航道时间(h)。

CZL_i——正向载重量利用率。

VJZ_i——船队分别在交会和追越过程中折减后航速的平均值，即平均航速 = $\frac{1}{2}(VJH_i+VZY_i)$ (km/h)。

VJH_i——船队交会后的航速(km/h)，船队交会时，两队船舶航速都有折减，折减后的航速分别为两船队营运航速乘以一定比例，此比例称为交会航速折减系数，用 $CJHIS$ 表示。设两船队营运航速分别为 V_1、V_2，两船队交会时折减后的航速分别为 $VJH_1=V_1\times CJHIS$、$VJH_2=V_2\times CJHIS$。交会航速折减系数 $CJHJS$ 需经试验研究确定其值，研究前建议采用 0.9。

VZY_i——船队追越后的航速(km/h)，船队追越时，追越与被追越船队的航速都发生一次折减，折减后的航速分别为两船队营运航速乘以一定比例，此比例称为追越航速折减系数，用 $CZYJS_1$ 表示。追越船队的航速还会发生二次折减，折减的速度等于两船队航速差的一定比例，此比例也称为追越航速折减系数，用 $CZYJS_2$ 表示。设两船队营运航速分别为 V_1、V_2，$V_1>V_2$，则 $VZY_2=V_2\times CZYJS_1$，而 $VZY_1=VZY_2+(V_1-V_2)\times CZYJS_2$。追越航速折减系数 $CZYJS_1$、$CZYJS_2$ 需经试验研究确定其值，研究前建议 $CZYJS_1$ 采用 0.9，$CZYJS_2$ 采用 0.8。

(2) 航道逆向通过能力估算公式

$$W_n = \sum_{i=1}^{n}(SHN)(CGN)(DZ_i)(CNL_i)(BZH_i)(VZJ_i)(M_i/10\ 000) \quad (4.7)$$

式中：W_n——航道逆向通过量(10^4t)；

CNL_i——逆向船舶载重量利用率(%)；

其他符号说明同前。

（3）航道通过总量

$$W_{hd} = W_{zh} + W_n \tag{4.8}$$

式中：W_{hd}——航道通过总量(10^4t)。

7）苏南运河公式

$$C = W'\beta Vt\alpha_1\alpha_2\alpha_3\alpha_4\alpha_5\alpha_6 \tag{4.9}$$

$$C_c = c \cdot C \tag{4.10}$$

$$C'_c = c' \cdot C \tag{4.11}$$

$$\sum C = C_c + C'_c \tag{4.12}$$

式中：C——航道单向船舶通过能力(10^4t)；

W'——船队平均载重量(t)；

c, c'——分别为航道单向主、次货物流向的实载率(%)；

C_c, C'_c——分别为航道单向主、次货物流向通过能力(10^4t)；

$\sum C$——航道总通过能力(10^4t)；

β——水运密度(船组数/km)$=1\,000/L$，L为标准船组平均长度(含安全间隔)；

V——船队平均航行速度(km/h)；

t——全年可通航天数；

α_1——船流密度增大时，航行阻力增加引起的折减系数；

α_2——到发港不均衡影响船舶运量折减系数；

α_3——船舶因航道水深不足减载引起的损失系数；

α_4——船舶交会时引起的损失系数；

α_5——非货船影响系数；

α_6——非标准船型影响船队总吨位系数。

苏南运河公式是原江苏省交通规划设计院和原交通运输部水运规划设计院在苏南运河整治工程可行性研究报告中，结合苏南运河的具体情况，在西德公式的基础上提出的。该公式对折减系数进行了改进，如考虑了船舶密度增大而引起的货运量的折减，在计算内河航道通过能力方面，和王宏达公式一起被广泛使用。

8）敞流航道通过能力计算方法

该计算方法是中交水运规划设计院闵朝斌提出的计算方法。

敞流航道通过能力，可按双向航道、单向航道两种船舶(队)运行模式分别进行计算。

（1）双向航道

即容许船舶(队)在航道中任一断面可同时进行上、下行运行作业的航道。包括容许双向通航的单孔或双孔通航的桥梁。

① 理论通过能力的计算公式

$$C = 24n \times 1\,000 V_{\text{上}} TSQ_c / [(m+1)L_c] \quad (4.13)$$

式中：C——航道年双向通过能力(t)；

n——航道每天工作系数，全天工作 $n=1$，半天工作 $n=0.4\sim0.5$；

$V_{\text{上}}$——船舶(队)上水航速(km/h)；

T——年通航日历天(天)；

S——同时处于某一航道断面的船舶(队)数(艘,队)，可按下式计算：
$S=BH/[(b+1.5\Delta b)(t+\Delta t)]$，当 $H=t+\Delta t$ 时，$S=B/(b+1.5\Delta b)$，$S>1$，其中，B、H 分别为航道宽度和深度(m)，b、t 分别为船舶(队)宽度和吃水(m)，Δb、Δt 分别为富裕宽度和深度；

Q_c——标准船舶(队)的额定载重量(t)；

m——船舶(队)之间纵向距离系数，上水 $m=1$，下水 $m=2\sim5$，视流速大小而定；

L_c——船舶(队)长度(m)。

② 设计通过能力的计算公式

$$C_s = P K_o K_f K_g C / K_d \quad (4.14)$$

式中：P——通航期保证率(%)，按航道等级来确定，Ⅰ、Ⅱ级≥98%，Ⅲ、Ⅳ级为 95%～98%；Ⅴ、Ⅵ、Ⅶ级为 90%～95%；

K_o——航行船舶中货船比重，其值为 0.85～0.95；

K_f——船队平均装载系数，$K_f<1$，$K_f=\sum_{i=1}^{m}K_iQ_i / \sum_{i=1}^{m}Q_i$；

K_d——船舶到达不均衡系数，$K_d>1$，它是月不均衡系数与日不均衡系数的乘积，其中：月不均衡系数=最大月到船数/平均月到船数，日不均衡系数=到船最大月中最大日到船数/平均日到船数；

K_g——船队构成不均衡系数或标准船队折减系数，这是由于在航道中航行的不可能全是标准船舶(队)而需要进行的折减，可按下式计算：

$$K_g = Q_{\text{平均}}/Q_c \quad K_g<1, \quad Q_{\text{平均}} = \sum_{i=1}^{m} x_i Q_i / X,$$

其中：x_i——载重量为 Q_i 的船队数；

X——船队总数。

(2) 单向航道

包括只容许一个方向船舶(队)行驶的弯曲、狭窄、急浅航段，以及单孔通航桥梁等。船舶(队)运行方式可采用一下一上，成批下成批上，多批下少批上，少批下多批上，等等，可视船流情况、控制段长短具体采用。原则上应先下后上、上下平衡。

① 理论通过能力的计算公式

船舶(队)运行方式采用一下一上。

$$C = 24n V_{\text{上}} V_{\text{下}} TQ / [(aL_c/1\,000 + L_k)(V_{\text{上}} + V_{\text{下}})] \quad (4.15)$$

式中：C——控制段航道单向年通过能力(t)；

$V_\text{下}$——船舶(队)下水航速(km/h);

L_k——控制段长度(km);

a——控制段长度安全富裕系数,$a>1$。

船舶(队)运行方式采用成批下成批上。

$$C = 24n \times 1\,000 K_s VTQ / [(m+1)L_c] \tag{4.16}$$

式中：K_s——转向系数,$K_s<1$;

$V=V_\text{上}$时,$m=m_\text{上}$,$V=V_\text{下}$时,$m=m_\text{下}$。

② 设计通过能力的计算公式

$$C_s = P K_o K_f K_g C / K_d \tag{4.17}$$

4.2.2 船舶试验方法

1) 物理模型试验

物理模型试验,即船模、水工模型相结合的技术手段,其优点在于它可以直接观测船模在复杂地形和水力条件(如横流、不规则岸坡等)下的运动。但物理模型试验也存在一些缺点,比如耗工、耗时、费用大、因子变更不易,需要耗费较大的人力、物力,研究不同方案时耗长,存在比尺效应等。

2) 实船试验

试验结果客观真实,但试验条件要求高,风险大,成本高。这一领域比较典型的研究有"兰叙段航道千吨级船队通航实船试验方法及成果分析",该项目研究对象是由四川802拖轮帮拖川甲1004号千驳组成的船队,包括船舶过滩试验、航标通信适航试验及试验船队拖轮主机转速和舵效测试等几方面试验内容。

4.2.3 计算机模拟

1) 船舶操纵模拟器

船舶操纵模拟器被应用于航道通航安全方面的研究,通过计算机仿真,模拟航道中航行的船舶操纵性能、航道条件及交通流特性,可以直接观测船模在复杂地形和水力条件(如横流、不规则岸坡等)下的运动或描述各种水动力因素和船体基本的水动力特性。船舶操纵模拟器同时还考虑了驾驶人员的视觉映像、仪器操纵、响应速率等引起的心理学效应,经济实用,所以这种方法正日益广泛地被应用于各种航道通过能力及通航安全的论证当中。

2) 离线模型

离线模拟(off line simulation),即用自动舵来代替人工操纵,根据一定的规则使程序自动根据外界环境的变化改变舵角或船速,以此来模拟实际船舶操纵过程。离线模拟没有人机对话过程,不能模拟操舵人员对外界影响做出反应的过程。但如果自动舵模型建立合理,离线模拟也能给出较为客观的结果,尤其是对不熟悉船舶操纵者而言。这方面典型的软件有荷兰代尔夫特理工大学的SHIPM软件。

3) 船舶交通系统计算机模拟

船舶交通系统计算机模拟实质上是一种宏观模拟,它的研究对象是交通流,包括水上交通网络模拟、水上交通流模拟和港内交通流模拟三大部分。在规划设计一个船舶交通系统或筹建船舶交通管理系统(VT)之前需要进行研究、开发、测试与评价(rescarch,development,tost&evaluation,RDTE),例如:通常对这种大系统中的船舶交通管理方案进行评价或对某个系统运行的安全与效益进行深入的研究,仅仅用某种数学工具定量求解难度较大,而应用计算机模拟技术可以评价、研究系统的变化过程,结合定量与定性进行分析,往往能取得较为理想的效果。

4.3 提高通过能力的措施

从以上各节所做的分析中可以看出,决定航道通过能力大小的有诸多因素,包括:航道及过船建筑物的通航条件、年通航天数、船舶每天运行小时数、平均航速、单船载重量和平均船队载重量、船舶和船队装载系数和到达不均衡系数,以及运输组织管理状况,等等。要想提高航道的通过能力,一是要综合考虑,不能只采取某种单一的技术措施;二是要因时、因地制宜,由于河流具体条件各异,当时当地采取的措施也各不相同。

下面从几个主要方面做简要阐述,以供参考。

4.3.1 改善基础条件的工程措施

要求提高航道通过能力的动力来自水运需求的增长,随着运量的增长,营运船舶的数量和吨位会逐步增加,航道的实际通过量也就跟着增加,先是挖掘航道潜力,使之充分发挥其通过能力,直至接近乃至达到饱和,这时就必然会提出通过采取工程措施来改善航道或过船建筑物的通航条件的要求,从而在新的基础上满足和促进水运的发展。这种采取工程措施来提高航道通过能力的举措大致有以下几种:

1) 航道工程治理

(1) 通过航道疏浚整治、渠化,运河改建、扩建,提高航道尺度,提升航道等级,适应船舶(队)大型化;

(2) 通过工程措施消除急滩、险滩和单行控制河段,改善通航水流条件,拓宽卡口段航道宽度,为船舶加速运行创造条件;

(3) 通过改小船闸为大船闸,或者增建复线船闸,提高船闸等级,扩大船闸规模,为便利更多、更大的船舶通行创造条件。

2) 航道设施改善

(1) 通过实施航标工程或增设航标,提升航标配布类别,延伸夜航里程,为船舶实现夜航、提高周转率创造条件;

(2) 通过在急流段设置助绞助拖设施及其工作机构(如绞滩站、助拖站),方便船舶顺利通过急流滩,避免等候和壅塞;

(3) 在船闸上下游航道内或口门附近增设靠泊设施或候闸锚泊基地,尽可能缩短闸等船的时间,为提高闸次利用率创造条件;

(4) 为船闸增配计算机辅助决策系统,实施船舶过闸人机配合排序、排档作业,提高闸室利用率。

4.3.2 改善运行条件的维护管理措施

在航道、船闸等基础设施保持原定标准,不予提高,通航仍有潜力的情况下,要想适应运量不断增长的客观需求,则可采取措施以达到提高航道通过能力的目的。

1) 加强航道养护管理

包括航道观测分析、航标维护管理、浅滩疏浚、急险滩设绞与维护、整治建筑物检查维修和过船建筑物保养维修等。

2) 改善运输组织管理

(1) 通过适当的机构和组织形式,加强船公司、港口、航道、海事部门乃至货主单位间的协调,尽可能实现有序和均衡的客货运输;

(2) 采取适当方式,加强船舶调度管理,特别是关键河段关键时刻的现场调度,有效疏导,防止堵塞;

(3) 采取有效措施,加强重点区段的港航监督与安全管理,制止违章航行,防止船舶枯季超载搁浅堵航;

(4) 引用先进的通信手段,建立能够顺利沟通船舶、港口、航道、海事等部门的信息网,为实现实时的运行管理和调度指挥提供便利条件。

4.3.3 促进船舶向简化统一和大型化方向发展的措施

1) 技术导向

(1) 贯彻执行有关船型系列标准,新造船舶的吨级和尺度应与航区的航道等级基本相符;

(2) 鼓励运输企业在设计建造新船时采用变吃水,使其能与较高标准的航道维护工作相互结合,既能在中洪水期按结构吃水,增加实际装载量,又能在特枯水期适当减载航行,延长实际通航时间(不能把设计最低通航水位的保证率等同于通航时间的保证率)。

2) 行政管理

(1) 在较高等级的航道、船闸范围内,通过船舶检验、营运发证等环节逐步淘汰老旧的小型船舶,使该航区的小船比例逐年减少;

(2) 在特殊繁忙的运输季节,或船闸检修时段,通过港监签证、港口配载等环节,临时限制较小船舶在可能造成壅阻的地段通行。

4.4 工程案例

4.4.1 芜申线溧阳城区段航道整治工程

1) 项目概况

项目概况同 3.4.2。

2) 航道通过能力计算

(1) 计算公式

芜申线溧阳城区段航道整治工程选用苏南运河公式进行航道通过能力计算,具体公式见式(4.9)~(4.12)。

(2) 船型设计

① 设计船型组成及其比例

根据货运量及船型比例预测,船队(舶)组成及其比例见表4.1。

表4.1 船队(舶)组成及其比例表

分类	船型	船队(舶)长度(m)	所占比例(%)		
			2025年	2035年	2045年
船队(70%)	1顶2×1 000 t	160	3	5	8
	1拖3×1 000 t	186	10	15	20
	1拖5×1 000 t	320	22	17	15
	1拖8×1 000 t	303	20	15	10
	集装箱运输船	55	2	8	10
货船(30%)	1 000 t	60	10	15	20
	500 t	44	20	15	12
	300 t	44	13	10	5

② 船组船型的平均长度及载重吨位

采用加权平均法计算得到表4.1中设计船型的平均长度和载重吨位,见表4.2。

表4.2 船舶平均长度和载重吨位表

项目	单位	数量		
		2025年	2035年	2045年
船舶平均长度(含安全间距)	m	374	370	360
船舶平均载重吨位	t	1 649	1 670	1 750

③ 船组船舶间的安全间距

船队与其船舶前方的安全间距取一个船队的长度,货船与其船舶前方的安全间距取二个单船的长度。据此,计算航道通过能力的各参数选取见表4.3。

表4.3 航道通过能力计算参数表

年份	W'	β	V	t	α_1	α_2	α_3	α_4	α_5	α_6
2025年	1 649	2.67	8.0	8160	0.70	0.60	0.85	0.80	0.90	0.75
2035年	1 670	2.70	8.0	8 160	0.70	0.60	0.85	0.80	0.90	0.75
2045年	1 750	2.77	8.0	8 160	0.70	0.60	0.85	0.80	0.90	0.75

(3)航道通过能力计算

本段整治后的航道通过能力计算结果见表4.4。

表4.4 航道通过能力计算表

年份	C(万 t)	实载率 c	实载率 c'	C_c(万 t)	C'_c(万 t)	$C_c+C'_c$(万 t)
2025年	5 540	0.63	0.45	3 491	2 493	5 984
2035年	5 674	0.64	0.46	3 632	2 610	6 242
2045年	6 100	0.65	0.47	3 965	2 867	6 832

本段航道整治工程实施后,根据设计船型组成及其比例相关资料,计算航道2045年单向最大通过能力为3 965万t。根据运量预测,2045年航道通过单向最大货流密度为2 750万t,因此,航道通过能力满足货物运输的需求。

4.4.2 秦淮河石臼湖到彭福段航道整治工程

1) 项目概况

秦淮河航道上游起自芜申运河,自南向北依次流经高淳区、溧水区、江宁区、雨花台区、建邺区,经秦淮河船闸入长江,由塘沟河、石臼湖湖区航道、石湫新河、一干河、溧水河、秦淮河河定桥南段及秦淮新河组成。秦淮河是《江苏省干线航道网规划(2017—2035年)》"两纵五横"干线航道网中的"五横"芜申线的组成部分,作为公、铁、水综合交通走廊的重要组成部分,其区位优势十分突出。

根据《省发展改革委关于秦淮河航道整治工程可行性研究报告的批复》(苏发改基础发〔2015〕286号),秦淮河航道整治采用限制性Ⅳ级双线航道标准,设计最大船舶吨级为500 t级。依据《内河通航标准》,根据江苏省干线航道网规划报批稿秦淮河航道规划等级为Ⅳ级。

2) 航道通过能力计算

(1) 计算公式

《江苏省内河航运船舶发展综合研究》中提出了反映不同船队吨级与航道通过能力关系的计算公式——王宏达公式。具体公式见4.2.1节公式(4.6)~(4.8)。

(2) 船型设计

在《内河通航标准》中,Ⅳ级航道的设计船型为1顶2×500 t级。

随着芜申运河的全线整治,秦淮河航道即将全面整治、贯通,秦淮河航行条件将大为改善,为船舶大型化发展创造了有利条件。

500 t级船型在秦淮河目前运输中所占比例不大,但呈逐步上升趋势。据调查,江苏省该类船舶现有三种营运组织方式,第一种为1顶2的分节驳形式,第二种为1拖4的单列形式,第三种为500 t级的机动驳货船。对于500 t级的设计船型,《内河通航标准》推荐1顶2的分节驳船队,而1拖4的单列式船队和机动驳货船本省航道上已有。

根据调查统计,300 t级船型由于有较好的互通性,在秦淮河的航运船舶中所占比例近几年稳步增长。随着江苏省干线航道网的建设,300 t级船队和机动驳货船将会得到很大发展。故将一拖6×300 t拖带船队和300 t级货船列入设计船型中。

关于 100 t 级船型,江苏省均采用单列式拖带形式,一般为 1 拖 10～1 拖 13,以 1 拖 11 为主。考虑到与秦淮河相交的支河航道等级较低,为保证它们的互通性,解决地区性短途运输问题,尽管在设计水平年该船型所占比例呈下降趋势,但可仍将 1 拖 11×100 t 的船型作为设计船型保留。

综上所述,设计船型根据通达性、适应性及未来航运发展的要求,拟采用多种混合船型。设计船型尺度既考虑现有船型,部分参照《内河运输船舶船型主尺度系列》(征求意见稿)中的船型尺度。设计船型详见表 4.5。

表 4.5 设计船型

序号	船型吨级	长×宽×吃水(m)		
		拖(推)轮	驳船	船队
1	1 顶 2×500 t	19×8.0×2.0	42×9.2×1.0	104×9.2×2.0
2	1 拖 4×500 t	27.5×6.5×2.05	53.0×8.8×1.85	243.5×8.8×2.05
3	500 t 货船		45.0×7.3×1.9	
4	1 拖 6×300 t	23.0×5.25×1.5	30.0×8.0×1.9	210×8.0×1.9
5	300 t 货船		36.7×7.3×1.9	
6	1 拖 11×100 t	21.0×4.7×1.5	24.5×5.5×1.5	298×5.5×1.5
7	30 TEU 集装箱船		48.5×9.8×2.2	

(3) 航道通过能力计算

目前秦淮河主要存在的问题是:航道等级较低、碍航桥梁较多、疏于整治,且秦淮河流经溧水境内的天生桥航段由于天生桥套闸规模较小,通过能力甚低,航道没有全线贯通,通航能力差,因此,根据上述计算公式,对秦淮河航道现状通过能力不予计算,仅对本航道设计水平年 2025 年的通过能力进行计算。

通过计算可得出,在设计水平年 2025 年,可允许最大通过能力为 5 034 万 t。

5 河床演变与碍航特性

5.1 概述

河床演变分析的重点在于分析河势与各个时段的河道冲淤变化规律,目的是查明航道的成滩原因及其时期。分析河床演变、碍航特性,对其实施维护治理是必要的,是生态治理的重要环节(图 5.1)。合理的整治工程方案可以让航道的航运资源得到充分的利用,增加航道乃至航道所属整片区域内的交通容量,达到节能减排和绿色航运的目标。

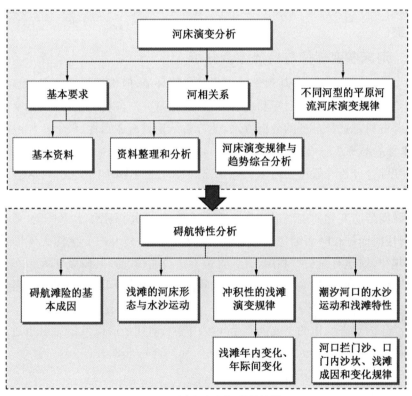

图 5.1 河床演变与碍航特性

5.2 河床演变分析

5.2.1 河床演变基本原理

河床演变是指河床形态在挟沙水流作用下的变化过程。河床演变的含义有广义和狭义之分，广义的河床演变是指河流从河源至河口的各个部分形成与发展的整个历史过程，属于河流地貌学的研究范畴；狭义的河床演变仅限于近代冲积河床的演变发展过程，属于河流动力学的研究范畴。本手册所说河床演变，均是针对后者而言。

河床演变的基本原理是输沙不平衡。当上游来水来沙条件与本河段水流挟沙力不相适应时，河床将发生变形以适应来水来沙条件。纵向输沙不平衡将引起纵向变形，横向输沙不平衡将引起横向变形，局部输沙不平衡将引起局部变形。但输沙不平衡引起的河床变形总是向着使变形终止并向相反的方向发展，这就是所谓"河床的自动调整作用"。

水流作用于河床，使河床发生变形，变形后的河床又反作用于水流结构，两者相互作用，相互制约，共同存在于一个矛盾的统一体中，这就是河床演变的物理实质。深刻认识河床演变的基本原理，掌握各类河型河床演变的基本规律，并在此基础上分析成滩原因，是进行航道整治的关键。

5.2.2 河床演变规律与趋势综合分析

河床演变分析、滩性分析是航道整治工作的主要环节，应根据河段特点、航道等级、整治工程要求的不同以及分析研究目标和内容要求，选择研究河段必要的地形、水文、泥沙、地质和河床组成等资料。选择合理的分析方法，使分析结论具有逻辑性、科学性和说服力。

1）内容与基本要求

河床演变综合分析一般包括河床浅滩形态年际间变化和年内变化，与这些变化规律相应的来水条件、来沙条件，以及与这些条件相关的水力、泥沙因素系。

浅滩年际间形态变化的表现形式是边滩反复消长，或是深泓线上下摆动，或是岸线不断变化，过渡河段时而延长时而缩短；如果是汊道河段浅滩，其形态变化的表现形式是其间有无交替兴衰规律，航槽有无交替利用，有无青黄不接碍航情况及其碍航期等。

影响年际间形态变化的主要因素是特殊水文年的造床作用，上、下河势调整带来的影响，人类活动带来的后果等。

影响浅滩年内形态变化的主要因素是年度内涨水前期地形以及汛后退水过程快慢的影响，上游局部边滩的变化等。

通过上述分析，进一步明确：

（1）整治河段的河型、浅滩类型，河段的稳定情况和发展趋势；

（2）浅滩变化规律及其和上、下河段河床变化的关系、相互影响，浅滩变化速度和趋势，有利于浅滩整治的河势及其相应时机；

（3）不同水文年、不同水沙时间（涨水持续时间及落水速度）对浅滩的影响；

（4）河段浅滩的整治原则和方法。

2) 基本方法

在综合分析时,根据河段特性、滩险类型和具体要求,进行具体分析。一般情况下,特别关注下列一些问题。

(1) 浅滩水深分析

浅滩水深分析方法一般有四种:一是各级水位时浅滩上绝对水深变化过程,即浅滩脊部的高程随水沙过程变化分析;二是浅滩多年水位和水深变化关系,或逐日水位水深关系;三是按不同枯水年绘制的水位、水深关系;四是绘制水深、流量关系。

(2) 汊流滩分流分沙比变化分析

汊流滩各汊分流比和分沙比是汊流滩变化和航道选择的重要指标。分流比大,分沙比小,标志该汊可能进一步发展或有利于航槽的稳定。

(3) 变动回水区滩险分析

在河流上修建航电枢纽,会导致库区水位壅高,上游来水来沙不同,枢纽坝前运用水位不同,库区水位具有不同的壅高形式。坝前运行水位最低、回水末端以下,经常处于回水范围之内的库段,为常年回水区。变动回水区是位于最高水位和坝前运用最低水位之间的库段。变动回水区根据来水期、水量和坝前运用水位差别,既有水库的性质,有时也具有天然河道的性质。变动回水区内水沙条件及其变化复杂。对航运而言,变动回水区上、中、下段河床浅滩变化,对船舶航行有重要影响,许多河流枢纽工程的实际情况中,都在不同河段出现不同的航行困难问题。针对航道整治要求,某一具体滩段的分析,还应对以下问题予以关注。

滩段天然河流特性和水库特性时段的界定。浅滩段的冲淤变化和该段水沙变化特性关系密切,水沙条件变化取决于坝前运用水位及上游水文站来水来沙条件。因而可以用水位和航道水深变化关系明确其性质。

影响滩段航道水深沙源的判定。进出库区沙量之差,即为库区的淤积量。滩段的淤积量和库区淤积量成比例。进出库的沙量又与当年来水来沙条件密切相关。一般情况下,中水大沙年,小水中沙年淤积量大,滩段淤积严重;大水小沙年淤积量小。来沙量不同,航道淤积不同。坝前水位不同,滩段淤积不同。有一些滩段,只要来沙量小,无论是大、中、小水年,滩段淤积就能维持一定要求。例如:涫滩就是这种性属。上游来沙量是关键。变动回水区泥沙淤积,在弯道段,多集中在弯道的边滩,其次为心滩。对弯道段而言,弯道边滩的大量淤积,往往为该滩段在水位消落时航道冲淤变化的主要沙源。明确航道浅滩变化的沙源,就为航道整治时制定切断沙源、增加航道水深整治措施提供依据。

整治水位判定分析。整治水位和整治线宽度的确定是一个需整体考虑的问题,整治水位作用在于加长水位消落冲刷历时,整治线宽度作用在于加强航道的冲刷强度。变动回水区各滩段自然水位和库区水位的界面各个水期不相同,坝前运用水位不同,其界面也不同。分析确定整治水位比自然河段情况要复杂得多。

3) 浅滩变化趋势综合分析

河道浅滩变化是一种复杂的水流泥沙运动现象,影响因素错综复杂,采用实测资料分析法,进行精确的定量分析预测其变化,目前还有一定困难。但定性分析和对某些问题近似定

量判断还是可行的。对航道整治而言,一般要求对河演综合分析内容做出预报。但对不同河段不同要求,进行不同内容的预测。例如:

(1) 对于顺直放宽段,分析浅滩变化特征,如有周期性变化,则研究边滩反复消长,深泓线上下摆动及其周期的长短,上下摆动过程中所形成的滩型,有利于通航的滩型及其可能出现的时机。

(2) 对于汊流河段,分析洲滩变化特征,是洲头淤长或消退,或是洲身扩展,洲尾延长,研究分析其来水来沙特征以及河岸的崩退与浅滩消长关系。如汊道年际间交替兴衰,通航汊道易位,则首先分析兴衰过程及其相应的水沙特征、碍航特点,抓住其变化有利时机,进行航槽维护或整治可以获得最好的效果。有一些汊流河段,洲滩分布复杂,并夹有很多小潜洲,淤积体兴衰的变化既与来水来沙条件有关,又与洲滩本身形态及入流的水流动力轴线变化、深泓线摆动有关。

5.2.3 河相关系

1) 河相关系的定义

河相关系是指能够充分发展的冲积平原河流的河床,在水流长期作用下,形成的与所在河段的具体条件相适应的某种均衡形态。在描述这种均衡形态的有关因素(如 B、h、J 等)和表达来水来沙条件(如 Q、S、d 等)及河床地质条件(本身又是来水来沙条件的函数)等特征物理量之间,往往存在某种函数关系,这种函数关系称为河相关系。研究河相关系,对冲积河流的水力计算及航道整治,有重要的理论和实践意义。

河相关系有两种。一种是相应于某一特征流量(如造床流量或多年平均流量)下的河相关系,适用于一个河段的不同断面,或同一条河流的不同河段,甚至不同的河流,可用来描述河段的宏观形态,这类河相关系称为沿程河相关系。另一种是指同一断面不同流量时的断面形态,用来描述断面形态随流量的变化细节,这类河相关系被称为断面河相关系。两种河相关系之间存在一定的内在联系。因造床流量与河相关系密切相关,下面介绍造床流量的定义及计算方法。

2) 造床流量

造床流量是指某一个频率的流量,在这个流量下,其造床作用与多年流量过程的综合造床作用相当。造床流量的计算方法主要有以下三种:

(1) 马卡维也夫法

马卡维也夫提出造床流量是指对河床形成作用最大的那几级流量,它包含了造床强度和历时两个方面的因素。造床强度取决于输沙能力的大小,而水流输沙能力与 $Q^m J$ 成正比,流量历时可用其频率 P 表示。因此,与 $Q^m P J$ 乘积最大值相应的流量即为造床流量。其计算步骤如下:

① 将河段某断面历年(或典型年)所观测的流量划分为若干级差相等的流量级;

② 计算各级流量出现的频率 P;

③ 绘制该河段 Q-J 关系曲线,以确定各级流量相应的比降 J;

④ 计算每级流量的 $Q^m P J$ 值,其中 Q 为该流量级的平均值,指数 m 为流量与输沙率关

系曲线的斜率,由实测资料确定,对平原河流而言,$m \approx 2$;

⑤ 绘制 Q-Q^2PJ 关系曲线图,图中与 $(Q^2PJ)_{max}$ 相应的流量 Q 即为所求的造床流量。

实际资料表明,平原河流的 Q-Q^2PJ 关系曲线通常有两个峰值。第一个峰值相应于多年平均最大洪水流量,其保证率为 $1\%\sim6\%$,水位与河漫滩滩面齐平,称为第一造床流量。与第二个峰值相应的流量一般相当于多年平均流量,其保证率为 $25\%\sim45\%$,水位与边滩滩面齐平,称为第二造床流量。在治河工程中所说的造床流量是指第一造床流量,它决定中水河槽的河床形态,而航道整治工程中所称的造床流量是指第二造床流量。

苏联在浅滩整治的水力计算中,常采用计算水位一词,计算水位中并不明确哪一级为整治水位。卢汉才、刘建民通过总结我国航道整治工程多年实践经验,在马氏造床流量理论的基础上,提出采用第二造床流量作为整治流量,其相应水位为整治水位的方法。

由于比降数值往往精度较差,可考虑用输沙率公式求造床流量,即:

$$P_S = QS_{CP} \tag{5.1}$$

$$G_S = q_S B \tag{5.2}$$

式中:P_S——断面悬移质输沙率(kg/s);

Q——流量(m^3/s);

S_{CP}——悬沙挟沙力(kg/m^3);

q_S——底沙单宽输沙率(kg/s);

B——河宽(m);

G_S——输沙能力(kg/s·m)。

由于挟沙能力与流速高次方成正比,因此也可用 Q-V^4P 关系曲线代替 Q-Q^2PJ 关系曲线。采用水文站资料计算的第二造床流量,由于水文站断面形态的影响,计算结果一般稍偏大,相应水位稍偏高。正确的做法是采用浅滩整治河段附近的优良过渡段浅滩鞍凹断面来计算比较符合实际。

(2) 日本造村输沙率加权法

日本造村建议用下式计算造床流量:

$$Q_{造} = \frac{\sum_{i=1}^{n} Q_{si} Q_i}{\sum_{i=1}^{n} Q_{si}} \tag{5.3}$$

式中:$Q_{造}$——造床流量(m^3/s);

Q_i——第 i 级流量(m^3/s);

Q_{si}——与 Q_i 相应的输沙率(t/s);

n——分级总数。

该法计算过程较为简单,但不如马卡维也夫法应用广泛。

(3) 平滩水位法

在生产实践中,也可直接采用与平河漫滩水位相应的流量作为造床流量。由于河漫滩高程不易准确确定,因此应选择一个较长的河段作为计算依据,此河段应包括若干实测的横断面及水位流量资料。在某级流量下,若各断面的水位基本上都与河漫滩高程齐平,则此流量即为造床流量。计算步骤如下:

① 绘制各断面实测横断面图;
② 确定各断面河漫滩平均高程;
③ 绘制河漫滩高程沿程变化图,从而确定河段内水文断面的平滩高程 $Z_平$;
④ 绘制水文断面的水位-流量关系图,与该断面 $Z_平$ 相应的流量即为第一造床流量。

用航深航宽较好的河段边滩断面,同法可得符合航道整治要求的第二造床流量。

3）河相关系估算

河相关系包括横断面河相关系、纵剖面河相关系及河湾平面河相关系等。

对上述三种河相关系,地貌学家和河流泥沙工程学者根据各自研究的河流实际情况,提出了不少河相关系公式,这些成果可供治河工程师在河流治理、确定河床形态轮廓的规划设计中参考。

内河限制性航道断面河相关系指的是当河道处于均衡状态时,河段水动力因子与河道断面形态之间的定量因果关系,自变量可以表示为流量和来沙量的变化,因变量则反映的是断面形态因子的变化。

内河限制性航道船舶水动力要素(ψ)、运河断面形态(B、h)、河相关系指数 j 之间的因果关系可表示为：

$$\frac{B^j}{h}=f_2(\psi) \tag{5.4}$$

河宽取设计水深时的航道底宽 B_d；水深为设计水位下的断面平均水深。船舶水动力因子：

$$\psi=F_d^\alpha \eta^\beta \tag{5.5}$$

其中 α、β 的取值可用大量测量数据进行拟合。

国内学者多沿用根据苏联平原河流资料得到的河相系数形式：

$$\xi=\frac{B_d^{0.5}}{h} \tag{5.6}$$

东南大学对京杭运河常州航段固定断面的综合船流强度、船舶水动力因子与河相系数进行了 4 年的年际变化研究,从河相系数变化范围来看,大部均在 2～4 之间波动,与天然河流(ξ 在 3～4 之间)具有相似的规律。航道断面形态的调整与船舶水动力因子之间存在高度的线性规律,这表明船舶水动力是影响河道断面形态演变的一个重要因素,可表示为：

$$\frac{B_d^{0.5}}{h}=0.199\,4F_d^2\eta+1.970\,6 \tag{5.7}$$

河相关系指数(j)与船舶航行引起的水流运动强度相关,随着综合船流强度的增强河相关系指数(j)呈减小的趋势。

利用河相关系式估算的尺度,仍然是决定河床形态轮廓的一般规划设计方法,给出一个定性的发展趋势。由于涉及河床组成复杂性问题,确定航道尺度仍需做更细致的分析研究工作。

5.2.4 平原河流的河床演变

由于平原河流河床多由中、细沙等物质构成,因此河流冲淤速度较快,幅度也比较大。对于不同的河型,其冲淤变化及河床演变规律是不一样的。下面对三种具体河型的演变规律分别介绍。

1) 顺直型河道的河床演变

顺直型河道的河床特征通常为:中水河槽比较顺直或略有弯曲,河床两岸常有犬牙交错的边滩,主流左右弯曲,河床深泓线(河流沿程各断面最大水深的连线)呈波浪状起伏,浅滩与深槽相间,滩槽水深相差不大。

此类河道多出现在顺直、狭窄的河谷中;或沟谷虽然广阔,但河漫滩较高,且多由抗冲力较强的黏土和沙黏土组成或人工控制的河段中;通常多出现于河流的中、上游。

顺直型河道河床演变的特点有:

(1) 浅滩和深槽交替发生冲淤。枯水期浅滩比降大,浅滩发生冲刷,冲刷下来的泥沙淤积在下一个深槽中;洪水期深槽比降大,深槽发生冲刷,冲刷下来的泥沙又推移到下一个浅滩上淤积。

(2) 边滩和深槽同步顺流下移。边滩就是一个大沙丘,在水流作用下,边滩的迎水坡不断冲刷、后退,背水坡不断淤积、向下延伸,整个边滩不断向下移动。随着边滩的下移,深槽、浅滩和深泓线的位置也不断向下移动。

(3) 河床周期性展宽和缩窄。边滩的发展,使对岸发生冲刷且枯水位以上的河槽展宽。当边滩发展过宽时,洪水期主流可能切割边滩,被切割的边滩留在河心部分成为心滩,心滩将河槽分成汊道。以后随着一股汊道的淤废,心滩与河岸相接,岸线移向中泓,河道再次缩窄,展宽过程又重新开始。

顺直型河道不仅浅滩多,而且浅滩、深槽和主流线位置很不稳定,对于航道维护极为不利;河岸附近时而为深槽,时而为浅滩,水深变化大,对港口建设、护岸、取水工程等建设也极为不利。

2) 弯曲型河道的河床演变

弯曲型河流也称蜿蜒型河流,不仅具有迂回曲折的外形,而且还具有蜿蜒蠕动的动态特征。

(1) 弯道的形态及类型

从平面上看,弯曲型河道是由一系列正反相间的弯道和介于其间的过渡段衔接而成的。从横断面上看,弯道段呈不对称三角形,凹岸一侧坡陡水深,凸岸一侧坡缓水浅。过渡段基本是呈对称的抛物线形或梯形。由弯道段至过渡段断面形态沿程是逐渐变化的。从纵剖面看,其深泓线是沿程波状起伏的,弯道段高程较低,而过渡段则较高。

河湾按形态特征可分为单式河湾和复式河湾,单式河湾河线比较平顺,复式河湾河线成圆环形或绳套形。按水流与河床相互作用的特点可分为深切河湾、自由河湾及强制河湾。深切河湾指河湾与河谷的弯曲形势一致,在各级水位时水流对河床均有造床作用,河湾曲率半径较大。自由河湾指两岸为冲积土壤,易被冲刷,河湾可以自由发展,中、低水期水流不漫滩,沿着河湾流动,曲率大,对河床作用大;高水期水流漫滩后,流线顺直,对河床作用较小。强制河湾指河湾受局部性障碍影响,水流方向急剧改变,河床冲刷剧烈,河湾曲率半径最小。

(2) 弯道的水流特征

弯道水流的动力特征,决定着泥沙运动的性质,从而决定了弯曲河流的演变特性。弯道水流运动受重力和离心惯性力的双重作用,因而不同于直道水流,弯道上的水流做曲线流动。离心力的作用使水面产生横比降,同时表层水流流向凹岸,而底层水流则由凹岸流向凸岸,形成一封闭的环状水流,这种横向水流运动与纵向水流运动结合形成螺旋流。

水流动力轴线的主要特点是:在弯道进口段或者在弯道上游的过渡段,主流线常偏靠凸岸,进入弯道以后,即逐渐向凹岸转移,至弯顶稍上部位才偏靠凹岸,主流逼近凹岸的位置叫"顶冲点"。自顶冲点向下相当长的距离内,主流贴近凹岸,如无特殊原因可一直延续到弯道出口以上不远处。主流线"低水傍岸、高水居中",俗称"低水走弯、高水走滩";顶冲点"低水上提、高水下移"。枯水期水位低、水流动量小,凸岸边滩出水,对水流约束作用大,故主流线曲率较大,靠近凹岸流动。洪水期水位高、水流动量大,惯性作用强,边滩淹没,对水流约束小,以致主流线曲率较小,离开凹岸,趋向河中。与此相应,顶冲点位置也不同:低水期靠近弯顶附近和弯顶上部;高水期一般在弯顶以下。

(3) 弯道的泥沙运动

① 悬移质运动

水流进入弯道以后,在弯道上游原来位于同一垂线、不同高程上的水体,因受环流的影响,将各取不同的运动轨迹。另外,众所周知,泥沙在垂线上的分布是不均匀的。愈近底层,含沙量愈大,泥沙相对愈粗;愈近水面,含沙量愈小,泥沙相对愈细。因此,不同高程上的流线在平面上展开的结果,将使含沙量高的水体和较粗的泥沙集中靠近凸岸;凹岸的水相对较清,泥沙要细一些,含沙量在垂线上的分布也要均匀一些。

② 推移质运动

推移质的横向输移有同岸输移和异岸输移两种方式。泥沙由弯道凹岸输移到下游弯道同一岸的,称为同岸输移;输移到本河湾的凸岸和下游弯道的另一岸的称为异岸输移。推移质在断面上的分布并不遍及整个河宽,而是往往集中成带,有时并成两个输移带。单宽推移质输沙率沿断面的分布很不均匀,靠近两岸几乎没有推移质,在中间部分有两个峰,较大的峰偏于凸岸。推移质运动的这种成带性,在布置测验和进行资料分析时应极为注意。

(4) 弯曲河段的河床演变

弯曲河段的河床演变现象,按其缓急程度,可分为两种情况。一种是经常发生的一般演变,包括凹岸崩退和凸岸淤长、河湾发展和河线蠕动;另一种是在特殊条件下发生的突变,包括裁弯取直与河湾消长、撇弯切滩。

3) 分汊型河道的河床演变

分汊型河道是冲积平原河流中常见的一种河型,分布甚广。

(1) 汊道的形态及类型

① 汊道的形态

江心洲是位于江心的泥沙淤积体,其高程超过中水位以上。被江心洲隔开的河道称为汊道。其中分流量较大的一支称为主汊,其余称为支汊。水流动力轴线开始分汊的地方称为分流点;从分流点到江心洲头部的地段称为分流区;水流动力轴线会合的地方称为汇流点;从江心洲尾到汇流点的地段称为汇流区;从分流点到汇流点的河线长度称为汊道长度。

分汊型河段的横断面,在分流区和汇流区均呈中间部位凸起的马鞍形,分汊段则为被江心洲分割的复式断面。分汊型河段的纵剖面,从宏观看,呈两端低中间高的上凸形态,而几个连续相间的单一段和分汊段,则呈起伏相间的形态。

② 汊道的类型

按江心洲和汊道的数目可分为双汊河道(一个江心洲,两股汊道)、多汊河道(数个江心洲,多股汊道)。

(2) 汊道的水流运动

分流区的分流点是变化的,一般是高水下移,低水上提,类似于弯道顶冲部位的变化,这是由水流动量的大小所决定的。自分流点起水流分为左右两支,而流线的弯曲方向往往相反,且表层流线比较顺直,而底层流线由于受地形的影响,则比较弯曲。

分流区的水位,支汊一侧总高于主汊一侧,因而产生水面横比降。水位沿横向的变化呈中部高两侧低的马鞍形,并与横断面相对应。水流进入分流区后,断面扩大,水流分散,同时江心洲头的水下延伸部分又增加了水流阻力,因此,在分流区内水位沿程略有升高,纵比降沿程递减,甚至出现倒比降。分流区的纵比降,支汊一侧小于主汊一侧。分流区内的平均流速沿程减小,流向支汊一侧的要减小得多一些。分流区内断面上的等速线有两个高速区,靠主汊一侧的流速最大,靠支汊一侧的流速次之,而中间则为低速区。这样的分布规律是与断面内主流部位相对应的。同时因中心水位高于两岸,形成一对方向相反的环流,其面流指向河心,而底流指向河岸。

汇流区的水位,支汊一侧高于主汊一侧。水位沿程降低,主汊一侧比支汊一侧降低得更快些,因而其纵比降是主汊一侧大于支汊一侧。由于两岸存在水位差,故汇流区同样存在横比降。汇流区的断面平均流速沿程增大,来自主汊一侧和支汊一侧的垂线平均流速也如此。但前者大于后者,这样的变化与纵比降的变化是相应的。汇流区内断面上的等速线同样存在两个高速区和中间低速区,且与横断面内主流部位相对应。与分流区类似,汇流区也有一对方向相反的环流存在,其面流也指向河心,而底流也指向河岸。

(3) 汊道的泥沙运动

分流区左右两侧含沙量都较大,而中间小。汇流区的情况相反,左右两侧含沙量较小而中间较大,且底部的含沙量更大,这样的分布特点可能与汇流后两股水流在交界面处掺混作用强烈有关。

分流区的床沙组成特点是汛期高水位时大幅度变细,枯季低水位时大幅度变粗,这与汊道汛期淤积、枯季冲刷的变化规律有关。从部位上看,支汊一侧的较细,主汊一侧的较粗,这与主、支汊的水流强弱一致,是主汊冲刷、支汊淤积的必然结果。

(4) 汊道的河床演变过程

在一般情况下,分汊河道的主、支汊有交替发展的趋势,并有明显的周期性。发生主、支汊易位的原因是多方面的,但最主要的是上游水流动力轴线的摆动,引起分流分沙的变化。

在汊道中规划港航工程时应注意汊道的这种变化趋势并提前防范。应该指出的是,分汊河道各汊消长的速度通常较慢,相对而言还比较稳定。这是因为天然河流的流量是不断变化的,在不同流量时汊道上游的矶头和节点挑流作用也不相同,因而进入汊道的水流动力轴线在两汊间作往复摆动。这样,使得两汊都有冲刷的机会,以至汊道能保持相对稳定。

5.3 碍航特性分析

5.3.1 碍航滩险的基本成因

碍航滩险按其碍航性质一般可分为浅滩、急滩和险滩三大类。碍航浅滩主要是指航道水深达不到现有维护标准或确定整治目标的局部河段,包括湖泊、运河、水网航道和通航渠道中的浅段。碍航急滩是指航线上流速、比降超过一定的搭配数值,上行船舶(队)难于克服航行阻力的局部河段,主要存在于山区河流中。碍航险滩是指航槽过于弯曲狭窄,或存在严重碍航的不良流态。威胁过往船舶(队)航行安全的局部河段,以山区河流较多,在湖区、运河、水网航道中也少量存在。研究它们各自形成的基本原因,对于认识滩险特性(简称滩性),对其实施维护治理是必要的,碍航浅滩的基本成因主要有以下几种:

1) 因泥沙输移在时间和空间上不平衡,形成沙质或砂卵石碍航淤积体

这种情况多在冲积性河流上出现,在输沙量较多的河流的中、下游和河口段,绝大部分浅滩由此形成。这种浅滩一般在年内有较明显的冲淤变化,有的在年际间也有较大变化。

2) 因多年乃至长期泥沙沉积,形成淤泥质或黏土质碍航淤积体

这种情况多出现在湖区、运河以及水沙运动缓慢的水网航道上。湖泊内泥沙沉积的快慢与入湖河流携带泥沙数量以及湖泊周边土壤侵蚀等因素有关。运河、水网航道泥沙沉积快慢除与其本身的汇水条件、土壤侵蚀状况等因素有关外,还涉及与天然河流的沟通状况。实践表明,无论湖泊还是运河、水网,凡位于与天然河流相通处,泥沙沉积量往往大于其他部位,其变化速率是研究的重点。至于因长期泥沙沉积而形成的黏土质浅埂或浅段,因其变化极为缓慢,在演变分析上无须多花精力,工作重点往往需放在地质地貌的调研上。

3) 因人类活动使河床发生再造过程,形成新的碍航淤积体

这种情况多出现在拦河建筑物的上、下游,过河建筑物的上游,以及大型调(引)水工程的下游。在泥沙较多的河流上兴建水库后,在水库的变动回水区往往会因泥沙淤积(特别是累积性淤积)而形成新的浅滩;在枢纽下游,在"清水冲刷"过程中可能会出现不平衡输沙或河床侧蚀,也会导致新的浅滩出现。建桥后桥墩壅水促使边滩增长、影响通航桥孔上游航道淤浅已有实例。在大型调(引)水工程下游因流量锐减,可能导致一系列原有浅滩变化并形成新的浅滩,也有研究成果。所有这些情况都要事先做出研究预测,谋求对策;事后观测分析,及时治理。

5.3.2 潮汐河口的水沙运动和浅滩特性

潮汐河口既受径流影响,又受潮流和风浪影响,本节主要叙述潮流界以下,受潮流动力影响为主的河段水沙运动和浅滩变化特性。口外滨海段受风浪动力影响为主区域的问题,

未多涉及。

1) 河口泥沙运动的一般特性

沙质海岸的河口,河床泥沙粒径较粗,一般大于 0.2 mm,此类河口泥沙除随潮流涨落、运移的方向不同和河床沙波形态有别外,其起动、运移的性质基本与无潮河流相同。而一般平原性海岸或淤泥粉沙质海岸的河口泥沙都是细颗粒的,其运动则有其特殊性,这里着重加以阐明。

(1) 河口河床泥沙粒径小,具有黏性,不管是陆域来沙、海域来沙或是陆海双向来沙,归根到底都是陆域来的,特别是我国众多的多沙河流的海岸河口更是如此。河流的泥沙从产沙地起,一方面经过长距离的输送、磨损、沉积分选后,到达河口时,颗粒已变细;另一方面,在河流中不参与造床作用的冲泻质一泻千里,只有到河口后才有沉降的机会,故一般河口的泥沙具有细颗粒泥沙的性质,泥沙粒径 $d<0.012\,5$ mm。河口泥沙的主要运动形式是悬扬、输移、沉降、再悬扬、再输移,细颗粒泥沙成推移运动的泥沙量甚少。

(2) 悬移质和河床质粒径差异小,除沙质河床外,河口悬沙和底沙粒径差异小,强潮海相河口差异值更小。强潮海相来沙河口可取 0.7 倍底沙粒径作为悬沙的粒径。

(3) 受潮汐往复流动的作用,河口泥沙做时而前进时而后退的运动,但因有径流力量的加强,总的输沙向海移。

(4) 外海沉积的泥沙在波浪和潮流的掀动和挟带下,可以悬扬并随潮流输入口内,成为港口航道淤积的泥沙来源。

(5) 在河口地区,在盐淡水混合的作用下,细颗粒泥沙具有絮凝性质,絮凝泥沙的当量粒径约为 0.03 mm。

(6) 泥沙粒径愈细,愈不易密实,易动易扬,洪水小潮时常出现浮泥。

(7) 水流过程与泥沙过程不相应,沙峰落后于流速峰,憩流时含沙量不为零。

河口泥沙的起动、悬扬和输移,在现阶段,仍用无潮河流的公式计算,但要考虑潮汐河道的特性。例如:河口泥沙时沉时扬,不易密实,计算起动流速时要考虑淤积泥沙的容重,细颗粒泥沙在遇咸水后发生絮凝,其沉降速度要比单颗泥沙的沉降速度快。有些河口悬沙的含量除与潮汐水流的大小及水深变化有关外,还常与前期的含沙量有关等。

2) 河口拦门沙的成因和变化规律

(1) 拦门沙是河口普遍存在的地貌形态

一般河口都有陆域来沙、海域来沙或陆海双相来沙。河口拦门沙就是不同方向来沙在河口动力(包括径流、潮流和波浪)作用下于河口环境中堆积而成的河口特殊地貌形态。

(2) 拦门沙是两向流冲刷槽间的浅滩及涨潮冲刷槽和落潮冲刷槽分异的区域

随着不同季节的变化,河川径流有大小之分,洪水来时,径流的力量大,除在近口段发生冲刷外,在河口段,径流力量也会超过潮流的力量而发生冲刷,而且一些河口,在潮流段还有山岩控制,作为节点,故出现冲刷槽。过潮流段后,河床展宽,径流力量减弱,冲刷槽由深变浅,这是河床冲刷的普遍现象。在口外海滨段,海洋潮波传至浅水后,潮波变形,涨潮历时缩短,因为水深减小,移动波的潮流速度逐渐增加,更由于一些河口成喇叭状,受江面缩窄与水深减小的影响,故涨潮流速沿程增加,因而出现涨潮冲刷槽,在涨潮冲刷槽与落潮冲刷槽之间有一段宽浅的泥沙堆积地带,航道水深不足,在口内称浅滩,在口外称拦门沙。

当河口宽度较窄时,河流冲刷槽与潮流冲刷槽正对,拦门沙浅滩长度较短,不存在河流冲刷槽与涨潮冲刷槽的分离,河槽比较归一,航道较顺,治理也较易。但大多数河口的口门外成喇叭状,因河床宽阔,涨潮冲刷槽与落潮冲刷槽不在正对方向,出现分异,在涨潮槽与落潮槽之间出现浅滩淤积区(拦门沙),更大的河口如长江口具有三级分汊,每个汊口都有拦门沙,其演变受径流、潮流、风浪的作用影响更大。

(3) 拦门沙存在于滞流点与最大浑浊带形成处

河口滞流点附近即是最大浑浊带地方。就泥沙运动的机理来说,主要是在滞流点附近,泥沙淤积较多,密度较小。在憩流附近,当潮流速小而落淤时,淤积泥沙未曾密实又遇下一个涨潮流或落潮流,周而复始,泥沙来回荡漾。许多河口都存在含沙量较大的区段,这个区段涨潮流期向陆推进,落潮流期向海后退,在这个区段内水体含沙量始终比上游及口外大,称之为浑浊带,又称为"潮泵现象"。因此,河口滞流点与最大浑浊带是出现拦门沙的地方。

(4) 拦门沙存在于盐淡水混合$(5\sim12)\times10^{-3}$含盐度的区域

分析许多河口,拦门沙都处在盐淡水混合$(5\sim12)\times10^{-3}$含盐度的区域。拦门沙存在于河道径流与海洋潮流力量消长的地方,因而必然存在盐淡水混合的差别。在此区域泥沙容易絮凝、沉积,易形成堆积体,形成拦门沙。

(5) 波浪沿岸流与潮流速减弱而形成的堆积带

有些潟湖的潮汐通道口,落潮流出口门以后,力量减弱,又遇沿岸流输沙,堵塞于口门,形成水深远远小于通道口内的拦门沙。

上述五个因素之中,第五个因素是独立因素,第一至第四个因素互相依存、互相联系,特别是第三、第四两个因素联系更密切。因此,分析拦门沙的成因时,可从一个因素而引申其他的因素,也可从多个因素综合判断。

拦门沙的变化与一般河床演变化类似,可从泥沙因素及动力因素来分析。

(1) 泥沙因素对拦门沙形态和变化的影响

众所周知,海岸坡度的变化除了受波浪影响较大外,泥沙粒径的大小对岸滩坡度起决定性的作用。泥沙粒径愈小,海岸岸滩的坡度愈平缓;泥沙粒径愈大,岸滩的坡度也就愈陡。拦门沙是海岸地貌的一个形成单元,它与整个海岸地貌既有区别又有联系,区别之处在于拦门沙既受河川径流的影响,又受海洋动力的作用,而其他海岸则受波浪、潮流的作用较多。当泥沙粒径较小时,海岸岸滩坡度平缓,这样就出现了长而平坦的拦门沙。

(2) 动力因素对拦门沙变化的影响

① 长周期的变化

拦门沙长周期的变化主要反映在径流量的多年变化上,丰水年时,拦门沙滩顶刷深,滩面向海侧移动;枯水年时,拦门沙滩面淤积,滩面向陆域伸入。在分汊河口中,上游河道沙体的下移,也会造成拦门沙滩顶水深的变化。

② 年周期的变化

年周期的变化主要反映在洪、枯季节的变化上。在陆域来沙少的河口,洪水季节流量大,来沙少,可将涨潮随潮水带入的泥沙拒之于海外,故洪水季节,含沙量小,出现了冲刷,枯季则相反。这样,河口拦门沙的变化就出现了洪冲枯淤的变化规律,例如江苏的射阳河口。

③ 短周期的变化

短周期的变化主要反映在潮汐大小及一个潮周期内潮流流速的变化上,但这种变化对床沙粒径小的河口不明显,只有当床沙粒径 $d_{50}<0.1$ mm 甚至小于 0.05 mm 才容易有所察觉,这是因为泥沙粒径小,容易产生浮泥。此外,在一个潮周期中,涨急落急冲刷,憩流时淤积,冲刷时,浮泥层变薄,最大浑浊带含沙量大,淤积时,浮泥层厚,最大浑浊带含沙量小。

(3) 河床的几何形态对拦门沙变化的影响

既然拦门沙受径流和潮流的作用,那么当拦门沙段河床束窄时,径流作用将增强,河流的冲刷槽会发展,拦门沙的长度会缩短。

3) 口门内沙坎、浅滩成因和变化规律

(1) 沙坎的成因

沙坎的成因与河口拦门沙的成因相同,只是在位置上有所区别。河川径流和海洋潮流动力的作用,使河口的淤积体在口门以外或附近形成的称为拦门沙,深入河口段以内形成的称为沙坎。

河水和潮水的相对势力大小可以用径流量、潮流量的比值来表示,河水造床流量按下式计算:

$$Q_1 = \left[\frac{\sum_{i=1}^{N} Q_i^m}{N}\right]^{1/m} \tag{5.8}$$

式中: N ——流量 Q_1 的不同流量级的级数;

m ——流量与输沙率关系中的指数。

流量与输沙率的关系式为:

$$G = \alpha Q^m \tag{5.9}$$

式中: G ——输沙率(kg/s);

α ——比例常数;

Q ——流量(m^3/s)。

当缺乏流量过程,难以取得造床流量时,则取年平均流量的两倍作为河水造床流量 Q_1。潮水造床流量 Q_2 取涨潮的平均流量。

钱宁、李光炳分析了国内外 22 处河口的资料得出:

① 当 $Q_1/Q_2<0.02$ 时,口门内形成沙坎;

② 当 $Q_1/Q_2>0.1$ 时,口门外形成拦门沙;

③ 当 $0.1 \geqslant Q_1/Q_2 \geqslant 0.02$ 时,为过渡状态。

(2) 沙坎的变化规律

沙坎的变化与拦门沙的变化类似,主要受制于山水及潮水力量消长的对比。沙坎的存在增强了河口的潮波变形,潮波变形的结果又影响沙坎的发展,沙坎的高低对上游洪水的排泄产生壅水作用。

沙坎的位置取决于径流量与潮流量的相对力量,令此比值为 R,则 R 值大,表示径流力量强,沙坎位置下移;R 值小,表示潮流力量强,沙坎位置上移。

(3) 浅滩的成因

河口拦门沙、河口沙坎、河口浅滩都是河口河床中泥沙的堆积体,只是堆积部位不同,所取的名称不同罢了。河口浅滩是河口内的泥沙堆积体,是碍航的区段,它存在于近口段和河口段。近口段主要受径流的作用,浅滩的成因和变化规律与无潮河流基本相同。此处只讨论河口段的浅滩。

(4) 浅滩的变化规律

一般来说,河口河床泥沙较粗时,例如 $d_{50}>0.2$ mm,河床容易形成宽阔段浅滩及汊道浅滩,这是因为这类河口毗邻山区,洪水暴涨暴落,冲淤变幅无定,往往一场洪水过后,滩槽交替互换,通航汊道的水深也发生较大变化。泥质河口容易形成单一的河道,水深也较稳定,航道水深受制于河床宽度,则按整治线宽度要求控制宽度,则可获满足航道水深变化的结果。

浅滩的变化受制于径流、潮流力量的对比及来沙量的多寡,当来沙量少时,一般都出现洪冲枯淤的规律,但来沙量大时,则可能洪淤枯冲,随来水、来沙的不同情况而有不同的变化。

5.4 工程案例

5.4.1 淮河出海航道(红山头—京杭运河段)整治工程

1) 项目概况

淮河出海航道(红山头—京杭运河段)全长 102 km,可分为淮河段、洪泽湖南线和苏北灌溉总渠三段,长度分别为 48.69 km、23.1 km、30.6 km(表 5.1)。

表 5.1 淮河出海航道(红山头—京杭运河)现状表

航段起讫点	里程(km)	最低通航水位(m)	航道尺度(m)			航道现状等级
			水深	航宽	弯曲半径	
红山头—淮河大桥	21.18	11.12	2.5~3.0	122	1 500	四级
淮河大桥—官滩河口	7.99	11.12	>3.2	80	1 200	三级
官滩河口—马浪岗	19.52	11.12	3.0~3.2	140	500	三、四级
马浪岗—南线 6#标	18.39	11.12	2.9~3.2	61		三、四级
南线 6#标—2#闸上闸首	6.67	11.12	2.2~3.1	60		四级
2#闸下游总渠口—张码洞	16.03	8.62	3.0~3.5	60		三、四级
张码洞—运河交汇口	15.21	8.62	3.2~4.0	130		三级

本工程范围内淮河段航道上游起点为红山头,终点为下游淮河入湖处马浪岗,航道长 48.69 km。该段为天然河流航道,河口宽窄不一,最宽处达 800 m,最窄处仅 200 m。目前沿线航道等级不一,起点至淮河大桥 21 km 现状为四级航道,航宽 122 m,水深 2.5~3.0 m;淮河大桥至官滩河口 8 km 河段现状满足三级航道标准,航宽 80 m,水深大于 3.2 m;官滩河

口至马浪岗 20 km 现航宽 140 m，水深为 3.0～3.2 m，基本达到三级航道标准。淮河航道走向比较顺直，稍微弯曲，航道转弯半径均在 500 m 以上。航道现状见图 5.2。

图 5.2　淮河段航道现状

2）河床演变分析

（1）水系特征

河床演变分析以淮河段为例，淮河干流河道江苏段上游起点为红山头，终点为下游淮河入湖处马浪岗，河道长 48.69 km。河面宽窄不一，最宽处达 800 m，最窄处仅 200 m。河中滩洲众多，河道多汊，主槽宽浅。众多洲滩使河道分成多条岔道，其中主流有两股，一左一右，右岸为主淮河，过流能力约 60%；左岸为溜子河，过流能力约 40%。河中洲滩处于湿地状态，右岸为低山丘陵，山丘连绵，地形复杂，河岸线不规则，局部有堤防，岸边多为鱼塘，人烟稀少、交通不便；左岸为洪泽湖鲍集圩行洪区，地势低洼，全线筑有堤防，堤顶高程为 18.5～20.5 m。在淮河口右岸长约 40 km 的一段，是断崖残丘，由盱眙沿淮而下，兀立的剥蚀残丘有天台山(146 m)、甘泉山(60 m)、龟山(30 m)和大尖山(79 m)等。

（2）历史演变分析

淮河是一条古老的河流，据《安徽淮北平原第四系》介绍，早在十多万年前，淮河就形成了西北高、东南低的地形特征，水系由西北流向东南，在流域南部汇成主干，水系出口在五河、洪泽湖一带。

（3）近代演变分析

红山头至老子山长约 43 km，为入湖河口段，滩洲众多，河道多汊，主槽宽浅。杨兴菊、虞邦义等人根据中游河道 1971～2001 年各测次河道地形，采用断面法对河道冲淤量进行了计算，其中 1992～2001 年入湖口段冲淤情况见表 5.2 和表 5.3。从表中数据可以看出，该河口段主槽 1992～2001 年间共淤积 917.0 万 m³，其中红山头至盱眙段长约 20.35 km，共淤积 398.52 万 m^3,年平均淤积量为 44.28 万 m^3,平均每年淤高 1.66 cm;盱眙至老子山长约 22.68 km,共淤积 518.49 万 m^3,年平均淤积量为 57.61 万 m^3,平均每年淤高 1.815 cm。盱眙至老子山右汊的淤积相对较少,主要是左汊淤积。河口入湖段滩地共淤积 2 030.3 万 m^3,其中红山头至盱眙淤积 635.02 万 m^3,年平均淤积量为 70.56 万 m^3,平均每年淤高 1.55 cm;盱眙至老子山淤积 1 395.3 万 m^3,年平均淤积量为 155.03 万 m^3,平均每年淤高 2.53 cm。

表 5.2 红山头至老子山主槽冲淤情况(1992～2001 年)

河段	河段长度(km)	冲淤量(万 m^3)	年平均冲淤量(万 m^3/a)	冲淤速度(cm/a)
红山头—盱眙(左汊)	20.35	101.01	11.22	1.73
红山头—盱眙(右汊)		297.51	33.06	1.59
盱眙—老子山(左汊)	22.68	420.02	46.67	3.10
盱眙—老子山(右汊)		98.47	10.94	0.53
红山头—老子山	43.03	917.01	101.89	1.62

表 5.3 红山头至老子山滩地冲淤情况(1992～2001 年)

河段	河段长度(km)	冲淤量(万 m^3)	年平均冲淤量(万 m^3/a)	冲淤速度(cm/a)
红山头—盱眙	20.35	635.02	70.56	1.55
盱眙—老子山	22.68	1 395.31	155.03	2.53
红山头—老子山	43.03	2 030.33	225.59	2.07

本次共收集到 2005 年、2012 年和 2013 年两次河道实测地形图,套汇三次测图的河道深泓线、0 m 与 3.2 m 等深线,可对比分析深泓线的平面变化。此外根据沿程 14 个断面的分析,可看到冲淤变化程度和冲淤部位。

① 河道平面变化

河道深泓线的平面变化见图 5.3。由该图可看出,2005～2013 年淮河红山头至老子山河段深泓线平面位置总体无明显变化,表明沿程深槽基本稳定。某些局部河段深泓有小幅摆动,如淮河大桥附近、一撮毛滩滩头附近、老子山滩滩头附近。这种局部深泓小幅度摆动对河势不会产生明显影响。

从等深线(图 5.4、图 5.5)的对比来看,2005～2013 年河段 0 m 等深线变化不大,在一撮毛滩附近有向左摆动的趋势。2005～2012 年河段 3.2 m 等深线变化较大,这主要受人工疏浚的影响。2005 年河段设计水深达到 3.2 m 的范围较小,主要集中在河段中段盱眙附近,而在上游只有零星的深槽。2012 年 3.2 m 等深线范围扩展到全河段,其中一撮毛滩附近主淮河宽度较小,流速较大,床面长期冲刷,河床抗冲性较强,3.2 m 等深线宽度变化不大,平均宽度在 180 m 左右,且在平面上向左摆动。上段有不连续的 3.2 m 深槽,其宽度在 70 m 左右,在杨滩附近水面开阔,流速减小深槽出现淤积。下段从老子山附近至洪泽湖口沿程的 3.2 m 深槽宽度小,这是由于淮河三角洲附近受洪泽湖水流顶托作用,流速减小,淤积较为明显,且主要以深槽淤积为主。2012～2013 年等深线变化较小,说明河段自然演变缓慢,河势稳定。

5 河床演变与碍航特性

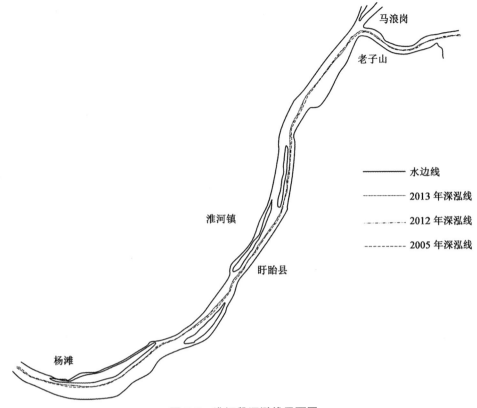

图 5.3 淮河段深泓线平面图

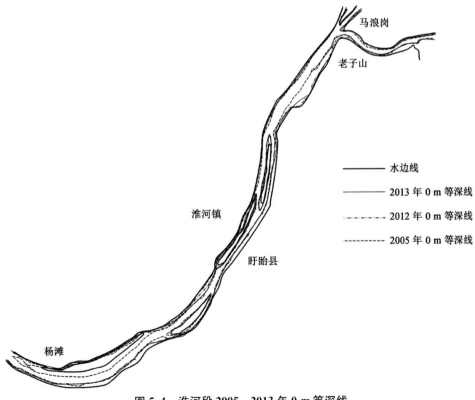

图 5.4 淮河段 2005~2013 年 0 m 等深线

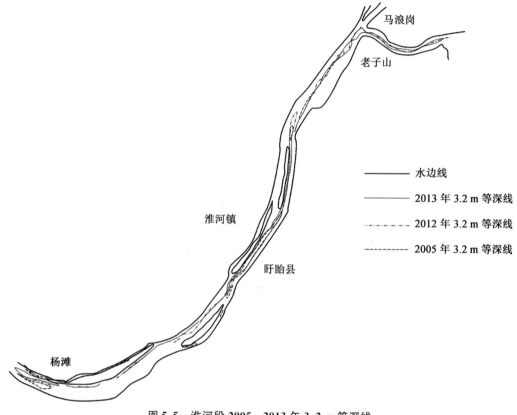

图 5.5 淮河段 2005～2013 年 3.2 m 等深线

② 河道深泓纵剖面变化

红山头至盱眙深泓高程起伏不大,趋势平坦。根据虞邦义的研究结果,1992～2001 年间变化较小,平均值维持在 6.8 m 上下,最高 8.54 m,最低 3.54 m。盱眙至老子山段深泓高程沿程逐渐增大,但幅度较小,深泓起伏不大,趋势平坦,接近直线,1992 年除淮河大桥附近 −6.47 m 极端地点外其余河段平均高程大于 6.38 m。图 5.6 为航道中心轴线纵剖面 2005～2013 年对比图,从图中可以看出,从红山头至淮河大桥河段右汊河道主槽略有冲刷,淮河大桥以下河段由于受到岸滩整治、人工挖沙和上游来沙减小等因素的影响,河床冲深。

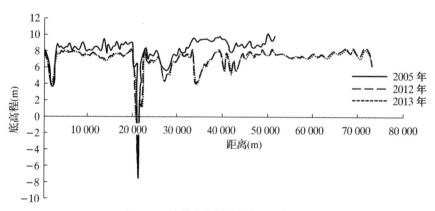

图 5.6 航道中心轴线纵剖面对比图

③ 河床横断面变化

为了分析 2005 年、2012 年与 2013 年淮河出海航道段地形近期变化,从红山头至老子山右汊河道布置了 14 条断面,断面布置示意图见图 5.7。从断面地形对比图(图 5.8)可以看出,2005～2012 年变化较大,而 2012～2013 年变化很小。断面 1～11 地形表现为主槽略有冲刷,滩面略有淤积,整体上冲淤幅度不大;断面 12～13 地形表现为冲刷,相对而言冲刷较大,主要是人工采沙和两岸经过整治后束水的原因而引起的。

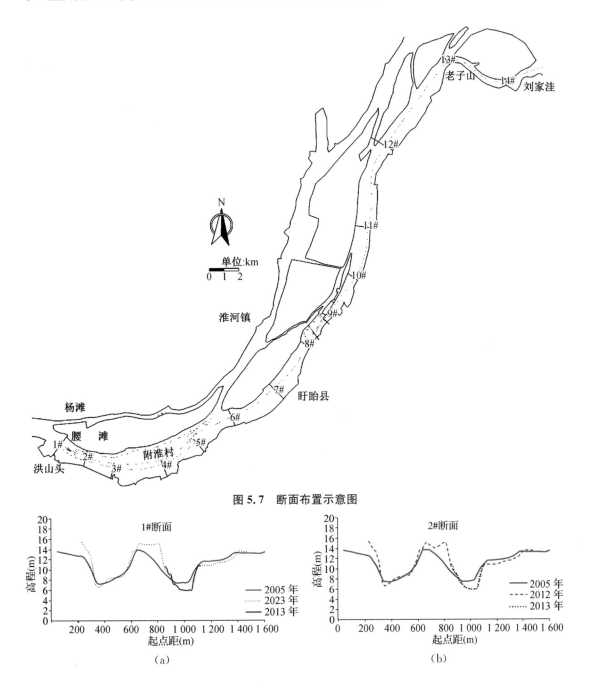

图 5.7 断面布置示意图

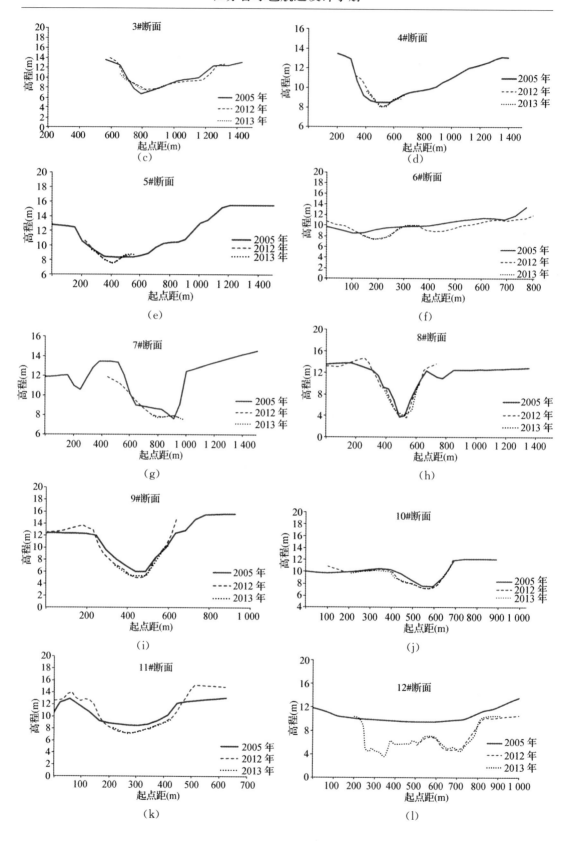

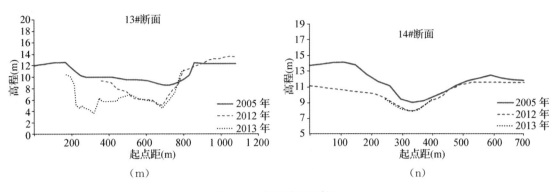

图 5.8 断面地形比较图

(4) 河床演变预测

由于淮河自身含沙量较小,并逐年在减小,在沙量供应不足的情况下,淮河入湖口及以上河道的淤积将减缓,河道沙滩将停止向上延伸,甚至在常年水流作用下会向湖口方向移动,淮河航道将得到改善。在红山头至淮河大桥右汊河道略有冲刷,在淮河大桥以下河段主要受到人工采沙的作用,右汊河床整体下切滩槽高差加大,但总体河势无大的改变。洪泽湖湖区由于上游来沙量减小,淤积情况也会有所改善,湖区南线航道近年来处于冲刷状态,航道周边冲淤幅度较小。当前湖区底标高在 10.5 m 左右。湖区航道底标高在 8.0 m 左右。淮河入湖口和洪泽湖湖区航道近年来淤积减小,并呈冲刷状态,周边地形基本稳定,由此可看出淮河出海航道的整治具有较好的条件。

3) 碍航特性分析

淮河盱眙段为平原分汊型河流,多数河段面宽水浅,河道内形成多处沙洲和浅滩,洪水期多数洲滩被淹没冲刷,致使深槽有冲淤变化现象。据现场调查收集资料,航道沿线分布多处水下浅滩:26#标和22#标附近约 10 km 航段有多处浅滩,最小水深仅 2.5 m 左右。这些浅滩的存在给船舶通航带来较大的安全隐患,在枯水期经常造成船舶搁浅事故。

洪泽湖是一个天然浅水型湖泊,由于多条河流携带泥沙注入湖内,湖泊呈逐年淤积态势,水深一般在 4 m 以内,最大水深为 5.5 m。近年来,洪泽湖南线航道在马浪岗陆续实施了六期疏浚拓宽工程,但由于泥沙回淤,目前在枯水期洪泽湖南线航道局部航宽水深仍显不足,给船舶通航带来困难。

5.4.2 灌河口 5 万吨级航道整治工程

1) 项目概况

灌河全长 74.5 m,西起灌南县,北可抵连云港,向东经响水县、陈家港、堆沟港、燕尾港流入黄海,是新沂河的主要入海通道,也是一条重要的航运通道。灌河河道底宽在 160~180 m 之间,最宽可达 230 m,底高程为 -12~-6 m。干流河床稳定,横向摆动幅度较小。长期以来,灌河平面位置无明显变化,因而具有良好的通航条件。

2) 河床演变分析

(1) 冲淤特性

灌河干流河段自口门燕尾港至上游东三汊,全长 56.9 km,由武障河、六塘河、龙沟河、义泽河等四条支流汇合而成。1970年,灌河开始实施盐东控制工程,先后建成六塘河节制闸、武障河节制闸、龙沟河节制闸、义泽河闸,于1981年完成全部工程。

建闸前,灌河干流河流冲淤处在自然状态下。1973年7月一次同步测量中,燕尾港断面下泄流量与沙量明显增加,说明新沂河排洪直接影响了口门段河床冲淤变化。

建闸后,干流河段水、沙条件变化较大。关闸期间,闸下河道由于潮汐作用,潮波由口门上溯传播,至闸下河段,潮波反射,流速降低,潮差加大,涨潮进沙大于落潮出沙,闸下河段上段明显淤积,下段由于河口潮汐增强,泥沙上溯,河床发生冲刷。燕尾港、小蟒牛、陈家港的弯道凹岸均被冲刷,且持续处于稳定冲刷的状态。

1997～2004年间,位于小蟒牛作业区码头前沿的河槽冲刷力度加强,年均0.3～0.4 m,最大冲刷强度可至3 m。码头前沿断面水深增加,断面面积增大,弯道深槽往右岸发展,引起右岸岸坡坡度明显增加。河岸变化稳定,少有淤积。

(2) 河床演变分析

灌河出口水道穿过河口沙咀区,沙咀由河口东岸沿西北方向扩展,至沙咀前端有10 km。

燕尾港口门外有大片浅滩区域,水深为0～2 m。灌河口出口水道习惯上将西北偏西方向上出口的水道,称为西水道,距5 m水深16.8 km,距10 m水深26 km;将向北穿过沙咀的出口水道,称为北水道,距5 m水深13.2 km,距10 m水深21.6 km。

灌河口沙咀的演变状态,直接影响出口水道的方向和平面位置。自1916年以来,灌河口2号浮弯道以下的出口水道在河口沙咀前端延伸部分的浅滩上,因潮流和波浪的动力,随着沙咀的延伸而改变其出口方向和平面位置,断面宽浅,水深为0.5～1 m。1940年后,河口沙咀进一步发展,出口北道方向持续往西发展,沿岸流加剧,泥沙供应丰富,60多年出口北道方向共西偏了60°左右,偏移速度逐渐减慢至相对稳定,故本段水道的平面位置变化较为明显。在燕尾港至2号浮弯道之间,河道两侧是河口边滩的残留部分,抗冲性强,故本段水道平面位置变化不大。灌河口2号浮弯道为转折点,该点位置较为稳定。

自新沂河与灌河并港入海后,河口下泄的年径流总量明显增加,由35亿m^3增至77亿m^3,年平均输沙量增加至350万t,这改变了河口物质来源的组成。多年来,河流径流下泄年内分配不均,加上波浪的季节性变化影响,枯水年,径流下泄量小,沙量少,水道受潮流所控制,出口水道各断面普遍发生冲刷;洪水年,径流下泄量大,沙量丰,各断面普遍发生淤积;平水年,各断面有冲有淤,冲淤变幅不大。由此可见,新沂河下泄洪水变率大,作用时间较为集中,多年变化和季节性变化比较明显,为出口水道的断面淤积输送了相当数量的泥沙物质,而这将会影响未来航道的稳定性及疏浚维护,须以重视。

1980年,黄河改道后,岸滩侵蚀速度显著变慢,再加上人工护岸,遏制了岸线后退。岸滩冲刷强度逐渐减弱,沿岸输沙量和泥沙流宽度也逐渐减小。在不断冲刷下,沙咀沙层厚度减小,沙体移动速度变慢,直至稳定,沙咀的发展得以遏制,有利于出口水道平面位置的稳定。出口水道北水道再现后,至今并未消亡,表明目前灌河口外沿岸水沙条件变化较大,沙咀活动性减弱,这有利于整治出口水道。

5 河床演变与碍航特性

3) 碍航特性分析

灌河口拦门沙是阻碍灌河航运发展的最大因素。1940年前,灌河口拦门沙尚未发育,仅在开山方向上以浅滩形式存在。1940年后,拦门沙逐步发育,导致灌河口出口水道往西偏移了约60°。1980年后,黄河改道使得岸滩侵蚀速度显著变慢,沿岸输沙量和沿岸泥沙流宽度也逐渐减小,拦门沙的发展得以遏制并趋于稳定。研究表明,灌河口外北航槽断面拦门沙滩顶有所降低;西侧断面处的西槽向岸移动,最深点高程保持不变,西槽外浅滩淤高;东侧断面$-6 \sim 0$ m线略有冲蚀,岸滩冲淤变化不大。

目前,灌河口拦门沙总体面积为$6 \sim 8$ km^2,距燕尾港约4.5 km,走向为西北至东南,西北方向形状较窄,宽度约225 m,东南方向形状较宽,宽度约3 km。

6 航道工程水力计算

6.1 概述

航道整治工程改变了河道原有的边界条件,使水力要素如水位、流速、流向等发生了相应的变化,并调整了河床的冲淤部位。定量地预估这些变化是工程设计中必须涉及的问题。

物理模型和数学模型是目前预估工程效果的主要手段。物理模型根据水流和泥沙运动的力学相似原理将原型缩制成模型,通过验证试验确认模型与原型满足主要相似条件后,在模型中作方案试验,可获得直观而较为可靠的结果。数学模型将所研究的问题概化为相应的水流、泥沙运动和河床变形的方程组,求特定边界与来水、来沙条件下的数值解;通过验证计算率定有关参数后,进行方案试算得出需要的结果。

数模和物模各有其优先使用的领域。数模多用于研究一维问题,物模多用于研究三维问题,而二维问题则均可用这两种模型来研究。此外,这两种模型的使用还与工程的重要性及研究所处的阶段有关。对于重要的工程,一般要进行物模试验研究,可能同时还需要进行数模研究,以互相印证,相互补充;对于一般的工程,可使用数模。在工程规划阶段,使用数模不仅可以获得需要的数据,而且可以在短期内对多种方案进行计算对比,从中进行优选;在工程设计阶段,为深入研究某些问题,特别是三维性较强的问题,则需要进一步做物模试验。在实际工程中数模与物模还可结合使用。

本章将介绍整治工程效果预测中常遇到的几个水力计算问题,即通航水位设计、限制性航道船行波计算、限制性航道护岸设计水力计算以及水土保持水力计算等。

绿色航道的建设对航道设计提出了更高的要求,需要在满足人类日益增长的水利基本需求的同时又能营造适宜的生物群落良好生长环境。而航道水力计算则是各种生态结构设计的基本依据,一套完整的生态结构设计所涉及的水力计算内容及计算流程如图6.1所示。

6.2 通航水位设计

通航水位是航道设计的重要参数之一,与通航保证率相辅相成,对工程起着控制作用的有设计最高通航水位和设计最低通航水位。

通航水位的设计指标都是围绕通航保证率的要求制订的,我国现行国标《内河通航标准》规定:设计最高通航水位指标为洪水重现期20年到5年一遇(即5%～20%的频率),设计最低通航水位按综合历时曲线法推求时,为Ⅰ、Ⅱ级航道≥98%、Ⅲ、Ⅳ级航道:98%～

6 航道工程水力计算

95%、Ⅴ~Ⅶ级航道:95%~90%;按保证率频率法推求时,除保证率为Ⅰ、Ⅱ级航道:99%~98%、Ⅲ、Ⅳ级航道:98%~95%、Ⅴ~Ⅶ级航道:95%~90%外,还规定应符合10年到20年重现期(即50%~90%的频率)的要求。对于运输特别繁忙的各级航道均可采用Ⅰ级航道的规定。对于有通航要求的排灌、引水渠道的设计最高通航水位规定:凡是灌溉、排涝、引水渠道应采用最大流量时的水位,凡是排洪河段应根据具体情况采用设计最大排洪流量时的相应水位和按规定的洪水重现期计算的水位中的高值;设计最低通航水位可根据综合利用条件和有关规定执行。对于有通航的水利枢纽的上、下游通航水位的选用,应与水利枢纽的标准、水库的运行方式等协调。

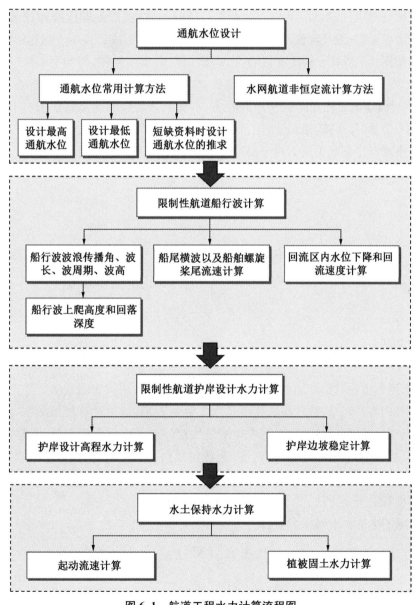

图 6.1　航道工程水力计算流程图

6.2.1 通航水位常用计算方法

航道通航水位常用的计算方法基于数理统计法,在计算中涉及以下方面:① 根据已有的实测资料,应用概率理论进行频率计算,推求规定频率的水文特征值,即设计值;② 研究水文现象之间或水文现象主要因素之间的相关关系,应用这种关系展延或插补水文系列,以提高系列的代表性,增强设计成果的可靠性;③ 根据误差理论,估算水文计算中随机抽样的误差范围。

1) 水文资料的要求

数理统计法以实测资料为基础,资料的质量直接影响分析成果的精度,因此对资料应该进行核查。核查时应注意以下几点:① 水文资料的一致性,如流域内修建较多的蓄水、引水、分洪、滞洪等工程,以及河流改道等情况,明显地使洪水形成条件不一致,必须加以修正,还原后才能使用;② 所取资料要有代表性,应该包括丰水年、枯水年和平水年三种情况,一般来说要有 20~30 年资料才能比较有代表性;③ 水文资料经过主管部门审查与否及其可靠性;④ 独立性,应满足独立随机选样的要求,水文上认为年的水文特征值具有独立性,如年最大(最小)流量、年最高(最低)水位、年降雨量等资料都可以用来统计。

频率与重现期是倒数关系。由于研究的对象不同,有两种表示方法。

当研究暴雨洪水问题时,一般频率 $P<50\%$,频率与重现期的关系式为:

$$T = \frac{1}{P} \tag{6.1}$$

式中:T——重现期,以年计;

P——频率,以小数或百分数计。

当研究枯水问题时,一般频率 $P>50\%$,频率与重现期的关系式为:

$$T = \frac{1}{1-P} \tag{6.2}$$

式中符号意义同上。

2) 设计最高通航水位

运河、水网航道设计最高通航水位的推求方法,一般采用频率曲线法,该方法实际上包括以下两部分内容:一、从整理和统计历年水文资料着手,通过计算经验频率,点绘经验频率点据,绘制经验频率曲线;二、运用求矩适线法对经验频率点据的配适,根据实测资料的分布特性(经验频率曲线反映出来的特性)来选定线型(理论频率曲线),使所选线型与实测资料算得的经验点据符合,力求根据选定的曲线求得的指定频率设计值更符合实际情况。以下为频率曲线的配适方法:

(1) 采用矩法估算下列三个参数:

均值

$$\overline{X} = \frac{1}{n} \sum_{i=1}^{n} X_i \tag{6.3}$$

偏差系数

$$C_v = \sqrt{\frac{\sum_{i=1}^{n}(K_i - 1)^2}{n-1}} \tag{6.4}$$

偏态系数
$$C_s = \frac{\sum_{i=1}^{n}(K_i-1)^3}{(n-3)C_v^3} \quad (6.5)$$

式中：K_i——洪水位的模比系数。

参数 C_s 的算式，只适用于资料系列很长，一般大于 100 年以上时才能获得较满意的结果，否则 C_s 的计算误差很大。在实际工作中，往往因资料年限短，不应用公式计算 C_s 值，而是按 C_s 为 C_v 的倍比值，根据经验来确定。

（2）以上述参数为基础，选用某种数学形式的概率分布曲线，在经验频率点群中进行选线（如我国南方地区的河流一般选择皮尔逊Ⅲ型曲线），这样的适线工作，一般每试一次，根据每次和经验频率点据间的逼近情况来修正 C_s/C_v 的比值，必要时需重复多次，直至配出一条与经验点据最适合的频率曲线，即它的中部在经验点据群中经过，上、下两端（含外延）趋于合理。

试配频率曲线时，为了能与点据配合良好，除了上述可调整 C_s/C_v 值外，一般对 $\bar{X}$ 值不做轻易变动。在适线时要注意重点，例如对于洪水和高水位，应着重曲线上部点据的配适，对于枯水和低水位，则应着重曲线下部点据的配适。

（3）在经适线选定的理论频率曲线上可读得指定频率的洪水位。

3）设计最低通航水位

设计最低通航水位的推求是为了确保航道具有标准水深的可靠度和拥有通航条件的保证率，因此它推求的不是极值而是指定（设计）频率下的低水位。

（1）综合历时曲线法

水文分析计算工作中常有水位历时统计和水位历时曲线等内容，其中水位有逐时和逐日统计之别，在航道工程部门，常采用每年日低水位（日水位变幅不大者亦可采用日平均水位，以下同）历时统计分析和绘制相应水位历时曲线（当绘制水位曲线时，以保证率为横坐标者称为水位保证率曲线）及多年日低水位（或平均水位）历时统计分析和绘制多年水位历时曲线（或多年水位保证率曲线）。前者在水位保证率频率法中运用，后者在水位综合历时曲线法中运用，前、后两者都有一共同点，就是概念直观。综合历时曲线法对于水文年际变化不大，且资料系列较长的航道工程是一种可行的方法。

（2）保证率频率法

这是十余年来在保证率的基础上增加了频率要求，在频率分析中所采用的随机变量是各年指定（设计）保证率的相应水位，由此可知，它综合了历时保证率曲线法和频率分析法等两种方法。总的来说，它仍是频率分析方法之一。

保证率频率法既考虑了各年年内设计船型在标准吃水时的通航历时，又考虑了设计船型减载吃水或非标准船型载货小船队的通航历时，且进行了频率分析。该方法有利于测算年内和年际航运效益指标。一般认为高等级航道设计低水位的推求以采用保证率频率法为宜，该分析方法可使工程具有较高的可靠度。

4）短缺资料时设计通航水位的推求

自然界中的许多变量不是各自孤立变化的，如降雨与径流，水位与流量间都存在着一定的关系,这种关系称为相关关系。研究分析两个或两个以上随机变量之间关系的方法称为相关分析法。资料不足(一般不足 20 年),系列代表性差,误差大时,常用相关分析法。设法插补延长资料系列,延长系列后的设计通航水位推求方法与长期实测资料相同。

在资料缺乏时,除可参考水文分析方面的文献采用水文比拟法、等值线图法外,还可采用参证站设计水位转移法,包括比降推算法、瞬时水位法等。

6.2.2 水网航道非恒定流计算方法

平原河网地区地势平缓低洼,河道纵横交织,水流河湖相连,水流情势十分复杂。河网水位的影响因素诸多,首先是当地暴雨,直接影响水位的涨落;其次是河网上游片来水量和河网下游片的排水能力,水位的变幅更大。随着水利和航道的陆续开发和整治,河道水流条件发生较大变化,采用历史水位资料通过水位频率分析推求设计水位的方法,只能反映恒定流和工情变化前的水文情势,不能反映河道网上的特征。为满足规划工作需要,本节介绍水网航道非恒定流计算方法。

1) 水网航道非恒定流计算原理和方法简介

河网的排水能力不仅取决于河道断面的输水能力,更大程度取决于入江河道口门是否已建闸控制。洪水年份感潮河网建闸后可以利用低潮抢排,高潮时则关闸以防倒灌,再配以泵站的抽排,更有利于网区内排涝和泄洪,借以降低内河水位;圩区内排涝能力的增强将影响外河水位的抬高,同时湖滨浅滩区的围垦会减小湖泊蓄水容积,使湖水上涨。枯水年份情况则相反,可在高潮引水,低潮泵站翻水,以确保网内所需水位。针对水网航道的特征和节制闸和泵站的作用,为推求设计水位,可根据河网概化、设定参数和边界条件,应用非恒定流水力计算原理等求得。

(1) 计算原理

由非恒定流水力计算原理可知非恒定流的水流运动要素是随流程和时间不断变化的。水网航道内部河河相连,流水相通,沿程流量变化,所以水网河道的水流一般为非恒定缓变流,可运用圣维南方程组进行水位、流量分析。计算公式如下:

$$\begin{cases} B\dfrac{\partial h}{\partial t}+\dfrac{\partial Q}{\partial x}=q \text{(连续方程)}, \\ \dfrac{\partial u}{\partial t}+u\dfrac{\partial u}{\partial x}+g\dfrac{\partial h}{\partial x}+g\dfrac{u|u|}{C^2 R}=0 \text{(动力方程)} \end{cases} \quad (6.6)$$

式中:h——水位(m);

Q——过水断面流量(m^3/s),$Q=uA$;

u——断面平均流速(m/s);

A——过水断面面积(m^2);

q——沿程补(排)水量(m^3/s);

B——水面宽(m);

R——断面水力半径(m),对于宽浅河道,可取 $R\approx A/B$;

C——谢才系数,$C=\dfrac{R^{1/6}}{n}$,n 为糙率;

g——重力加速度(m/s^2);

x,t——空间和时间参数。

(2) 计算方法

圣维南方程组的求解方法包括差分法、有限元法、瞬时流态法等,而平原水网地区主要是解决长历时缓变非恒定流问题,以采用四点隐式差分格式为宜,故将连续方程和动力方程转化为差分方程。隐式差分是无条件稳定的,对时间步长的选择无特殊要求,但从成果的精度来看,时间步长应与边界条件精度相匹配,距离步长一般取 3~5 km 为宜。

本计算方法适用范围包括:反演历史上曾经发生过的特大洪水年(或特枯水年)的洪水位或流量(枯水位或流量);在工程规划实施后的工情条件下,求得要求洪水频率(或重现期)的相应洪水位或流量。前者采用当时的雨情、工情及其相应运行方式等有关数据,进行运算求得;后者采用规划实现后的工情及相应运行方式,以及要求重现期的雨型等有关数据,进行运算求得。

2) 水网航道非恒定流计算方法的应用

(1) 应收集的基本资料

根据河网概化和确定参数需要,应收集以下资料:

① 流域基本情况。包括流域地理位置、地形地貌、河流走向、河道断面特征、流域内水利化与水土保持发展概况,影响降雨、径流、洪水形成的有关资料,必要时应进行野外调研。

② 水位流量资料。包括国家基本站网及专用水文站、水位站的实测资料,历史洪水调查资料和文献以及有关单位以往进行的水文分析资料。这些资料主要从水文年鉴、水文图集及流域机构编制的水文统计、水文手册、历史洪水整编成果和有关的历史文献档案中收集,规划资料从流域规划报告中获取。在受潮汐影响地区,还需收集潮汐资料,包括潮水位、流量及潮型等资料;圩区内还应调查圩区的排涝模数。

③ 闸坝、泵站布设。沿江、沿海、圩内泵站位置和容量从主管部门处调查收集;沿江、沿海和河道上的闸坝运行方式由主管部门确定。

(2) 河网概化

① 概化要点

平原水网航道除有灌、排渠道外,还有天然河道、人工运河,且有的河道往往与网内外的湖泊相通。通过河网概化减少河道数量有利于计算机处理。把大量对水力计算影响不大的小河道进行技术合并,概化成若干条假想的河道,这是概化工作的基础。将天然河道的不规则断面概化成规则的棱柱形断面。河道全线应根据实际情况分段进行概化,在河道交叉处应设立节点,节点可以是一个点,也可以是一个面。此外在概化过程中,视河网大小,可分区进行概化,分区一般按水系划分。骨干河道在河网输水中起关键作用,概化时尽量不要改变其水力特性。概化的重点应放在众多的中小河道上。为保证河段的水面比降呈线性变化,河道分段一般取 3~5 km。

② 边界条件

平原河网地区一般有以下几种边界条件需事先调查分析确定:水位边界,即边界河道实测或规划的水位过程线,或由产流计算求得;流量边界,即边界河道实测或规划的流量过程线,或由产流计算求得;泵站边界,即边界河道首(末)端为泵站,也可以视为流量边界,但$Q=$常数;闸边界,即边界河道首(末)端为水闸;涵洞边界,即边界河道首(末)端为涵洞;封闭边界,即边界河道一端封闭,这主要是为以后河网延伸、河道开挖等做准备。此外还有沿程水量交换参数,如降雨、灌溉、渗漏等;各种控制条件,如水闸的启闭条件等。

计算范围可以是整个水系,可包括流域内的山丘区,也可以是平原水网地区的某一区域,根据能够调查和收集到的基本水文资料和计算要求而定。平原水网区根据地势可分为若干分片,分片又可分成圩区和非圩区。边界条件的输入为各片的面平均逐日降水和蒸发过程以及沿江或沿海的特征水位资料和圩区排涝模数,通过产汇流计算可得出平原水网区圩内和圩外各片的不同净雨过程,以及山丘区各片注入平原地区的流量过程。

③ 参数的确定

概化后的每个河道断面,需要确定以下几个主要参数:河底宽度、河底高程、边坡系数、糙率、陆域宽等。

④ 调整验算

选择有针对性的典型年份的实测水文资料进行分析,即根据实测水文资料,利用概化河网计算,将计算结果与实测成果进行对比分析。首先验证河网外部边界的水位、流量,在水位控制的边界上验证流量,在流量控制的边界上验证水位,看是否与实测一致或相近。河网内部主要验证节点水位、主要河道流量、控制线上概化后的断面流量是否与概化前一致。若局部地区有差别,可以适当调整部分河道的断面参数。通过多次反复调算验证,最后确定出一个能完全反映实际水力特性的概化河网和各种参数。综上所述,可知从河道概化、选定参数、布设节点、明确边界条件,绘制成一张概化网络总图起,到最后通过调整验算论证了概化河网的精度止,才算水网航道的概化工作的完成。

⑤ 求解步骤

编码,对每一个节点都列出一个节点方程,形成节点方程组,河网的节点方程组用矢量形式表示,设共有 N 个节点;定义流向,流向定义可以任意;对每一条河道而言,用 n 个断面将河道划分成 $n-1$ 个微段,对每一个微段可以列出 2 个方程式,一共可以列出 $(2n-2)$ 个方程式,利用其中 $(2n-4)$ 个方程式消去 $(2n-4)$ 个中间断面的水位和流量,最后将首、末断面流量表示为首、末断面水位的线性函数;对每一个节点进行水量平衡,得全流域的节点方程组;求解节点方程组得各节点水位;用回代方法求得各断面水位和流量;输出所关心断面的水位、流量及有关统计数据。

3) 计算成果分析与通航水位的确定

(1) 设计最高通航水位

河网概化以后,根据工程需要的洪水频率输入有关数据,首先假定暴雨与洪水的重现期是同频率的,进而采用相应重现期的设计雨型。对主要地区一般采用相应重现期的最大三日暴雨数据,而工情可以采用已发生的实情也可以采用将实施的规划工情。用一维非恒定流水力模型进行演算,计算所得的最高日平均水位即为所需重现期的设计最高通航水位(与采用的规划前或后的工情配套)。

(2) 设计最低通航水位

平原水网地区地势平坦,河网内部调蓄功能很强,在枯水季节,发挥外江外河的补水功能,均可确保设计最低通航水位的实现,根据上述调蓄网内水位的概率及其相应流量数据,或采用综合历时曲线法或采用保证率频率法推算。如苏南水网航道,位于长江之滨,又毗邻太湖,水量丰沛,水网各出口均有闸坝控制,与通航保证率相应的设计最低通航水位是有保证的。

4) 通航水流条件

与通航有关的水流条件包括流速、流向、流态、水面比降、波浪等,航道仅有足够的航道尺度,而无适合的水流条件是不能满足船舶航行需要的。

(1) 流速

流速是指水质点在单位时间内沿某一特定方向移动的距离,单位是 m/s,适宜船舶航行的允许流速不是指航道中的断面平均流速,而是指船舶在航道中实际遇到的流速。

(2) 流向

流向是指水流流动的方向。

(3) 流态

水流运动的形态称为流态。水流形态的好坏直接关系到航道条件的好坏。险恶水流可以使航行船舶遭受搁浅、触礁、倾覆沉没等严重的海损事故。

(4) 水面比降

水面比降是指水面两点间高差与其水平距离之比。

(5) 波浪

在外力作用下,具有自由面的液体质点偏离其平衡位置的有规律的振动称为波浪。波浪对船舶的直接影响是造成船舶发生摇摆,产生不稳定的纵倾和横倾。波浪轻则造成船舶操纵困难,重则使船队系缆断裂散队或船舶翻沉。

6.3 限制性航道船行波计算

内河限制性航道是指因水域狭窄、断面系数小而对船舶航行有明显限制作用的航道,具有水位变幅小、常水位持续时间长、泥沙运动弱等特点。内河限制性航道中的船行波具有波高大、流速急等特点,易破坏航道环境和航道边坡,或对其他涉水建筑物造成干扰或损害。

船舶在航道内航行,船头推开水体,船尾由绕流补水,船体周围压力场发生变化,受压力和表面张力作用,水面形成的波浪,称为船行波。该水面波动由分歧波和横断波共同组成,集中在船尾一定的扇形区域范围内。波浪传播角是运河航道中船舶航线与分歧波传播方向的夹角,船行波波峰的尖峰点形成尖峰点连线,分歧波的波峰中心的连线和航向间的夹角值,深水域理论解为 $19°28'$,见图 6.2。分歧波方向、大小与船型、航速等有关联。运河中分歧波的波系移动方向与波峰线相互垂直,同时向两侧传播。运河中的动力条件可按实测资料和有关规范进行分析计算。它的波态与船舶航速、航道过水断面形状、水深和船舶吃水以及航迹线与岸线距离等因素有关。

限制性航道,佛汝德数 $F_d = V_s/\sqrt{gh}$(V_s 为船舶航速,g 为重力加速度,h 为水深)一般在 0.4～0.9 间。在该范围的船速下单体船船行波的形态,有船首散波、横波和船尾散波、横波等两组波系,其波态有以下三点特征:

(1) 当航速低于临界速度(即 $V_s < \sqrt{gh}$),水深佛汝德数 F_d 处于 (0,1) 区间,随 F_d 值的增加,船行波由深水特性转为浅水特性,散波扩散角(波峰线与船舶纵轴线间的夹角)增大;当航速为临界速度(即 $V_s \approx \sqrt{gh}$),$F_d \approx 1$ 时,首、尾两波系扇面波动范围更大,呈现两道横波,在航道水深与船舶吃水比值较小时,船首将形成大波幅的"独波"。

(2) 船行波近船体的立面波形,船首波的波高随 F_d 值的增加而增大,其波长亦相应增大、周期延长。

(3) 在狭窄的航道中,岸壁将导致复杂的波动反射叠加过程,并出现回流、伴流、船尾下沉和岸吸现象,这些因素均会影响波动形态。

船行波对运河等限制性航道岸坡坡面的侵蚀和刷洗作用和水流冲刷、风成波冲刷等同为航道岸坡设计必须考虑的破坏因素。

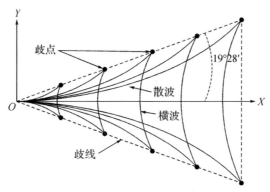

图 6.2　船行波示意图

6.3.1　波浪传播角、波长、波周期、波高

1) 波浪传播角

扩散波系传播方向与船舶航线的夹角可采用 Sorensen 和 Weggel 计算公式:

$$\theta = 35.27[1 - e^{12(F_d - 1)}] \quad (6.7)$$

式中:F_d——佛汝德数,$F_d = V_s/\sqrt{gh}$;

　　　h——水深(m);

　　　g——重力加速度(m/s²);

　　　V_s——航速(m/s)。

2) 波长和波周期

可采用荷兰代尔夫特水工研究所建议的下列公式计算:

(1) 波长

$$L = 0.67(2\pi)\left(\frac{V_s^2}{g}\right) = 0.42 V_s^2 \quad (6.8)$$

以较小型的快速船(巡逻艇、快艇、内河自航客货船、拖船)的波长控制设计,亦适用于较大船舶(如顶推船队、机动驳船)。

(2) 波周期

$$T=\sqrt{\frac{2\pi L}{g} th \frac{2\pi h}{L}} \tag{6.9}$$

深水情况下,$T=\sqrt{2\pi L/g}=(0.64L)^{0.5}$,适用于 6.5 m$<h<$10 m 和 $F_d<0.7$ 的情况。

式中:L——波长(m);

T——波周期(s)。

(3) 波高

船行波波高是船行波对岸破坏作用十分重要的影响因素,是破坏强度的决定性指标。一些学者通过对室内模型试验和现场实船试验数据的处理,并结合船行波相关理论推导出 H_m 的计算公式。总的来说,H_m 是与船舶几何结构、航速、航道尺度等参数相关的函数。由于 H_m 的计算公式是基于不同试验条件、试验区域和船舶数据得来的,因此各公式具有其应用范围和一定的局限性。通常,运河中船行波受船速影响显著,船行波最大波高主要取决于相对船速的大小,可由深度傅汝德数直接表示。常见的船行波波高计算公式如下:

① Balanin 和 Bykov 公式

1965 年,Balanin 和 Bykov 根据苏联运河设计要求提出 $H_{\max}$ 计算公式:

$$H_{\max}=\frac{1.25V_s^2}{g}\left\{1-\left[1-(4.2+S_C)^{-\frac{1}{2}}\right]\left(\frac{S_C-1}{S_C}\right)^2\right\}\left[\frac{2+\sqrt{\frac{w}{L_v}}}{1+\sqrt{\frac{w}{L_v}}}\right] \tag{6.10}$$

式中:S_C——航道断面系数;

w——航道水面宽度(m);

V_s——船速(m/s);

L_v——船舶长度(m)。

该公式没有考虑航道水深和船舶几何结构对船行波波高的影响。

② 美国陆军工程团公式

1980 年,美国陆军工程团提出与式(6.10)类似但更简化的 $H_{\max}$ 计算公式:

$$H_{\max}=0.0448V_s^2\left(\frac{D}{L_v}\right)^{\frac{1}{2}}\left(\frac{S_C}{S_C-1}\right)^{2.5} \tag{6.11}$$

式中:D——船舶的吃水深度(m)。

③ Havelock 基于 Kelvin 的理论,导出深水条件下船行波相关波高关系式:

$$H_m/h=\alpha_1(S/h)^{-0.33}[V_s/(gh)^{0.5}]^{\alpha_2} \tag{6.12}$$

式中:H_m——扩散波与船尾横向波合成的波高值(m);

h——水深(m);

S——要求测定波高处距船舷的距离(m);

α_1——系数,决定于船型和船舶装载率,巡逻艇和满载内河机动船取 1.0,空载货驳取 0.5,拖船、推轮和空载机动船取 0.35;

α_2——系数，决定于船舶航速。

荷兰代尔夫特水工研究所对已有的大量实船船行波测验资料和船行波模型试验数据，进行归纳并做了数理统计分析，确定 α_2 值为 2.67 和 4.0。同时提出船行波波高计算公式：

$$H_m = \alpha_1 h(S/h)^{-0.33}[V_s/(gh)^{0.5}]^{2.67} \tag{6.13}$$

$$H_m = h(S/h)^{-0.33}[V_s/(gh)^{0.5}]^{4.0} \tag{6.14}$$

上述两算式，当航速为 8~12 km/h 时，其结果相近；当航速超过 12 km/h 且较大时，式(6.14)的结果较式(6.13)大得多。我国内河船舶的动力所采用功率比欧洲国家小，因此式(6.14)需要处理后使用。

经我国京杭运河江苏河段和浙江河段实船船行波测验及苏南运河船模试验验证，提出如下调整意见，凡与京杭运河和水网地区航道类同的限制性航道的船行波波高计算，都可采用式(6.13)，但其中修正系数 α_1，取 0.35~0.42，适用于航政快艇、顶推船队、拖船，而拖带船队可取高值（拖船尾后和第一艘驳船船首区域船行波波高往往大于单船船首波高）。

影响船行波波高的因素有很多，包括船速、船型、船舶装载量、航道宽度、水深、船舶离岸距离、岸坡结构形式等。

东南大学通过船行波掀沙作用原型观测试验，对航政艇和货船两类船舶产生的船行波波高进行量化，反映了不同船型船舶产生的船行波波高特征。研究发现，式(6.13)可以应用于试验航段中船政艇产生的船行波最大波高预测，但无法完全适用于不同货船产生的船行波最大波高计算。根据各组次船舶产生的船行波最大波高实测值，经线性规划，推求出无量纲船行波最大波高 $\dfrac{H_m}{h}$ 与 $F_h^{3.8}m^{0.7}$ 存在线性关系，关系式如下：

$$\frac{H_m}{h} = 3.1127 F_h^{3.8} m^{0.7} + 0.0985 \quad r=0.810 \tag{6.15}$$

式中：F_h——指数取值为 3.8；

　　　h——航道水深(m)；

　　　m——指数取值为 0.7。

H_m 的大小不仅取决于 F_h，也受 m 的影响，体现了船舶几何尺度对 H_m 的影响，该公式可应用于京杭运河通航货船产生的船行波最大波高计算。

6.3.2 波浪上爬高度和回落深度

1）波浪上爬高度

船行波遇到岸壁产生波动反射，而遇到岸坡，则导致波浪上爬。

波浪上爬高度是根据波高、波长、波周期与岸坡坡度角，以及护面结构类型来确定的。船行波波浪爬高有别于风波。船行波波浪爬高可用规则波来处理，但必须考虑波浪斜向作用效应。对于单坡光滑不透水岸坡坡面上的爬高计算应用下列公式：

$$R_u = 0.4T(gH_m)^{0.5}\tan\alpha \tag{6.16}$$

$$当 \varepsilon < 3 时，R_u/H_m = \varepsilon \tag{6.17}$$

式中：R_u——船行波在单坡光滑坡面上的爬高值（指水面上升高度峰点距静水面垂直距离）(m)；

ε——依里巴伦数$\left[\varepsilon=\dfrac{\tan\alpha}{(H_m/L)^{0.5}}\right]$；

H_m——干涉波波峰高度(m)；

T——波周期(s)；

g——重力加速度(m/s^2)；

α——岸坡坡角(°)。

实际河岸护面均采用混凝土块体或天然块石，是非光滑且透水的，有时是复坡。因此，必须考虑渗透、糙率和复坡等的影响，予以修正，修正后的公式为：

$$R'_u = R_u \gamma_r \gamma_B \gamma_\beta \tag{6.18}$$

式中：γ_r——糙率系数(表6.1)；

γ_B——复坡平台宽度修正系数(表6.2)；

γ_β——船行波波向修正系数为$\cos(\beta-10°)$，β为65°。

表6.1 糙率修正系数(γ_r)表

护面层护体(块石类型)	γ_r
沥青、光滑面的混凝土	1.00
混凝土块件、土工布垫层沥青砂、草皮护面	0.95
沥青块石、浆砌块石、平整度较好的干砌块石	0.90
粗糙的混凝土块体、平整度较差的平砌块石	0.80
石笼排	0.70
抛石(最小厚度≤$2D_{50}$)	0.60

注：D_{50}是指超值概率为50%的碎石粒径。

表6.2 平台宽度修正系数(γ_B)表

岸坡坡比	γ_B
1:7~1:5	0.75~0.80
1:4	0.60~0.70
1:3	0.50~0.60

注：本表适用条件：

① 平台顶位于水下深度$h_b<0.5H$，$H/L>0.03$有破浪功能；

② 平台顶宽$B \geq L/4$弱破浪，$B \approx 4H$，强破浪；

③ H—波高；L—波长。

2) 波浪回落深度

船行波波浪沿岸坡坡面回落深度，有的是波浪在坡面上破碎后水流沿坡面的下泄回落深度(R_d)，有的是船尾横向波产生的，其值等于它的波高值$Z_{\max}$。

前者计算公式：

$$R_d = (0.8\varepsilon + 0.5)H_m, \quad \varepsilon < 2.5 \tag{6.19}$$

$$R_d = 2.5 H_m, \quad \varepsilon \geq 2.5 \tag{6.20}$$

后者计算公式：

$$Z_{max} = \Delta \hat{h} \tag{6.21}$$

式中:R_d——水体沿斜坡坡面的下泄回落深度(m),指静水面至水体沿坡面下泄点间的垂直距离;

Z_{max}——船尾横向波波高值(m);

$\Delta \hat{h}$——水位下降最大值,见式(6.32)~式(6.33),从中取最大值作为研究岸坡上段护面下限的依据。

6.3.3 船尾横波

船尾横波是作用在通航水道岸坡上的主要水力荷载之一。船尾横波波高的估算及其最大流速计算公式如下。

1) 船尾横波波高初步较为粗略的估算

$$Z_{max} = 1.5 \Delta \hat{h} \tag{6.22}$$

式中:Z_{max}——近岸处的船尾波波高(m);

$\Delta \hat{h}$——近岸处的最大水位降低(m)。

若实测值大于式(6.21)的计算值,则采用实测值。

上式适用于$V_s/V_L<0.75$以及航道断面为梯形的情况。V_L为施一夫(Schilf)提出的船舶限制航速。

2) 按船型、载重系数、河断面形状类别估算船尾横波在近岸处的波高

(1) 满载的顶推船队和自航驳在梯形断面的航道内航行:

$$Z_{max} = 2.17(A'_c/A_c)^{-0.7}(A_m/A_c)^2(B_s/h)^{0.5}(V_s/\sqrt{gh})^4 hm^{0.4}, \quad V_s/V_L > 0.5 \tag{6.23}$$

式中:Z_{max}——近岸处的船尾波波高(m);

A'_c——岸与船舶中线之间的过水面积(m^2);

A_c——航道过水断面面积(不计水位下降时)(m^2);

m——边坡系数;

B_s——顶推船队宽度(m);

A_m——船舯浸水断面面积(m^2);

h——水深(m);

V_s——船速(m/s);

g——重力加速度(m/s^2)。

如果计算得到的Z_{max}值小于$\Delta \hat{h}$,那么取$Z_{max} = \Delta \hat{h}$,$\Delta \hat{h}$的计算见式(6.32)~式(6.33)。

(2) 空载的自航驳在梯形断面的航道内航行

$$Z_{max} = 70.3(A'_c/A_c)^{-0.5}(A_m/A_c)^2(B_s/h)^{0.5}(V_s/\sqrt{gh})^{5.5} hm^{0.4} \tag{6.24}$$

由于船舶向后倾,船舶的浸水断面A_m取自船尾部。

(3) 小型船舶(拖船、巡逻艇等)在梯形断面的航道内航行

$$Z_{max} = \Delta \hat{h} \tag{6.25}$$

式中:$\Delta \hat{h}$见式(6.32)~式(6.33)。

(4) 各类船舶在矩形断面的航道内航行

$$Z_{\max}=\Delta\hat{h} \tag{6.26}$$

式中:$\Delta\hat{h}$ 见式(6.32)~式(6.33)。

3) 船尾横波近岸的最大流速

对于顶推船队或自航驳可按下式估算:

$$U_{\max}=V_s\left(1-\frac{\Delta k_s}{Z_{\max}}\right), \quad \frac{Z_{\max}}{\Delta \cdot k_s}>1 \tag{6.27}$$

$$U_{\max}=(0.1\sim 0.2)V_s, \quad \frac{Z_{\max}}{\Delta \cdot k_s}\leqslant 1 \tag{6.28}$$

式中:$U_{\max}$——船尾横波近岸的最大流速(m/s);

k_s——河岸材料的糙率,$k_s=D_{50}$(抛石)或 D(方块护岸的厚度);

Δ——相对密度(kg/m³);

ρ_s——护岸材料的密度(kg/m³);

ρ——水的密度(kg/m³)。

6.3.4 回流区内水位下降和回流速度计算

船舶在水面受限制的运河和河网航道内航行引起水体运动,产生回流区,导致水体沿船头向船尾流动、水位下降。

回流区内水位下降、回流速度,对河床冲刷和船行波传播到岸边的破碎均有较大影响。

目前,有两种计算方法,一是能量法,二是动量法。下列计算公式都基于能量法,计算水位下降和回流速度平均值的计算公式适用于船舶在运河和河网航道内沿航道轴心线航行,且 b_w/B_s 的比值在 2~12 范围。

1) 水位下降和回流速度平均值的计算

(1) 水位下降平均值计算公式

$$\overline{\Delta h}=\frac{V_s^2}{2g}[\alpha_s(A_C/A_w)^2-1] \tag{6.29}$$

(2) 回流速度平均值计算公式

$$\overline{U}_r=V_s(A_C-A_w)/A_w \tag{6.30}$$

式中:A_C——河道湿断面面积(m²),$A_C=b_b h+mh^2$,为求解能量方程,施一夫假设航道断面为矩形,假设水深为 h',$h'=A_C/b_w$,简化后的 $A_C=b_w h'$;

A_w——船舶通过时航道的有效过水断面面积(m²),同上假定,简化后的 $A_w=b_w(h'-\overline{\Delta h})-A_m$(m²);

A_m——船体中部浸湿断面面积(m²);

α_s——施一夫针对回流速度的不规则性提出的修正系数,$\alpha_s=1.4-0.4(V_s/V_L)$;

b_b——河床底宽(m);

h'——航道水深(m);

b_w——航道水面线宽(m);

m——岸坡坡度系数;

V_L——施一夫提出当水流达到超临界流速时,将沿船舶两侧的回流达到最大值时的相应船速作为船舶限制航速(m/s)。

$$V_L/(gh')^{0.5}=(2/3)^{1.5}(1-A_m/A_C+V_L^2/2gh')^{1.5} \tag{6.31}$$

船速设计,一般采用 $V_s=0.9V_L$,即 $\alpha_s=1.04$;对于较小的船速,$V_s=0.75V_L$,即 $\alpha_s=1.1$。

2) 水位下降最大值和回流速度最大值的计算

(1) 水位下降最大值计算公式

巡逻艇、快艇、拖船等小型船舶采用下式计算:

$$\Delta\hat{h}=-0.875+6.25F_d^{2.67}\left(\frac{A_m}{A_c} \cdot \frac{b_w}{y_f} \cdot \frac{L_s^2}{hA_c^{0.5}}\right)^{0.33},\ 0.2\ \text{m}\leqslant\Delta\hat{h}<1.6\ \text{m} \tag{6.32}$$

顶推船队(拖带船队航速不高者)采用下式计算:

$$\begin{aligned}&\text{当}\frac{b_w}{L_s}<1.5,\quad \Delta\hat{h}=\left(2-2\frac{A_c'}{A_c}\right)\Delta\bar{h}\\&\text{当}\frac{b_w}{L_s}>1.5,\quad \Delta\hat{h}=\left(3-4\frac{A_c'}{A_c}\right)\Delta\bar{h}\end{aligned} \tag{6.33}$$

(2) 回流最大速度计算公式

巡逻艇、快艇、拖船等小型船舶采用下式计算:

$$\hat{U}_r=-1.33+7.86F_d^{2.33}\left(\frac{A_m}{A_c} \cdot \frac{b_w}{y_f} \cdot \frac{L_s^2}{hA_c^{0.5}}\right)^{0.17},\ 0.4\ \text{m/s}\leqslant\hat{U}_r<2.25\ \text{m/s} \tag{6.34}$$

顶推船队(拖带船队航速不高者)采用下式计算:

$$\text{当}\frac{b_w}{L_s}<1.5,\quad \hat{U}_r=\left(1.5-\frac{A_c'}{A_c}\right)\bar{U}_r$$

$$\text{当}\frac{b_w}{L_s}>1.5,\quad \hat{U}_r=\left(2.5-3\frac{A_c'}{A_c}\right)\bar{U}_r \tag{6.35}$$

式中:F_d——弗汝德数,$F_d=V_s/\sqrt{gh}$;

L_s——船舶长度(m);

y_f——船舶中心线至河岸的水平距离(m),$y_f=0.5b_w-y-0.5mh$,适用于 $0<y<b_w/3$;

y——船舶中心线至航道中心线距(m);

A_c——航道过水断面面积(m²);

A_c'——船舶偏航时船中心线与河岸间所包的过水断面面积(m²);

b_w——正常水位时(水位未下降时)的航道水面宽度(m);

$\Delta\hat{h}$——近岸处最大水位降低值(m);

$\hat{U}_r$——近岸处最大回流速度(m/s)。

注:① 若按式(6.32)、式(6.34)算得的 $\Delta\hat{h}$ 和 $\hat{U}_r$ 小于 0.2 m 和 0.4 m/s,可假定 $\Delta\hat{h}=\Delta\bar{h}$,$\hat{U}_r=\bar{U}_r$,修正系数 α_s 的计算方法尚可采用;若 $\Delta\hat{h}>1.6\ \text{m}$,$\hat{U}_r>2.25\ \text{m/s}$,则算得的成果不

可靠，但目前尚无方法可推荐。

② 式(6.33)、式(6.35)中，$\Delta \bar{h}$，$\bar{U}_r$是由修正系数α_s的施一夫方法计算得到的。

6.3.5 船舶螺旋桨尾流速计算

螺旋桨引起的岸坡处或河底处的流速可用下式估算：

$$U_b = \alpha_p U_0 D_0 / Z_b \tag{6.36}$$

式中：U_b——底流速(m/s)；

α_p——系数，取决于船型和舵的外形，作为初始近似值可取$\alpha_p=0.3$；

U_0——轴向喷流速度(m/s)，$U_0=1.5(P_0/D_0)^{0.33}$，P_0为驱动装置的装机容量(kW)；

Z_b——从螺旋桨轴线至航道底部的垂直距离(m)；

D_0——螺旋桨后尾流的内径(m)，对于螺旋桨在导流管中的船，$D_0=D_p$，对于无导流管的船，$D_0=0.7D_p$，D_p为螺旋桨直径。

上式适用于以引擎作为动力的船舶，在港池和船闸进出口和靠船泊位，以及航道汊河口等船舶经常变速区域，才要考虑船舶螺旋桨尾流的影响。但对于航行中的船舶，其U_b不控制设计。

6.3.6 数值模型

航道工程水力计算常用的数值模拟软件主要有MIKE、Delft3D以及HEC-RAS，这类水动力学模型采用的控制方程一般为简化后的N-S方程，即圣维南方程(一维)或者二维浅水方程。

MIKE系列水环境分析软件是由丹麦水力研究所专家依靠多年的工程经验潜心研究开发的。MIKE软件产品适用于所有与水相关的领域，从饮用水供水到水排放等均可以用MIKE软件进行模拟。其中MIKE21软件是模拟河渠、河口、海湾、海洋的水流、水质、泥沙的二维模拟系统。

Delft3D由荷兰的三角洲研究院开发，主要应用于自由地表水环境。该软件具有灵活的框架，能模拟二维(水平面或竖直面)和三维的水流、波浪、水质、生态、泥沙输移、床底地貌，以及各个过程之间的相互作用。其中的水动力模块(FLOW)主要用于浅水非恒定流模拟，综合考虑了潮汐、风、气压、密度差(由盐度和温度引起)、波浪、紊流以及潮滩的干湿交替。

HEC-RAS是一个由美国工程水文中心开发的河道水力计算程序。HEC-RAS目前支持一维/二维水动力模型、一维动床输沙模型、一维水质模型，具备耦合水工建筑物(坝、堤、堰、涵管、桥梁等)的能力。HEC-RAS免费开放，在水利设计、溃坝评估、洪泛区评估、桥梁涉水设计、泵站调度等方面具有广泛的应用。

6.4 限制性航道护岸设计水力计算

6.4.1 护岸设计高程水力计算

1) 护岸工程高程

船形波波高、爬高可根据荷兰代尔夫特水工试验所公式计算，该公式是在船模资料和原体实测资料分析的基础上提出的。

$$H_m = \alpha d \left(\frac{l}{d}\right)^{-0.33} \left(\frac{V_m}{\sqrt{gd}}\right)^{2.67} \tag{6.37}$$

式中：H_m——慢速船船形波波高(m)；

　　　l——船舷到河道岸边的距离(m)；

　　　d——航道水深(m)；

　　　V_m——船舶航行速度(m/s)；

　　　α——船型修正系数。巡逻艇、满载内河马达船取 1.0；欧洲空载货驳取 0.5；空载马达船和拖牵轮取 0.35。

$$\frac{R_u}{H_m(\cos\beta)^{0.5}} = (1.8 \sim 2.25)\xi \tag{6.38}$$

$$\xi = \frac{\tan\alpha}{\sqrt{\dfrac{H}{L}}} K_\Delta \tag{6.39}$$

式中：R_u——船形波爬高(m)；

　　　β——船形波入射角，即船形波与岸边的夹角；

　　　H、L——护岸的岸前船行波高和波长(m)；

　　　K_Δ——护面糙渗系数。砼及沥青光面取 1.0；砼方块、土工布层沥青块石取 0.95；沥青块石取 0.9；粗糙透水块石取 0.8；沙砾、箩筐、柴排取 0.7；碎石取 0.6。

因此护岸顶高程＝通航高水位＋船行波爬高。

对于防洪等级要求较高的航道沿线，航道护岸顶高程设计需满足该区域防洪标准，护岸高程应取护岸顶高程和防洪堤顶高程中的大者。防洪堤顶高程应按设计洪水位或设计高潮位加堤顶超高确定。设计洪水位应按行业标准《水利工程水利计算规范》(SL 104—2015)的有关规定计算，设计高潮位应按本规范附录 B 计算。堤顶超高根据《城市防洪工程设计规范》(GB/T 50805—2012)和《堤防工程设计规范》(GB 50286—2013)进行确定，计算公式如下：

$$Y = R + e + A \tag{6.40}$$

式中：Y——堤顶超高(m)。

　　　R——设计波浪爬高(m)。

　　　e——设计风壅增水高度(m)，有限风区水域的风壅水面高度可按式(6.41)计算；对于水深小、风区长度大的水域风壅水面高度计算，宜进行专门分析确定；对于海堤，当设计高潮位中包括风壅水面高度时，不另计。

　　　A——安全加高(m)，按表 6.3 确定。1 级堤防工程重要堤段的安全加高值，经过论证可适当加大，但不得大于 1.5 m。

表 6.3　堤防工程的安全加高值

堤防工程的级别		1	2	3	4	5
安全加高值(m)	不允许越浪的堤防	1.0	0.8	0.7	0.6	0.5
	允许越浪的堤防	0.5	0.4	0.4	0.3	0.3

6 航道工程水力计算

$$e = \frac{KV^2 F}{2gd}\cos\beta \tag{6.41}$$

式中：e——计算点的风壅水面高度(m)；

K——综合摩阻系数，可取 3.6×10^{-6}；

V——设计风速(m/s)，按计算波浪的风速确定；

F——由计算点逆风向量到对岸的距离(m)；

d——水域的平均水深(m)；

β——风向与堤轴线的法线的夹角(°)。

2）波浪爬高计算

(1) 在风的直接作用下，正向来波在单一斜坡上的波浪爬高

① 当斜坡坡率 $m=1.5 \sim 5.0$、$\bar{H}/L \geqslant 0.025$ 时，可按下列公式计算：

$$R_P = \frac{K_\Delta K_V K_P}{\sqrt{1+m^2}}\sqrt{\bar{H}L} \tag{6.42}$$

$$m = \cot\alpha \tag{6.43}$$

式中：R_P——累积频率为 P 的波浪爬高(m)。

K_Δ——斜坡的糙率及渗透性系数，根据护面类型按表 6.4 确定。

K_V——经验系数，可根据风速 V(m/s)、堤前水深 d(m)、重力加速度 g(m/s^2)组成的无维量 $V/\sqrt{gd}$，按表 6.5 确定。

K_P——表示 R_P 和平均爬高 $\bar{R}$ 比值 $R_P/\bar{R}$ 的爬高累积频率换算系数，可按表 6.6 确定。对于不允许越浪的堤防，爬高累积频率宜取 2%；对于允许越浪的堤防，应根据越浪量大小，采取相应的防护措施。

m——斜坡坡率。

α——斜坡坡角(°)。

$\bar{H}$——堤前波浪的平均波高(m)。

L——堤前波浪的平均波长(m)。

② 当 $m \leqslant 1.0$、$\bar{H}/L \geqslant 0.025$ 时，可按下式计算：

$$R_P = K_\Delta K_V K_P R_0 \bar{H} \tag{6.44}$$

式中：R_0——无风情况下，光滑不透水护面($K_\Delta=1$)、$\bar{H}=1$ m 时的爬高值(m)，可按表 6.7 确定。

③ 当 $1.0 < m < 1.5$ 时，可由 $m=1.0$ 和 $m=1.5$ 的计算值按内插法确定。

表 6.4 斜坡的糙率及渗透性系数 K_Δ

护面类型	K_Δ
光滑不透水护面（沥青混凝土、混凝土）	1.0
混凝土板	0.95
草皮	0.90

续表

护面类型	K_Δ
砌石	0.80
抛填两层块石(不透水堤心)	0.60~0.65
抛填两层块石(透水堤心)	0.50~0.55

注：$m \leqslant 1.0$，砌石护面取 $K_\Delta = 1.0$。

表6.5 经验系数 K_V

$V/\sqrt{gd}$	≤1	1.5	2	2.5	3	3.5	4	≥5
K_V	1	1.02	1.08	1.16	1.22	1.25	1.28	1.30

表6.6 爬高累积频率换算系数 K_P

$\overline{H}/d$	P(%)									
	0.1	1	2	3	4	5	10	13	20	50
<0.1	2.66	2.23	2.07	1.97	1.90	1.84	1.64	1.54	1.39	0.96
0.1~0.3	2.44	2.08	1.94	1.86	1.80	1.75	1.57	1.48	1.36	0.97
>0.3	2.13	1.86	1.76	1.70	1.65	1.61	1.48	1.40	1.31	0.99

表6.7 R_0 值

$m=\cot\alpha$	0	0.5	1.0
R_0	1.24	1.45	2.20

(2) 带平台的复式斜坡堤(图6.3)的波浪爬高

可先确定该断面的折算坡率 m_e，再按坡率为 m_e 的单坡断面确定其爬高。折算坡率 m_e 可按下列公式计算：

① 当 $\Delta m = (m_下 - m_上) = 0$ 时：

$$m_e = m_上 \left(1 - 4.0 \frac{|d_w|}{L}\right) K_b \quad (6.45)$$

$$K_b = 1 + 3\frac{B}{L} \quad (6.46)$$

② 当 $\Delta m > 0$ 时：

$$m_e = (m_上 + 0.3\Delta m - 0.1\Delta m^2)\left(1 - 4.5\frac{d_w}{L}\right) K_b \quad (6.47)$$

③ 当 $\Delta m < 0$ 时：

$$m_e = (m_上 + 0.5\Delta m + 0.08\Delta m^2)\left(1 + 3.0\frac{d_w}{L}\right) K_b \quad (6.48)$$

式中：$m_上$——平台以上的斜坡坡率；

$m_下$——平台以下的斜坡坡率；

d_w——平台的水深，当平台在静水位以下时取正值，当平台在静水位以上时取负值(图6.3)，$|d_w|$ 表示取绝对值(m)；

B——平台宽度(m);

L——波长(m)。

折算坡率法适用条件:$m_上=1.0\sim4.0, m_下=1.5\sim3.0, d_w/L=-0.025\sim+0.025$, $0.05<B/L\leqslant0.25$。

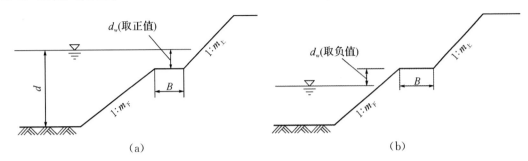

图 6.3 带平台的复式斜坡堤

当来波波向线与堤轴线的法线成 β 角时,波浪爬高应乘以系数 K_β,当堤坡坡率 $m\geqslant1$ 时,K_β 可按表 6.8 确定。

表 6.8 系数 K_β

$\beta(°)$	≤15	20	30	40	50	60	90
K_β	1	0.96	0.92	0.87	0.82	0.76	0.6

1 级、2 级堤防或断面形状复杂的复式堤防的波浪爬高,宜通过模型试验验证。

3) 一级护岸顶高程

对于水位落差在 2 m 以上的航段,若采用直立式护岸形式,导致的后果很可能是一年 80%时间护岸都露出白灰色的混凝土墙壁,不仅破坏自然景观,而且增加内河航道工程的投资,因此常规采用半直立式驳岸结构。而若一级护岸顶高程太高,则航道工程投资大,且不美观;若一级护岸顶高程太低,则护岸长期位于水下,对护岸的使用寿命、护岸的日常维护、船舶的航行安全、航道的日常管理都非常不利。

而对于采用复合式断面的一级护岸顶高程的确定,目前国内暂无相关的计算标准。根据郑建根对内河航道经济型护岸极限顶高程的试验研究:船行波作用区随水位变化而变化。水位上升,船行波作用区相对抬高;水位下降,作用区也随之下移,即船行波作用区始终在静水位上下一定范围内。某一静水位出现概率越高,其上下一定范围受船行波作用越频繁。将这个频繁作用区的上限作为护岸的极限(最低)顶高程。把设计频率静水位下产生的船行波作用区的上限称为设计的极限高程。这一高程反过来又可用一定频率的水位来表述。

因此,一级护岸顶高程的确定方案如下:

(1) 若航道水位落差较小,则一级护岸顶高程可按照设计常水位(50%累计频率)+超高(0.5~1 m)确定;

(2) 若航道水位落差较大,但高水位历时较短,则一级护岸顶高程可按照设计常水位(5%~10%累计频率)+船行波爬高确定;

(3) 若航道水位落差较大,但高水位历时较长,则一级护岸顶高程可按照设计常水位

(3‰～5‰累计频率)+超高(0.5～1 m)确定。

6.4.2 护岸边坡稳定计算

1) 岸坡抗滑稳定计算

坡式护岸的稳定计算应包括整体稳定和边坡内部稳定计算,并应符合下列要求:

(1) 整体稳定计算应包括护岸及岸坡基础土的滑动和沿护坡底面的滑动。护岸及岸坡基础土的滑动可采用规范计算。沿护坡底面的滑动可简化成沿护坡底面通过堤基的折线整体滑动(图 6.4)。土体 BCD 的稳定安全系数可按下列公式计算:

$$K = \frac{W_3 \sin\alpha_3 + W_3 \cos\alpha_3 \tan\varphi + ct/\sin\alpha_3 + P_2 \sin(\alpha_2 + \alpha_3)}{P_2 \cos(\alpha_2 + \alpha_3)} \tag{6.49}$$

$$P_1 = KW_1 \sin\alpha_1 - f_1 W_1 \cos\alpha_1 \tag{6.50}$$

$$P_2 = KW_2 \sin\alpha_2 + KP_1 \cos(\alpha_1 - \alpha_2) - W_2 \cos\alpha_2 \tan\varphi - \frac{ct}{\sin\alpha_2} - P_1 \sin(\alpha_1 - \alpha_2) \tan\varphi \tag{6.51}$$

式中:K——抗滑安全系数;

P_1——滑动体 $GEAF$ 沿滑动面 FA 方向的下滑力(kN);

P_2——滑动体 ABD 沿滑动面 AB 方向的下滑力(kN);

f_1——护坡与土坡的摩擦系数;

φ——基础土的内摩擦角(°);

c——基础土的凝聚力(kN/m²);

t——滑动深度(m);

W_1——护坡体重量(kN);

W_2——基础滑动体 ABD 重量(kN);

W_3——基础滑动体 BCD 重量(kN);

α_1、α_2、α_3——滑动面 FA、AB、BC 与水平面的夹角。

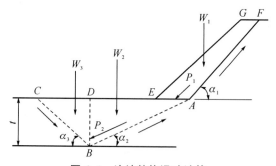

图 6.4 边坡整体滑动计算

(2) 当坡式护岸自身结构不紧密或埋置较深不易发生整体滑动时,应进行护坡内部的稳定计算(图 6.5)。枯水期水位较低,全滑动面为 abc 折线时,维持极限平衡所需的护坡体内部摩擦系数 f_2 值和石护坡稳定安全系数 K 可按下列公式计算:

$$Af_2^2 - Bf_2 + C = 0 \tag{6.52}$$

$$A = \frac{nm_1(m_2 - m_1)}{\sqrt{1+m_1^2}} \tag{6.53}$$

$$B = \frac{m_2 W_2}{W_1}\sqrt{1+m_1^2} + \frac{m_2 - m_1}{\sqrt{1+m_1^2}} + \frac{n(m_1^2 m_2 + m_1)}{\sqrt{1+m_1^2}} \tag{6.54}$$

$$C = \frac{W_2}{W_1}\sqrt{1+m_1^2} + \frac{1+m_1 m_2}{\sqrt{1+m_2^2}} \tag{6.55}$$

$$n = \frac{f_1}{f_2} \tag{6.56}$$

$$K = \frac{\tan\varphi}{f_2} \tag{6.57}$$

式中：m_1——折点 b 以上护坡内坡的坡率；

m_2——折点 b 以下滑动面的坡率；

f_1——护坡和基土之间的摩擦系数；

f_2——护坡材料的内摩擦系数；

φ——护坡体内摩擦角。

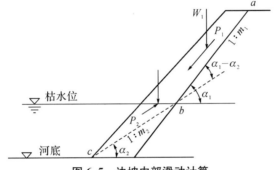

图 6.5 边坡内部滑动计算

2）重力挡墙结构稳定性计算

（1）抗滑稳定（图 6.6）可按下列公式验算：

$$F_{抗滑} = \frac{(G_n + E_{an})\mu}{E_{at} - G_t} \tag{6.58}$$

$$G_n = G\cos\alpha_0 \tag{6.59}$$

$$G_t = G\sin\alpha_0 \tag{6.60}$$

$$E_{at} = E_a \sin(\alpha - \alpha_0 - \delta) \tag{6.61}$$

$$E_{an} = E_a \cos(\alpha - \alpha_0 - \delta) \tag{6.62}$$

式中：G——挡土墙每延米自重（kN）；

E_a——主动土压力（kN）；

α_0——挡土墙基底的倾角（°）；

α——挡土墙墙背的倾角（°）；

δ——土对挡土墙墙背的摩擦角（°），可按表 6.9 选用；

μ——土对挡土墙基底的摩擦系数，由试验确定，也可按表 6.10 选用。

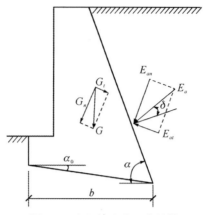

图 6.6　有限填土土压力计算

表 6.9　土对挡土墙墙背的摩擦角 δ

挡土墙情况	摩擦角 δ
墙背平滑,排水不良	$(0\sim0.33)\varphi_k$
墙背粗糙,排水良好	$(0.33\sim0.5)\varphi_k$
墙背很粗糙,排水良好	$(0.50\sim0.67)\varphi_k$
墙背与填土间不可能滑动	$(0.67\sim1.00)\varphi_k$

注:φ_k 为墙背填土的内摩擦角标准值。

表 6.10　土对挡土墙基底的摩擦系数 μ

土的类别		摩擦系数 μ
黏性土	可塑	0.25~0.30
	硬塑	0.30~0.35
	坚硬	0.35~0.45
粉土		0.30~0.40
中沙、粗沙、砾沙		0.40~0.50
碎石土		0.40~0.60
软质岩		0.40~0.60
表面粗糙的硬质岩		0.65~0.75

注:① 对于易风化的软质岩和塑性指数 I_p 大于 22 的黏性土,基底摩擦系数应通过试验确定。
② 对于碎石土,可根据其密实程度、填充物状况、风化程度等确定。

（2）抗倾覆稳定(图 6.7)应按下式验算：

$$F_{抗倾}=(Gx_0+E_{az}x_f)/E_{ax}z_f \tag{6.63}$$

$$E_{ax}=E_a\sin(\alpha-\delta) \tag{6.64}$$

$$E_{az}=E_a\cos(\alpha-\delta) \tag{6.65}$$

$$x_f=b-z\cot\alpha \tag{6.66}$$

$$z_f=z-b\cot\alpha_0 \tag{6.67}$$

式中:E_{ax}——主动土压力沿水平方向的分力(kN);
E_{az}——主动土压力沿竖向的分力(kN);
z——土压力作用点离墙踵的高度(m);
x_f——E_{ax}作用点离墙趾的水平距离(m);
z_f——E_{ax}作用点离墙趾的垂直距离(m);
x_0——挡土墙重心离墙趾的水平距离(m);
b——基底的水平投影宽度(m)。

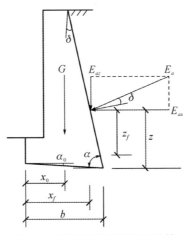

图6.7 挡土墙抗倾覆稳定验算

3) 主动土压力计算

(1) 主动土压力可采用适用于沙性土的库仑公式,可按下列公式计算:

$$E = \frac{1}{2}\gamma H(H+2h_0 k_q)k \quad (6.68)$$

$$h_0 = \frac{q}{\gamma} \quad (6.69)$$

$$k_q = \frac{\cos\alpha \cos\beta}{\cos(\alpha-\beta)} \quad (6.70)$$

$$k = \frac{\cos^2(\varphi-\alpha)}{\left[1+\sqrt{\dfrac{\sin(\varphi+\delta)\sin(\varphi-\beta)}{\sin(90°-\alpha-\delta)\cos(\alpha-\beta)}}\right]^2 \sin(90°-\alpha-\delta)\cos^2\alpha} \quad (6.71)$$

式中:E——主动土压力(kN);
k_q——均布荷载分布系数;
γ、φ——填土的容重(kN/m³)和内摩擦角(°);
α——墙背与竖直线所成的倾角(°),墙背仰斜时,α为负值,墙背俯斜时,α为正值;
δ——外摩擦角,土与墙背间的摩擦角(°);
β——填土表面与水平线所成的坡角(°);
k——主动土压力系数;
q——均布荷载(kN/m²);

h_0——外荷等代土层高度(m)；

H——墙背填土高度(m)。

(2) 库仑公式用于黏性土时，通过加大土内摩擦角，采用等值内摩擦角(φ_D)将黏着力(C)包括进去，可采用下式计算：

$$\tan\left(45°-\frac{\varphi_D}{2}\right)=\sqrt{\frac{\gamma H^2 \tan^2\left(45°-\frac{\varphi}{2}\right)-4CH\tan^2\left(45°-\frac{\varphi}{2}\right)+\frac{4C^2}{\gamma}}{\gamma H^2}} \quad (6.72)$$

(3) 重力式坝岸砌体背坡若呈折线形式，可分段计算主动土压力，计算段以上土体按均布荷载情况处理，并按公式(6.59)计算。

(4) 堤防按地震设防时，重力式护岸主动土压力库仑计算公式应采用下列公式：

$$E=\frac{1}{2}\frac{\gamma}{\cos\varepsilon}H(H+2h_0 k_q)k \quad (6.73)$$

$$k=\frac{\cos^2(\varphi-\alpha-\varepsilon)}{\cos^2(\alpha+\varepsilon)\cos(\alpha+\delta+\varepsilon)\left[1+\sqrt{\frac{\sin(\varphi+\delta)\sin(\varphi-\beta-\varepsilon)}{\cos(\alpha+\delta+\varepsilon)\cos(\alpha-\beta)}}\right]^2} \quad (6.74)$$

式中：ε——地震角，$\varepsilon=\arctan\mu$，可按表6.11取值。

表6.11 地震角 ε 及地震系数 μ

地震烈度	7度	8度	9度
地震系数 μ	1/40	1/20	1/10
地震角 ε	1°25′	3°	6°

6.5 水土保持水力计算

6.5.1 起动流速计算

1) 粗颗粒散体泥沙的起动流速

对于粗颗粒泥沙的起动流速，黏结力可以忽略。泥沙起动可能有两种情况：滑动和滚动。不论采用哪种情况进行分析，关系式中各主要变量的关系是一致的。在计算泥沙颗粒的近底流速时，以往研究经常用垂线平均流速代替。而垂线流速分布公式有指数型和对数型两种。采用指数型垂线分布公式时，将综合指数作为计算元素，这一系数只能通过试验资料反求。基于这种计算方法的研究以苏联学者沙莫夫为代表，他根据试验资料，确定了如下起动流速表达式：

$$v_c=1.14\sqrt{\frac{\rho_s-\rho}{\rho}gd}\left(\frac{h}{d}\right)^{1/6} \quad (6.75)$$

式中：v_c——垂线平均起动速度(m/s)；

h——水深(m)；

d——泥沙代表粒径(m)；

ρ_s——泥沙的密度(t/m^3)；

ρ——水的密度(t/m^3)。

这一公式适用于粒径 $d>0.2$ mm，而对于天然沙，$\dfrac{\rho_s-\rho}{\rho}=1.65$，可将公式简化为：

$$v_c=4.6d^{1/3}h^{1/6} \tag{6.76}$$

采用对数型流速分布公式进行起动流速研究的学者以苏联的冈恰洛夫为代表，表达为：

$$v_c=1.07\lg\left(\dfrac{8.8h}{d_{95}}\right)\sqrt{\dfrac{\rho_s-\rho}{\rho}gd} \tag{6.77}$$

式中：d_{95}——粒径级配曲线相应于 $p=95\%$ 的粒径(m)；其他符号同前。此公式一般适用于粒径位于 $0.08\sim1.5$ mm 之间的泥沙颗粒。

2）均匀沙散粒体及细颗粒黏性泥沙的起动流速

对于粒径较小的泥沙颗粒，其黏结力不可忽略，否则计算结果的准确性将受到较大影响。从1960年开始到1981年20余年间，国内的几位泥沙学者总结出了比较可靠的几种同时考虑重力和黏结力的起动流速公式，这些公式适用于细颗粒泥沙。

窦国仁在1960年采用交叉石英丝试验，通过改变交叉石英丝的静水压力，探究了压力水头与黏结力之间的关系。在1962年的后续试验中，他考虑到沙粒和其表面的黏结水之间的分子引力的影响，对原公式进行了改进，在计算中他采用对数流速分布公式将床面作用流速转化为垂线平均流速，最终得到如下公式：

$$v_c=0.32\ln\left(11\dfrac{h}{K_s}\right)\left(gd\dfrac{\rho_s-\rho}{\rho}+0.19\dfrac{gh\delta+\varepsilon_k}{d}\right)^{0.5} \tag{6.78}$$

式中：$\delta=0.213\times10^{-4}$ cm，$\varepsilon_k=2.56$ cm^3/s^2，均由试验资料确定；

K_s——河床糙度，对于较为平整的床面，当 $d\leqslant0.05$ mm 时，取 $K_s=0.5$ mm，当 $d>0.05$ mm，取 $K_s=d$。

唐存本在1963年也得出了基于分子引力的黏结力对应的细颗粒泥沙起动流速公式如下：

$$v_c=1.79\dfrac{1}{1+m}\left(\dfrac{h}{d}\right)^m\left[gd\dfrac{\rho_s-\rho}{\rho}+\left(\dfrac{\rho'_s}{\rho'_{S0}}\right)^{10}\dfrac{\vartheta}{\rho d}\right]^{0.5} \tag{6.79}$$

式中：ρ'_s 和 ρ'_{S0} 分别为淤沙干密度和稳定干密度；系数 ϑ 由重力可以忽略不计的具有稳定干密度的起动流速资料求得，取 8.885×10^{-5} N/m；m 为变值，一般天然河道取 $m=1/6$，对于平整河道，按照下式计算：

$$m=\dfrac{1}{4.7}\left(\dfrac{d}{h}\right)^{0.06} \tag{6.80}$$

沙玉清通过试验和理论推导在1965年总结出了考虑黏结力的起动流速公式：

$$v_c=\left[2.66\left(\dfrac{\delta}{d}\right)^{0.25}+6.66\times10^9(0.7-\varepsilon)^4\left(\dfrac{\delta}{d}\right)^2\right]^{0.5}\sqrt{\dfrac{\rho_s-\rho}{\rho}gd}h^{0.2} \tag{6.81}$$

式中：δ——薄膜水厚度，在此公式中取为 0.000 000 1 m；

ε——沙粒的孔隙率稳定值，约为 0.4。

张瑞瑾在1981年从黏结力主要源于薄膜水仅能单向传压的特性推导出如下公式,此公式是基于黏结水不传递静水压力的特性得出的:

$$v_c = \left(\frac{h}{d}\right)^{0.14} \left(17.6 \frac{\rho_s - \rho}{\rho} d + 0.605 \times 10^{-6} \frac{10+h}{d^{0.72}}\right)^{0.5} \tag{6.82}$$

在此领域,这四位学者得到的公式与细颗粒泥沙实测点据较为接近,在临界粒径两侧,起动流速均呈增长趋势。细颗粒泥沙随粒径减小而起动流速增大的现象学术界仍存在争议。窦国仁认为黏结力和附加应力共同作用造成了这一现象,韩其为在后期对这一观点做了更深入的探究。其他三位学者观点较为统一,都认为黏结力与颗粒大小成反比。

3) 非均匀沙的起动流速

非均匀沙起动情况较为复杂,既有易于起动的暴露在床面的粗颗粒泥沙,又有难以起动的隐蔽在较粗泥沙间的较细泥沙颗粒。隐蔽系数的概念最早源于爱因斯坦在20世纪50年代的研究,我国在此领域的研究源于20世纪80年代,各学者在考虑单个泥沙颗粒的受力时,还引入了非均匀泥沙颗粒组成和相对遮掩作用产生的附加力。

秦荣显是国内最早进行这方面研究的学者,他认为应该考虑与混合沙平均抗剪力成比例的附加阻力,通过滚动平衡的推导得到如下起动流速公式:

$$U_c = 0.786 \sqrt{\frac{\rho_s - \rho}{\rho} g d \left(2.5 m \frac{d_m}{d} + 1\right)} \left(\frac{h}{d_{90}}\right)^{1/6} \tag{6.83}$$

式中,m 为非均匀泥沙的密实系数,与非均匀度 $\eta = \frac{d_{60}}{d_{10}}$ 有关。m 取 0.6 时,可以得到具有沙莫夫形式的起动流速公式。

其后,韩其为进行了更深入的研究,他将其他颗粒的遮掩作用和颗粒在床面的暴露的影响考虑进来,建立了较为统一的起动标准,并总结出相应的起动流速公式:

$$V_{c,i} = 0.268 \left(\frac{v_{b,c}}{\omega_{1,i}}\right) \varphi_i \omega_{1,i} \tag{6.84}$$

其中

$$\frac{v_{b,c}}{\omega_{1,i}} = F_b^{-1} \left(\lambda_{q_{b,i}}, \frac{d_i}{d_m}\right) \tag{6.85}$$

$$\varphi_i = 6.5 \left(\frac{h}{d_i}\right)^{\frac{1}{4+\lg\frac{h}{d_i}}} \tag{6.86}$$

式中:$v_{b,c}$——泥沙起动底速(m/s);

$\omega_{1,i}$——泥沙起动的特征速度(m/s);

$\lambda_{q_{b,i}}$——无量纲推移质单宽分组输沙率;

d_i——对应流速 $v_{c,i}$ 的起动粒径(mm);

d_m——平均粒径(mm);

φ_i——平均流速与动力流速的比值,用以反映不同粒径颗粒受底部水流作用的大小;

h——水深(m)。

陈媛儿和谢鉴衡研究重点在于非均匀床沙的近底水流结构,认为床沙当量糙度关系较为复杂,近底流速分布不能用现有均匀流流速分布公式准确描述。故基于对数流速公式,并引入经验参数,通过适线方法,得到非均匀床沙的半经验起动流速公式:

$$U_c = \psi \sqrt{\frac{\rho_s - \rho}{\rho} g d_i} \frac{\lg \frac{11.1h}{\varphi d_m}}{\lg \frac{15.1 d_i}{\varphi d_m}} \tag{6.87}$$

其中

$$\psi = \frac{1.12}{\varphi} \left(\frac{d_i}{d_m}\right)^{1/8} \left(\sqrt{\frac{d_{75}}{d_{25}}}\right)^{1/7} \tag{6.88}$$

式中,$\varphi = 2$,反映粗颗粒泥沙对当量糙度的影响;ψ 反映除当量糙度影响外床沙非均匀度的影响。

有学者提出了更为细化的非均匀沙分级起动公式。张斌等人从非均匀沙的休止角与起动关系式出发探讨非均匀沙的起动流速问题,分别从底部流速为正态分布和对数正态分布提出了如下公式:

$$V_{c,i} = \frac{7.68}{0.37k+1} \left(\frac{h}{d_m}\right)^{\frac{1}{6}} \sqrt{\frac{(s-1)gd_i}{\varepsilon_i}} \tag{6.89}$$

$$V_{c,i} = \frac{7.68}{\exp(0.358 k_2)} \left(\frac{h}{d_m}\right)^{\frac{1}{6}} \sqrt{(s-1)gd_i} \tag{6.90}$$

4) 卵石起动流速

张瑞瑾利用实测资料对系数与指数率定,得到既适用于散粒体又适用于黏性细颗粒泥沙的统一起动流速公式,公式如下:

$$v_c = 1.34 \left(\frac{h}{d}\right)^{0.14} \left[\frac{\rho_s - \rho}{\rho} gd + 0.000\,000\,336 \left(\frac{10+h}{d^{0.72}}\right)\right]^{0.5} \tag{6.91}$$

沙玉清 1965 年总结的考虑黏结力的起动流速公式也可应用于粗颗粒泥沙起动流速计算。

苏联学者岗恰洛夫 1962 年给出了如下粗颗粒泥沙起动流速公式:

$$v_c = 1.06 \lg \left(\frac{8.8h}{d_{90}}\right) \sqrt{\frac{\rho_s - \rho}{\rho} gd} \tag{6.92}$$

《堤防工程设计规范》(GB 50286—2013)规定,对于卵石的起动流速,可采用长江科学院的起动公式计算:

$$v_c = 1.08 \sqrt{g d_{50} \frac{\rho_s - \rho}{\rho}} \left(\frac{H_0}{d_{50}}\right)^{\frac{1}{7}} \tag{6.93}$$

式中:H_0——行近水流水深(m);

v_c——卵石起动流速(m/s);

d_{50}——床沙中值粒径(m)。

公式(6.81)、(6.91)和(6.92)虽然没有交代适用粒径范围,但都明确了可以应用于粗颗粒泥沙起动流速计算，长江科学院的起动公式则明确了适用于卵石起动流速计算。

船行波作用下的悬沙浓度变化具有一定的规律，在航道浅水处船行波掀沙作用更为强烈。相比于距离航道岸坡更近的位置，距离航道岸坡位置越远，航道的水深变大，这时底床的泥沙颗粒起动流速要更大。相比于普通通航货船，航政艇的速度较快，引起的船行波波高较大，掀沙作用也更为显著。船行波对航道中的泥沙作用呈现一个持续的作用，水体的悬沙浓度在试验期间基本维持在一定的数值。对于船舶航行密度较大的河段，船行波掀沙作用对航道中泥沙的搬运有明显的作用。

船行波基础波系的波长和周期较长，在靠近航道岸线处底床附近的水流速度增大明显，导致底床剪切应力发生变化，直接引起床底泥沙的起动、悬浮。Göransson 的研究结果表明，由船行波引起的悬沙浓度与基础波系波高（h_D）、波周期、航道水深和船舶吃水有关。波浪作用下，床面上的泥沙颗粒在垂直方向上受到大于沙粒水下重力、粒间黏结力和薄膜水附加压力等的上举力后，沙粒就会立即进入悬浮状态。波浪作用下的床面剪切应力可表示为：

$$\tau_D = \frac{1}{2}\rho f_w u_D^2 \tag{6.94}$$

式中：τ_D——床底剪切应力（N/m^2）；

ρ——水流密度（kg/m^3）；

f_w——波浪摩阻系数；

u_D——底部最大轨迹速度（m/s），且该速度可表示为：

$$u_D = \frac{1}{2}h_D\sqrt{\frac{g}{h}} \tag{6.95}$$

由上述关系可得悬沙浓度与 $\dfrac{h_D^2}{h}$ 成正比。

船行波引起的水体悬沙浓度与船行波基础波系波高和水深存在一定的线性关系。

6.5.2 植被固土水力计算

1）生态护坡固土

航道植物生态护坡工程为生态护坡的优化设计、施工工艺的改进以及后期维护提供相应的理论和工程应用指导的研究成果，从而为生态护坡的设计、施工和管理的合理性、科学性提供理论指导、技术支撑，为生态护坡建设规范的制定提供理论依据。因此，对以下工作进行深入细致的研究已成为航道生态护坡工程的热点与发展方向之一。

（1）大范围调研已建植被生态护坡植被根系对不同水流条件、不同坡比、不同结构类型护坡的固坡效果；调研已建植被生态护坡植被根系固坡的作用范围、对岸坡的抗侵蚀性和稳定性的影响，以及水流变动区的水流冲刷对植被的影响。

（2）在室内试验和现场测试结果的基础上，结合理论建模，定量分析，研究这些植被根系固坡的力学机制，研究根系提高生态护坡结构稳定性的影响过程和机理，定量研究水位变动区迎水坡脚材料（如竹篱、木桩和杂树桩等长期浸泡在水下易腐材料）的耐久性和稳定性。

（3）在（1）和（2）的研究基础上，探讨适用于后方空间有限、护坡坡度较大、波浪冲刷严重地段的护坡植被种类和护坡结构形式;提出适应区域气候和土壤水文环境的生态护岸的设计和施工理论;推荐满足岩土力学要求、适应区域水文气候条件的合理的护坡植被、护坡方式。

2) 航道固土

通常认为,植物的固土效果主要是通过植物根系的机械加固作用,根系可以通过机械加筋作用和对土壤本身结构的改变提高土壤的抗剪能力,进而提高边坡稳定性,而植物根系的抗拉强度特性被证明对根系的固土效果具有十分重要的影响。根系抗拉强度是根系重要的力学指标,对植物根系的机械固土效果具有重要的影响,而通过对不同植物根系的抗拉强度的测试发现,根系的抗拉强度存在较大差异。根系的抗拉强度受到根系含水量、化学组成和微观结构等众多因素的影响,但对根系抗拉强度影响最大的因素为植物种类和根系直径,大量研究证实植物根系的抗拉强度与根系直径间存在负幂函数关系。因此在植物根系的固土研究中,应将植物根系的抗拉特性与根系直径相结合,才能对不同植物根系的潜在固土能力有更好的评估,为水土保持植物的选择提供理论依据。植物根系能对土壤产生机械加强作用。许多学者通过根系力学试验或根系固土模型来量化根系的机械加强作用。以往的研究将根-土复合体作为一种加筋材料,根系通过其加筋作用来增强土体抗剪强度,在库仑定律基础项中加入一项附加黏聚力,并通过该项来表征根系对土壤的机械加强作用。

根系分泌的糖、氨基酸,以及植物凋落物的分解等会增加土壤有机质含量,而土壤有机质的存在则被证实有助于土壤团聚体的形成,从孔隙度、颗粒物组成等方面改善土壤结构,进而对土壤抗剪强度指标产生影响。草本植物可以有效地提升土壤的有机质含量,并协同提升土壤的团聚体稳定性、土壤抗剪强度等。

6.6 工程案例

6.6.1 京杭运河施桥船闸至长江口门段航道整治工程

1) 项目概况

施桥船闸下游引航道至长江口门段航道,全长 5.3 km,航道基本呈南北走向,与长江岸线基本正交。该段河道水面较宽,在水位 3.0 m 时水面宽大于 120 m。航槽基本位于河道中心,底高程约为 -3.7 m,现状底宽 70 m,口门处底宽为 80~90 m。

本段航道采用Ⅱ级双线航道建设标准,航道水深不小于 4.0 m,航道弯曲半径不小于 540 m,航道底宽不小于 70 m。

2) 通航水位设计

航道起点为施桥船闸,终点为六圩长江口,航道全长 5.3 km,部分航段作为施桥船闸引航道和停泊段,航道水位受施桥船闸人工控制影响,因此本航段特征水位仍取施桥船闸下游特征水位,详见表 6.12(1985 国家高程,下同),并根据现场收集的施桥船闸下游 2001~2016 年的日平均水位资料,对施桥船闸下游特征水位进行复核。

表 6.12 施桥船闸特征水位表

项目	上游(m)	下游(m)
设计洪水位	7.63	6.83
设计最高通航水位	7.13	6.83
设计最低通航水位	3.33	0.23

(1) 最低通航水位分析验证

根据《内河通航标准》,一般内河Ⅱ级航道最低通航水位采用98%的综合历时曲线法计算,也可采用98%、99%的年保证率频率法,按重现期5~10年进行分析计算。

① 分析方法

本次分析方法主要采用综合历时曲线法,取施桥船闸2001~2016年的日平均水位资料逐站进行分析计算。

根据统计年份日平均水位的最高值和最低值的大小,划分成若干等级,逐日统计平均水位值在不同等级中出现的次数,并计算相应的保证率;以水位为纵坐标、保证率为横坐标,在方格纸上把各保证率点绘于相应于各级别的下限处,连线各点即绘制成日平均水位综合历时曲线。在曲线上分别取等于98%、99%的保证率水位,即为98%、99%的保证率最低通航水位

② 分析结果

用综合历时曲线法分析计算出施桥船闸98%、99%保证率最低通航水位和平均水位,见表6.13。水位综合历时曲线图见图6.8。

表 6.13 最低通航水位分析成果表(综合历时曲线法)

不同保证率水位(m)		平均水位(m)
99%	98%	
0.50	0.65	2.71

(2) 最高通航水位分析验证

根据《内河通航标准》,设计最高通航水位采用累积频率分析法确定。当资料具有良好的一致性时,感潮河段常年径流段连续资料系列不应短于10年,一般内河Ⅱ级航道设计最高通航水位按重现期20年一遇标准确定。本工程基于施桥船闸2001~2016年16年的日平均水位资料采用累积频率分析法进行计算。

① 分析方法

首先将该站历年的年最高水位值按从高到低排列成递减系列,按矩法分别计算出均值和C_v作为初值,C_s/C_v采用经验值,然后在频率格纸上作皮尔逊Ⅲ型曲线进行适线配置,根据系列点和线的适线情况,调整C_s/C_v值,使设计频率曲线与经验点据配合良好。适线时,除尽量使曲线通过点群中心外,着重考虑曲线的上中部配合。读出曲线上5%处的水位值即为重现期20年一遇的最高通航水位。

② 分析结果

频率分析参数及成果见表 6.14,水位频率分析曲线见图 6.9。

表 6.14 该站年最高水位频率分析成果统计表

水位均值(m)	C_v	C_s	洪水重现期 20 年水位(m)
5.49	0.11	1.29	6.50

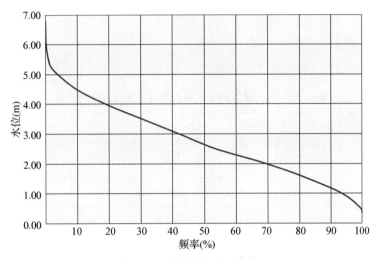

图 6.8 水位综合历时曲线

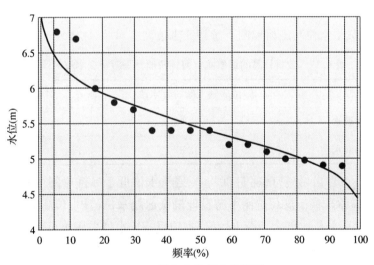

图 6.9 最高水位频率曲线图

(3) 合理性分析

① 统计参数分析

综合统计以上分析成果,见表 6.15。

表 6.15 年最高通航水位及计算参数分析表

通航水位特征值	日平均水位均值(m)	日平均水位变幅最大值(m)	日平均水位变幅平均值(m)	C_v	C_s	洪水重现期20年水位(m)
最高	5.49	3.10	0.23	0.11	1.29	6.50

由表 6.15 可知,最高通航水位统计计算水位的 C_v 值为 0.11,说明水位变化相对偏大,检查计算它们的日平均水位变幅在 0.23 m 左右,但日平均水位变幅最大值为 3.10 m,这主要是由开闸引起的。数据变化符合统计参数规律,分析成果合理性较好。

② 与历史特征水位的比较分析

将分析计算的通航水位与历史特征水位列表对照,见表 6.16。

表 6.16 分析计算的通航水位与历史特征水位对照表

洪水重现期20年通航水位(m)	不同保证率最低通航水位(m)		设计洪水位(m)	历史最高水位(m)	历史最低水位(m)	平均水位(m)
	99%	98%				
6.50	0.50	0.65	6.83	6.8	0.35	2.71

从表 6.16 中可看出,分析重现期 20 年一遇洪水位均低于实际发生的历史最高水位,保证率 98%、99% 低水位均高于实际发生的历史最低水位,说明取用资料系列代表性较好,分析成果合理性也较好。

③ 与施桥船闸下游特征水位的比较分析

将本次分析成果水位与施桥船闸下游特征水位列表对照,见表 6.17。

表 6.17 分析计算的通航水位与施桥船闸下游特征水位对照表

项目	施桥船闸下游特征水位(m)	分析计算水位(m)
设计最高通航水位	6.83	6.50
设计最低通航水位	0.23	0.50

从表 6.17 中可看出,分析重现期 20 年一遇洪水位低于施桥船闸下游设计最高通航水位,保证率 99% 低水位高于施桥船闸下游设计最低通航水位,且水位相差不大,说明取用资料系列代表性较好,分析成果合理性也较好,本项目特征水位采用施桥船闸下游水位特征水位是合适的。

④ 结论与建议

本次京杭运河施桥船闸至长江口门段通航水位分析采用 16 年的系列水文资料,具有较好的代表性、一致性和可靠性,分析成果符合京杭运河现状工情和水情,对航道升级整治工程设计具有较高的参考使用价值。本项目特征水位采用施桥船闸下游水位特征水位是合适的。本工程设计水位详见表 6.18。

表 6.18 设计水位一览表

序号	起讫地点	设计最高通航水位 数值(m)	设计最低通航水位 数值(m)
1	施桥船闸～长江口	6.83	0.23

3) 护岸高程设计

工程防洪水位及设计最高通航水位均为 6.83 m,设计最低通航水位为 0.23 m,护岸结构的高程设计以设计最高、最低通航水位为基础,考虑船行波、原地面高程、护岸的使用要求和建筑物等级等因素确定护岸顶标高和底板标高。各段护岸高程分述如下:

(1) 停泊段护岸

一般的停泊段护岸岸线较长,为节约工程投资,采用间隔布置靠船墩的护岸形式,其靠船墩因使用要求亦采用与锚地相同的墙顶高程 7.10 m。对于各靠船墩之间的护岸拟采用二级墙形式,二级墙墙顶高程按照最高通航水位加上 0.27 m 超高取为 7.10 m,一级墙墙顶高程一般宜高出常水位(3.00 m),并结合二级墙高度综合确定取 5.10 m。

(2) 一般段护岸

一般段护岸无靠泊要求,拟采用二级墙形式,各级墙墙顶高程与上述一般停泊段中的护岸相同,即二级墙墙顶高程 7.10 m,一级墙顶高程 5.10 m,因老驳岸前沿原地形高程基本在 2.0 m 以上,考虑到预留一定马道宽度,一级墙底板顶高程定为 1.0 m。

(3) 生态护岸

一般段护岸无靠泊要求,拟采用斜坡形式护岸,护岸平台高程为 2.80 m,斜坡顺接后方大堤,顶高程为 8.00 m。

本工程新建护岸顶高程满足当地防洪规划要求。

6.6.2 苏北运河船行波对芦苇等水生植物种植的影响及对策(SBYH-SSZW 标段)

1) 项目概况

京杭运河苏北段(简称苏北运河)绵延流淌千年,全长 404 km,一直是我国重要的南北水上运输通道,目前承担着华东地区"北煤南运"和建材运输主通道的重任。

自苏北运河生态护岸的试验段竣工以来,工程取得较好的效果,然而部分沿岸水生植物在船行波等水动力作用下损毁,一定程度上影响了试验段施工方案在苏北运河全线的推广工作。在影响水生植物种植生长的各种水动力因素中,船行波是其中一个重要影响因素。在狭窄浅水的运河中航行的船舶由于离岸坡较近,形成的船行波衰减较小,至岸坡波高仍较大,在较浅水域形成长周期波时会产生更大的底部流速,改变自然情况下的泥沙输运,对河床产生冲刷或淤积,改变航道断面形态,影响环境质量,进而影响水生植物的生存。因此,为了科学地种植水生植物,提高植物成活率,进而在苏北运河全线进行推广,有必要对苏北运河限制性航道中船行波问题开展深入研究。

2) 数学模型建立

苏北运河各航段的平面、断面形态及过往船舶类型存在一定差异,水流条件以及船舶行驶所产生的船行波的大小也有所不同。苏北运河为内河限制性航道,水面狭窄、断面系数小,对船舶航行有明显限制作用,为了全面考虑不同情况下产生的船行波的大小,针对苏北运河航道进行模型概化。

(1) 概化模型

根据模型概化方法的理论基础,苏北运河河段区间基本上可以简化为顺直河道的理想航道。在此基础上,对河道断面也进行一定的概化,对河床本身加以概化时,基本原理相似,没有必要对河流的全部复杂情况都加以考虑。在水文模型中,一般将河道断面概化成等腰梯形。苏北运河各航段河道情况复杂,河床断面形态各异,通过对已有航道测量断面图的统计和分析,本研究中主要考虑的因素包括河岸坡度、水深以及水面宽度,概化断面示意图如图6.10所示。

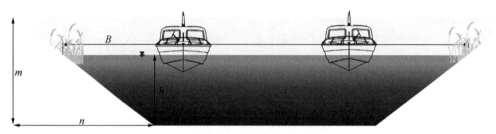

图 6.10 概化断面示意图

(2) 地形设置

地形参数主要考虑水深、航道坡度及水面宽度情况。基于研究区域京杭运河邳州段与泗阳、刘老涧段的实地调研,结合对已有航道测量断面图的统计和分析,苏北运河(SBYH-SSZW标段)航道水深主要在5.0~7.0 m内。直道与弯道的断面坡度存在明显差异,较陡处约为1:3,较缓处约为1:5。航道宽度主要为100~180 m。因此,针对不同航道断面设计方案,等间距设置了具有一定复杂度的概化浅水航道的45组工况,在此航道模型组内进行不同类型内河通航船舶的船行波数值模拟,地形参数设置见表6.19。

表 6.19 地形参数设置

水深(m)	坡度	水面宽度(m)
5	1:3	100,120,140,160,180
	1:4	100,120,140,160,180
	1:5	100,120,140,160,180
6	1:3	100,120,140,160,180
	1:4	100,120,140,160,180
	1:5	100,120,140,160,180
7	1:3	100,120,140,160,180
	1:4	100,120,140,160,180
	1:5	100,120,140,160,180

图6.11为水深为5 m,水面宽度为100 m,坡度分别为1:5、1:4和1:3的坡度及测

点位置示意图。船行波对于航道岸坡的影响主要在湿周处且植物主要种植在近岸浅水水域,为充分考虑种植区域内的波高及流速变化情况,本研究分别在离岸 4 m、离岸 2 m 和水陆交接点分别设置了 3 个测点,提取其中离岸 4 m 的波高数据与流速数据进行模拟结果的论证分析。

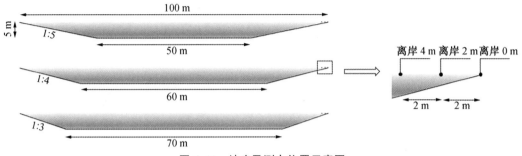

图 6.11　坡度及测点位置示意图

（3）船型设置

一般而言,船舶的尺寸越大,航行的速度越快,产生的船行波越大,船行波波高越大。在一定航道尺寸和水深情况下,类似于航政艇等能产生较大波高和流速的船型主要影响水生植物的生长,类似于渔船、小型货船等产生波浪较小的船型,其影响可忽略。主要考虑的船行波参数为最大波高,相对于满载而言,空载船的航行速度更快,产生的船行波更大,因此,只考虑船舶空载运输的情况。船型参数的设置主要考虑三种情况:速度最快的执法船、船型最普遍的普通船以及船舶尺寸最大的大船。

苏北运河不同船长船舶数量统计结果如图 6.12 所示。从统计结果中可以看出,船舶长度在 44～46 m 区间内的船舶数量占比最大,最大船舶长度在 68 m 以上,但数量较少,并不常见。

依据统计结果与船讯网(https://www.shipxy.com/)提供的船舶数据,为便于模型计算,将模型中的船舶类型设置为三种典型尺寸,主要船型参数见表 6.20。

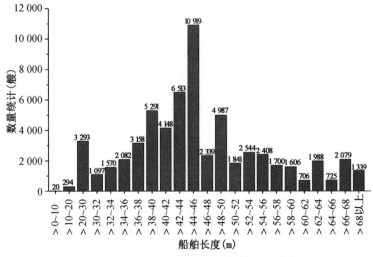

图 6.12　苏北运河不同船长船舶数量统计

表 6.20 代表性船舶参数设置

参数	船型		
	航政艇	货船常见型	货船极端型
船长(m)	17	46	68
船宽(m)	5	9	12
吃水深度(m)	1.2	3	2
船速(m/s)	6	3	4

根据实际观测,本次研究主要采用了小型航政艇(17 m×5 m×1.2 m)、货船常见型(46 m×9 m×3 m)和货船极端型(68 m×12 m×2 m)三种内河航道中代表性的船型作为船型模型的参考标准,船型模型见图 6.13。

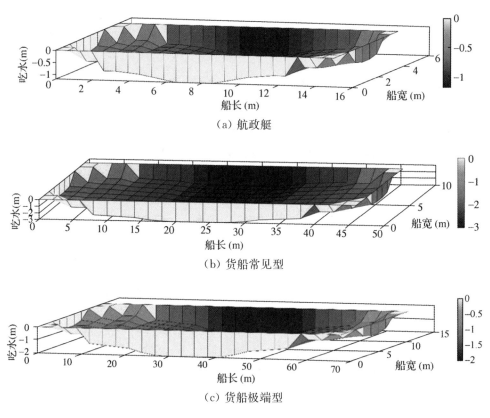

(a) 航政艇

(b) 货船常见型

(c) 货船极端型

图 6.13 建模模型

① 航政艇

根据实地观察和资料查询,速度对船行波的影响较船型尺寸和吃水更明显。航政艇的尺寸相对一般货船而言,尺寸较小,但速度很快,一般能达到 20 km/h 及以上,产生的船行波明显。

② 货船常见型

根据船讯网查询到的苏北段实时船舶动态,对船舶资料进行统计和分析,该船型在所有船型中占比最大。

③ 货船极端型

根据船讯网的船舶资料统计和分析以及现场调研,京杭运河苏北段航道的船型一般不超过 68 m×12 m(船长×船宽)。

(4) 网格设置及模型参数

XBeach 模型在船行波的数值模拟中应用广泛,且模拟结果较好,因此本研究采用 XBeach 模型对船行波进行模拟和复演。模型计算采用正交矩阵计算网格。为使模型计算贴近实际情况,模型范围要足够大才能保证船舶以预设速度通过航段模拟区域,模型沿岸方向网格长度为 1 000 m,宽度根据模拟航道宽度进行调整,离岸 0~10 m 处网格尺寸为 5 m×0.5 m,其他位置网格尺寸为 5 m×1 m,共设置模型网格 58 000~84 000 个。同时,在船行波向岸传播时,波浪会有一定爬高,为防止波浪溢出网格范围,网格宽度较水面宽度有一定延伸。如图 6.14 模型网格图所示,该概化航道的水深为 5 m,航道坡度为 1∶3,水面宽度为 100 m,网格数为 58 000 个。

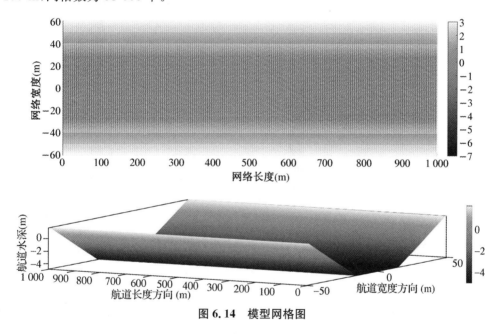

图 6.14 模型网格图

由于模型为概化的浅水航道模型,本研究只考虑航道内单船航行船行波的模拟情况。船型轨迹依据实际情况设置为距网格中心线 10 m 行驶,从 (0,10) 直线行驶至 (1 000,10),模型的模拟时间依据船型的船速而定。模拟时间为 200~300 s。为提取到合理的观测点波形,计算时间步长 $CFL=0.7$,观测点输出时间步长定为 0.1 s。模型有较长的运行稳定时间,为保证数据的准确性,舍弃前 100 s 的数据,提取第 100 s 到第 250 s 这个时间段的最低水位和最高水位的差值作为该网格点处的船行波波高取值。

选择 XBeach 模型内非静压模型进行求解,经过一定的预先模拟试验,XBeach 模型内水平黏度值 nuh 选择模型参数的默认值 $nuh=0.1$。非静压模型内矫正各参数采用默认值,考虑到船型较大的问题,用于求解线性系统的解算器采用 sip 求解器,模型使用曼宁系数表示底部糙率,取值为 0.01。苏北运河航道水面较为平稳,因此假定河流没有流量输入,初始流速为0。本次模拟中,不考虑河道中泥沙的输移。模型中,其他参数值均为模型默认值。模型模拟结果如图6.15所示。

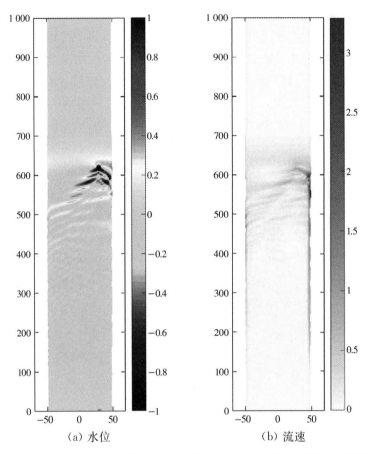

(a) 水位 　　　　　　　　(b) 流速

图6.15　航政艇在水深为5 m,坡度为1∶3,水面宽度为100 m情况下的水位及流速示意图

3) 模型验证

(1) 经验公式结果对比

利用Blaauw公式、美国陆军工程团公式和PIANC公式分别计算航政艇、货船常见型和货船极端型在水面宽度为100 m,航道水深为5 m,岸坡坡度为1∶3工况下产生的船行波最大波高值,并与模型模拟值进行对比,结果如表6.21所示。

表6.21　代表性船型经验公式结果验证

船型	船速(m/s)	XBeach模拟波高(m)	Blaauw公式波高(m)	美国陆军工程团公式波高(m)	PIANC公式波高(m)
航政艇	6	0.890	0.73	1.14	1.28
货船常见型	3	0.184	0.12	0.17	0.08
货船极端型	4	0.540	0.62	0.26	0.25

(2) 物理模型试验结果对比

数值模型能否有效模拟实际工程需要通过物模试验进行验证。为了验证XBeach模型对运河中由行船引起的船行波模拟的准确程度,本节基于 XBeach 模型中的非静压模型,选取工况:$d=0.06$ m,$y=0.90$ m,$F_h=0.70$,建立运河船行波数学模型,并根据水槽试验中获得的实测水位数据对模型计算结果进行验证。

在此工况下,船模以吃水深度 0.06 m、船速 0.876 m/s 和离岸距离 0.90 m 通过模型段。在数学模型中,模型尺度与试验水槽尺度相同,长为 50 m,宽为 3.5 m,水深为 0.16 m。坐标原点为模型段中线与其边界的交点,模型范围示意图与模型测点位置断面示意图如图 6.16 所示,模型范围为 -25 m$\leqslant x\leqslant 25$ m,$0\leqslant y\leqslant 3.5$ m,其中模型段位于 $-3\leqslant x\leqslant 3$ m 范围内,三个模型观测点 P1、P2、P3 分别设置在距离模型边缘 0.35 cm、0.4 cm、0.475 cm 处。模型网格横向尺寸为 0.20 m,纵向网格尺寸为 0.05 m,船模网格横向和纵向尺寸分别为 0.10 m 和 0.05 m,模型计算总时间为 100 s,时间步长设为 0.1 s。为了使船模以均匀的速度平稳地通过模型段,在数学模型中,船模从远离模型段的加速区域以较小的加速度缓慢加速到稳定速度,然后以该稳定速度通过模型段,最后逐渐减小速度在远离模型段的区域内停止运动,船模的速度变化过程如图 6.17 所示。

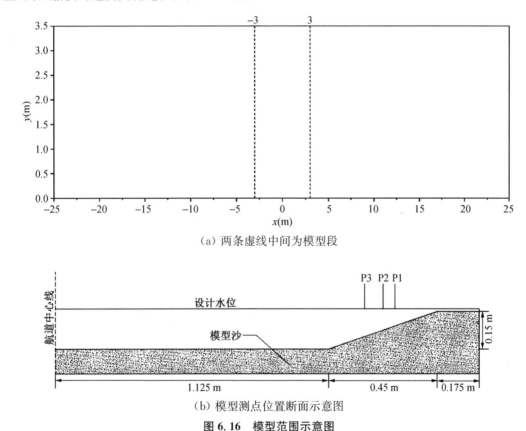

(a) 两条虚线中间为模型段

(b) 模型测点位置断面示意图

图 6.16 模型范围示意图

根据上述方法和参数设置,以工况的试验条件构建的数学模型计算 P1~P3 测点的水位波动变化情况,用以验证数学模型计算结果与水槽试验实测结果的吻合程度。从 P1~P3 各测点水位计算值与水槽试验实测结果的对比情况来看,各测点水位计算值与水槽试验实测结果的符合程度较好。对于观测点 P1、P2、P3 来说,数学模型计算和水槽试验实测 s_{dm}(船行波数值曲线中最大降水)相差值大小分别为 0.161 cm、0.091 cm、0.243 cm;数学模型计算和水槽试验实测 H_m(产生降水后的第一个次波)相差值大小分别为 0.073 cm、0.14 m、0.059 cm。表 6.22 所示为船模在吃水深度 0.06 m、航速 0.876 m/s 和离岸距离 0.9 m 条件下通过试验段时,各测点 s_{dm} 和 H_m 计算值与水槽试验实测结果的误差统计情况。可见,各测点 s_{dm} 和 H_m 模型验证误差全部小于 10%。上述结果表明,本模型可以较好地模拟船舶在航道中航行产生的船行波及其传播过程。

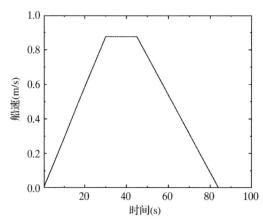

图 6.17　数学模型中船模速度变化过程

表 6.22　物模工况各测点 s_{dm} 和 H_m 计算值与水槽试验实测结果误差统计

测点	s_{dm}(cm)		H_m(cm)		误差(%)	
	实测值	计算值	实测值	计算值	s_{dm}	H_m
P1	2.205	2.044	1.431	1.358	7.88	5.38
P2	2.246	2.337	1.594	1.454	3.89	9.63
P3	2.259	2.502	1.829	1.77	9.71	3.33

4) 典型断面选取

选择京杭运河中从淮安船闸到解台船闸六个典型断面作为模型航道断面。其中,刘山断面位于解台船闸与刘山船闸之间,皂河断面、宿迁断面位于皂河船闸与宿迁船闸之间,刘老涧断面位于宿迁船闸与刘老涧船闸之间,泗阳断面位于刘老涧船闸与泗阳船闸之间,邵伯断面则位于淮安船闸与邵伯船闸直之间。

5) 船行波模拟分析

基于 XBeach 模型进行航道模型中的船行波数值模拟。在进行六个实际航道模型的水位设置时,根据已提供的水位观测数据记录,刘山断面设置水位 26.5 m,皂河断面设置水位 18.8 m,宿迁断面设置水位 18.5 m,刘老涧断面设置水位 21 m,泗阳断面设置水位 15.9 m,邵伯断面设置水位 7 m。

模型的观测点设置,分别在离岸 4 m、离岸 2 m、离岸 1 m、离岸 0 m 设置观测点 1、观测点 2、观测点 3、观测点 4,并记录在船行波模拟过程中产生的波高最大值,船舶航行轨迹设置于距离航道中心线 10 m 宽度处。各个船行波数值模型的模拟结果可见表 6.23 和表 6.24。

6 航道工程水力计算

表 6.23 实际航道模型观测点波高模拟结果表 单位:m

断面		船型		
		航政艇	货船常见型	货船极端型
刘山断面	观测点 4	0.465 4	0.068 5	0.198 2
	观测点 3	0.481	0.068 5	0.198 4
	观测点 2	0.520 4	0.068 6	0.206 2
	观测点 1	0.624 1	0.069 9	0.238 8
皂河断面	观测点 4	0.389	0.014 5	0.040 4
	观测点 3	0.399 5	0.014 5	0.040 4
	观测点 2	0.407 6	0.014 5	0.040 4
	观测点 1	0.450 5	0.014 9	0.040 7
宿迁断面	观测点 4	0.671 9	0.028 3	0.247 1
	观测点 3	0.672 5	0.028 2	0.247 2
	观测点 2	0.725 9	0.028 1	0.262
	观测点 1	0.793 8	0.028 6	0.287 7
刘老涧断面	观测点 4	0.429 5	0.034 1	0.110 4
	观测点 3	0.488 6	0.032 1	0.109
	观测点 2	0.522	0.033 7	0.110 8
	观测点 1	0.429 5	0.034 1	0.110 4
泗阳断面	观测点 4	0.381 8	0.018 4	0.075 8
	观测点 3	0.379 4	0.018 4	0.075 7
	观测点 2	0.397 4	0.018 8	0.075 6
	观测点 1	0.454 5	0.022 5	0.075 9
邵伯断面	观测点 4	0.505 2	0.018 9	0.064
	观测点 3	0.483 1	0.017 8	0.062 8
	观测点 2	0.516 2	0.018 3	0.063 7
	观测点 1	0.516 2	0.018 3	0.063 7

表 6.24 实际航道模型观测点流速模拟结果表 单位:m/s

断面		船型		
		航政艇	货船常见型	货船极端型
刘山断面	观测点 4	0.632 3	0.210 5	0.443 4
	观测点 3	0.626 7	0.211	0.443 3
	观测点 2	0.557 5	0.207 8	0.431 2
	观测点 1	0.477 9	0.202	0.403 3

续表

断面		船型		
		航政艇	货船常见型	货船极端型
皂河断面	观测点4	0.484 8	0.025 1	0.081 8
	观测点3	0.476 2	0.024 8	0.081 8
	观测点2	0.465 9	0.024 1	0.080 9
	观测点1	0.380 4	0.022 7	0.079 1
宿迁断面	观测点4	0.916 1	0.057 8	0.558 6
	观测点3	0.927	0.058	0.56
	观测点2	0.899 7	0.057 6	0.544 2
	观测点1	0.908 8	0.056 9	0.528 1
刘老涧断面	观测点4	0.774 7	0.064 4	0.301 4
	观测点3	0.538 4	0.053 8	0.288 7
	观测点2	0.738 8	0.053 4	0.286 7
	观测点1	0.852 4	0.053 9	0.286 5
泗阳断面	观测点4	0.514 7	0.040 1	0.199 1
	观测点3	0.497 5	0.040 5	0.199 1
	观测点2	0.464 9	0.043 2	0.190 2
	观测点1	0.382 5	0.047	0.175
邵伯断面	观测点4	0.541 7	0.033	0.136 7
	观测点3	0.417 6	0.032 3	0.133 5
	观测点2	0.417 6	0.032 3	0.133 5
	观测点1	0.452 8	0.034 4	0.131 3

根据结果可知，实际断面与概化航道的船行波数值模拟结果虽然有一定的差异，但考虑到实际航道的断面形态与概化的梯形航道有所差异，因此波高模拟结果有所差异也是合理的。根据模拟结果可知，在六个断面构建的航道模型中，航政艇产生的船行波波高是最大的，最大数值接近 0.8 m，在宿迁断面的航道模型中其最大值达到了 0.793 8 m；货船常见型产生的船行波波高是最小的，其在六个断面中产生的最大值也仅在刘山断面的航道模型中达到了 0.069 9 m。由于航道断面形态的不一致，因此船行波数值模拟结果的变化趋势并不明显。

由六个模型观测点 4 处的船行波模拟波高与经验公式的计算波高的比较可知，实际航道模型的船行波数值模拟结果较经验公式的计算结果偏低，但实际航道模型的模拟结果是较为合理的，在进行实际航道数值模型的模拟中，由于实测地形数据有限无法将完整的河道断面展现出来，因此在模拟计算时将两侧边界设置为透水弱反射边界以降低实测数据限制性的影响，计算结果由于岸坡反射的减弱而偏低。与经验公式的对比结果见表 6.25，根据对比结果可知,在实际航道的模拟结果中,航政艇的模拟结果与经验公式结果最为相近,货船常见型与货船极端型相比于经验公式的波高计算结果则要低得多,产生这一差异的原因则是船行波波高的影响因素是多样的,经验公式主要考虑了水深与船速的影响,对于船型的敏感性较低,而在实际情况下,船型对于船行波有相当大的影响,因此研究认为基于 XBeach 模型的实际航道模型模拟结果具有一定的可靠性,能够为船舶在实际航道中航行提供一定的船行波波高参照。

表6.25 观测点4处的实际航道模型模拟波高与经验公式对照表　　　　单位:m

船型	断面	XBeach 模拟波高	Blaauw 公式波高	美国陆军工程团 公式波高	PIANC 公式波高
航政艇	刘山断面	0.465	0.72	1.22	1.13
	皂河断面	0.389	0.52	1.20	0.84
	宿迁断面	0.672	0.65	0.96	1.39
	刘老涧断面	0.489	0.49	1.01	0.98
	泗阳断面	0.382	0.65	1.34	0.90
	邵伯断面	0.483	0.57	1.10	1.02
货船常见型	刘山断面	0.069	0.11	0.19	0.07
	皂河断面	0.015	0.08	0.18	0.05
	宿迁断面	0.028	0.10	0.15	0.09
	刘老涧断面	0.032	0.08	0.15	0.06
	泗阳断面	0.018	0.10	0.20	0.06
	邵伯断面	0.018	0.09	0.17	0.06
货船极端型	刘山断面	0.198	0.25	0.28	0.22
	皂河断面	0.040	0.18	0.27	0.17
	宿迁断面	0.247	0.22	0.22	0.27
	刘老涧断面	0.109	0.16	0.23	0.19
	泗阳断面	0.076	0.22	0.30	0.18
	邵伯断面	0.063	0.19	0.25	0.20

7 航道总体设计

7.1 概述

绿色航道工程从规划、设计到实施的各个阶段,始终会涉及与区域或流域性的农业、水利、交通、城市供水等工程之间的规划矛盾,需要协调和处理的问题很多。同时,航道各单体工程涉及专业较多、沿途布设距离较长,加之综合利用带给它的难度,情况很复杂。唯有通过航道工程总体设计工作来协调好航道内、外工程间的关系,综合经济、工程、节能减排、资源与环境保护等多因素优化航道设计方案,提出科学性很强的符合我国国情的实施意见,才能实现投入有限资金获得最大效益的目标。

在进行总体设计时,可根据各自设计阶段的重点、工程性质和规模、复杂程度、技术难度、实施分期的跨度长短等情况,编制总体设计工作大纲,规定其设计内容、技术要求,必要时也包括工作计划等总体设计工作,最后通过总体布置图检验和完善。绿色航道总体设计通常需要满足以下原则:

1) 航道等级确定应符合规划,兼顾近期通航需求和远期发展;
2) 航道线路设计应统筹兼顾防洪、环境、生态、文物保护和城镇乡村建设,进行全方位优化和比较,选择最优路线方案;
3) 尽可能利用原河道,顺应自然河势,做到船舶航行安全、运输里程短、减少疏浚工程量;
4) 在满足通航标准和泄洪的前提下,优化航道断面,较少开挖断面或较少修建护岸,节地节材、减少能耗,不同横断面形式的衔接做到过渡平顺;
5) 桥梁改建、重建应进行充分论证,注重桥型与结构选择,因地制宜采用绿色低碳技术,如顶升技术等。

航道总体设计流程图如图 7.1 所示。

7.2 设计任务与原则

7.2.1 设计任务

运河、水网航道的改建工程是指对已有航道的治理,治理的任务有两个:一为工程建设,二为航政管理建设。工程建设部分为提高航道的设计通过能力,完善航道功能,在航道规划设计阶段(即前期工作)论证确定。航政管理建设部分为执行航政法规,清除或迁移违章建筑物,或为本工程制定航政管理法规,做到有法可依。

7 航道总体设计

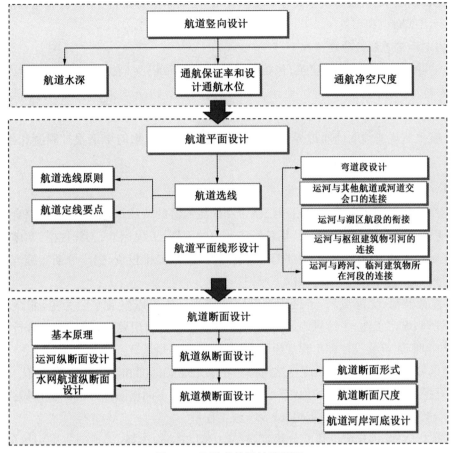

图 7.1 航道总体设计流程图

1）提高航道的设计通过能力

提高航道通过能力需从以下方面着手：提高航道通航标准，改善航行条件；提高港口机械化程度、调整沿线港口设置；提供船舶提速的条件，清除违章建筑；推进船舶向大型化和标准化发展。

（1）提高航道通航标准，可从提高通航保证率，改善航道线形，扩大航道尺度，提高河床和护岸结构抗冲刷能力，改进船型和船队编组形式着手。

（2）建和改建港口、锚地及停泊地等交通设施。调整沿途交通设施的设置，做到布局合理，提高沿线港口作业机械化程度和管理水平，缩短船舶压港时间，更好地发挥航道设计通过能力。

（3）清除沿线碍航建筑，提高安全航行可靠度，协调好通航标准的实现。

2）完善综合利用功能

（1）在原航道和航运枢纽的基础上，首先在满足航运用水的前提下结合综合利用需要，考虑水量平衡问题，配置挡水闸坝、引水河、进水闸、翻水泵站等工程。

（2）从总体布置出发，考虑各水工建筑物的布置和相互间的协调问题，据此对原航运枢纽布置做局部调整。

(3) 从农业、水利、城市供水设施需要出发,以无损于航行条件、不降低航道通航标准为前提,进行沿线布设和布置。

3) 制定和完善航政管理法规

(1) 清除沿线违章、碍航建筑,包括拆迁临河的违章码头、农水建筑物,改建或迁建跨河碍航桥梁、管线桥架、水下穿运地涵、水下过河缆线。以上均须在航政法规内做出具体规定。

(2) 航政法规尚须明确航道界限;制定运河上新增建筑物的申请报批制度和批准权限的规定。

7.2.2 设计原则

运河和水网航道工程关系到沿线经济带和区域经济的持续绿色发展,必须综合利用、统筹兼顾,考虑生态环境保护的需求,集各经济部门的规划、工程标准、工程规模、实施意见,根据国情经综合平衡,确定有关经济部门的工程项目,合理安排投资,提出分期实施方案,以期工程早日发挥效益,因而必须遵循以下原则。

(1) 全面整治、统筹规划,遵循因地制宜的原则。本着以发展水运为主,兼顾农业、水利、城市规划、城市工业、生活供水、环境保护、旅游等综合利用要求,做到技术可行、总体方案和经济合理,建筑物设置和工程规模符合国情,实事求是。

(2) 尽可能利用原河道,顺应自然河势。在满足通航标准和泄洪的前提下,优化航道断面,较少开挖断面或较少修建护岸,节地节材、减少能耗,不同横断面形式的衔接做到过渡平顺,做到船舶航行安全、运输里程短、减少疏浚工程量。

(3) 桥梁改建、重建应进行充分论证,注重桥型与结构选择,因地制宜采用绿色低碳技术,如顶升技术等。

(4) 一次规划,分期实施。先重点后一般,区别轻重缓急。河道和建筑物均可分期分批实施。

(5) 航道等级确定应符合规划,兼顾近期通航需求和远期发展,为发展留有余地。根据交通基本建设工程特点,在近期建设时,在必要和可能条件下要为将来交通运输进一步发展和提高工程标准留有发展余地。

(6) 工程建设和航政法治建设相结合。工程开工之际,就得要筹建和落实工程建成后的管理和执法部门,它们负责制定有关航政管理制度及有关条例。

7.3 总体布置

航道工程总体布置是工程规划工作的深化,包括处理各单位(单项)工程间的连接和协调各自的功能,协调好部分(分项)工程间构造衔接的处理等设计工作。

总体布置应根据工程的规模、单位工程布设、总体规划分期实施,尤以全河段分段实施和建筑物分期施工等情况,设计总体布置图。大型工程和复杂工程可在进行全工程总体布置的同时辅以单位(单项)工程总体布置。全工程总体布置和单位工程总体布置均可根据以下要求进行。

1) 航道全河段或区段工程总体布置内容和技术要求

航道整治范围、起讫点坐标或里程桩号；航道中心线走向、线形、各区段典型河断面；各段航道拓宽、浚深、护岸、护底的控制点及其坐标；与河渠交会段、桥渡段、港区段、城市供水取水口段、灌溉引水闸引河口段、排涝泵站引河口段等的布置、处理方式及其开挖线和护砌范围内特征点的坐标。在此基础上再将有关枢纽工程、修船厂站位置及其水工建筑物布置和控制点坐标，通信系统及其站点地理位置和坐标，航标配布位置及其里程桩号以及全线绿化范围等汇入构成全项目的总的布置图。

航道总建设项目包含的专业较多，各专业的技术要求，均有自己的规范可循，在处理与航道安全通航关系时，可参考本手册有关内容。

2) 枢纽总体布置内容

设闸运河上的航运枢纽和有通航要求的水利枢纽工程总体布置内容包括枢纽工程地理位置及其和航道的相关关系，枢纽布置形式、枢纽中档水闸（坝）轴线、通航建筑（船闸）轴线、补水建筑（翻水站）轴线或电站及其他主要水工建筑物轴线上各控制点的坐标，各水工建筑物间的相对位置、平面布置（含上、下游引航道口门区布置及为改善流态和防止泥沙淤积而设的构筑物）、平面控制尺度、控制性高程。其他附属工程的坐标、高程及相互间距离或尺度。

3) 枢纽总体布置技术要求

（1）枢纽中的通航建筑物（船闸）和过水建筑物（挡水闸坝、电站、翻水站）的布置既应根据水利资源综合利用原则，发挥各水工建筑物功能和作用，又必须考虑水运交通远景规划增建通航建筑物的需要，做到符合有关规范要求，合理处理好它们之间的关系。

（2）通航建筑物宜临岸布置，与过水建筑物间设导流墙（堤），其布置形式与长度决定于当枢纽中过水建筑物泄水时，不至于在引航道口门区出现不利于航行的水流条件。更不可将船闸布置在溢流坝、泄水闸、电站等两过水建筑物间。

（3）船闸上、下游引航道应设有足够的直线段长度，以利于船舶（队）待闸停泊、安全过闸，并缩短过闸时间，发挥船闸设计通过能力。

（4）枢纽布置中除考虑通航条件外，尚必须考虑有利于泄洪的布置。

（5）闸坝布置时应考虑尽可能避免削弱已有建筑物的使用功能。

（6）闸坝与岸的衔接，尽可能利用有利地形和良好地质条件布置；受条件限制时，应采取工程措施保证接头安全可靠。

（7）要考虑水运事业发展可能增建二线、三线船闸而预留闸位。

4) 运河绿化总体布置技术要求

（1）运河绿化原则和总体设计

运河绿化工程应和航道两岸地势、生态环境、城市整体规划相结合。贯彻整体协调、点线结合；四季常绿、花木交错；因地制宜、便于维护的原则。航道绿化的目的有三个：一是控制污染源的扩散，减少污染源的产生。如做好水土保持，防止水土流失，不恶化当地水质。二是控制噪声和废气对当地居民生活质量的影响。三是为当地居民和航行中的船员、旅客提供良好的视觉感受,为环境保护做贡献。

运河绿化工程总体设计应包括以下三方面内容:

① 以运河两岸绿化带为主线,利用沿线城镇街坊、生活小区、园林、港口、停泊区和跨河桥梁各自的景观特色为绿化带点缀。将运河绿化与它们的现代建筑美、人文景观美相互协调、交相辉映,与城镇的亭台、雕塑、建筑小品串联起来,从而形成运河连绵不断、点面结合、动静相宜的绿色玉带。

② 根据气候、地势、土质等自然因素,合理选择苗木、布设林带,做到落叶和常绿交错,花木、灌木、乔木组合,力求空间多变、季相分明,层次突出。不仅可为水上航行中的船员提供良好的视觉,而且可改善沿线居民的生活环境。

③ 应本着护堤、稳定岸坡、防火、防尘,或弱噪声、减弱有害气体影响等要求,选择花、木苗材,进行合理布置,发挥其功能,达到改善环境的目的。

(2) 运河绿化总体布置技术要求

根据环保内容和要求,布置灌木以护堤;选用叶片表面积大且能耐酸碱等有害气体的植物,以减弱有害气体的侵蚀;选用分枝低、树冠大而密,叶子硬的植物,以减弱噪声;选择树根坚硬,根部发达,性喜丛生,叶不易吹落的植物,以防风;选用枝叶含树脂少,水分多,着火时不会产生火焰的植物,以防火;选用树冠茂密,叶子表面不平,易附着烟尘的植物,以防尘。

根据当地气候、地势和土质等自然条件和沿途城镇、跨河建筑物、建筑小品的点缀作用,绿化带可分段落选用适宜的花木苗种。

① 农村段。绿化布置应以不遮掩农村田园农作物的风采为宜,护堤以采用低杆灌木和花灌木为宜,不过于挡住船员和旅客对田园风光的欣赏;当有防风、防沙、防火要求时,可建造林带,临河侧以布设灌木为宜,背河侧布设乔木林带,乔木可设单行、双行或多行,视需要而定。林带在顺河向可分段,段与段间视需要留出开阔段,株、行间可按行列式或梅花式布置。凡不是以防风、防沙、防火为目的而设置的林带,可以采用落叶大乔木和常绿乔木,有序间隔布设为好。

② 城镇、市郊区段。城镇段运河的绿化应与城镇规划协调,除护堤部分外,尚须充分利用滨河大道绿化、城镇建筑小品和建筑群等已有的美化效果,将航道绿化与它们自然融合,使绿化布局既能达到美化的效果,又可与沿线景观融为壮观。在受到酸碱有害气体侵蚀的河段,应在运河区的上风向处布设易存活的能耐有害气体的植物;在受到噪声侵扰的河段,在运河区的上风向处布设减少噪声的植物。布置林带范围,可根据需要,参照有关设计规范设计。

7.4 航道竖向设计

7.4.1 航道水深

按照我国《内河通航标准》(GB 50139—2014)的规定,各等级航道的尺度是指航道的最小尺度,即设计最低通航水位下的航道水深、直线段宽度和最小弯曲半径。因此,在具体确定某个河段的航道尺度时,应根据不同河流或水域的性质、通航船型船队、客货运量和过船密度等进行分析论证。

1) 航道水深计算

具体内容见3.2.3章节。

2) 航道水深论证

航道整治工程设计中,航道水深是航道尺度的主要尺度,特别是天然河流,枯水期航道水深增加0.1 m也是很不容易的。因此对航道水深要充分论证,慎重确定。一旦确定,除出现始料不及的特殊情况外,一般10~20年不变,这样才有利于今后船舶的更新改造和航运的稳步发展,也有利于航道的维护管理。论证内容可分为两部分:一是技术可能性;二是经济合理性。天然河流的航道水深论证方法如下:

(1) 技术可能性

调查整治河段的河道特性、滩险性质、河床演变等基本情况,了解河段自然条件下稳定的航道最小尺度,特别是浅滩最小水深。按照拟定的整治方案,测算需要整治的浅滩长度及其占全河段长度的比例;对起控制作用的复杂浅滩进行调查研究,了解其演变规律,历年维护和整治情况,通过数模或一般计算分析,研究整治后可能达到的航道水深;总结整治经验,对拟整治的滩险与已获得整治成功的浅滩,进行对比分析,研究整治后可能达到的水深;用多种分析计算方法,包括本河段整治的经验公式,进行分析计算。我国曾建立自己的天然河流长河段整治后可能达到的航道水深估算公式(7.1),可用于航道规划阶段。

$$H = K_1 K_2 Q^{0.312} S^{-0.156} \tag{7.1}$$

式中:H——整治后航道最小水深(m);

Q——最低通航水位(设计水位)时相应的流量(m³/s);

S——整治河段枯水水面比降;

K_1——航道特性系数,稳定的优良的航道 $K_1=0.065\sim0.08$,欠稳定的航道 $K_1=0.05\sim0.064$;

K_2——航道宽度修正系数,$K_2=0.95\sim1.05$,一般 K_2 取 1.0。

(2) 经济合理性

按整治河段的营运影响范围和港口布局,确定营运计算河段;按照运量预测成果,确定计算河段设计水平年的客、货运量及主要货种;设定不同的设计水深方案、相应的船型船队和运输组织,分别计算在各水深方案条件下完成既定运量所需的船舶数量、建造费用以及相应的年营运费用,绘制年运输总成本与水深的关系曲线;按不同水深方案,分别计算整治工程量、工程投资以及年投资摊销和年维护费用,绘制年航道工程费用与水深关系曲线;将不同水深方案的两项年费用相加,得出不同方案所需的年综合费用,绘制该费用与水深的曲线,与该曲线最低点相应的水深即为最经济的航道水深。

对于渠化河流或水深条件较好的航道,航道水深论证采用此方法,一般可得出较为明晰的结果。但对于天然河流,其航道尺度受自然条件制约,不可能任意加深、拓宽,需要结合航道的条件,一般先进行技术可行性论证,在技术可能性的基础上再进行不同水深方案的经济合理性分析。航道建设属公益事业,工程投资后缺乏财务效益,需结合改善投资环境,促进区域经济发展,提高水运企业的竞争能力,发展水运等方面进行综合评价。

7.4.2 通航保证率和设计通航水位

1)通航保证率

通航保证率是航道工程通航标准三大指标中的重要指标,是航道全年中允许正常通航的天数与全年总天数的比值,即全年中正常通航历时的百分比。许多航道部门习惯上将全年中水位等于或大于设计最低通航水位的天数与全年总天数的比值称为通航保证率,以此作为航道水深的设计标准。没有考虑风、雾、洪水、船闸检修等影响而造成停航的时间,严格地讲,该比值只能称作水位保证率。我国有关水运工程设计的办法基本上默认将设计最低通航水位保证率作为航道通航保证率(这一问题还有待今后研究)。据此,运河和水网航道的通航保证率可按《内河通航标准》(GB 50139—2014)中天然河流设计最低通航水位确定的规定执行,详见表7.1和表7.2。其中,运输特别繁忙的各级航道均可采用Ⅰ级航道的规定。

表7.1 设计最低通航水位保证率频率法

航道等级	保证率(%)	重现期(年)
Ⅰ、Ⅱ	99~98	10~5
Ⅲ、Ⅳ	98~95	5~4
Ⅴ~Ⅶ	95~90	4~2

表7.2 设计最低通航水位综合历时曲线法

航道等级	保证率(%)
Ⅰ、Ⅱ	≥98
Ⅲ、Ⅳ	98~95
Ⅴ~Ⅶ	95~90

2)设计通航水位

设计通航水位是航道设计的主要参数之一,包括设计最高通航水位和设计最低通航水位。设计最高通航水位,是指设计船舶在某一航道上能正常通航的最高水位,它是确定桥梁、电缆、管道等过河建筑物通航净空以及船闸闸首、闸室顶面高程的起算水位。

设计最低通航水位,是设计船舶(设计水深条件下)在某一航道上能正常通航的最低水位,它是确定航道水深、船闸闸首门槛(闸槛)、闸室底板顶面高程的起算水位。

我国《内河通航标准》关于运河和水网航道的设计最高通航水位,吸取了以往工程单位实践经验并参考了与水利有关规范中防洪标准的协调情况,一般仍采用天然河流设计最高通航水位的规定,即无排、灌、引水任务的运河和水网航道可按《内河通航标准》中天然河流设计最高通航水位确定的规定执行,详见表7.3。其中,运输特别繁忙的各级航道均可采用

Ⅰ级航道规定。而对于综合利用的运河和水网航道,应分别采用加大灌溉流量时的水位、设计最大排游水位、设计最大行洪水位、设计最大引水流量时的水位,对其中兼行洪的河段,应根据具体情况采用设计行洪水位(一般为设计最大排游水位)。

表7.3 设计最高通航水位综合历时曲线法

航道等级	重现期(年)
Ⅰ～Ⅲ	20
Ⅳ、Ⅴ	10
Ⅵ、Ⅶ	5

7.4.3 通航净空尺度

具体内容见3.2.3章节。

7.5 航道平面设计

7.5.1 航道选线

1) 航道选线原则

运河的选线工作,一般在航道控制点和线路走向确定后进行,也可相互配合,通过在图纸上选线或现场踏勘选线来论证线路走向方案。合理地选定运河线路是规划设计中的一项极为复杂和重要的任务,所选线路关系到航道工程投资多少、航运效益以及综合利用水资源的效益,为此必须进行线路方案比选,经技术经济论证,综合多因素优缺点后,择优选定。针对运河的新建或改扩建以及运河水资源综合利用的有关要求,下列航道选线原则是需要遵循的。

(1) 首先应考虑满足航运的要求,连接控制点的线路尽可能顺直,做到运输路程短、运输费用省。有条件时,也要尽可能利用现有的江、河、湖泊或进行改建的水道作为运河航道的一部分,以期收效快、投资省。

(2) 在满足航运要求的前提下,要兼顾国民经济其他部门对水资源的需要,贯彻综合利用水资源的方针,执行国家技术政策,促进沿线经济带和区域经济的发展。

(3) 要同工程所在地区的综合交通运输网中的公路、铁路等其他运输方式相互协调、衔接,既发挥各自优势又可进行互补,并有利于与其他水运通道配套,形成四通八达的航道网。

(4) 要与沿线城镇规划相结合,尤其要与港口和工矿企业群或大型企业等货流据点邻近和协调,以满足远景货运发展的需要。

(5) 路线应选择从水源丰富的河、湖毗邻地区通过,以确保有可靠的水量保证航运用水之需,如有条件,应充分利用当地径流,给航道自流供水,尽量减少泵站翻水量;同时,充沛的水量,也有利于沿线的环境保护,不恶化当地水质。

(6) 线路应尽可能绕过历史文物古迹而行,若确有困难,经过论证亦可将文物异地迁建,达到保留和保护文物的目的。

2）航道定线要点

航道定线以既定线路走向和优选方案为准，在选线原则的基础上结合下列要点予以具体化。

（1）线路应选择在水文地质条件较好的地段，地基土壤较密实，渗透系数小，岸坡易于维持稳定，水量渗透损失不过大。

（2）线路应力求避免跨越高山、河流、沟渠和道路，以减少通航建筑物（船闸、升船机）的数量以及地涵、公路铁路、过河管道等交叉建筑物的工程量，提高运河的通过能力和节省工程投资。

（3）线路应选择在地形适合的地段，尽可能使运河途经挖方地段，这样可使运河水位略低地面，可减少其对两岸地下水位的影响。

（4）连接相邻控制点间的河段不能以直线相连，而需以弯道衔接，弯道要素应符合规范规定，以利于航行安全。

（5）原有运河航道的局部改线，力求尽量减少对沿岸城镇街道的动迁、工商业区的干扰、自然景观的破坏等。在方案比较中，为了满足上述要求，有时可循原航道深槽线进行单边拓宽，这样处理也是可行的。但当为满足上述要求而确实不利于安全航行时，则需采用改线方案。

（6）凡遇到设枢纽的河段，应考虑到与进水渠道、行洪渠道、排涝渠道的交会河口等处的水位和流态，既不可危及安全航行，又不可有损于跨河建筑物、临河建筑物（港口、城市供水进水口、农用泵站取水口）等工程的原有功能和标准。若条件所限，则要求将其不利影响压缩在最低限度内，并结合工程措施予以改善，以确保航行安全。

（7）航道长直线河段的轴线方向尽量避免和盛行风方向一致，借以降低风浪，便于船舶航行。

（8）拟定的线路应有利于施工，技术难度不大，或虽有一定难度但解决困难所需的技术是成熟的，工程安全可靠，造价也是经济合理的。

7.5.2 航道平面线形设计

生态航道建设首要任务必须结合流域整体规划，连接航道上下游的水利生态系统从而进行设计段生态航道总平面设计及线性设计。航道所处的自然界处于长期演变之中，从而使得航道河势多以弯曲与自然裁直交替存在。传统航道工程设计人们往往只关注航道输水、泄洪等工程要求，从减少投资角度建设占地面积较小的陡峭航道，用硬性材料对河床和航道边坡进行支护等，种种工程措施对航道水生态系统造成了不可挽回的损失。生态航道线形设计应当尊重航道天然形态及航道原有的地貌特征，保持航道的蜿蜒性。从工程设计方面来看，河势的蜿蜒性能有效削减洪峰，控制流速，减小对下游河岸的冲刷力度。有别于传统航道工程，生态航道可有效改善两岸之间生态循环和水体质量，同时航道沿线半自然化水际边缘，诸如湿地、浅滩、深潭等，可增添航道的自然美感，多样化的航道形态也为沿岸动植物提供了丰富的栖息场所。

在航道线形规划设计阶段，针对城镇区域航道区域的设计，还应考虑航道工程的景观美学价值和经济、社会效益。从工程生态水力学角度来看，应当结合设计规划区域的具体地貌，因地制宜构建供居民亲水、近水的活动场所，实现水利工程学、人与社会的和谐共赢。航道既需要与城市、工矿、港口、枢纽等控制点连接，又受到地形、地物、地质和经济地理条件的制约而必须绕道，因此航道工程不可能是一条直线到底，应以直线为主、弯道为辅，将两者结合起来方能完成航道全线的定线设计，并符合确保工程安全、减少工程难度、控制工程造价的要求。可见，航道平面线形是航道工程中较为重要的设计内容。

航道平面线形设计的重要内容有：弯道段线形，航道与航道、河道交会口的处理，航道直线段与跨河建筑物所在河段的连接，航道直线段与临河建筑物所在河段的连接，航道与枢纽引河的衔接和航道与湖区航道口的连接等。

1) 弯道段设计

人工开挖的运河等限制性航道，线形较顺直，纵坡降比较平缓，河道断面沿程比较规格化。水流在直线河段是平顺的，流态较好，而进入弯道河段，水流和流速甚至流态都将发生变化。船舶驶经弯道，由于水流作用和离心力作用，极易碰撞河岸，为了航行安全的需要，弯道设计必须符合标准。

(1) 弯道半径

航道半径是指航道中心线的曲率半径，半径的大小对船舶航行安全有很大的影响，与船舶(队)的尺度、航行方式、航速以及航道的水流条件和能见度等因素有关。一般来说，当船舶(队)的航速不高时，船队长度和水流流速往往是控制设计的重要因素，同样长度的顶推船队所要求的弯道半径较拖带船队所要求的大。一般来说，弯曲半径越大，船舶航行越便利。但航道途经之处，新建工程由于受地势、地物的约束，改建工程则受原有航道周边环境如地形、沿河建筑物等因素的限制，在航道线形设计中有时难以选择到一个最理想的弯道半径。

我国《内河通航标准》规定航道最小弯曲半径宜采用顶推船队长度的3倍或拖带船队中最大单船长度的4倍。

遇到特殊河段，由于受条件所限，弯道半径不能满足上述要求时，但弯道具有加宽的条件，且通视距离满足交会船队长度的3倍，弯道半径尚可适当减少，但不得小于顶推船队长度的2倍或拖带船队最大单船长度的3倍。

(2) 弯道与弯道的连接

航道平面线形设计，凡是弯道与直线段的衔接必须相切。遇到同向弯道，两者间无直线段，则可按复曲线处理。遇到反向弯道，两弯道间必须设置直线段，以保证水流平顺地过渡，以利船队调顺航向。该直线段长度应保证船舶(队)从一个弯道出来后，完全位于一条直线后，再朝相反的弯道转弯。其长度计算公式如下：

两个反向弯道间直线段长度(L)的计算公式：

$$L \geqslant \frac{6}{n}\left(1+\frac{3}{n}\right)L_c \tag{7.2}$$

$$n = R_c/L_c \tag{7.3}$$

式中：L_c——最大设计船舶(队)的长度(m)；

$$R_c = \frac{R_1 + R_2}{2} \tag{7.4}$$

式中：R_1、R_2——分别为相邻两弯道的弯曲半径（m）。

当 $R_c = 3L_c$ 时，两个反向弯道间的直线段长度的计算公式为：

$$L \geqslant \frac{12L_c^2}{R_c} \tag{7.5}$$

水网地区水流较为平顺，河道内流速较小，所以两个反向弯道间的直线段长度可以适当缩短。如江苏省水网航道较为发达，在京杭运河江苏段整治工程中规定，两个反向弯道之间的最小直线段长度不小于 200 m，在最近几年的航道设计中一般均采用该值作为控制值。

（3）弯道加宽

具体内容见 3.2.3 章节。

2）运河与其他航道或河道交会口的连接

（1）航道与航道的连接

同等级航道的连接。等级相同的航道，它们的航宽和设计水深原则上是一致的。但设计船型和船队编组形式可以相同，也可以不同，因此弯道最小半径可以相同，也可以不同；水流流速可以相近，也可以不相近；货物流向和上、下行航线可以相同，也可以不同。所以航道交会口设计应针对上述各情况，给予处理：① 当作用在航行中船队的横向流速大于容许值时，可扩大交会口水域，增加过水断面积，调整交会口有关岸线的线形，借以改善水流条件，把横向流速限制在容许值内；② 若交会口流态不良，可把河道出口处变宽段的岸线按 1∶10～1∶4 的变率设计，或通过数模分析论证后确定；③ 分别按上行和下行的主要船队尺度，计算其弯道半径，各航向的弯道半径不得小于国标规定，取用其中控制设计的半径值并按规定进行弯道加宽；④ 在确定交会口水域，尤其是较大的交会口水域的弯道半径时，可参照航道与河道的连接规定，将船队交会所需的间距、航行漂角，甚至偏航角的影响予以一并考虑，并适当从宽掌握，以策安全和有利航行。

不同等级航道的连接。等级不同航道的设计水深不同，河底标高不一样，设计船型和船队编组形式基本上是不同的。因此弯道半径的值也不同，流速可以相近，也可以不相近，同时航宽不同。在进行航道交会口的设计时，横向流速、流态、弯道半径、船队交会和漂角等情况的处理或改善的方法，与"同等级航道的连接"的处理方法可以相同，但由于航道底宽不同，两航道中心线的连接虽可采用前面已选定半径的圆曲线，而两岸线（含河底边线）的连接则需采用缓和曲线或复曲线，曲线段两端应与直线段相切；为了保证水流的平顺，两航道的河底间也应以 1∶10 或 1∶20 坡降的缓和段给以衔接。

（2）运河（包括水网航道）与其他河道的连接

运河与其他河道间存在着宽度和水深的差别（河底标高不同），两者水流流速，可能也有较大差别，如有的渠道排涝时期是大流量、大流速，有的灌溉时期是大流量，有的经常引水出现大流量。因此，应当有针对性地进行连接段的设计。

① 对于横向流速。当交会口水域宽阔时，除考虑流速外，尚需考虑风力和风浪带来的船队漂移，在确定船队进出口门平面尺度时，可参照有关"弯道加宽"的规定，或结合"同等级

航道连接"的方法予以处理。

② 对于流态。除参照"同等级航道连接"的处理方法外,宜通过数模分析,或物模试验,来确定交会口水域范围,岸线的连接形式和弯道半径尺度,河底衔接段的范围和纵坡降大小,以至消能工的布设范围和跌水构造等。

③ 具体处理。当流速不大、流态尚在容许范围内时,其他河道与运河中心线的连接可采用小半径的圆曲线,一般 $R \geqslant 20$ m 即可;河道与运河岸线(含河底边线)的连接则可采用复曲线或缓和曲线;两河高程不一的河底间一般也可采用 1∶10 或 1∶20 纵坡降段连接。

④ 泥沙防治。对于有泥沙输移的交会口,还要考虑含沙量的测定和防淤措施设计。

3) 运河(包括水网航道)与湖区航段的衔接

运河往往利用湖泊作为其航道中的部分河段,由于湖区水域宽阔,航行中的船舶(队)受风力和风浪以及水流作用发生漂移,除与航线间有一漂角外,船舶从原航线漂移后直到调整航线间还存在一个偏航角和横向漂移距离。在此情况下,驾驶员心理也将受到影响,加之尚有船舶(队)交会因素,因此航行在该区域的船舶(队)航迹宽度大于航行在限制性航道直线段的航迹宽度。

运河与湖区航段的交会区域可分为衔接段和河口段,后者指直线段航道的口门范围,前者指由湖区至直线段航道口门间的进出(即上行和下行)船舶(队)航迹线涉及的区域范围。

(1) 河口段设计

船队进出河口段的各种情况的组合中,以相向航行(交会船队)的两船队的横漂幅度为最大,其航迹宽度的计算可做如下考虑:假设由直线段航段出来的船队,从河口段到衔接段,未受到横流作用,可不计其横向漂移。而另一船队经衔接段进河口段的途中在横流作用下产生横向漂移,必要时视河口开阔具体情况,亦可考虑部分河口段范围内的漂移,漂移距离为:

$$Z = tV_c \tag{7.6}$$
$$t = L/V_s \tag{7.7}$$

式中:Z——船舶(队)横流作用下的横向漂移距离(m);

t——船舶(队)经衔接段的历时(s);

V_c——船舶(队)横向漂移速度(m/s);

V_s——船舶(队)在衔接段的航速(m/s);

L——衔接段长度(必要时,亦可计入部分河口段长度)(m)。

其中:V_c 可根据实船试验得到船队在横向流速推压下,船舶横向漂移速度和横向流速的关系式:

$$V_c = 0.76 V_F + C \tag{7.8}$$

式中:V_F——横向流速(m/s);

C——常数,顶推船队采用 0.09,拖带船队采用 0.07。

计入船队在横流推压下的横漂距离和水流作用下增大的航迹带宽度后的航道宽度可按以下公式计算:

单线航道宽(B'_{01}):

$$B'_{01}=B_{01}+Z+2\Delta b=L_c\sin\beta+b_c\cos\beta+2\Delta b+\frac{L}{V_s}V_c \qquad (7.9)$$

双线航道(B'_{02}):

$$B'_{02}=B_{02}+Z+2\Delta b=L_{c1}\sin\beta_1+b_{c1}\cos\beta_1+L_{c2}\sin\beta_2+b_{c2}\cos\beta_2+3\Delta b+\frac{L}{V_s}V_c \qquad (7.10)$$

式中:B_{01}、B_{02}——水流影响下单线航行和双线航行的航迹宽度(m);

Z——船舶(队)横向漂移距离(m);

L_c、L_{c1}、L_{c2}、b_c、b_{c1}、b_{c2}——分别为单线航行和双线航行中的设计船舶(队)的长度和宽度(m);

Δb——船舶(队)与船舶(队)间,或与岸间的安全距离,一般取 $\Delta b=\dfrac{b_c}{2}$;

β、β_1、β_2——漂角(度),若无实船试验资料,则可取 $\beta=6°\sim8°$。

若衔接段为静水区,则风浪影响小,漂角可采用直线段航道的值,横漂距离可忽略不计,随之口门段宽度相应减小。

上述漂移作用计算得的 B'_{01}、B'_{02}影响,应向直线段航道的河口段内再延伸(0.5~1.0)L_c 的长度。

(2) 衔接段设计

当衔接段内湖区航段底高程和直线段航道河口段不一致时,在它们间应设 1:10 纵坡降河段作为衔接。

直线段航道和湖区航段的连接,应尽可能顺直,若因地形限制,需用曲线连接时,则弯道半径 R 可按以下方法取值:

顶推船队和机动驳船:在Ⅰ~Ⅲ级航道 $R\geqslant5L_c$;

在Ⅳ~Ⅶ级航道 $R\geqslant4L_c$,其中 L_c 为顶推船队长度。

拖带船队:在各级航道 $R\geqslant6L_c$,其中 L_c 为拖带船队中最大驳船长度。

对于弯道衔接模式,应进行内侧加宽,计算式同前。一般不采用反向曲线连接,当因地形条件所限,不得已采用反向曲线连接时,则在两曲线间应设不得小于一个设计船队长度的直线段。

在衔接段和河口段区域范围内应为航行中的船舶(队)提供良好的通视距离,以保证船舶(队)能安全畅通,这样可在前进方向遇到有碍航行的情况时,有足够的时间和距离采取措施及早避让。

4) 运河(包括水网航道)与枢纽建筑物引河的连接

(1) 运河与闸坝上、下游引河的连接

枢纽有闸坝并列集中布置、闸坝分开分散布置和只有船闸而没有其他挡水建筑物的布置三大类。对于并列集中布置和分开分散布置的上、下游引河与航道的连接布置形式,一般为有通航要求的水利枢纽所用。通航建筑物与挡水或电站间有导流堤,导堤长度一般大于船闸引航道长度,但也有短于引航道长度的,这主要决定于导堤端头外的流速、流态和船闸引航道口门区的尺度,其纵横向流速应当满足表 7.4 的规定。此外,还需要满足以下条件:

① 引河与航道的交角不得大于25°;若超过此限值,则可适当处理隔堤或挪动引航道口门段中心线走向,以满足要求为宜。② 流态不良时,应视需要,采用数模或物理模型分析和试验的成果,修改交会口水域范围,调整水流流向和岸线连接处的弯道半径和线形,以求达到改善流态的目的。③ 视具体需要增设护岸、护底,以提高抗冲刷能力;或加设防淤和减淤设施。

(2) 运河与船闸引航道的连接

在航运枢纽,没有挡水建筑物的船闸引航道进入主航道的连接,主要解决引航道口门区域与主航道的衔接设计问题。

引航道口门是指分水建筑物头部外一定范围的水域,其口门宽应不小于1.5倍引航道宽度(当水流、风、浪的影响较小时,可适当减少)。口门长度为1~1.5倍拖带船队长度或2~2.5倍顶推船队长度。在通航期内,引航道口门区的水面最大流速,应符合表7.4的规定。应尽量避免出现不良的流态,如泡漩、乱流等,若因条件所限不可避免时,则应采取措施,消减至无害程度。

表7.4 引航道口门区水面最大流速限值表　　　　　　单位:m/s

航道等级(或船闸级别)	平行于航线的纵向流速	垂直于航线的横向流速	回流流速
Ⅰ~Ⅳ	≤2.0	≤0.3	≤0.4
Ⅴ~Ⅶ	≤1.5	≤0.25	

引航道口门区应考虑风浪、泄水波、涌浪等的影响,以满足船舶(队)安全通畅过闸和停泊的要求。

引航道口门与主航道衔接区的平面连接线形,如弯道半径、岸线连接形式等设计应参照前文所述的有关规定处理。

5) 运河(包括水网航道)与跨河、临河建筑物所在河段的连接

(1) 运河与桥梁所在河段的连接

按我国现行国标《内河通航标准》的规定,跨越限制性航道尤其是采用岸壁式护岸河段的桥梁,采用一跨过河、主孔桥墩不占用航道水域的形式,可充分发挥航道的有效航宽功能。自从国标颁布以后,运河工程中的跨河桥梁均按此要求设计,而在这之前的航道,因为没有这样明确的规定,加上工程投资有限,在航道上建跨河建筑物压缩过水断面还是个普遍问题。近期新建桥梁所在河段和正段航道(即非桥址处的主航道,以下同)在线形上无不同之处,其岸线可与桥址上、下游连成一线,不需要在它们中间设置任何折线;而压缩过水断面的跨河桥梁,可从桥址处分别设渐变段,以顺水流向的长度上、下游各100 m为宜,若有困难时可适当减小,但不得小于50 m,固定式或浮式结构均可。

(2) 运河与港口、锚地所在河段的连接

港口、锚地、停泊地所在河段的岸线都随着它们采用挖入式港池、锚地的形式而与正段航道岸线不在同一平面,因此需专门布设一个连接段将其连接起来。该连接段从码头泊位端头起与码头岸线间的夹角为30°~45°,延伸后与正段岸线间的夹角为135°~150°,港口的锚地和集镇的停泊地也可参照上述布置方式设计。挖入式港池的深度(垂直于水流向,以下

同),一般码头前沿线应距航道的航宽边线(亦有以设计最低通航水位线)3~4倍设计船型宽的距离,并满足船队转头不占用航道水域的要求或符合管理部门有关的规定,以其中最大的控制尺度为准。港口锚地的深度为2~4.5倍设计船型宽度;停泊地的深度约为20 m。

(3) 运河与取水口岸线的连接

除了上述的临河建筑物布置外,还有与工业用水、城市生活用水和农业灌溉用水等取水口建筑物所在河段的衔接布置。如电厂为了吸取机器冷凝水,沿河设置抽水站及安全防护设施;城市自来水厂的泵房和沿河设置的取水口;农业灌溉渠道的渠首工程和设在沿河的抽水站等设施。在运河等限制性航道内取水,必须验算当按需要的流量抽吸水时,对航道造成的横向流速和对船队(舶)的吸力,它们均应控制在容许范围内,上述设施必须在设计最低通航水位的河断面外设置。它的岸线与主航道间可采用斜度为1:4的折线连接,若有困难时,亦可采用斜度为1:1的折线,或以小半径带扭曲面的岸坡连接,同时必须设置安全防护设施,这样既保证了船队(舶)的安全航行,又保证了抽吸水设施的正常运转。

7.6 航道断面设计

7.6.1 航道纵断面设计

在航道中心线定线过程,已考虑了航道纵断面设计方案,到了纵断面设计时,又需反馈有关航道中心线的调整意见,至此航道中心才最后定线。所以说航道的纵断面设计和定线是相互影响、相互制约的,必须综合其工程标准、工程规模、技术要求、工程投资、施工难度、航道用水供需关系、运输成本、养护工作量等因素,进行方案比选和优化设计,才能确定和选出合理的中心线和航道纵断面。

1) 设计中应遵循的基本理论

在初步拟定运河断面轮廓尺寸后,运河中的平均流速可根据明渠恒定均匀流理论按下式估算:

$$V = C\sqrt{RJ} \tag{7.11}$$

$$Q = AV = AC\sqrt{RJ} \tag{7.12}$$

式中:R——运河设计断面的水力半径(m);

Q——流量(m^3/s);

V——平均流速(m/s);

A——过水断面面积(m^2);

J——水力坡降即沿流程单位长度的水头损失;

C——谢才系数,是综合反映断面形状尺寸和粗糙程度的系数($m^{0.5}/s$)。

运河一般均为水力粗糙区,采用曼宁公式 $C = \frac{1}{n}R^{1/6}$,则

$$V = \frac{1}{n}R^{2/3}J^{1/2}$$

式中:n——糙率。

明渠恒定均匀流水力坡降、水面坡降和渠底坡降的值是相同的,因此:

$$J = \Delta H / L \quad (7.13)$$

式中:ΔH——运河两端所衔接的水道间的水位差(m);

L——运河的长度(m)。

当断面平均流速大于河道的容许(不冲刷)平均流速时,有的河段需要防护,如建护底和护坡以提高河床抗冲刷的能力;或减缓水力坡降。为了减小运河的纵坡降,一是可以加长运河的长度,二是在运河适当的位置建造船闸或升船机以壅高闸上游水位并克服集中水位差。前者按开敞式运河设计,后者按设闸运河设计。

运河河床断面的最大水流流速可引用断面平均流速V来计算,但应考虑单位重量的动能和动量修正系数。

(1) 动能修正系数

$$\alpha = \frac{1}{v^3 A} \int_A u^3 \, dA \quad (7.14)$$

式中:A——过水断面面积(m^2);

u——水流质点流速(m/s);

V——断面平均流速(m/s),且 $V = \frac{1}{A} \int_A u \, dA$。

(2) 动量修正系数

$$\beta = \frac{1}{v^2 A} \int_A u^2 \, dA \quad (7.15)$$

式中:各符号意义同前。

假设垂线流速分布呈对数形式,α 和 β 的近似值可按下式计算:

$$\alpha = 1 + 3\varepsilon^2 - 2\varepsilon^3 \quad (7.16)$$

$$\beta = 1 + \varepsilon^2 \quad (7.17)$$

$$\varepsilon = \frac{u_{\max}}{v} - 1 \quad (7.18)$$

垂线上的最大流速采用下式计算:

$$u_{\max} = (\varepsilon + 1) V \quad (7.19)$$

式中:$u_{\max}$——最大流速(m/s);

V——断面平均流速(m/s)。

通常,取 $\alpha = \beta = 1$ 进行计算。垂线上的最大流速一般位于水面以下$\frac{1}{5}$水深处。

航行的最大容许流速的大小与船舶的操作性能有关,一般情况下不应大于1.0 m/s,横向流速不大于0.25 m/s,但在有的运河上,由于船舶操作性能的改善,纵向流速曾允许提高到1.5 m/s以上。特殊河段的流速尚可提高,例如我国的《船闸总体设计规范》对引航道口门区水面最大流速限值的规定为:Ⅰ~Ⅳ级船闸,顺航道轴线的纵向流速≤2.0 m/s,垂直于航道轴线的横向流速≤0.3 m/s;Ⅴ~Ⅶ级船闸,顺航道轴线的纵向流速≤1.5 m/s,垂直于航道轴线的横向流速≤0.25 m/s。

运河纵断面设计中为了减少河床的护砌工程量,常以河道允许不冲流速来控制水力坡降,但水流流速过小,又会派生淤积问题。凡运河水流不含泥沙或含泥沙量极小,主要是为了避免水草滋生而降低过水能力。若水流含有一定的泥沙,应使河道设计流速不小于能挟带来水含沙量的流速,因此河道的最小不淤流速与水流中泥沙的性质有关,U 可用下面的经验公式计算:

$$U=C'\sqrt{R} \tag{7.20}$$

式中:U——最小不淤流速(m/s);

R——水力半径(m);

C'——有关水流中泥沙性质的系数,见表7.5。

表 7.5　系数 C' 值

泥沙性质	C'	泥沙性质	C'
粗颗粒泥沙	0.65～0.77	细颗粒泥沙	0.41～0.45
中颗粒泥沙	0.50～0.64	很细颗粒泥沙	0.37～0.41

2) 运河纵断面设计

人工运河按其所处地理位置及航行船舶的不同,可分为海运河和内陆运河两大类。前者位于近海陆地,沟通海洋和海洋或连通港口,行驶海船为主;后者位于内陆地区,仅供行驶内陆船舶。按其设闸与否的分类,有开敞运河和设闸运河之别,前者虽也和其他河流交汇,但所需的航运用水量和通航水位不依靠航运枢纽(或有通航要求的水利枢纽)来控制和调节,船舶可以自由无阻碍地航行。后者的航运用水量和通航水位完全由航运枢纽(或有通航要求的水利枢纽)水工建筑物进行控制和调节,船舶航行需从枢纽通航建筑物中通过,会受到制约。

(1) 开敞运河纵断面

运河衔接的两河流间的水位差不大,或水位差虽不小,但可通过延长航道长度而改缓河床纵坡降,减小水流流速,船舶逆流航行的阻力可由船舶自己的功率克服,顺流而下又可满足安全航行的要求,船舶在运河和被衔接的河道间可自由航行,充分发挥运河的设计通过能力。建成后的运河水位和相应的地下水位对当地农作物的影响不大,其中低水位侧的河流具有承受高水位侧的河流来水的能力,这样的运河可不设任何控制性的水工建筑物,这是开敞运河的特点。但河道内水位不平稳,高、低水位变幅大,随着被衔接河道内水位的变化而变化,对河岸的侵蚀极易派生塌坡,水流流速虽满足安全航行条件,但尚有冲刷河床的现象存在,需加以防护,如做护底、坡式护岸或岸壁式护岸。

开敞运河纵断面设计,可从整条运河中取出有代表性的一段(该河段衔接其上、下游两条河流),按下列要求进行剖析,以便于掌握其整个过程。

① 必须具备地形图,收集并整理分析上、下游被衔接的两河流枯水期的低水位及其水位差,按设计航道水深分别初拟该段运河上、下游端处的河底高程,据此设计河底线和算得航道长度,由水位差 ΔH 和河底线长度 L,求得水力比降 $J=\Delta H/L$;由两端河底高差 Δh 和河底线长度 L,求得河床纵坡降 $i=\Delta h/L$。

② 收集并整理分析被衔接的两河流高水期的水位及其水位差,按初拟的河断面尺度,验算水面最大流速和断面平均流速,该段运河可通过的流量,以及航道内因上、下游河流水位的变化影响派生的运河水位的变幅。

③ 收集沿线地质资料。

④ 收集沿线农作物对地下水位的要求。

⑤ 分别对以下项目进行判别:流入运河航段的流量是否满足通航水深的设计要求;有无超过船舶顺流航行最大容许值的流速,船舶功率能否克服逆流航行的航行阻力;有无超过航道土质岸坡和河床的不冲刷的容许平均流速,有无超过护坡护底结构物的抗冲刷能力;挖土河段为稳定岸坡,有无加固地基或设置防护建筑物的需要;在水位变化范围的岸坡,为防止塌坡,有无设置防护建筑物的需要,以及有无清障和防淤措施要求;土石方工程量计算及克服施工难度所需的技术要求。

⑥ 估算工程投资。

⑦ 结合航道定线方案一并比选,做到技术上可行,经济上合理,最后提出运河河床纵坡降和航道中心线的调整意见。

(2) 设闸运河纵断面

在下列情况下运河工程需采用设闸方案。

① 当运河跨越相邻水系中的分水岭或穿越地势较高的地带时,为了避免在通过该地区或地带时开挖较深、土石方量过大,常通过设置若干级船闸来解决运河的连续性问题。采用引水渠道或泵站逐级翻水来满足航运用水之需,先将河道从一个水系河道引向高处,又从高处逐渐下降接到另一个水系的河道。如苏联的伏尔加河-顿河运河,设置了若干座船闸才把伏尔加河与顿河沟通起来。

② 当运河连接相邻水系的水位差较大,运河开通后水位比降也大,流速大到不利于开发水运交通时,唯有在下游设若干级闸坝逐级壅水,改缓水位比降,才能解决航运问题。

或运河开通后,高水位侧的河道流量通过运河压向低水位侧的河道,而低水位侧河道沿线地形不适宜高水压的环境,且河道标准或技术状况不具备承受外来洪水的能力,只有设闸控制下泄流量和调节水位,同时这也解决了运河的航运问题。

③ 当运河连接多个水系时,各相邻水系的衔接段河道的用途不同,有的用作航运和行洪,有的用作航运和送水,有的用作航运和灌溉等,这时需有控制泄洪流量或挡水确保往上一级翻水的水量,或控制水位提供灌溉水量等功能的建筑物,这些建筑物一般采用节制闸,而航运问题则采用船闸(通航建筑物)。

如京杭大运河江苏的扬州长江边至山东黄河边,连接了长江、淮河、沂沭泗、黄河等多个水系。地势从长江左岸(北岸)经扬州、淮阴两地区,进入山东的南四湖,先由低地逐步升坡,再逐渐降坡直到东平湖和黄河右岸,设置了十多座枢纽工程(每枢纽均包括船闸、节制闸、翻水站),将运河分成若干梯级。从江都抽水机站翻水,经京杭运河逐级送水到达徐州和南四湖,满足了航运、灌溉用水量要求。通过节制闸分别控制了泄洪流量和灌溉水位,而通航建筑物则解决了通航问题。

设闸运河水位稳定,高、低水位变幅不大,水面比降较缓,流速小,较少有冲刷影响,但可能有淤积影响。当运河兼有排、灌任务的河段在排、灌大流量时,对河道还是有冲刷作用的。航道上枢纽建筑物多了会影响航道设计通过能力的发挥。

凡是符合设闸运河条件者,均可按照下列要求进行纵断面设计。

① 收集全线地形图,收集分析被衔接各水系河道的特征水位和计算各段运河水位差。

② 根据全线各水系河道的特征水位连线线形和纵断面上的地形起伏线形以及影响特征水位的河道交会口的进出水量等资料,计算河床平均纵坡降和水位平均比降,初拟梯级数目和各级河段长度,各梯级水位落差,以及各河段设计最高、最低通航水位。

③ 根据设计航道水深的要求,定各级河段河底设计线。

④ 收集全线地质资料。

⑤ 调查全线农作物种类及所要求的最佳地下水位。

⑥ 分别对以下项目进行判别:航运用水是否充沛;是否符合梯级不宜多、级段河道长度宜长的要求;是否符合水位落差集中于几个设枢纽水工建筑物处,是否符合船闸数量合理,满足在建成后便于管理和发挥运河的通过能力的要求;相邻枢纽建筑物闸下水位与下一级枢纽建筑物闸上水位是否满足连续要求;各枢纽的设计水位差是否相同或大多接近,这有利于节约设计工作量和有利于施工;堤防高程是否符合防洪标准。

⑦ 土石方工程量、各类型建筑物工程量、护岸结构工程量等的计算,以及克服施工难度大所需的技术要求。

⑧ 估算工程投资。

⑨ 结合航道定线方案进行优化,提出全线的梯级设置和级段长度的评估和调整意见,满足技术可行和经济合理的要求。

3) 水网航道纵断面设计

水网航道是水网地区众多水道中已开发出来的可常年通航或季节性通航的航道总称。它们绝大部分是在排、灌渠道和引水水道的基础上扩大功能,有条件地满足区域内城镇和乡村间的生产资料和生活费料等货物的交流和互补有无而发展起来的短途水上运输网络。如江苏苏南、苏北两地区的水网航道就属于这种类型的航道网,它们同京杭运河、太湖连通,其水上运输既可直达上海、安徽、浙江三省市,又可通过长江左、右两岸的船闸或节制闸的通航孔与长江中、下游十余个省市的长途运输相衔接,形成了以京杭运河和长江为主通道的江苏航道网。

水网航道由于各渠道的用途不同,为满足各自的需要设置的河底纵坡降或形成的水面比降也有所不同。但有的水运航线是由衔接不同用途的若干渠道组成的,为航运需要,河道断面需拓宽和浚深,形成新的通航水位和水面比降,为此需进行纵断面设计。

水网航道从整个网来说,基本上在通往大江、大海的口门上均分别设有节制闸,既可挡住大江、大海的高水或高潮倒灌入水网区域内,又可控制网内需要的水量不白白流入大江、大海;既可向大江、大湖、大海排洪、排涝,又可引江水、湖水进网,调节网内水量。从网内个别渠道来说,有的不直接进入大江、大海,自身长度也不长,在河道上也没有设闸,但它的水量和水位无一不是间接地由沿江、沿海的水闸所控制。它们的航道也有开敞和设闸之分,其纵断面设计方法可分别参考开敞运河或设闸运河的方法。

水网内可通航的渠道和不可通航的渠道间,是河河相连、水流相通的,因此每条河道的沿程的流量往往是非恒定的,设计水位的分析,应考虑该特征。

7.6.2 航道横断面设计

航道断面设计的关键是在保障航道防洪安全条件下,航道断面尺寸均能够适应过流航道的不同设计水位和设计流量,并在防洪设计断面的基础上估算生态航道断面尺寸。科学地研究航道各项水力条件,依据设计河段所处的位置确定具体生态目标,对估算尺寸值进行优化确定。

运河及水网地区的航道均是限制性航道,它的宽度和水深都有一定限度,对船舶航行有明显的限制作用。限制性航道横断面设计包括河床断面形式和航道尺度等。航道尺度选择又涉及航道宽度、断面系数、航道水深和船舶吃水比等。

1）航道断面形式

航道断面形式设计必须考虑以下因素:新建工程或改建工程的特点,沿线地形(地势)、工程地质和水文地质实情,特征水位,水流、风浪和船行波等动力要素。新建工程一般采用两岸对称的断面形式,而老航道改建,因需保护沿线工程和减少沿岸房屋动迁量,往往采用两岸不对称的断面形式。航道工程常用的河床断面形式大体上有以下两类:

(1) 对称形式:有梯形断面、矩形断面、叠合形断面三种。其中梯形的岸坡有单级坡、二级坡和多级坡之别,有的还在变坡比连接处设青坎或平台。叠合形断面一般在设计水位附近设有平台,平台以下为带岸坡的梯形断面,平台以上为岸壁式的矩形断面,由梯形和矩形两个断面构成叠合形断面。

(2) 不对称形式:由不同外形的河岸组合起来的河断面,称之为组合形断面。往往是一岸为岸壁式河岸,另一岸为斜坡式岸坡。岸坡也有单级坡、二级坡之别,有的在变坡比处设青坎。岸壁式河岸既可将岸壁基础埋置至河底,又可埋置在设计水位附近的平台处,形成了设计水位以上为岸壁式、设计水位以下为坡式的组合结构。

航道工程中的河床断面形式也可按照断面形状具体划分为:

(1) 梯形河床断面

梯形断面不仅是国内运河、水网航道工程上常用的断面形式,而且在国外航道应用也不少。凡是农村河岸为黏性土的河段,因其抗水流冲刷的能力较强,岸坡不需防护,采用梯形断面最为经济和最符合生态学要求。梯形断面岸坡一般采用单级坡,但岸坡高度较大时或因土质原因,为了增强岸坡整体稳定性需要,采用双级坡或多级坡。有的还在不同坡比连接处设平台或青坎,平台尺度主要根据岸坡稳定或排水需要,或利用原地面设平台有利于施工而定。其坡比在水位下的较水位上的缓一些,或由于地质原因,水下坡比大于水上坡比。若为削减风浪或船行波上爬高度和刷坡能量,则在岸坡上设置平台,平台顶位于静水位附近平台,顶面要有一定的宽度。该形式的断面适用于新建工程和改建工程中的改线段。它的优点不少,但开挖土方工程量较大,占用土地面积大,因此在城乡结合部的河段或城镇市郊段,尤其是经济比较发达的或人均土地面积较少的地区,必须与其他形式断面进行技术经济比较后择优选用。

（2）矩形河床断面

据国内外有关文献介绍，在相同的过水断面面积中，水力半径较大的断面，对船舶的航行阻力较小，有利于航行。要取得较大水力半径的最佳断面非矩形断面莫属。

航行在矩形断面航道中的船舶，不论航行漂角如何，船底下的富裕水深在全断面内均可得到保证。在航道断面系数(n)和航道水深吃水比(H/T)相同的条件下，在占用土地和拆迁房屋面积上，矩形断面较其他形式断面要少得多。该形式断面适用于城镇航段或因有两岸工程和建筑物难以异地迁建的其他河段。它的优点不少，但要修建岸壁式河岸，工程投资较大，而多采用混凝土护砌的矩形断面或阶梯形断面，航道硬质化，容易阻碍航道两岸生态系统的交流。因此在经济条件有限以及人均土地面积不是很紧的地区，要权衡利弊，与其他形式断面进行技术经济比较后择优选用。

在西欧国家，有的国际性河道，用水量须照顾上、下游沿途国家关系，或因保护土地需要，或因控制河道内水量渗漏损失，采用矩形断面，两岸建有钢板桩岸壁的河道为数不少。我国水资源低于世界平均水平，必须考虑航道水量的渗漏损失，虽航道工程采用矩形断面必然会增加工程投资，但在经济实力较强的地区，还是可以考虑的。

（3）复合式河床断面

航道断面形式尽可能不要设计成单一的矩形断面或梯形断面。单一的、顺直的矩形断面和梯形断面束缚了航道的水流，使洪水来临时水位变高，同时航道淤积严重使洪水位越来越高。单一的断面形式也缩小了航道中水生物的生长空间。在为航道断面进行选形时应尽量避免单一的矩形、梯形断面，尽量选择复式断面或复合型断面形式。

① 不对称组合式断面

不对称组合式断面，往往出现在具有岸坡的梯形断面的老航道改建中。当进行外拓航道宽度和浚深河底时，为了保护沿线建筑物，减少街区的拆迁量，少占用土地，调整航道中心线，以求航道向单侧拓宽，在单侧建岸壁，岸壁基础设在河底。若新建河岸上设有平台，则平台上的岸壁基础就设在平台内，形成本断面形式。平台设置要求如前所述。施工期间的工地局限于一岸，对城镇街区的影响和市容的干扰，比较容易处理。同时也符合工程一次规划、分期实施的原则，先行改建一岸，工程投资也好安排，以后视可能和需要再进行另一岸的改建。如京杭运河苏南段改建工程，凡是城镇段在老河道上改建的河断面几乎均采用不对称组合式断面。

② 对称叠合式河床断面

本形式断面是由下层的梯形河断面和上层的矩形河断面组成的，是在积累了航道养护工程多年经验的基础上派生出来的，它的水力半径介于对称式梯形断面和对称式矩形断面之间，虽较矩形断面小，但较梯形断面大，有利于航行。减少岸坡的护砌和岸壁挡墙的工程量，减少用地和节省投资等优点都介于梯形和矩形断面之间。对城镇和农村段的适用性较强，可开发建立生态景观休闲区域，改善河道两岸生态交流，具备一定景观性、生态性。如京杭运河苏南段中凡是改线段和河道向两岸对称拓宽的河段均采用对称叠合式河床断面。上、下两层间设有平台，其要求如前所述。

表7.6对常见航道断面形式分类进行了总结。

表7.6 常见航道断面形式分类表

类型	主要特征	优点	缺点
梯形河床断面	抗水流冲刷的能力较强,岸坡不需防护,一般采用单级坡,但岸坡高度较大时或因土质原因,为了增强岸坡的整体稳定性,采用双级坡或多级坡	较为经济和符合生态学要求,适用于新建工程和改建工程中的改线段,城乡结合部的河段或城镇市郊段	开挖土方工程量较大,占用土地面积较多
矩形河床断面	具有较大水力半径的最佳断面,对船舶的航行阻力较小,可提高河道过流能力	较梯形河床断面占地面积少,适用于城镇航段或因两岸工程和建筑物难以异地迁建的其他河段	使河道美感降低且硬质护岸材料不利于两岸生态交流,破坏了水生态环境
复合型河床断面	上、下两层间可设平台,可开发建立生态景观休闲区域,改善河道两岸生态交流,具备一定景观性、生态性	对城镇和农村段的适用性较强,水力半径介于对称式梯形断面和对称式矩形断面之间,减少岸坡的护砌和岸壁挡墙的工程量,减少用地和节省投资等都介于梯形和矩形断面之间	结构形式复杂,施工难度大,投资成本高

2) 航道断面尺度

确定航道断面尺度时需考虑以下因素:规划水平年预测货运量,航道设计通过能力和船流密度;营运规划确定的船型、船队编组形式,营运平均航速;抗御水流风浪、船行波的冲刷能力,针对地质条件,岸坡或岸壁稳定所需断面形式及结构。总之,航道断面尺度设计涉及航道断面系数、水深吃水比和航道宽度等指标,需要——加以研究。

(1) 航道断面系数

航道断面系数(n)为设计最低通航水位时的航道过水断面面积(A_c)与设计船型舯部在水下的横断面积(A_m)之比,即 $n=\dfrac{A_c}{A_m}$。

航道断面系数为确定运河等限制性航道断面尺度的重要指标。船舶在狭窄航道中的航行阻力较无限水体和广阔的天然河流要大得多,因为前者的 n 值远小于后者的 n 值,即航行阻力与 n 成反比。一般在航道工程设计中首先根据初选的航道等级、设计船型,在可接受的船舶航行阻力下为获得船队每千瓦堆载量的好指标和经济营运航速以及合理的工程量,进行 n 值的比选和确定航道尺度。

航道断面系数的选择,从客观上来看,虽已找到了它的影响因素,但要想通过比较简单的公式来计算,目前国内外尚未解决,一般还是通过实船和船模试验数据的分析研究,对可供采用的 n 值做些规定或推荐。如西欧有大量的限制性航道,通过试验研究,1968年欧洲经济委员会统一规定取 n 值等于7;我国上海船舶运输科学研究所在1982年进行了运河航道断面系数的模型试验研究,考虑船舶的航行阻力特征,若航速不超过 10 km/h,比较合理的 n 值不宜小于7;美国陆军工程兵团通过船模试验建议 n 值不小于6。我国现行国标制定过程,综合了京杭大运河和水网航道实际情况,按航速 10 km/h 考虑,n 值选用6~7,对特殊河段规定 n 值不宜小于6。

n 值的选择过程涉及船队每千瓦的推(拖)载量,是营运规划工作者所关心的问题。由于西欧的限制性航道较多,比较接近我国大运河和平原水网地区情况,因此德国的资料可供参考,其船舶的功率大,航速为 10～11 km/h,顶推船队编队形式一般为 1 顶 2 驳至 1 顶 6 驳,每单位千瓦堆载量可达 1.9～3.8 t。

京杭运河苏北段属于 II 级航道,底宽为 70 m,设计最小水深为 4.0 m,设计船型为 1 顶 2×2 000 t 驳和 1 顶 2×1 000 t 驳,航道断面系数为 7.67。

(2) 航道水深和船舶吃水比

航道设计水深与船舶设计吃水之比简称为水深吃水比。船舶设计吃水量指船舶设计载重时静浮状态下的吃水。航道设计水深是设计船舶静浮状态时的吃水和富裕水深之和,其中富裕水深为设计船舶静浮状态时船底龙骨下至航道底的最小距离,它由船舶航行下沉量(船舶由静浮吃水转为航行动吃水,两者间的吃水增量)和触底安全富裕量所组成。

限制性航道不仅它的断面系数和船舶航行阻力有关,水深吃水比对船舶航行阻力亦有影响。上海船舶运输科学研究所的船模试验报告认为,对于顶推船队,当 $H/T>5.5$ 时,可不考虑浅水效应。在航道断面系数相同条件下,航行阻力与 H/T 值成反比,当 H/T 小于 1.5 时,航行阻力将急剧增加。我国现行国标规定 H/T 值在 1.6～1.7 之间,而拖带船队因其航速较小,H/T 值尚可适当低些。荷兰试验研究确定 H/T 值不小于 1.5,德国研究认为 H/T 值不得小于 1.6,和我国标准 H/T 值几乎相同。

在受到条件限制的航道,H/T 最小值的选用,我国现行国标未做规定。美国认为 H/T 值在 1.3～1.5 之间,虽然船舶可以获得良好的操纵灵活性,但最低值不得小于 1.3;德国试验表明,为避免船舶触底,对于 1 顶 2 驳的顶推船队(船队长 180 m,宽 11.4 m,吃水 2.3 m)要求水深稍大于 3.0 m,即 H/T 值为 1.3;苏联学者巴甫连科建议以 $H/T=1.3$ 为低速航行的最小值。

江苏省内的京杭运河河段处于水网地区,一因水上运输繁忙,船流密度大,且大小船舶比较杂,都在主要航段内航行,所以航速不高;二因航道沿线不仅人均土地少,而且大都是高产田,所以少占良田,少挖土地,是工程上必须考虑的问题;三因苏南段贯穿经济发达的苏、锡、常、镇四市,城市和乡镇以及街坊沿河密布,所以减少房屋动迁量是不能不考虑的问题。由此可知,若为了航道断面系数和水深吃水比两项指标而大量扩大河断面和加深河底是有困难的,但有条件时仍应以我国现行国标规定的上限为准。

(3) 航道宽度

航道宽度是指在设计最低通航水位时,船舶设计吃水的船底处航道断面水平宽度。

历来计算航道宽度的方法有两种,一种是用船宽(或船队宽度)的倍数表示,另一种是用船舶(或船队)的航迹宽度加富裕宽度或航迹带宽度的倍数表示。前者的主要缺点是没有考虑船舶(队)长度对航道宽度的影响,而后者则以航迹线宽度为基础计算航道宽度,被我国国标所采用。考虑到船舶(队)直线航行时,常受侧风和斜向水流的外力作用,往往船体两侧阻力和推力不均,需经常用舵保持航向,此时船舶(队)纵轴线与航向线间形成一夹角,该船体所占水域的宽度大于船体宽度,称为航迹带宽度,用航迹带宽度的倍数计算航道宽度显然比单纯用船体的倍数计算更符合实际情况。目前我国计算内河航迹带宽度时,一般只考虑漂角影响。但运河和水网航道中的湖(库)区航段除考虑漂角外,尚须考虑偏航或漂移影响。

仅考虑船体漂角时航迹带宽度(B_F)计算公式为:
$$B_F = L\sin\beta + B_s\cos\beta \tag{7.21}$$

式中:L——船舶或船队长度(m);

B_s——船舶或船队宽度(m);

β——漂角(°),根据有关船舶航行观测资料以及实船试验,我国现行国标规定Ⅰ至Ⅴ级航道采用3°,Ⅵ、Ⅶ级航道按2°计算。

对于湖区航段,由于其受湖面风浪影响,此时船舶(队)有可能偏离航线,计算航迹宽度时还应考虑偏航距离,其航迹带宽度(B'_F)计算公式为:
$$B'_F = L\sin\beta + B_s\cos\beta + tV_s\sin\alpha \tag{7.22}$$

式中:t——从开始偏航起至纠正航向的全过程所需的时间(s);

V_s——船舶航行速度(m/s);

α——偏航角(°)。

对于运河及水网地区的航道,一般较为狭窄,船队的编组一般以一列式顶推船队或一列式拖带船队和自航单船为主,同时也因工程投资所限以及保护土地需要,因此它们的航宽设计一般按双行线满足两船队安全交会,不考虑追越;考虑漂角,不计偏航。航道宽度采用下式计算:
$$B = (2.6 \sim 2.8)B_F \tag{7.23}$$

式中:B_F——一个船(队)的航迹带宽度(m)。

京杭运河江苏省境内段和水面较宽广的水网航道中的河段以及穿湖航段,当测算其设计通过能力时需分别考虑船舶(队)交会和追越中的减速影响。

式(7.23)计算得到的航道宽度,未包括集镇河段兼顾小船待错船需要应增加的航宽。视需要可单侧加宽10~15 m,或双侧各加宽10~15 m。

在航宽尺度确定后,航道底宽(B_b)可由航道宽度来计算,其计算公式如下:
$$B_b = B - 2m(H - T) \tag{7.24}$$

式中:T——船舶的设计吃水(m);

B——航道宽度(m);

H——水深(m);

m——边坡系数,当断面两侧边坡不同,或坡面采用不同的坡度时,应按断面图具体计算。

3) 航道河岸河底设计

航道河岸应根据地质,设计岸坡坡比。根据水流条件、风浪要素、船行波要素,验算岸坡坡比,设置消浪平台以及采用的防护措施及结构。

为风浪而设置的消浪平台,平台设在静水位附近,平台顶宽取1~2倍波高,且不小于3 m,或设在静水位上、下半个波高,平台顶宽为0.5~2倍波高,波浪爬高可较不设平台者减小10%~15%。

为船行波设置的消浪平台位于静水下0.5倍波高处,平台顶宽在0.25倍波长和4倍波高间,当岸坡边坡参数 $m=5\sim7$ 时,波高折减 $(0.75\sim0.8)H$;$m=4$ 时,波高折减 $(0.6\sim0.7)H$;$m=3$ 时,波高折减 $(0.5\sim0.6)H$。

7.7 工程案例

7.7.1 京杭运河江苏绿色现代化航运综合整治工程(江南段)

1) 项目概况

京杭运河江苏段绿色现代航运综合整治工程(JHYH-LSHY-KCSJ1 标段)(以下简称苏南运河)全长约 212 km,其中镇江境内长 43 km,常州境内长 49 km,无锡境内长 39 km,苏州境内长 81 km。苏南运河是国家水运主通道京杭运河的重要组成部分,沟通长江与太湖水系,穿越流域腹地和太湖下游水系,起着水量调节与转承作用。

苏南运河为限制性航道,经"四改三"航道整治工程达标后,全线通航条件良好,无险滩,常水位为 1.10~3.10 m,最高通航水位为 2.40~5.10 m,最低通航水位为 0.40~0.60 m,通航保证率为 98%。京杭运河江苏段绿色现代航运综合整治工程(江南段)利用"四改三"的建设成果:Ⅲ级航道,设计船型为 1 000 t 级;航道线路、中心线、设计通航水位不变,依托现有航道进行提升建设。

2) 设计任务与原则

(1) 总体目标

根据全省大运河文化带建设的工作部署,结合运河转型提升总体方案,将京杭运河江苏段建成航道环境整洁生态、港口生产清洁高效、船舶装备节能环保、航运服务安全便捷、文化品质显著提升的全国内河航运标杆,支撑京杭运河沿线地区成为江苏高质量发展的亮丽名片。具体目标是打造"四美运河",即航运设施尽显绿色生态之美、航运装备尽显低碳环保之美、航运组织尽显高效顺畅之美、航运服务尽显人文智慧之美。

(2) 总体原则

① 生态优先、绿色发展

这是重要发展理念,也是推进京杭运河绿色现代航运发展方案设计的重大原则,要实现京杭运河江苏段绿色发展,必须把"生态优先"融入方案设计及工程建设的各方面和全过程。

② 统筹协调、融合发展

统筹协调资源布局,注重沿线生产、生活、生态岸段协调发展,用生态串联生产与生活,实现融合发展。统筹航运要素与文化、旅游、科学技术等要素融合发展。

③ 点段结合、突出重点

选取重要节点,重点航段、城镇段省市联合,重点打造,以点带面、以段连片,串联共建京杭运河绿色现代航运示范区。

④ 远近结合、全面推进

绿色现代航运示范区建设是系统工程,应总体设计、分阶段实施,对于当前紧迫任务,近期重点实施推进;对于近期难以取得实质成效的任务,持续推进,远期实现。

7 航道总体设计

（3）设计思路

① 加强综合整治，因地制宜，系统化设计

要从系统观念和全局出发，统筹兼顾、整体施策、多措并举，因地制宜地进行系统化设计。

② 加强生态环境保护修复

加强生态环境保护修复，从生态系统整体性出发，构建人与自然和谐共生的绿色发展示范带。

③ 运河与城镇、文化融合发展

要把运河建设和大运河文化遗产保护、沿线名城名镇保护修复、文化旅游融合，为大运河沿线区域经济社会发展、人民生活改善创造有利条件。

④ 运河转型升级的新要求

推进运河航运转型提升，促进生产、生活、生态协调发展。强调生态绿色转型，提升航运可持续发展能力；推进发展方式向智慧创新驱动转型，提升航运现代化水平；推进航运功能向文旅交融合发展转型，提升航运发展内涵。

3）航道竖向设计

（1）设计通航水位

苏南运河全线经过"四改三"航道整治，已达到Ⅲ级航道标准，本次工程设计水位采用"四改三"的设计水位，见表7.7、表7.8。

表7.7 设计水位采用表

地名		最高通航水位(m)	最低通航水位(m)	常水位(m)
谏壁船闸	上游	6.5	0.5	—
	下游	5.1	0.6	3.1
丹阳		5.1	0.6	2.1~2.4
陵口		4.9	0.6	2.1~2.4
吕城		4.5	0.6	2.1
常州段		3.3~4.4	0.6	1.6~1.7
无锡西		2.9	0.6	1.2
无锡东		2.8	0.6	1.2
望亭		2.4	0.6	1.1
横塘		2.4	0.4	1.1
平望		2.2	0.4	1.1

（2）航道水深

根据《航道工程设计规范》和《内河通航标准》，经"四改三"工程建设，苏南运河全线已达限制性Ⅲ级航道，按照按大设计船型1 000 t级，船舶吃水深度为2.7 m，富裕水深取0.5 m，设计航道水深取3.2 m。

表7.8 苏南运河设计水位

地名	常水位(m)	设计最低通航水位(m)	设计最高通航水位(m)
镇江	2.1~2.4	0.6	5.1
常州	1.6~1.7	0.6	3.3~4.4
无锡	1.2	0.6	2.8~2.9
苏州	1.1	0.6	2.4

（3）通航净空尺度

① 跨河桥梁净空尺度

根据《内河通航标准》和《运河通航标准》，三级航道水上过河建筑物净空尺度不小于 60 m×7 m，且在限制性航道上，应采取一孔跨过通航水域，本项目航道宽度为 80 m，故桥梁净空尺度标准为 80 m×7 m。

② 过河缆线净高尺度

根据《内河通航标准》，电力、通信、水文测验和其他水上过河缆线的通航净高，应按缆线垂弧最低点至设计最高通航水位的距离计算，其净高值不应小于最大船舶空载高度、船舶航行安全富裕高度与缆线安全富裕高度之和。根据《江苏省内河航道架空缆线通航净空规定》，Ⅲ级航道对应的最大船舶空载高度取 16.5 m，架空缆线的安全富裕高度详见表 7.9。

表7.9 输电线路安全高度

电力线							通信和广播电视线
线路电压(kV)	1以下	1~10	35~110	220	330	500	1 000	
安全高度(m)	1.0	1.5	2.0	3.0	4.0	6.0	10.0	1.0

③ 水下过河设施

穿越航道的水下电缆、管道、涵管和隧洞等水下过河建筑物必须布设在远离港口、锚地的稳定河段，其顶部设置深度不应小于远期规划航道底标高以下 2 m。

④ 锚地、码头、临时停靠区等不得占用规划航道。

设施水域宽度按并靠船舶总宽度加 1 倍设计船宽确定，护岸前沿与航道边线距离取 2 倍设计船宽。

⑤ 其他临河建筑物的前沿位置应不影响船舶的航行视线。

4）航道平面设计

（1）航道线路

京杭运河苏南段航道流经镇江市、常州市、无锡市、苏州市。本工程航道线路主要利用京杭运河现有航道走向，设计航道中心线沿河道中间布置，尽量与保留桥梁正交。

（2）土方工程

工程涉及的土方工程主要为航道疏浚、生态护岸工程墙前淤土清理以及码头工程结构的开挖与回填。水上方、水下方和回填方方量分别为 2.6 万 m^3、108.9 万 m^3 和 1.6 万 m^3。

(3) 护岸工程

补齐缺失护岸、修复破损的护岸，护岸结构采用生态护岸和植被护岸。

① 生态护岸

对苏南运河沿线护岸缺失、破损段进行生态加固。新建生态护岸长度为 14 678 m，镇江、常州、无锡、苏州段长度分别为 1 927 m、5 930 m、2 802 m、4 019 m。

② 植被护岸

按城镇段进深 5~10 m，乡村段进深 10~30 m 范围，整理护岸临岸侧绿化。

镇江航道段植被护岸分为绿化新建、绿化补植和绿化保留三种形式，选择广玉兰、杜鹃作为镇江段的特色植物。

常州航道段植被护岸以绿化补植为主，选择垂柳、月季作为常州段的特色植物。

无锡航道段植被护岸分为绿化新建、绿化补植和绿化清杂三种形式，选择香樟、梅花作为无锡段的特色植物。

苏州航道段植被护岸分为绿化补植和绿化清杂两种形式，选择榉树、桂花作为苏州段的特色植物。

(4) 航标工程

为保障船舶在航道中安全航行，本段航道在"四改三"工程建设的基础上，对损坏标牌进行更换，补齐缺失标牌、调整标牌版面内容。共改建标牌 34 座，新建标牌 122 座。采用点阵式 LED 光源进行亮化处理。标牌亮化数量合计 135 座。

对苏南运河全线桥梁标牌进行补充，合计补充桥名牌 132 块、桥涵标 144 块、甲/乙类警示标志 62 块、通航净高标尺标志 8 块。

结合京杭运河沿线航运遗产、其他文化遗址资源分布情况，以及当地城市历史文化，设置文化宣传牌、地名牌、指向牌、文化小品等设施，丰富航运文化传播路径。共设置航运文化标识 100 座。

(5) 配套工程

① 水上服务区工程

对已建成的镇江水上服务区、常州水上服务区、无锡洛社水上服务区、无锡新安水上服务区以及苏州吴中水上服务区共 5 个服务区进行综合提升改造，从消防改造、功能提升、建筑外立面改造和生态提升多个方面完善水上服务区综合服务功能。

② 锚地工程

对于镇江大泊锚地、常州九里锚地和苏州盛泽锚地，结合城市文化，增加服务休闲设施与基础设施，实施景观绿化美化提升改造，打造航道标志性景观，提升锚地服务功能。

③ 应急保障码头

在镇江谏壁二线船闸下游三汊河口翻水河内侧，设置应急保障码头 1 处，码头泊位长度为 150 m，满足 7 艘航政艇停靠需求。在常州阳湖大桥上游，苏南运河与古运河交会口处，设置应急保障码头 1 处，码头泊位长度为 160 m，满足 7 艘航政艇停靠需求。

④ 应急执法基地

为进一步提升京杭运河沿线处置突发事件的应急保障能力，增强执法能力，提升服务水平,在本次工程中布置了镇江应急保障基地、常州应急保障基地、无锡应急保障基地、苏州浒关应急执法基地和苏州平望应急执法基地共5处执法应急保障基地。

⑤ 临时停靠点

在苏南运河常州段设置临时停靠点5处、苏州段设置临时停靠点4处。

⑥ 浒关观测流量站

浒关观测流量站位于浒东运河和苏南运河交会处,对现有观测站外立面进行改造,更换破损门窗,更换定制标牌字。

(6) 桥梁工程

① 尹山大桥改建工程

对尹山大桥进行原位改建。改建桥20 m,主桥采用下承式钢管混凝土系杆拱,引桥采用预应力混凝土空心板梁,桥梁跨径布置为$(7×20+98+4×20)$m。

② 桥梁亮化、美化

镇江亮化桥梁9座、美化桥梁9座;常州亮化桥梁14座、美化桥梁14座;无锡亮化桥梁28座、美化桥梁17座;苏州亮化桥梁27座、美化桥梁17座,合计亮化桥梁78座、美化桥梁57座。

7.7.2 宿连航道(京杭运河至盐河段)整治工程一期工程

1) 项目概况

宿连航道(京杭运河至盐河段)一期工程西起京杭运河宿迁城区段,经陆运河、东民便河、路北河、军屯河,东经沭新河南船闸下游,全线长度约58.5 km。根据相关规划,并充分考虑京杭运河交会口特殊船型进出靠泊与沿线河道防洪需求,该航道工程按照三级标准规划建设,设计船型为1 000 t级。航道整治尺度为:底宽不小于45 m,通航水深为3.2 m,最小弯曲半径为480 m。航道沿线共需新改建桥梁17座。整治工程一期工程航道路线图见图7.2。

2) 设计原则与工程措施

(1) 设计原则

① 航道走向尽量顺直,充分利用现有河道、沟塘、洼地,保留主深槽,以减少开挖方量、减少征地、节约工程投资。局部曲率不符合通航标准的航道部分应进行裁弯取直,确保通航条件、减少工程量。

② 航道建设应与城镇总体规划、水利规划、环境保护、旅游开发等紧密衔接,充分发挥航道建设的社会综合效益,并与港口规划、物流园区规划等协调,形成便捷的航道网,提高内河航运的竞争优势。

③ 城镇地段在尊重市政总体规划及工业布局的前提下,尽量向建筑物少、质量差和拆迁影响小的一侧岸边拓宽,最大限度地降低工程对市镇工农业和人民生活的影响,节省工程投资。

④ 少占地,在充分利用原有河道断面的基础上,尽量对航道进行单侧拓挖。

⑤ 对于航道穿越桥梁地段,航道中心线应尽可能与桥梁通航孔中心一致,并充分考虑

航道与桥梁正交、两反弯曲线间和桥梁上游间保留一定直线安全距离等因素。

⑥ 航道开挖土方应尽量回填利用或弃置在航道两侧较近范围,节省清运费用,具体方案还应满足水利部门行洪要求。

(2) 工程措施

根据航道沿线自然条件、工程特点及水运现状,施工拟选在枯水期进行,采用陆上开挖与水下疏浚分段进行的施工方案。因部分航道狭窄,故施工期间应加强现场管理。对于房屋沿河岸分布较为密集的城镇段,施工场地相对狭小,施工时必须合理进行场地布置,以节约土地。

由于宿连航道工程里程较长,投资较大,涉及范围广泛,整个工程宜采取分段分期实施。宜先实施起点段、城镇航段和古泊河船闸衔接段等,以利于地方的城镇规划和建设,后实施农村段航道。

航道沿线存在一些狭窄航段、交叉河道、兼顾防洪灌溉的航道和部分平地开河航段,故本次航道工程可对应采用不同的施工方法,工程内容包括水上土方开挖、水下土方疏浚等,施工时务必做好施工组织设计和施工现场管理。

对于土方工程施工,水上方采用机械挖掘,水下方主要采用抓斗式挖泥船进行疏浚,疏浚的土方通过吹填的方式运到岸上,弃土方尽量结合沿线附近的水塘和低洼地作为弃土区,连片施工以便复耕。在有条件的情况下,可结合当地的规划,作为新建公路的路基土方,或用作防洪大堤的加固土源等。

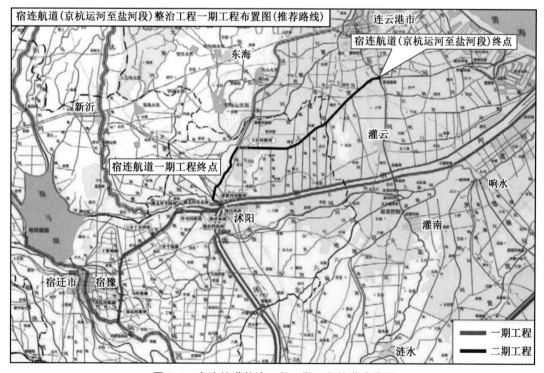

图 7.2 宿连航道整治工程一期工程航道路线图

3) 航道竖向设计

(1) 设计通航水位

由于二干渠水位在大部分时间高于京杭运河水位,因此井头船闸定义其上游为二干渠,下游为大运河,但宿连航道工程整段航道的上游仍为大运河,下游为古泊河。航道主要节点的设计水位见表 7.10。

表 7.10 宿连航道工程梯级设计水位表

序号	船闸		最高通航水位(m)	最低通航水位(m)	防洪水位(m)
1	陆运河船闸	上游(京杭运河)	19.31	17.81	19.14
		下游(陆运河)	16.81	15.51	16.81
2	军屯河船闸	上游(路北河)	16.81	15.51	16.31
		下游(军屯河)	11.59	7.31	12.54
3	沭新河南船闸	上游(新沂河)	11.10	7.31	12.26
		下游(沭新河)	7.91	5.31	7.91

(2) 航道水深

根据《内河通航标准》《运河通航标准》,本工程航道水深取 3.2 m。

(3) 通航净空尺度

① 跨河桥梁

根据《内河通航标准》,取本航道桥梁的有效通航孔尺度分别为:净高 $H_m=7$ m,净宽 $B_m=60$ m,净跨满足一跨越过通航水域的要求。

② 架空缆线和水下管线

根据《内河通航标准》(GB 50139—2014),电力、通信、水文测验和其他水上过河缆线的通航净高应满足:缆线垂弧最低点至设计最高通航水位的距离净高值不小于最大船舶空载高度与安全富裕高度之和。河床下埋置的水下过河建筑物顶部埋深应位于设计河底标高 2 m 以下。

4) 航道平面设计

根据相关规划、近远期的货运量预测、营运组织方案,综合考虑设计船型、干线航道网建设等因素,确定宿连航道工程按Ⅲ级标准建设。航道线路为途经宿迁市宿豫区陆运河、东民便河、路北河、军屯河,经沭新河南船闸进入沭新河航道。本航道的规划建设既为大运河苏北段打通一条便捷出海通道,又为江苏省最大的沿海港口——连云港开辟了新的集疏运通道,可成为苏鲁皖豫物资运输的重要黄金水道(图 7.2)。

5) 航道断面设计

根据相关规划要求,结合设计船型、运输需求,确定宿连航道工程全线按Ⅲ级标准规划建设,航道断面水深 3.2 m,底宽≥45 m。

本航道为限制性航道,部分航段采用直立式断面,其口宽计算公式如下:

$$BK = B + 2m\Delta h + 2\Delta B$$

式中:B——航道底宽(m),取 45 m;

m——土坡边坡，本工程取 3；

Δh——河底与挡墙底板顶之间的高度(m)，取 1.0 m；

ΔB——土坡顶线与挡墙边线之间的宽度(m)，取 4.5 m。

故直立式断面口宽为 60 m。

护岸结构断面采用两种形式：斜坡式护岸、直立+斜坡的复式断面结构。

(1) 复式断面

根据航道地形实际情况，在居民相对密集的区域(比如曹集村、来龙镇及沭新河沿岸)，为尽量避免大量拆迁房屋，考虑重力式挡墙结构+空心六角块植被护坡结构形式和板桩墙护岸结构+空心六角块植被护坡结构形式以供比选，两种结构形式断面图如图 7.3 所示。

重力式挡墙结构施工工艺简单，结构稳定性好，缺点是混凝土用量较大，需要足够的场地进行围堰和开挖基坑施工。板桩墙可以采用预制或现浇的形式，但施工工艺相对复杂，耐久性较重力式结构要差。本工程考虑施工工艺和结构耐久性，推荐复式断面为直立式护岸结构+空心六角块植被护坡结构形式。航道设计底宽为 45 m，墙身、底板及压顶均采用 C30 混凝土。在挡墙墙顶接 1∶2 的护坡，采用空心六角块植被护坡形式，其下为 10 cm 厚的碎石垫层，碎石垫层下铺设一层反滤土工布。

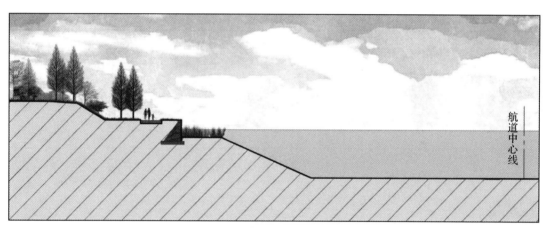

(a) 重力式挡墙+空心六角块护坡

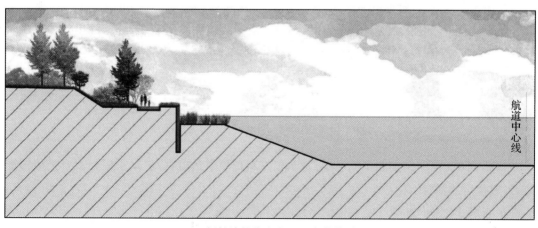

(b) 板桩墙护岸+空心六角块护坡

图 7.3 复式断面示意图

(2) 斜坡式护岸

斜坡式护岸的航道断面按Ⅲ级航道标准进行设计,航道断面底宽为 45 m,边坡坡比为 1∶3。斜坡式护岸护面对三种形式进行比选:六角块结构、铰链排结构、格宾石笼结构。

① 六角块护岸结构

常水位以上部分铺设空心六角块,便于种植植被,常水位以下部分铺设实心六角块,六角块厚度均为 15 cm,其下为 10 cm 厚的碎石垫层,碎石垫层下铺设一层反滤土工布。坡顶处设置素混凝土压顶,坡脚处设置素砼压脚。六角块护岸结构见图 7.4。

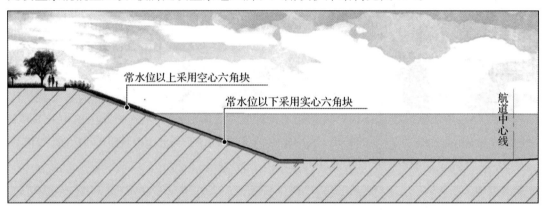

图 7.4 六角块护岸结构断面示意图

② 铰链排护岸结构

铰链排护岸结构如图 7.5 所示,在常水位以下使用铰链排结构,结构采用预制混凝土块,常水位以上采用空心六角块结构。

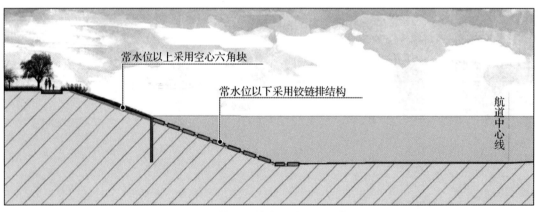

图 7.5 铰链排护岸结构断面示意图

③ 格宾石笼护岸结构

格宾石笼护岸结构如图 7.6 所示,常水位左右种植耐水植物,护岸采用格宾石笼结构堆砌,形成稳定的堤身结构。

护面形式比较见表 7.11。

7 航道总体设计

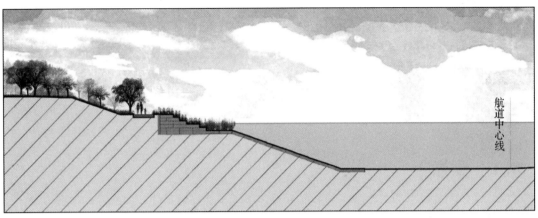

图 7.6 格宾石笼护岸结构断面示意图

表 7.11 护面形式比较

护面形式	优点	缺点
六角块护坡	取材容易,工厂化生产质量保证度高,砌筑简单,外形美观	整体性稍差
铰链排护坡	可以进行水下施工,施工速度较快	施工时需要专门的大型船舶
格宾石笼护坡	整体性较好	块石平整度要求较高,适应岸坡变形能力低,材料用量大,人工砌筑速度慢

结合本航道的地形、地质情况,材料供应、施工条件、投资、生态等因素,民便河、路北河航段因具备干地施工条件,本次采用空心六角块+实心六角块的结构方案;军屯河、沭新河采用铰链排+空心六角块的结构方案。路北河航段来龙镇区域内,由于两岸建筑密集,采用重力式挡墙+空心六角块护坡。另外,航道除了需要满足使用功能外,其美观、生态性也极为重要,下阶段应进一步研究航道护岸尤其是居民密集区段航道护岸的生态及景观性,力争将宿连航道工程打造成生态景观航道。

宿连航道工程纵断面设计时需根据各航道段设计低水位及设计水深 3.2 m 确定相应航段的设计河底高程。横断面设计总体采用梯形形式,设计河道底宽为 45 m,两侧以 1∶3 边坡向上开挖至设计坡顶高程。局部区域航段采用直立式挡墙,再以 1∶2 边坡向上开挖至设计坡顶高程。航道沿线的设计河底高程情况见表 7.12。

表 7.12 宿连航道工程河底高程一览表

序号	航段	设计通航高水位(m)	设计通航低水位(m)	设计河底高程(m)
1	陆运河船闸～军屯河船闸	16.81	15.51	12.31
2	井头船闸～军屯河船闸	20.31	17.81	14.61
3	军屯河船闸～沭新河南船闸	11.59	7.31	4.11
4	沭新河南船闸～古泊河船闸	7.91	5.31	2.11

8 生态护岸设计

8.1 概述

8.1.1 一般规定

实施航道护岸工程的目的是维护航道岸坡的稳定、航道的水深,保护土地资源,兼顾生态景观,应根据自然条件、使用要求及远期发展等进行设计。生态护岸是利用植物或者植物与土木工程相结合,能在防止河岸坍塌之外,使河水与土壤相互渗透,增强河道自净能力,产生一定自然景观效果,对河道坡面进行防护的河道防护型式。

生态护岸的结构型式应根据当地自然条件、使用要求、材料来源和施工条件等因素,结合水利防洪要求,经技术经济综合比较后确定。设计宜兼顾景观性和亲水性,结合航道两岸地形地貌和周边环境,满足人的多种需求,体现航运文化,形成内河航道特色景观。

护岸设计应综合考虑水深、流速、底质、河道形态、断面形式及材料等多方面的影响,构建适宜生物栖息及繁殖的条件。水动力较弱的区域,宜采用水生植物护岸为主;水动力较强的区域,宜采用生态性、亲水性较好的抗冲结构护岸为主。

护岸结构的设计使用年限应按下列规定采用:
(1)永久性护岸结构的设计使用年限应采用50年;
(2)对破坏后损失不严重的斜坡式护岸等非重要建筑物,设计使用年限可采用25年;
(3)临时性护岸结构的设计使用年限可采用5~10年。

护岸结构在规定的设计使用年限内应满足下列功能要求:
(1)在正常施工和正常使用时,能安全承受设计规定的各种作用;
(2)在正常使用时具有良好的工作性能;
(3)在正常维护条件下具有足够的耐久性能;
(4)在设计地震状况下主体结构仍能保持整体稳定;
(5)有特殊要求时,在发生设定的偶然事件下,主体结构仍能保持整体稳定。

护岸结构设计应根据结构失效可能产生危及人的生命安全、经济损失、对社会和环境影响的严重程度采用不同的安全等级。护岸结构安全等级的划分应符合表8.1的规定。

8 生态护岸设计

表8.1 护岸结构的安全等级

安全等级	失效后果	适用范围
一级	很严重	有特殊安全要求的结构
二级	严重	一般结构
三级	不严重	临时性结构

护岸工程设计应遵守下列原则：

(1) 根据河岸水动力作用特点进行防护设计；

(2) 有利于岸滩稳定；

(3) 减少波能集中，避免与相邻构筑物的连接处形成薄弱点；

(4) 与邻近地区建筑物和环境相协调；

(5) 满足环境保护要求；

(6) 易于修复和加固。

护岸设计应包括下列主要内容：

(1) 确定建筑物的设计标准、安全等级和设计使用年限；

(2) 选择合理、可行的设计方案，确定结构主尺度；

(3) 进行承载能力和正常使用极限状态结构设计及构造设计；当有防渗要求时，进行防渗设计；

(4) 模型试验验证内容和要求；

(5) 耐久性设计；

(6) 原型观测设计；

(7) 使用和维护要求。

护岸的设计标准应包括设计水位标准、抗震设防标准等。除特殊情况或有特殊要求时，护岸设计水位标准应根据建筑物的结构安全等级按照现行行业标准《港口与航道水文规范》(JTS 145)的有关规定确定。抗震设防标准应根据建筑物的结构安全等级按照现行行业标准《水运工程抗震设计规范》(JTS 146)的有关规定确定。

护岸常用石料的分类和加工要求可按表8.2确定。

表8.2 常用石料的分类和加工要求

序号	类别名称	形状	加工要求	规格尺寸	用途
1	开山石混合料	形状不规则的块状	用爆破法直接开采	单块质量为10～100 kg或800 kg以下混合级配	抛填
2	二片石	形状不规则的块状小粒径	用爆破法直接开采出，经筛选	粒径为80～150 mm	整平

续表

序号	类别名称	形状	加工要求	规格尺寸	用途
3	砌筑块石	至少具有一个平面的块状石	用爆破法或裂劈法直接开采出,对外露面或四周稍加修凿	大致方正,厚度不小于250 mm,宽度为厚度的1.0～1.5倍,长度约为厚度的1.5～4.0倍	护坡或一般砌筑物
4	锥形块石	具有平底,形似截头锥形	采用块石按设计要求经粗琢加工	底部平面尺度不小于100 mm×100 mm,顶部尺度不限,但不可为尖形,高度与底面积之比不宜过大,且不得呈斜锥形	
5	条石	近似长方六面体	由岩体或大块石料按设计要求开劈并经粗琢加工	表面平整,长度方向顺直,各面相互垂直,长度不小于宽度的3.0～5.0倍	
6	粗料石	形状规则的六面体	由岩体或大块石料开劈,并经粗略修凿或经粗加工	外形方正,表面不允许凸出,凹入深度不大于20 mm,厚度不小于200 mm,宽度不小于厚度,长度不小于厚度的1.5倍	
7	半细料石	形状规则的六面体,或按设计要求	按设计要求经细加工	表面不允许凸出,凹入深度不大于10 mm,尺寸同粗料石	有景观等特殊要求的砌筑物
8	细料石		按设计要求经细加工	表面不允许凸出,凹入深度不大于2 mm,尺寸同粗料石	

护岸混凝土构件的混凝土强度等级应符合现行行业标准《水运工程混凝土结构设计规范》(JTS 151)的有关规定;钢结构的钢材强度应符合现行行业标准《水运工程钢结构设计规范》(JTS 152)的有关规定。有耐久性要求时应符合相关规范的规定。

施工过程中未成型的护岸,应根据实际情况采取相应的防护措施。必要时,应进行模型试验研究确定。

下列情况下,应对护岸结构进行检测与评估,并根据检测与评估结果进行必要的修复或改造设计:

(1)护岸达到或超过设计使用年限需继续使用;
(2)改变护岸的使用功能和使用条件;
(3)出现影响护岸安全和使用的非正常变形、变位、裂缝、破损和耐久性损伤等;
(4)护岸因地震、台风等重大自然灾害或偶发事故受损;
(5)钢材或混凝土劣化导致结构明显损坏;
(6)护岸的防腐蚀措施达到或超过设计使用年限。

护岸应设置一定数量的永久观测点,定期观测护岸在施工期和使用期的沉降、水平位移等,对软土地基,在施工期宜增加孔隙水压力的观测;还应定期观测护岸结构的破损情况和地基冲刷情况。

8.1.2 极限状态设计

护岸结构设计采用的作用应包括永久作用、可变作用和地震作用,有特殊要求时可考虑偶然作用。作用标准值的确定应符合《港口工程荷载规范》(JTS 144-1)、《港口与航道水文规范》(JTS 145)、《水运工程抗震设计规范》(JTS 146)等规范的有关规定。

护岸结构应按承载能力极限状态和正常使用极限状态进行设计，并应符合下列规定：

(1) 承载能力极限状态设计应计算或验算护岸的结构强度和稳定、整体稳定、地基承载力等，承载能力极限状态设计表达式应符合下式：

$$\gamma_0 S_d \leqslant R_d \tag{8.1}$$

式中：γ_0——不同结构安全等级的重要性系数，可按表8.3取值；

S_d——作用组合的效应设计值；

R_d——抗力设计值。

表8.3 不同结构安全等级的重要性系数 γ_0

结构安全等级	一级	二级	三级
重要性系数 γ_0	1.1	1.0	0.9

注：①安全等级为一级的护岸，当对安全有特殊要求时，γ_0 可适当提高；
②自然条件复杂、维护有困难时，γ_0 可适当提高。

(2) 正常使用极限状态设计应计算或验算护岸的构件变形、裂缝宽度和地基沉降等。正常使用极限状态设计表达式应符合下式：

$$S_d \leqslant C \tag{8.2}$$

式中：S_d——作用组合的效应设计值，包括变形、裂缝宽度和沉降量等；

C——结构规定限值，包括规定的最大容许变形、裂缝宽度和沉降量等。

护岸结构设计时，应对不同设计状况的作用、环境条件和影响等进行分析。设计状况宜分为下列四种：

(1) 持久状况：持续时段与设计使用年限相当的设计状况；

(2) 短暂状况：在结构施工和使用过程中一定出现，而与设计使用年限相比，持续时段较短的设计状况，包括施工、维修和短期特殊使用等；

(3) 地震状况：结构遭受地震作用时的设计状况；

(4) 偶然状况：偶发的使结构产生异常状态的设计状况，包括非正常撞击、火灾、爆炸等。

根据护岸结构的设计状况，结构设计应符合下列规定：

(1) 持久状况应进行承载能力极限状态和正常使用极限状态设计；

(2) 短暂状况应进行承载能力极限状态设计，可根据需要进行正常使用极限状态设计；

(3) 地震状况应进行承载能力极限状态设计，主体结构在出现设计的地震状况时不应丧失承载能力；

(4) 有特殊要求时，也可对偶然状况进行承载能力极限状态设计或进行防护设计。

护岸结构设计时，应采用可能同时出现的作用的最不利组合。

8.1.3 结构选型

护岸设计宜按以下原则，采用直立式、斜坡式、复合式断面型式：

(1) 护岸的结构型式应结合河道特性、水面宽度、底质、河道形态、两岸植被和景观状况综合选取,宜选用生态型、亲水型结构,并与周边城镇、环境和景观相融合;

(2) 护岸设计宜因地制宜,优先选择更接近岸坡自然形态、生态亲和性较佳的斜坡式结构;受土地资源、水深等具体因素限制,可采用直立式结构;

(3) 位于城区或运河的护岸,为减少土地资源的占用,与城市景观的融合,根据工程具体情况,可选用斜坡和直立式相结合的复合式结构;

(4) 宽敞河段航道护岸可在岸滩采用挺水植物生态带。

8.1.4 结构耐久性设计

永久性护岸应按结构所处的环境条件、设计使用年限和结构特点等进行相应的耐久性设计。

护岸混凝土结构的耐久性设计应符合现行行业标准《水运工程混凝土结构设计规范》(JTS 151)、《水运工程结构耐久性设计标准》(JTS 153)、《海港工程混凝土结构防腐蚀技术规范》(JTJ 275)和《水运工程混凝土质量控制标准》(JTS 202—2)的有关规定。

护岸钢结构的耐久性设计应符合现行行业标准《水运工程钢结构设计规范》(JTS 152)、《水运工程结构耐久性设计标准》(JTS 153)和《海港工程钢结构防腐蚀技术规范》(JTS 153—3)的有关规定。

受冰冻作用的护岸,应采用抗冻、抗磨损和抗撞击性能好的结构型式和材料。

8.1.5 护岸碳排放量计算

护岸碳排放计算应根据不同需求按阶段进行计算,主要包含护岸建材生产及运输阶段、施工阶段,并将分段计算结果累计为护岸全生命期碳排放。

(1) 建材生产及运输阶段碳排放计算

建材碳排放应包含建材生产阶段及运输阶段的碳排放,并应按现行国家标准《环境管理 生命周期评价 原则与框架》(GB/T 24040)、《环境管理 生命周期评价 要求与指南》(GB/T 24044)计算。

建材生产及运输阶段的碳排放应为建材生产阶段碳排放与建材运输阶段碳排放之和。

建材生产阶段碳排放应按下式计算:

$$C_{sc} = \sum_{i=1}^{n} M_i F_i \tag{8.3}$$

式中:C_{sc}——建筑生产阶段碳排放($kgCO_2e$);

M_i——第i种主要建材的消耗量(t);

F_i——第i种主要建材的碳排放因子($kgCO_2e$/单位建材数量),按现行国家标准《建筑碳排放计算标准》(GB/T 51366)取值。

建材运输阶段碳排放应按下式计算:

$$C_{ys} = \sum_{i=1}^{n} M_i D_i T_i \tag{8.4}$$

式中:C_{ys}——建材运输过程碳排放($kgCO_2e$);

M_i——第i种主要建材的消耗量(t);

D_i——第i种建材平均运输距离(km);

T_i——第i种建材的运输方式下,单位重量运输距离的碳排放因子[$kgCO_2e/(t \cdot km)$]。

(2) 施工阶段碳排放计算

施工阶段的碳排放应包括完成各分部、分项工程施工产生的碳排放和各项措施项目实施过程产生的碳排放。

施工阶段碳排放计算时间边界应从项目开工起至项目竣工验收止。

施工场地区域内的机械设备、小型机具、临时设施等使用过程中消耗的能源产生的碳排放应计入;现场搅拌的混凝土和砂浆、现场制作的构件和部品,其产生的碳排放应计入。

施工阶段使用的办公用房、生活用房和材料库房等临时设施的施工和拆除可不计入。

施工阶段的碳排放量应按下式计算:

$$C_{JZ} = \frac{\sum_{i=1}^{n} E_{jz,i} EF_i}{A} \tag{8.5}$$

式中:C_{JZ}——施工阶段单位建筑面积的碳排放量($kgCO_2/m^2$);

$E_{jz,i}$——施工阶段第i种能源总用量(kWh 或 kg);

EF_i——第i类能源的碳排放因子($kgCO_2/kWh$ 或 $kgCO_2/kg$),按现行国家标准《建筑碳排放计算标准》(GB/T 51366)取值;

A——建筑物面积(m^2)。

施工阶段的能源总用量宜采用施工工序能耗估算法计算。

施工工序能耗估算法的能源用量应按下式计算:

$$E_{jz} = E_{fx} + E_{cs} \tag{8.6}$$

式中:E_{jz}——建筑建造阶段总能源用量(kWh 或 kg);

E_{fx}——分部分项工程总能源用量(kWh 或 kg);

E_{cs}——措施项目总能源用量(kWh 或 kg)。

分部分项工程能源用量应按下列公式计算:

$$E_{fx} = \sum_{i=1}^{n} Q_{fx,i} f_{fx,i} \tag{8.7}$$

$$f_{fx,i} = \sum_{j=1}^{m} T_{i,j} R_j + E_{jj,i} \tag{8.8}$$

式中:$Q_{fx,i}$——分部分项工程中第i个项目的工程量;

$f_{fx,i}$——分部分项工程中第i个项目的能耗系数(kWh/工程量计量单位);

$T_{i,j}$——第i个项目单位工程量第j种施工机械台班消耗量(台班);

R_j——第i个项目第j种施工机械台班的能源用量(kWh/台班),按现行国家标准《建筑碳排放计算标准》(GB/T 51366)取值,当有经验数据时,可按经验数据确定;

$E_{jj,i}$——第i个项目中,小型施工机具不列入机械台班消耗量,但其消耗的能源列入材料的部分能源用量(kWh);

i——分部分项工程中项目序号;
j——施工机械序号。

8.2 直立式护岸

8.2.1 护岸类型

直立式护岸墙体根据结构受力不同,可分为素混凝土重力式结构、预制混凝土箱式结构、金属丝网箱结构以及板桩结构等型式。

1) 素混凝土重力式结构

素混凝土重力式结构断面型式可采用梯形式、衡重式,为实体结构,有节约用地、构造简单、结构坚固耐久、墙身整体性较好、刚度大、施工速度较快、抗撞击能力较强、维护费用低等优点;缺点是混凝土用量大,对地基要求高。图8.1为素混凝土重力式结构示意图。

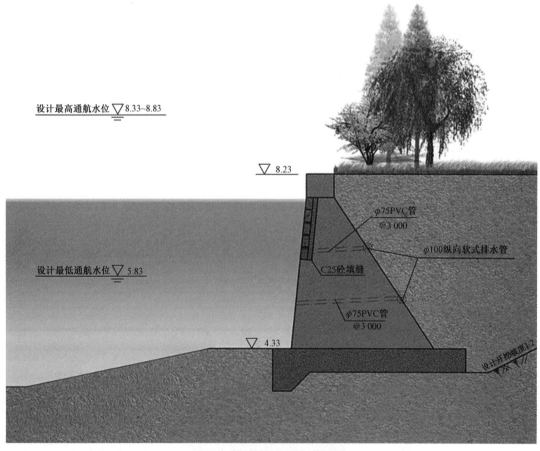

图 8.1 素混凝土重力式结构

(1) 素混凝土重力式结构应满足以下要求:
① 现浇砼结构由压顶、墙身及底板等构件组成。

8 生态护岸设计

② 压顶宽度一般取 600~800 mm，厚度取 500~600 mm，墙身的墙背一般采用俯斜式，压顶与墙身间宜设置连接钢筋，钢筋直径一般取 14、16 mm，间距一般取 330 mm。

③ 底板宽度根据回填土指标、基底摩阻系数、墙后荷载、水位组合等条件确定，一般取 0.9~1.1 倍墙高；底板厚度一般取 0.1 倍墙高。

④ 现浇混凝土结构底板应设置前趾和后趾，前、后趾长度一般取 1 倍的底板厚度，前趾与墙身连接处宜设置倒角。

⑤ 墙后排水管一般宜 2.5~3 m 设置一道。

⑥ 现浇混凝土结构墙身与底板结合面应预留孔洞。

⑦ 工程地质较好段落，为减少开挖断面，可采用衡重式结构。

重力式结构常水位以上范围可采用劈裂块、凹缝图案处理，也可采用造型模板作出浮雕景观效果。

(2) 重力式护岸宜建在较好的地基上，当地基较差时，应进行地基处理，或在结构上采取必要的措施，如下：

① 当底板下软土层厚度≤1 m 时，可采用块（碎）石换填；

② 当底板下软土层厚度 1~4 m 时，可采用小木桩加固方案，长度 3~5 m，具体根据软土层深度确定，桩梢径不小于 12 cm；

③ 当底板下软土层厚度≥4 m 时，可采用预制管桩、水泥搅拌桩或钢筋混凝土方桩加固方案。

2) 预制混凝土箱式结构

根据混凝土预制构件工厂化的工艺、流程、生产现状及现场预制吊装施工能力，结合航道护岸建设条件及护岸建设现状，可选择采用工业化预制混凝土箱式结构（图 8.2）。

预制混凝土箱式结构应满足以下要求：

① 应结合护岸的挡土高度、护岸结构段长度、护岸的稳定性要求、预制厂的生产能力、施工的可操作性、经济性等因素，确定构件的相关尺度，主要包括构件重量、厚度、高度、挡土面宽及构件断面宽度等，构件尺度做到标准化。

② 应明确同层构件间及相邻两层构件间的相互连接方式。结构节点连接技术从施工工艺角度可分为现浇湿式连接和干式连接。现浇湿式连接方式主要是通过两个结构在节点处预留钢筋接头，钢筋接头相互搭接后通过现场浇筑，使连接节点成为整体；干式连接比较常见的有榫式连接、螺栓连接、预应力连接、牛腿连接等。根据不同的需要，在满足结构稳定的条件下，对构件内部填充材料可进行多样化的选择，以满足不同的设计需要。

③ 箱体结构宜在水位变动区位置开设生态孔，孔后方抛石或回填其他多孔隙材料。

④ 箱体结构水下块体宜回填孔隙率大、透水性好的材料，构建鱼巢；水上块体宜回填种植土用于绿化。

⑤ 预制混凝土箱式结构得益于其空腔结构型式，在满足结构稳定性要求时，对上部构件的空腔顶部可填充部分疏松的栽植土并种植适宜的绿化植物。

⑥ 在预制构件生产前，需对预制产品结构作深化设计，对吊点型式、内壁脱模角度等细部位置进行优化，并需要通过三维建模进行拼装分析。

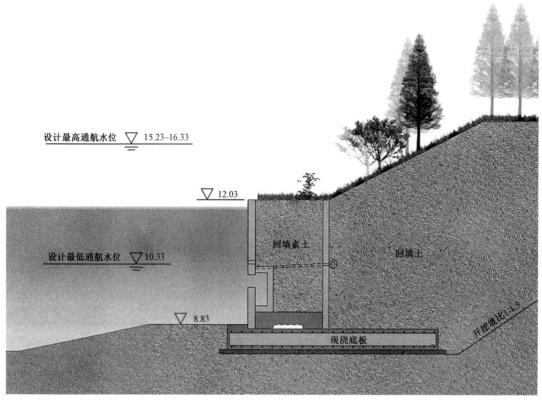

图 8.2　预制混凝土箱式结构

3）金属丝网箱结构

金属丝网箱结构是将表面已防蚀处理的低碳钢丝用机械编织成双铰六角形柔性金属网,并经剪裁、编边和组合后制成各种规格的网箱(图 8.3)。

(1) 金属丝网箱结构具有以下特性:

① 柔性结构,抗暴雨、水流冲刷,无结构缝,适应变形,有延展性;

② 透水性好,能排水,利于基土固结、坡面稳定、水土保持;

③ 表面已防蚀处理的低碳钢丝经久耐用,表面加 PVC/HDPE 保护层,可用于海洋岸滩及水质变化大的江河迎水立面;

④ 简便易装,可按设计绑扎组装成各种形状,连贯为一个整体;

⑤ 经济适用,可因地制宜地利用当地石料资源;

⑥ 从生态环境保护角度看,石缝间长出绿色植被,满足水土保持、消声敛光、绿化美化环境的要求。

(2) 金属丝网箱结构应满足以下要求:

① 应采用由低碳钢丝编制成的长方体网箱,在网箱内填石块构成石笼;

② 单个箱体高度宜 50～100 cm,填石粒径为 100～300 mm,要求强度等级不小于 MU30,不水解、抗风化的块石或卵石;

③ 金属丝网箱挡墙后部需铺设土工反滤;

④ 网片应采用优质低碳钢丝编织,钢丝的直径 2～4 mm,钢丝表面可采用热镀锌保护;
⑤ 石缝间宜采用掺入草籽的土进行密实,提高绿化效率。

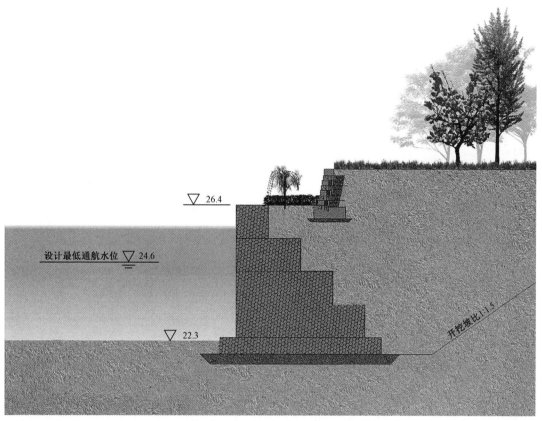

图 8.3　金属丝网箱结构

4）板桩结构

板桩结构护岸一般分无锚板桩和有锚板桩两种。当悬臂高度较小(一般不大于 4 m)、地质条件较好、地面荷载不大且对位移要求不高时,可采用无锚板桩结构。有锚板桩的锚碇结构常采用锚碇桩和土锚结构。

航道工程板桩结构护岸根据地质条件、施工场地条件、天然泥面高度、施工机械等因素选择不同的结构型式,常用的板桩型式有灌注桩、钢板桩、预制混凝土板桩、插板桩及仿木桩等。

(1) 板桩前墙结构应满足以下要求:

① 桩型选择

a. 灌注桩一般采用圆形截面,常用的直径为 600～1 200 mm,主筋直径一般采用 20～25 mm,数量根据受力和构造要求计算确定。灌注桩根据成孔方法不同有钻孔灌注桩、冲孔灌注桩和挖孔灌注桩(图 8.4)。

b. 钢板桩根据其加工制作工艺的不同可以分为热轧钢板桩和冷弯钢板桩。考虑经济性,航道护岸设计上一般采用冷弯钢板桩,型号以 U 型钢板桩为主,厚度一般取 8～12 mm。

c. 预制混凝土板桩宜在工厂制作,并应符合下列规定:采用离心法工艺生产的板桩桩身混凝土强度等级不宜低于C80;采用浇筑法工艺生产的板桩桩身混凝土强度等级不宜低于C60。常用的预制混凝土板桩主要有方形桩、平板形桩、圆形桩、凹形板桩等。

② 桩顶上部结构

a. 有锚板桩墙顶应设置帽梁和导梁,在一定条件下导梁和帽梁可合为胸墙。无锚板桩墙顶可只设帽梁。

b. 帽梁或胸墙的前后侧均应比板桩宽 150 mm 以上,同时板桩墙伸入帽梁或胸墙内一定深度,一般取 100 mm。钢板桩伸入帽梁或胸墙的深度可取 1 倍桩截面高度或桩径。

c. 帽梁、导梁和胸墙的分段长度可采用 15~30 m,钢导梁的分段长度不宜小于 4 倍的拉杆间距。

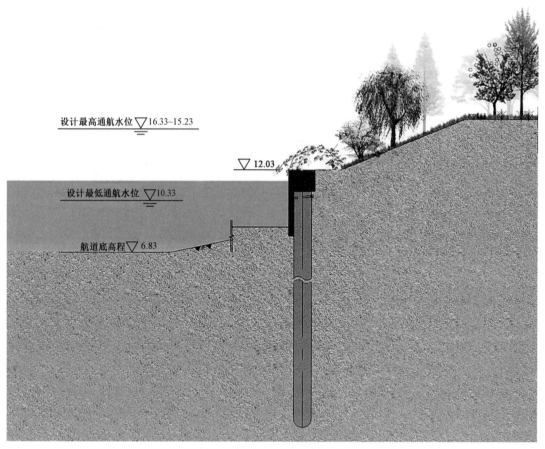

图 8.4 板桩结构(灌注桩结构)

(2) 锚碇结构应满足以下要求:

① 锚碇桩一般采用灌注桩或钢管桩

a. 灌注桩一般采用圆形截面,常用的直径为 800~1 500 mm,主筋直径一般采用 20~25 mm,数量根据受力和构造要求计算确定。

b. 钢管桩一般是在工厂中用钢板螺旋焊接而成,常用的钢管桩外径为 800~1 500 mm,壁厚根据受力需要和预留腐蚀厚度计算确定,一般为 10～25 mm。

c. 前排桩与锚碇桩间可采用钢拉杆或钢筋混凝土系梁连接。钢拉杆的直径应由计算确定,可取 40～100 mm。钢筋混凝土系梁采用矩形断面,尺寸可取(400×400)mm²～(600×600)mm²。钢拉杆或钢筋混凝土系梁宜设在高程较低且易于施工的位置。

② 土锚结构

a. 根据土质类型、工程特性和使用要求,可采用圆柱型、端部扩大头型或连续球体型。

b. 锚杆锚固体竖向间距不宜小于 2.5 m,水平向间距不宜小于 1.5 m,锚固体上覆土厚度不宜小于 4 m。倾斜锚杆的倾角宜采用 15°～30°。

c. 锚杆锚固端长度应通过计算确定并应不小于 4 m,锚杆自由段长度不宜小于 5 m,并超过潜在破裂面 1 m 以上。

5) 直立式护岸选型

应根据自然条件、使用要求、施工条件以及生态美观等要求确定护岸结构选型。综合考虑工程造价及环境效益,直立式护岸结构优缺点如表 8.4 所示。

表 8.4 直立式护岸结构优缺点

护岸类型	素混凝土重力式结构	预制混凝土箱式结构	金属丝网箱结构	板桩结构
优点	1. 构造简单 2. 墙身整体刚度较大,结构耐久性好 3. 防漏土效果好	1. 结构耐久性好 2. 可模块化生产,施工速度快	1. 生态性较好 2. 适应软基变形能力较好	1. 施工快捷方便 2. 施工作业面小,可避免较大范围的征地拆迁
缺点	1. 圬工量大、土方工程量大 2. 占用临时用地大	1. 施工难度较大 2. 施工工序较多	1. 结构防腐要求高,耐久性较差 2. 抗撞击能力较差	1. 位移变形较大 2. 钢板结构防腐要求高 3. 抗撞击能力较差
造价	相对造价较低	相对造价较高	相对造价较低	相对造价较高

护岸工程造价应综合考虑土方、临时用地、地基处理等因素综合比选。

8.2.2 护岸计算

1) 重力式护岸计算

重力式护岸的计算内容及计算方法应符合现行行业标准《防波堤与护岸设计规范》(JTS 154)、《码头结构设计规范》(JTS 167)的有关规定。地基承载力验算、整体稳定性验算和地基沉降计算应按现行行业标准《水运工程地基设计规范》(JTS 147)的有关规定执行。

建筑物的构件材料重度、填料重度和内摩擦角的标准值宜通过试验确定。当无实测资料时,材料重度标准值可采用表 8.5 中的数值;填料重度和内摩擦角的标准值,对无黏性填料可采用表 8.6 中的数值,对黏性填料,可根据当地经验确定。

表 8.5 材料重度标准值

材料名称	重度标准值(kN/m³)	
	水上	水下
浆砌块石	22~25	12~15
混凝土	23~24	13~14
钢筋混凝土	24~25	14~15

注：当石料重度大于 26.5kN/m³ 时，浆砌块石的重度应适当提高。

表 8.6 无黏性填料重度和内摩擦角的标准值

填料名称	重度标准值(kN/m³)		内摩擦角标准值(°)	
	水上(湿重度)	水下(浮重度)	水上	水下
细砂	18.0	9.0	30	28
中砂	18.0	9.5	32	32
粗砂	18.0	9.5	35	35
砾砂	18.5	10.0	36	36
碎石	17.0	11.0	38~40	38~40
煤渣	10.0~12.0	4.0~5.0	35~39	35~39
块石	17.0	10.0	45	45

重力式护岸中钢筋混凝土构件的受力钢筋保护层厚度应符合现行行业标准《水运工程混凝土结构设计规范》(JTS 151)的有关规定。

重力式护岸承载能力极限状态的持久组合应进行下列计算或验算：

(1) 对墙底面和墙身各水平缝及齿缝计算面前趾的抗倾稳定性；

(2) 沿墙底面和墙身各水平缝的抗滑稳定性；

(3) 地基承载力；

(4) 墙底面合力作用位置；

(5) 整体稳定性。

重力式护岸承载能力极限状态的短暂组合应对施工期进行下列验算：

(1) 有波浪作用，墙后尚未回填或部分回填时，已安装的下部结构在波浪作用下的稳定性；

(2) 有波浪作用，胸墙后尚未回填或部分回填时，墙身、胸墙在波浪作用下的稳定性；

(3) 墙后采用吹填时，已建成部分在水压力和土压力作用下的稳定性；

(4) 施工期构件出运、安装时的稳定性与承载力。

当施工期短暂组合稳定性不满足要求时，应首先考虑从施工上采取措施。

重力式护岸承载能力极限状态的地震组合验算应符合现行行业标准《水运工程抗震设计规范》(JTS 146)的有关规定。

重力式护岸正常使用极限状态设计应按相应作用组合进行下列计算或验算：

(1) 卸荷板、沉箱等构件的裂缝宽度；

(2) 地基沉降。

护岸墙后单宽主动土压力的标准值宜按现行行业标准《码头结构设计规范》(JTS 167)的有关规定计算。

(1) 对无黏性填料,当$-15°\leqslant\alpha\leqslant\theta'$,时,如图 8.5 所示,墙背土压力可按下列公式计算:

① 第二破裂角计算:

$$\theta'=\frac{1}{2}(90°-\varphi)-\frac{1}{2}\left[\sin^{-1}\left(\frac{\sin\beta}{\sin\varphi}\right)-\beta\right] \tag{8.9}$$

② 第 n 层填料顶层的土压力强度计算:

永久作用:

$$e_{n1}=\left(\sum_{i=0}^{n-1}\gamma_i h_i\right)K_{an}\cos\alpha \tag{8.10}$$

可变作用:

$$e_{qn1}=qK_q K_{an}\cos\alpha \tag{8.11}$$

$$K_q=\frac{\cos\alpha}{\cos(\alpha-\beta)}$$

$$K_{an}=\frac{\cos^2(\varphi_n-\alpha)}{\cos^2\alpha\cos(\alpha+\delta_n)\left[1+\sqrt{\frac{\sin(\varphi_n+\delta_n)\sin(\varphi_n-\beta)}{\cos(\alpha+\delta_n)\cos(\alpha-\beta)}}\right]^2} \tag{8.12}$$

③ 第 n 层填料底层的土压力强度计算:

永久作用:

$$e_{n2}=\left(\sum_{i=1}^{n}\gamma_i h_i\right)K_{an}\cos\alpha \tag{8.13}$$

可变作用:

$$e_{qn2}=qK_q K_{an}\cos\alpha \tag{8.14}$$

④ 第 n 层填料的土压力合力计算:

永久作用:

$$E_n=\frac{1}{2}(e_{n1}+e_{n2})\frac{h_n}{\cos\alpha} \tag{8.15}$$

可变作用:

$$E_{qn}=qK_q K_{an}h_n \tag{8.16}$$

⑤ 第 n 层填料永久作用土压力合力的水平分力计算:

$$E_{Hn}=0.5\left(2\sum_{i=1}^{n-1}\gamma_i h_i+\gamma_n h_n\right)h_n K_{an}\cos(\alpha+\delta_n) \tag{8.17}$$

⑥ 第 n 层填料可变作用土压力合力的水平分力计算:

$$E_{qHn}=qK_q K_{an}h_n\cos(\alpha+\delta_n) \tag{8.18}$$

式中:θ'——第二破裂角(°);

φ——填料内摩擦角标准值(°);

β——地面与水平面的夹角(°),在水平面以上为正,在水平面以下为负,且$|\beta|\leqslant\varphi_n$;

e_{n1}——墙背上第 n 层填料顶层由墙后回填料自重力产生的永久作用土压力强度（kPa）；

γ_i——第 i 层填料的重度标准值（kN/m³），$\gamma_0=0$；

h_i——第 i 层填料的厚度标准值（m），$h_0=0$；

K_{an}——第 n 层填料的主动土压力系数；

α——墙背与铅垂线的夹角（°），仰斜（如图 8.5 所示）为正，俯斜为负；

e_{qn1}——墙背上第 n 层填料顶层由码头面均布荷载产生的可变作用土压力强度（kPa）；

q——地面上的均布荷载标准值，地面倾斜时为单位斜面积上的重力（kPa）；

K_q——地面荷载系数；

φ_n——第 n 层填料的内摩擦角标准值（°）；

δ_n——第 n 层填料与墙背的摩擦角标准值，即外摩擦角标准值（°）；

e_{n2}——第 n 层填料底层的永久作用土压力强度（kPa）；

e_{qn2}——第 n 层填料底层的可变作用土压力强度（kPa）；

E_n——第 n 层填料的永久作用土压力合力标准值（kN/m）；

h_n——第 n 层填料的厚度（m）；

E_{qn}——第 n 层填料的可变作用土压力合力标准值（kN/m）；

E_{Hn}——第 n 层填料永久作用土压力合力的水平分力标准值（kN/m）；

γ_n——第 n 层填料的重度标准值（kN/m³）；

E_{qHn}——第 n 层填料可变作用土压力合力的水平分力标准值（kN/m）。

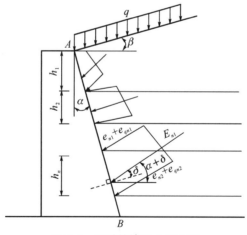

图 8.5 无黏性填料土压力图

（2）对黏性土，土压力可按考虑黏聚力的公式计算或按楔体极限平衡图解法确定，有经验时可采用等代内摩擦角，按无黏性填料计算。当地面为水平时，在铅垂墙背或计算垂面上的土压力强度可按下列公式计算：

永久作用部分：

$$e_{aH}=\gamma h K_a - 2c\sqrt{K_a} \tag{8.19}$$

可变作用部分：

$$e_{aqH} = qK_a \tag{8.20}$$

$$K_a = \tan^2\left(45° - \frac{\varphi}{2}\right) \tag{8.21}$$

式中：e_{aH}——永久作用部分土压力强度(kPa)，当 $e_{aH} \leq 0$ 时，取 $e_{aH} = 0$；

γ——填料的重度标准值(kN/m^3)；

h——填料的厚度标准值(m)；

K_a——主动土压力系数；

c——土的黏聚力标准值(kPa)；

e_{aqH}——可变作用部分土压力强度(kPa)；

q——地面上的均布荷载标准值，地面倾斜时为单位斜面积上的重力(kPa)；

φ——填料的内摩擦角标准值(°)。

当墙后回填范围受土质坚硬的陡坡限制，切坡面陡于填料不受限制的破裂面时，应以陡坡面为滑动破裂面，按力系平衡法计算土压力。直接浇筑在岩基上的护岸，墙后土压力可采用主动土压力的 1.25 倍。

根据墙背形式、粗糙程度和地面坡度等，墙背与填料的摩擦角的标准值可按下列规定确定：

(1) 仰斜的混凝土或砌体墙背采用 1/2～2/3 倍填料内摩擦角标准值；阶梯形墙背采用 2/3 倍填料内摩擦角标准值。

(2) 垂直的混凝土或砌体墙背采用 1/3～1/2 倍填料内摩擦角标准值；卸荷板以下墙背采用 1/3 倍填料内摩擦角标准值。

(3) 俯斜的混凝土或砌体墙背采用 1/3 倍填料内摩擦角标准值。

墙背第 n 层填料主动土压力合力的竖向分力可按下列公式计算：

$$E_{nV} = 0.5 \left(2\sum_{i=1}^{n-1} \gamma_i h_i + \gamma_n h_n\right) h_n K_{an} \sin(\alpha + \delta_n) \tag{8.22}$$

$$E_{nqV} = qK_q h_n K_{an} \sin(\alpha + \delta_n) \tag{8.23}$$

式中：E_{nV}——第 n 层填料永久作用土压力合力的竖向分力标准值(kN/m)；

γ_i——第 i 层填料的重度标准值(kN/m^3)，$\gamma_0 = 0$；

h_i——第 i 层填料的厚度标准值(m)，$h_0 = 0$；

γ_n——第 n 层填料的重度标准值(kN/m^3)；

h_n——第 n 层填料的厚度(m)；

K_{an}——第 n 层填料的主动土压力系数；

α——墙背与铅垂线的夹角(°)，仰斜（如图 8.5 所示）为正，俯斜为负；

δ_n——第 n 层填料与墙背的摩擦角标准值，即外摩擦角标准值(°)；

E_{nqV}——第 n 层填料可变作用土压力合力的竖向分力标准值(kN/m)；

q——地面上的均布荷载标准值，地面倾斜时为单位斜面积上的重力(kPa)。

K_q——地面荷载系数。

护岸墙前土压力标准值可按被动土压力计算。当地面水平时,土压力强度可按下列公式计算:

对无黏性填料:

$$e_p = (q_p + \gamma h) K_p \tag{8.24}$$

$$K_p = \tan^2\left(45° + \frac{\varphi}{2}\right) \tag{8.25}$$

对于黏性土:

$$e_p = (q_p + \gamma h) K_p + 2c\sqrt{K_p} \tag{8.26}$$

式中:e_p——墙前被动土压力强度(kPa);

q_p——墙前床面上均布荷载标准值(kPa);

γ——填料的重度标准值(kN/m^3);

h——填料的厚度标准值(m);

K_p——被动土压力系数;

c——土的黏聚力标准值(kPa)。

重力式护岸应进行抗倾、抗滑稳定性验算,并符合现行行业标准《防波堤与护岸设计规范》(JTS 154)、《码头结构设计规范》(JTS 167)的有关规定。

重力式护岸应进行承载力、沉降及整体稳定性验算,并符合现行行业标准的有关规定:

(1)地基承载力的验算应符合现行行业标准《水运工程地基设计规范》(JTS 147)的有关规定。

(2)护岸与地基整体滑动稳定性验算应符合现行行业标准《水运工程地基设计规范》(JTS 147)的有关规定。当地基浅层有软弱夹层时,尚应验算沿软弱夹层的复式滑动抗滑稳定性。

(3)重力式护岸地基沉降计算应符合现行行业标准《水运工程地基设计规范》(JTS 147)的有关规定。沿护岸长度方向使用荷载、地基压缩层厚度、土的压缩性有较大变化时,应分段计算沉降量。

2)板桩式护岸计算

板桩式护岸的计算内容及计算方法应符合现行行业标准《防波堤与护岸设计规范》(JTS 154)、《码头结构设计规范》(JTS 167)的有关规定。

板桩护岸前墙的"踢脚"稳定性、锚碇结构的稳定性、板桩护岸的整体稳定性、桩的承载力和构件强度等应按承载能力极限状态设计。

板桩护岸中钢筋混凝土构件的裂缝控制应按正常使用极限状态设计。

钢筋混凝土和预应力钢筋混凝土构件强度计算和裂缝验算应遵守现行行业标准《水运工程混凝土结构设计规范》(JTS 151)的有关规定。作用效应设计值可按有关作用标准值计算的作用效应乘综合分项系数确定。强度计算时,综合分项系数应采用1.40;裂缝验算时,综合准永久值系数应采用0.85。

计算剩余水压力所采用的剩余水头应考虑水位的变化、前墙的排水性能、回填土和地基土的渗透性能等因素,并根据对附近类似建筑物后的地下水位的调查或观测确定。当无此条件时,护岸剩余水头可按下列规定确定:

(1) 当墙后采取可靠的排水系统时,可不考虑排水孔以上的剩余水压力。

(2) 对于钢筋混凝土板桩护岸,当前墙设置排水孔,并且墙后回填抛石棱体或回填料粗于中砂时,可不考虑排水孔以上的剩余水头。

护岸土压力的标准值宜按现行行业标准《码头结构设计规范》(JTS 167)的有关规定计算:

(1) 当地面为水平面、墙背为垂直面时,由土体本身产生的主动土压力水平强度标准值和由护岸地面均布荷载作用产生的主动土压力水平强度标准值可按下列公式计算:

$$e_{ax} = \left(\sum \gamma_i h_i\right) K_a \cos\delta - 2c \frac{\cos\varphi\cos\delta}{1+\sin(\varphi+\delta)} \tag{8.27}$$

$$e_{aqx} = q K_a \cos\delta \tag{8.28}$$

$$K_a = \frac{\cos^2\varphi}{\cos\delta\left[1+\sqrt{\frac{\sin(\varphi+\delta)\sin\varphi}{\cos\delta}}\right]^2} \tag{8.29}$$

式中:e_{ax}——土体本身产生的主动土压力水平强度标准值(kN/m^2),当$e_{ax}<0$时,取e_{ax}为零;

γ_i——计算面以上各层土的重度(kN/m^3);

h_i——计算面以上各土层的厚度(m);

K_a——计算土层土的主动土压力系数;

δ——计算土层土与墙面间的摩擦角(°);

c——计算土层土的黏聚力(kN/m^2);

φ——计算土层土的内摩擦角(°);

e_{aqx}——由护岸地面均布荷载作用产生的主动土压力水平强度标准值(kN/m^2);

q——地面上的均布荷载标准值(kN/m^2)。

(2) 当计算水底面为水平面、墙面为垂直面时,由土体本身产生的被动土压力水平强度标准值可按下列公式计算:

$$e_{px} = \left(\sum \gamma_i h_i\right) K_a \cos\delta + 2c \frac{\cos\varphi\cos\delta}{1-\sin(\varphi+\delta)} \tag{8.30}$$

$$K_a = \frac{\cos^2\varphi}{\cos\delta\left[1-\sqrt{\frac{\sin(\varphi+\delta)\sin\varphi}{\cos\delta}}\right]^2} \tag{8.31}$$

式中:e_{px}——被动土压力水平强度标准值(kN/m^2);

γ_i——计算面以上各层土的重度(kN/m^3);

h_i——计算面以上各土层的厚度(m);

K_p——计算土层土的被动土压力系数;

δ——计算土层土与墙面间的摩擦角(°);

c——计算土层土的黏聚力(kN/m^2);

φ——计算土层土的内摩擦角(°)。

土的重度、内摩擦角和黏聚力应根据工程地质勘察资料确定,当前墙后地基土固结程度较高时,可采用固结快剪指标计算土压力;当固结程度不高时,宜适当考虑未固结因素的影响。填料的指标宜通过试验确定,当无条件进行试验时,可根据当地经验确定。

计算土压力时,土和填料的重度可按下列规定采用:

(1) 黏性土,剩余水位以下取浮重度,剩余水位与设计高水位之间取饱和重度,设计高水位以上取天然重度;

(2) 无黏性土,剩余水位以下取浮重度,剩余水位以上取天然重度。

土与墙面的摩擦角可按下列规定采用:

(1) 计算前墙后主动土压力时,取计算土层内摩擦角的 1/3~2/3;

(2) 计算前墙前被动土压力时,取计算土层内摩擦角的 2/3~3/4,当计算值大于 20°时,取 20°;

(3) 计算前墙后被动土压力时,取计算土层内摩擦角的 -(2/3),当计算值的绝对值大于 20°时,取 -20°。

前墙计算应考虑护岸前沿挖泥超深的影响,护岸前沿挖泥超深可采用 0.3~0.5 m。黏性土尚应考虑挖泥扰动的影响,泥面处土的黏聚力取零,泥面 1.0 m 以下黏聚力取全值,两者之间按直线过渡。

板桩护岸前墙应计算前墙的入土深度、前墙内力、拉杆内力,并符合现行行业标准《码头结构设计规范》(JTS 167)的有关规定。

可变作用产生的土压力为主导可变作用时,前墙的入土深度应满足下列公式要求:

$$\gamma_0 [\gamma_E M_E + \gamma_{PW} M_{PW} + \gamma_E M_{Eq} + \psi(\gamma_{Q1} M_{Q1} + \gamma_{Q2} M_{Q2} + \cdots)] \leqslant \frac{M_R}{\gamma_R} \quad (8.32)$$

式中:γ_0——结构重要性系数;

γ_E——自重及回填料产生的土压力分项系数;

M_E——自重及回填料产生的土压力标准值对拉杆锚锭点的"踢脚"力矩($kN \cdot m$);

γ_{PW}——剩余水压力分项系数;

M_{PW}——剩余水压力标准值对拉杆锚碇点的"踢脚"力矩($kN \cdot m$);

M_{Eq}——护岸顶面可变作用产生的主动土压力的标准值对拉杆锚碇点的"踢脚"力矩($kN \cdot m$);

ψ——作用组合系数,取 0.7;

$\gamma_{Q1}, \gamma_{Q2}, \cdots$——非主导可变作用分项系数;

$M_{Q1}, M_{Q2}, \cdots$——非主导可变作用标准值产生的"踢脚"力矩($kN \cdot m$);

M_R——墙前被动土压力的标准值对拉杆锚锭点的稳定力矩(kN·m);

γ_R——抗力分项系数,可取 1.25。

根据前墙入土段不同的约束状态,前墙的内力和拉杆力可采用竖向弹性地基梁法或弹性线法计算。竖向弹性地基梁法可用于单锚和多锚板桩墙入土段的任何约束状态;弹性线法可用于单锚板桩墙下端处于弹性嵌固的状态,对现浇地下连续墙等刚度较大的前墙不宜采用。

锚碇结构根据其结构计算方法可分为锚碇板和锚碇墙、锚碇桩和锚碇板桩、锚碇叉桩三类,锚碇结构计算应符合现行行业标准《码头结构设计规范》(JTS 167)的有关规定。

板桩护岸整体稳定性的验算应符合现行行业标准《水运工程地基设计规范》(JTS 167)的有关规定。板桩护岸的整体稳定计算应考虑滑动面通过墙前底端的情况。当墙前底端以下附近有软土层时,尚应验算滑动面通过软土层的情况。当滑动面在锚碇结构前通过时,可不计拉杆对稳定性的影响。

8.2.3 工程案例

1) 素混凝土重力式结构

(1) 京杭运河江苏段绿色现代航运综合整治工程淮安段

京杭运河江苏段全长约 687 km,是江苏干线航道网最重要的组成部分,具有航道等级高、通航货流密度大、生态环保要求高等特点。

京杭运河江苏段绿色现代航运综合整治工程淮安段按二级航道标准整治,设计船舶吨级为 2 000 吨级,整治总里程长 69.57 km。淮宿交界至淮安船闸上游段航道底宽不小于 70 m,淮安船闸下游至宝应段航道底宽不小于 65 m。淮宿交界至淮安船闸上游段最小通航水深不小于 4.0 m。淮安船闸下游至宝应段最小通航水深不小于 4.5 m。航道最小弯曲半径为 800 m。

设计 HA0 型护岸为素砼重力式结构,墙高 4.0 m,顶高程根据常年运行水位▽12.13 m 加超高 0.7 m 确定,取▽12.83 m。压顶厚 1.0 m,宽 0.6 m,底板顶▽8.83 m,厚度 0.5 m,底板宽 4.4 m。墙身采用 C25 素混凝土结构,迎水面▽12.83～11.83 m 范围采用造型模板作出浮雕景观效果。护岸后方结合生态修复工程布置景观、绿化等(图 8.6)。

(2) 秦淮河航道整治工程溧水石臼湖至江宁彭福段

秦淮河是《江苏省干线航道网规划(2017—2035 年)》"两纵五横"干线航道网中芜申线的组成部分,规划等级为三级,作为公、铁、水综合交通走廊的重要组成部分,其区位优势十分明显。秦淮河航道整治工程溧水石臼湖至江宁彭福段航段航道整治里程长 21.074 km。

设计 C2 型护岸为素砼衡重式结构,墙高 9.04 m,顶部为 80 cm×50 cm(宽×高)的 C25 混凝土压顶,墙身底高程为▽1.59 m,底板宽 5.85 m,以 1:0.5 的斜坡过渡至▽4.99 m 的平台。上部胸墙根部尺寸长 3.2 m,结构顶高程▽10.63 m。如图 8.7 所示。

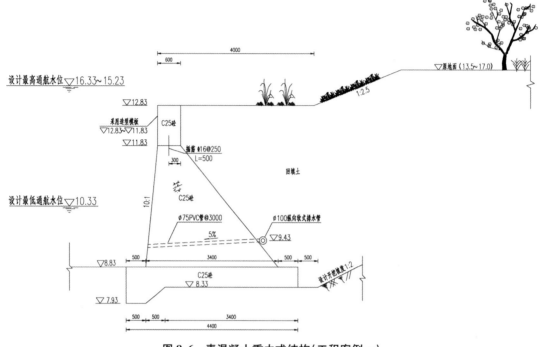

图 8.6　素混凝土重力式结构(工程案例一)

2) 预制混凝土箱式结构

(1) 通扬线高邮段航道整治工程

通扬线全长约 300 km,横贯苏中地区的扬州、泰州、南通三市,是苏中地区物资交流和对外联系的水运通道之一,也是区域综合运输体系的重要组成部分。

通扬线高邮段航道按三级航道标准整治,设计最大船舶吨级为 1 000 吨级,航道整治里程长度为 35.08 km。航道底宽不小于 45 m,最小通航水深不小于 3.2 m,航道最小弯曲半径为 480 m。

设计 A1 型预制空箱护岸一级护岸采用 3.5 m 高空箱,墙顶标高▽2.5 m。钢筋混凝土预制空箱结构标准段结构尺寸为 3.0 m×2.0 m×3.5 m(长×宽×高),空箱临水侧壁厚 0.18 m,其余部分壁厚 0.15 m。空箱内设置钢筋混凝土预制鱼巢,箱体在设置鱼巢位置预留直径为 0.3 m 的圆孔,供鱼类进出,鱼巢位于常水位以下。

底板采用钢筋混凝土现浇结构,宽度为 4.5 m,底板底高程▽−1.4 m,底板迎水侧 0.5 m 范围内顶高程▽−0.9 m,厚度为 0.5 m,后端 4.0 m 范围顶高程▽−1.0 m,厚度为 0.4 m。如图 8.8~图 8.10 所示。

8 生态护岸设计

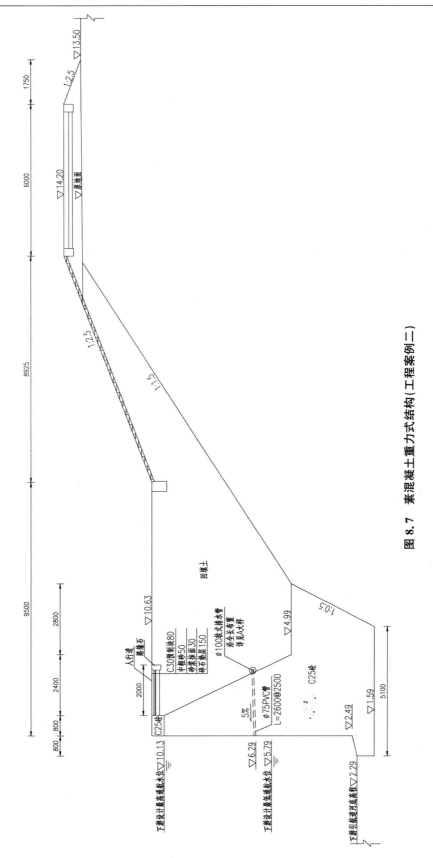

图 8.7 素混凝土重力式结构(工程案例二)

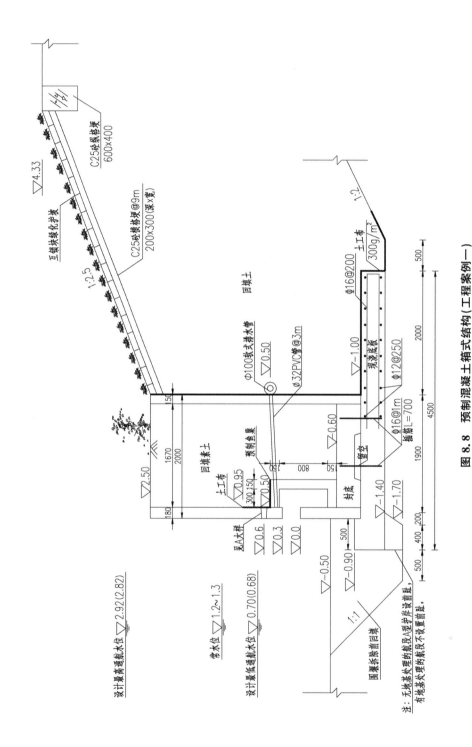

图 8.8 预制混凝土箱式结构（工程案例一）

8 生态护岸设计

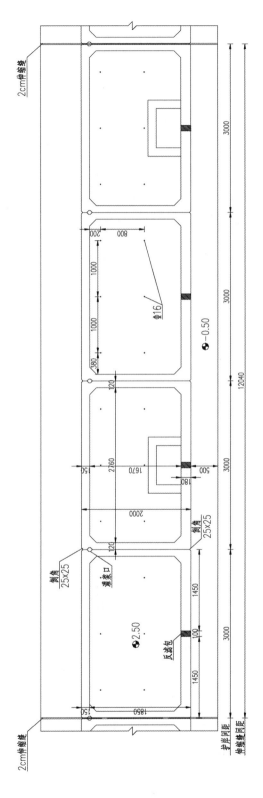

图 8.9 预制混凝土箱式结构平面布置图(工程案例一)

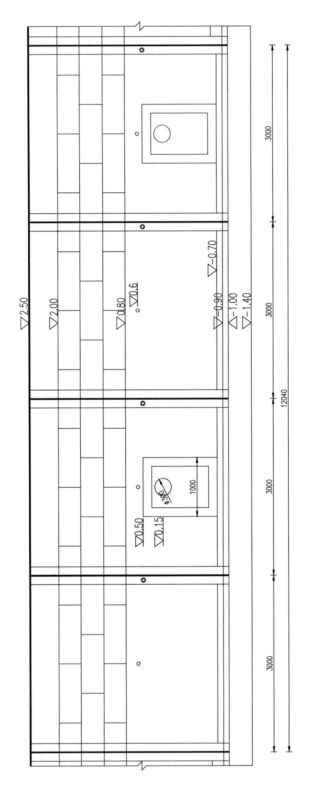

图 8.10 预制混凝土箱式结构立面布置图(工程案例一)

8 生态护岸设计

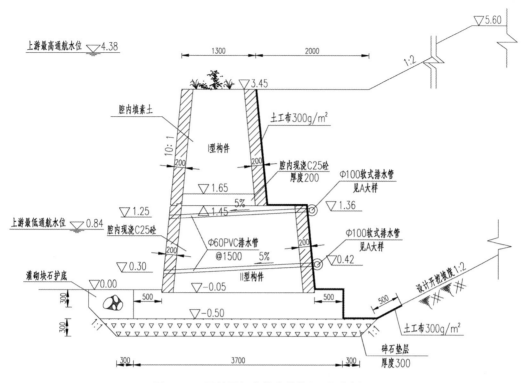

图 8.11 预制混凝土箱式结构(工程案例二)

(2) 丹金溧漕河金坛段航道整治工程

丹金溧漕河位于江苏省的西南部,是太湖西部地区的主要水运干线,规划等级为三级航道,航道途经镇江的丹阳、常州的金坛和溧阳,全长 65.590 km,其中金坛段航道整治里程为 31.884 km。

丹金溧漕河金坛段航道按三级航道标准整治,设计船舶吨级为 1 000 吨级。航道底宽不小于 45 m,最小通航水深不小于 3.2 m,航道最小弯曲半径为 480 m。

设计预制空箱护岸采用 2 层构件进行装配。上层Ⅰ型构件设计尺度为:高 2 m,挡土面宽 2 m,断面宽度 1.7 m。下层Ⅱ型构件设计尺度为:高 1.5 m,挡土面宽度 1.5 m,断面宽度 2.7 m。下层Ⅱ型构件的全部及上层Ⅰ型构件的底部 20 cm 设计采用 C25 混凝土填充,上层Ⅰ型构件空腔,其他部位采用素土填充。结构如图 8.11、图 8.12 所示。

3) 金属丝网箱结构

(1) 苏南运河三级航道整治工程吴江联丰段

苏南运河北起长江谏壁口门,南至江浙交界的鸭子坝,全长约 211.825 km,贯穿经济发达的镇江、常州、无锡、苏州四市,是京杭运河上运量最大、船流密度最高的河段之一。

苏南运河吴江联丰段按三级航道标准整治,设计船舶吨级为 1 000 吨级,整治总里程长 4.81 km。航道底宽不小于 70 m,最小通航水深不小于 3.2 m,航道最小弯曲半径为 480 m。

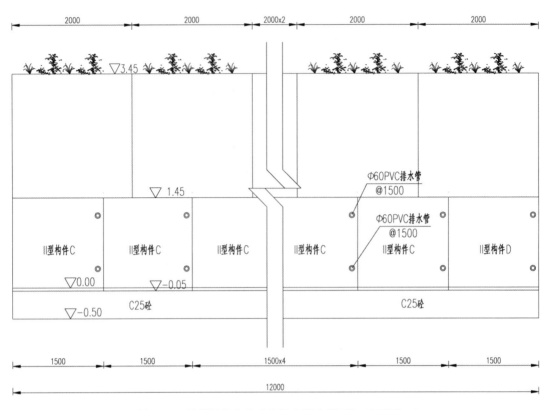

图 8.12 预制混凝土箱式结构立面布置图(工程案例二)

设计结构一级挡墙为透水金属丝网箱结构,护岸顶高程▽2.3 m,底部采用 0.5 m 厚碎石垫层,墙身采用四种型号的金属丝网叠合而成,底部采用厚 0.3 m,长 2.0 m 的金属丝网护垫护脚。见图 8.13。

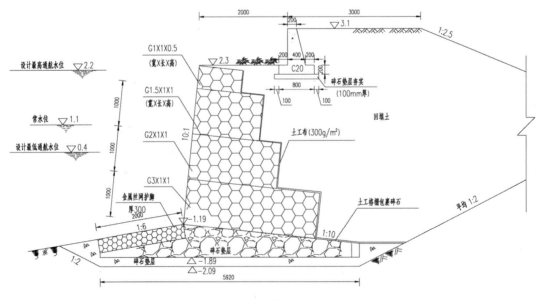

图 8.13 金属丝网箱结构(工程案例一)

8 生态护岸设计

(2) 苏南运河三级航道整治工程吴江50K+860~67K+860段

苏南运河吴江50K+860~67K+860段按三级航道标准整治,设计船舶吨级为1000吨级,整治总里程长10.067 km。航道底宽不小于70 m,最小通航水深不小于3.2 m,航道最小弯曲半径为480 m。

结构底板采用C20素混凝土,底板顶高程为▽-1.5 m,宽4.9 m,厚0.5 m,底板前、后趾悬挑长度分别为0.5 m、1.1 m,在后趾底板内下部设置一层横向 $\varphi12@250$ 纵向 $\varphi8@300$ 钢筋网;墙身采用C20夹石混凝土,临水面后倾斜率为10:1。在墙身临水侧▽0.11 m处设置两层金属丝网箱式结构,底部为尺寸为1.5 m×1.0 m(宽×高),上部尺寸为1.0 m×1.0 m(宽×高),墙身临土侧设置土工布以防漏土。护岸临土面顶高程为▽2.0 m。见图8.14。

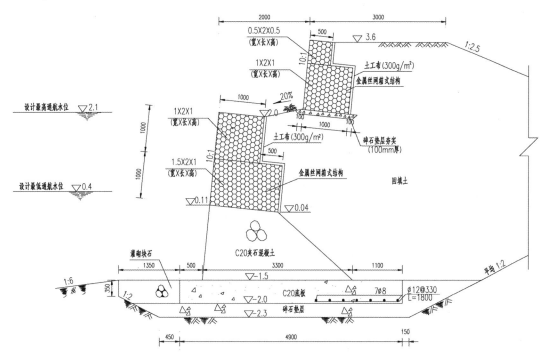

图8.14 金属丝网箱结构(工程案例二)

4)板桩结构

(1) 通扬线兴化、海陵段航道整治工程

通扬线兴化、海陵段起自高东线兴化与高邮分界处,终点为新通扬运河泰州市海陵区与姜堰区分界处,规划等级为三级。

通扬线兴化、海陵段航道按三级航道标准整治,设计船舶吨级为1000吨级,整治总里程长13.518 km。航道底宽不小于45 m,最小通航水深不小于3.2 m,航道最小弯曲半径为480 m。

钻孔灌注桩桩径Φ1.0 m,灌注桩间距为1.1 m,桩顶用混凝土帽梁连接,桩临水面采用25 cm钢筋贴面防止后方漏土。钻孔灌注桩顶高程▽3.9 m,桩底高程▽-11.1 m。帽梁顶高程为▽4.8 m,帽梁高度为1.0 m,帽梁宽为1.4 m。见图8.15。

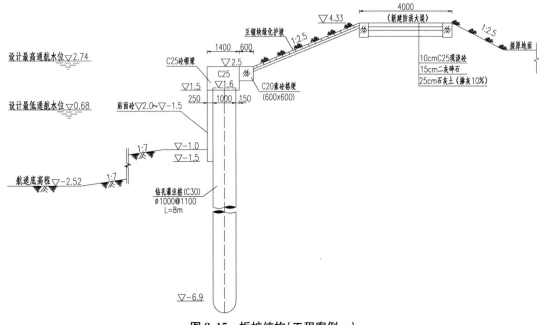

图8.15 板桩结构(工程案例一)

(2) 苏南运河三级航道整治工程吴淞江—云龙大桥、八圩镇段

苏南运河吴淞江—云龙大桥、八圩镇段航道按三级航道标准整治,设计船舶吨级为1 000吨级,整治总里程长12.803 km。航道底宽不小于45 m,最小通航水深不小于3.2 m,航道最小弯曲半径为480 m。

钢板桩桩长12.0 m,桩顶高程为▽3.1 m,截面模量不小于1 150 cm³,腹板厚度不小于8 mm。在钢板桩▽1.1 m处设置斜度为20°的分散压缩型土锚,土锚间距2.6 m,总长21.0 m,采用4束钢绞线分2个单元,每个单元长4.5 m。见图8.16。

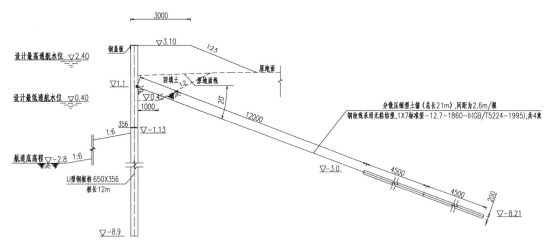

图8.16 板桩结构(工程案例二)

8 生态护岸设计

(3) 苏南运河三级航道整治工程辛丰镇—沪宁铁路桥段

苏南运河辛丰镇—沪宁铁路桥段航道按三级航道标准整治,设计最大船舶吨级为1 000吨级,航道整治里程长度为4.084 km。航道底宽不小于45 m,最小通航水深不小于3.2 m,航道最小弯曲半径为480 m。

一级护岸采用带锚杆的钢筋混凝土(C30)地下连续墙结构,地连墙顶高程▽3.35 m、底高程▽−6.8 m,厚0.6 m,每一槽段长6 m;帽梁高和宽均为0.8 m,分段长度为18 m;地连墙迎水面加设0.15 m厚的钢筋混凝土衬砌面(顶▽3.3 m,底▽0.1 m),分段长与帽梁同为18 m。土锚布置在标高▽2.0 m处,采用压力分散型,长16 m,间距3 m,钻孔直径200 mm,钢绞线采用无黏结型1×7标准型—12.7—1860,共4束,锚板采用OVM13-4型(Φ90 mm×50 mm)。见图8.17。

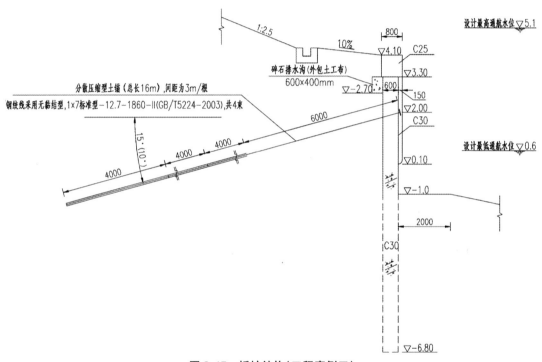

图8.17 板桩结构(工程案例三)

(4) 通扬线高邮段航道整治工程

通扬线高邮段航道按三级航道标准整治,设计最大船舶吨级为1 000吨级,航道整治里程长度为35.08 km。航道底宽不小于45 m,最小通航水深不小于3.2 m,航道最小弯曲半径为480 m。

E1(E2)型护岸为预制桩结构,空心方桩边长0.4 m,桩长为9 m及7 m,桩顶高程为▽1.8 m(进入帽梁0.3 m),顶部设置1.0 m高、0.8 m宽C30混凝土帽梁结构,帽梁顶高程▽2.5 m,该高程设置2.0 m宽平台,其后起坡与原路面衔接,坡比为1∶1.5。见图8.18、图8.19。

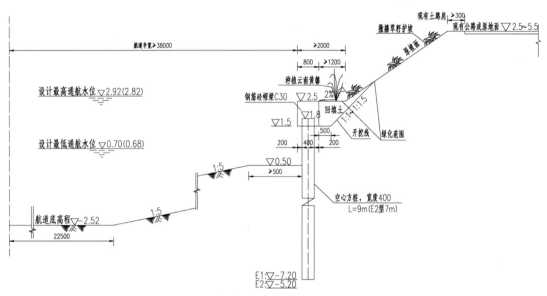

图 8.18 板桩结构(工程案例四 E 型护岸)

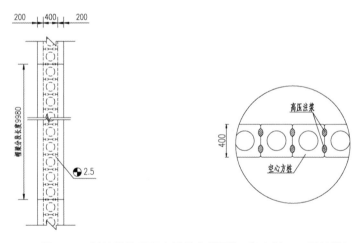

图 8.19 板桩结构平面布置及大样图(工程案例四 E 型护岸)

F 型护岸为仿木桩+竹篱+芦苇生态护岸,仿木桩设置在距离航道中心线 37.5 m 处,顶高程▽1.20 m,桩长 4 m,临岸侧留置平台高程▽1.0 m,宽不小于 5 m,种植芦苇。

仿木桩外径 0.2 m,可采用预制实心结构,也可采用预制空心结构(顶部封闭),需满足桩身弯矩值大于设计值的要求,木桩上部 1 m 范围需做成木纹效果。仿木桩平面联排布置,每延米布置 5 根,桩后泥面以下插竹篱。见图 8.20。

8 生态护岸设计

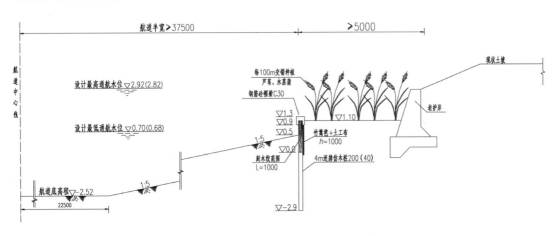

图 8.20 板桩结构(工程案例四 F 型护岸)

8.3 斜坡式护岸

8.3.1 护岸类型

斜坡式护岸结构型式可根据水位、水动力、占地、周边环境、特殊功能需求等因素综合确定。可根据抗冲要求选用雷诺护垫、铰链排、模袋混凝土等结构。

斜坡式护岸结构的顶高程应分别按设计最高通航水位和极端高水位加 0.1～0.5 m 超高值确定。当航道船行波作用较大时,护坡防护范围可取设计最高通航水位以上 1.5 倍波高值至设计最低通航水位以下 1.5 倍波高值之间。

1) 雷诺护垫护坡

雷诺护垫技术属于一种生态化护坡技术,兼具整体性、经济性、柔韧性、透水性、促淤性与施工便捷性等优势,有助于维护河道边坡安全,改善河道生态环境。雷诺护垫采用六边形双绞合工艺,将经过镀覆表面防腐加工处理的低碳钢丝借助机器编织成一定面积的钢丝网,在内部填筑优质石块,形成良好的护垫结构,对边坡起到防护作用。见图 8.21。

图 8.21 雷诺护垫护坡

雷诺护垫结构环保效果良好,具有整体性、柔韧性、抗压性和防渗性等优势,能够有效适应局部基床土壤的沉降,有效释放结构内的集中应力,避免出现沉降开裂问题,有助于维护水生态平衡,保护自然生物多样性。

2) 铰链排护坡

混凝土铰链排是指用U型环将混凝土预制块相互连接构成的,既可以抗冲又可以适应不同表面形状和沉降的柔性排体。作为一种平顺柔性的护岸型式,其基本原理是利用土工布的反滤特性,上层布置混凝土预制块压重起到抗冲刷作用,从而对水下坡脚起到保护作用。传统的混凝土铰链排施工所需的铺排船是由甲板驳改装加工而来的,安全性浮动较大,并且施工过程中常出现排布拉裂、铰链U型环断裂等问题,施工操作难度较大。混凝土铰链排用软体排铺排船沉排施工,辅以相应的措施,施工效果较传统方法改善明显,可有效缩短工期,降低工程成本,保证安全和质量。见图8.22。

图8.22 铰链排护坡

图8.23 模袋混凝土护坡

3) 模袋混凝土护坡

模袋混凝土护坡混凝土厚度 20 cm,在坡顶平台上设置灌砌块石,模袋混凝土压入灌砌块石以下。模袋混凝土的模袋布采用丙纶等合成纤维长丝机织而成,其单位重量不小于 290 g/m²。模袋混凝土施工前,应先将原土坡按设计要求进行理坡,有凹槽需先用米砂填平,坡面平整度不应大于 150 mm。然后自上而下铺设模袋,陆上部分的模袋在冲灌前应洒水湿润,模袋铺设后应及时充灌混凝土,混凝土骨料最大粒径小于 20 mm。模袋混凝土充灌完成后应及时用水将模袋表面和滤点孔内的灰渣冲洗清理干净,并进行养护工作。充灌后的模袋混凝土坡脚应及时进行锚槽回填覆盖施工。相邻两块混凝土模袋缝宽小于 30 mm,底部垫设土工布,土工布与土工模袋的搭接长度应不小于 50 cm。见图 8.23。

4) 斜坡式护岸选型

应根据自然条件、使用要求、施工条件以及生态美观等要求,选择护岸结构选型。综合考虑工程造价及环境效益,斜坡式护岸结构优缺点如表 8.7 所示。

表 8.7 斜坡式护岸结构优缺点

护岸类型	雷诺护垫护坡	铰链排护坡	模袋混凝土护坡
优点	1. 生态性较好 2. 适应软基变形能力较好	1. 采用整体铺设,施工快捷方便 2. 适应软基变形能力较好	1. 构造简单,施工快捷方便 2. 适应软基变形能力较好
缺点	1. 材料结构防腐要求高 2. 结构耐久性较差,不适用于粉土、粉砂等地质	1. 抗船行波冲击能力较差 2. 结构耐久性较差,不适用于粉土、粉砂等地质	美观性较差
造价	相对造价较高	相对造价较低	相对造价较低

8.3.2 护岸计算

斜坡式护岸设计主要计算内容,按照现行行业标准《防波堤与护岸设计规范》(JTS 154)相关要求执行。斜坡式护岸整体稳定性和地基沉降计算应按照现行行业标准《水运工程地基设计规范》(JTS 147)的有关规定执行。主要计算内容应符合下列规定。

(1) 承载能力极限状态设计应进行下列内容的计算或验算:

① 护面块体的稳定重量和护面层厚度;

② 整体稳定性。

(2) 正常使用极限状态设计应进行下列内容的计算或验算:

① 地基沉降;

② 裂缝宽度。

斜坡式护岸承载能力极限状态设计状况及相应的组合中计算水位的选取应符合下列规定:

(1) 持久组合,计算水位应分别采用设计高水位、设计低水位、极端高水位和极端低水位。

(2) 短暂组合,计算水位应分别采用设计高水位和设计低水位或施工期短暂状态下某一不利水位。

(3) 地震组合,计算水位应按现行行业标准《水运工程抗震设计规范》(JTS 146)的有关规定执行。

斜坡式护岸正常使用极限状态作用组合可不计算极端高水位和极端低水位时的情况。

斜坡护岸稳定计算可采用瑞典圆弧法或简化毕肖普法。当坡身存在较薄软弱土层时,宜采用改良圆弧法。验算方法可采用总应力法或有效应力法。

(1) 稳定渗流期应采用有效应力法,施工期可采用总应力法,外水位降落期可同时采用有效应力法和总应力法,并以较小的安全系数为准。

(2) 持久状况的稳定验算时,土的抗剪强度宜采用直剪固结快剪或三轴固结不排水剪切强度指标,也可采用十字板剪切强度指标、无侧限抗压强度指标、三轴不固结不排水剪切强度指标;有条件时可采用有效剪强度指标;有经验时也可采用直剪快剪强度指标。

(3) 短暂状况的稳定验算时,土的抗剪强度宜采用十字板剪切强度指标、无侧限抗压强度指标、三轴不固结不排水剪切强度指标;有经验时也可采用直剪快剪强度指标。

(4) 采用直剪固结快剪强度或三轴固结不排水剪切强度指标时,应采用与计算情况相适应的应力固结度;采用有效剪强度指标时,应采用与计算情况相适应的孔隙水压力。采用十字板剪切强度指标、无侧限抗压强度指标、三轴不固结不排水剪切强度指标时,可考虑土体固结引起的强度增长。

(5) 有效剪强度指标宜用量测孔隙水压力的三轴固结不排水剪切试验测定,也可用直剪仪进行慢剪试验测定。

斜坡式护岸的稳定性验算,其危险滑动面均应满足以下极限状态设计表达式:

$$\gamma_0 M_{sd} \leqslant \frac{1}{\gamma_R} M_{Rk} \tag{8.33}$$

式中:γ_0——重要性系数,安全等级为一级、二级、三级的建筑物,分别取 1.1、1.0、1.0;

M_{sd}——作用于危险滑动面上滑动力矩的设计值(kN·m/m);

γ_R——抗力分项系数,按现行行业标准《水运工程地基设计规范》(JTS 147)的有关规定执行;

M_{Rk}——危险滑动面上抗滑力矩的标准值(kN·m/m)。

8.3.3 工程案例

1) 雷诺护垫护坡

一级护坡采用长度 7.3 m、宽度 2.0 m、高度 0.3 m 的镀高尔凡雷诺护垫,内部按照 1 m 间隔布置双隔板,边坡坡比为 1:2.5,坡底高程▽6.25 m,坡顶高程▽8.20 m。坡脚设置 C15 混凝土灌砌块石护底,宽 1.5 m,高 0.8 m。见图 8.24。

2) 铰链排护坡

一级护坡采用 150 mm 厚铰链式混凝土预制块,边坡坡比约为 1:3,坡底高程▽−5.5 m,坡顶高程▽2.0 m。铰链式砼预制块尺寸为 450 mm×440 mm,坡顶设置 C15 砼灌砌块石护底,宽 1.0 m。见图 8.25、图 8.26。

3) 模袋混凝土护坡

一级护坡采用 200 mm 厚模袋混凝土护坡,边坡坡比约为 1:3,坡底高程▽27.1 m,坡顶高程▽30.0 m,坡顶设置 C15 混凝土灌砌块石护底,宽 1.0 m。见图 8.27。

8 生态护岸设计

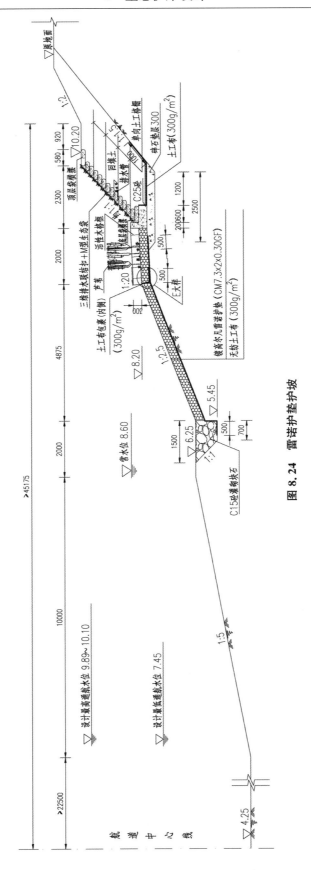

图 8.24 雷诺护垫护坡

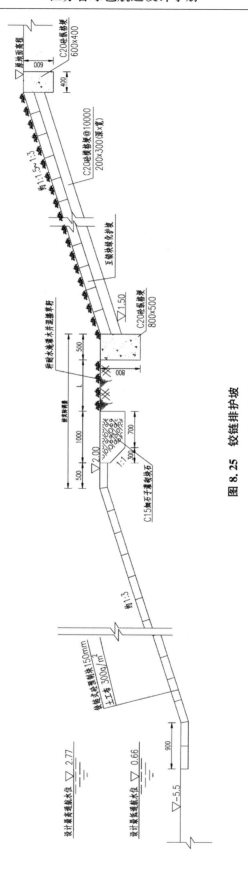

图 8.25 铰链排护坡

8 生态护岸设计

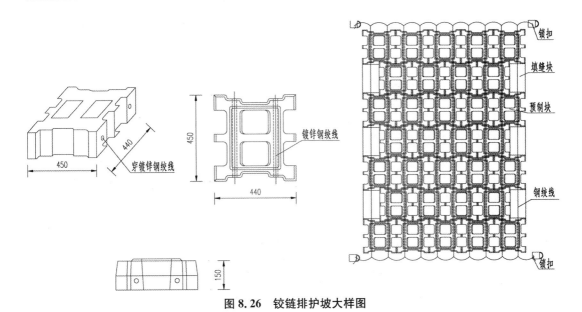

图 8.26 铰链排护坡大样图

8.4 复合式护岸

复合式护岸可根据需要采用上部直立下部斜坡、上部斜坡下部直立或多级挡墙等型式。

复合式护岸结构应根据水位、船行波、风浪、水流等条件，合理确定防护范围和直立式挡墙高程。

复合式护岸水下结构不应对通航安全造成隐患；多级护岸中自下而上的第一级护岸顶高程一般为常水位加 0.5~0.8 m 超高确定，且淹没时间不大于 1 个月。

8.4.1 护岸类型

一级护岸根据使用条件，可采用素混凝土重力式结构、预制混凝土箱式结构、金属丝网箱结构以及板桩等结构型式。二级护岸可结合原地面高程采用斜坡式、直立式以及多级挡墙结构型式，常用二级护岸主要有自锁式挡土块、箱式绿化挡墙、仿木桩、混凝土重力式护岸、六角预制块护坡、互锁块护坡、生态袋护坡、浆砌块石连拱护坡、生物基质混凝土护坡以及三维快速植生垫护坡等。

8.4.2 护岸计算

复合式护岸的计算内容及计算方法应符合现行行业标准《防波堤与护岸设计规范》(JTS 154)、《码头结构设计规范》(JTS 167)的有关规定。

8.4.3 工程案例

1) 通扬线兴化、海陵段航道整治工程

通扬线兴化、海陵段航道按三级航道标准整治，设计船舶吨级为 1 000 吨级，整治总里程长 13.518 km。航道底宽不小于 45 m，最小通航水深不小于 3.2 m，航道最小弯曲半径为 480 m。

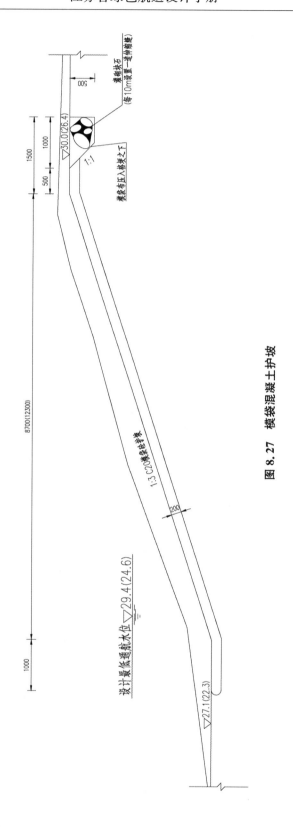

图 8.27 模袋混凝土护坡

8 生态护岸设计

设计护岸一级墙为 C25 素混凝土重力式结构,墙顶标高▽1.6 m,压顶厚 0.6 m,宽 0.5 m,设置 2 cm 飞边。底板顶▽−1.0 m,厚度 0.5 m,底板宽 4.8 m。一级墙顶设置 1.5 m 宽平台,平台后方设置 0.6 m×0.4 m(高×宽)格埂,护岸压顶与格埂之间回填种植土,种植莲花、菖蒲、香蒲等植物。

二级护岸采用 BSC 生物基质混凝土,厚度为 25 cm,生物基质植被层厚 12 cm,▽1.6~2.1 m 高程种植菖蒲、香蒲 6 株/m²,▽2.1~2.77 m 高程混合撒播狗牙根、高羊茅、白三叶、紫花苜蓿、波斯菊、百日红 60 g/m²,草籽比例为 19∶30∶2∶5∶2∶2。见图 8.28。

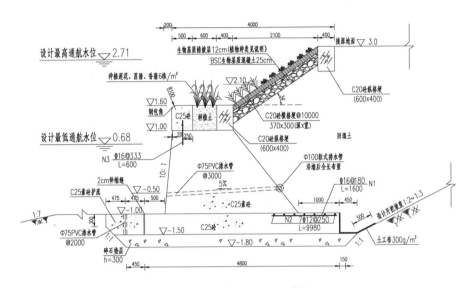

图 8.28 复合式护岸(工程案例一)

2) 京杭运河槐泗河口—施桥船闸段航道整治工程江阳大桥—扬州大桥段

京杭运河槐泗河口—施桥船闸段航道整治工程江阳大桥—扬州大桥段航道按二级航道标准整治,设计船舶吨级为 2 000 吨级,整治总里程长 2.486 km。航道底宽不小于 70 m,航道最小弯曲半径为 800 m。

设计护岸结构型式(一)一级墙为 C20 夹石混凝土重力式结构,墙顶标高▽5.5 m,压顶厚 0.3 m,宽 0.5 m,设置 2 cm 飞边。底板顶▽2.83 m,厚度 0.5 m,底板宽 2.5 m。一级墙顶设置 2.7 m 宽平台,平台后方设置 0.45 m×0.6 m(高×宽)排水沟,护岸压顶与排水沟之间铺设 6 cm 厚混凝土预制块道路。

二级护岸采用 M15 浆砌块石重力式护岸,表面设置黄石镶面。二级护岸墙顶标高▽7.2 m,压顶厚 0.2 m,宽 0.5 m。底板顶▽5.6 m,厚度 0.3 m,底板宽 1.45 m。护岸后方采用草皮护坡接至原地面。见图 8.29。

设计护岸结构型式(二)一级墙为 C20 夹石混凝土重力式结构,墙顶标高▽5.5 m,压顶厚 0.3 m,宽 0.5 m,设置 2 cm 飞边。底板顶▽2.83 m,厚度 0.5 m,底板宽 2.5 m。一级墙顶设置 2.7 m 宽平台,平台后方设置 0.45 m×0.6 m(高×宽)排水沟,护岸压顶与排水沟之间铺设 6 cm 厚混凝土预制块道路。见图 8.30。

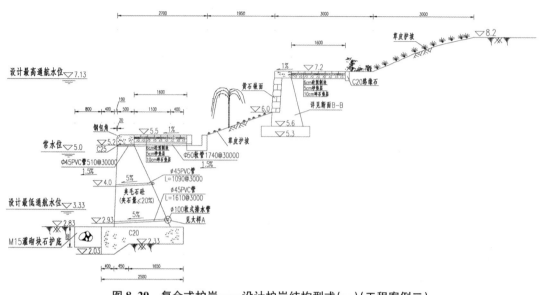

图 8.29　复合式护岸——设计护岸结构型式（一）（工程案例二）

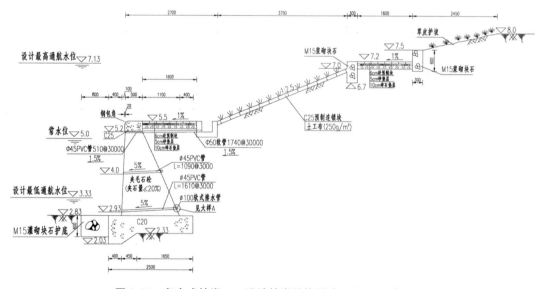

图 8.30　复合式护岸——设计护岸结构型式（二）（工程案例二）

二级护岸采用 C25 混凝土预制块护坡,坡顶高程▽7.0 m。坡顶设置阶梯式 M15 浆砌块石格埂,格埂之间设置混凝土预制块道路,格埂后方采用草皮护坡接至原地面。

设计护岸结构型式（三）一级墙为 C20 夹石混凝土重力式结构,墙顶标高▽5.5 m,压顶厚 0.3 m,宽 0.5 m,设置 2 cm 飞边。底板顶▽2.83 m,厚度 0.5 m,底板宽 2.5 m。一级墙顶设置 2.7 m 宽平台,平台后方设置 0.45 m×0.6 m（高×宽）排水沟,护岸压顶与排水沟之间铺设 6 cm 厚混凝土预制块道路。

二级护岸采用 20 m×10 m×5 cm 六角预制块护坡,坡顶高程▽6.5 m,并设置混凝土预制块人行道路。平台后方采用草皮护坡接至原地面。见图 8.31。

8 生态护岸设计

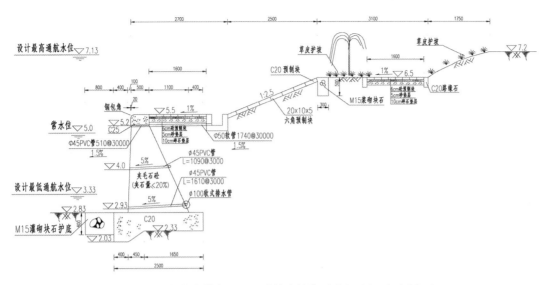

图 8.31 复合式护岸——设计护岸结构型式(三)(工程案例二)

设计护岸结构型式(四)一级墙为 C20 夹石混凝土重力式结构,墙顶标高▽5.5 m,压顶厚 0.3 m,宽 0.5 m,设置 2 cm 飞边。底板顶▽2.83 m,厚度 0.5 m,底板宽 2.5 m。一级墙顶设置 2.7 m 宽平台,平台后方设置 0.45 m×0.6 m(高×宽)排水沟,护岸压顶与排水沟之间铺设 6 cm 厚混凝土预制块道路。

二级护岸采用阶梯式混凝土装饰砌块挡墙,挡墙顶高程分别为▽5.9 m、▽6.3 m、▽6.7 m。见图 8.32。

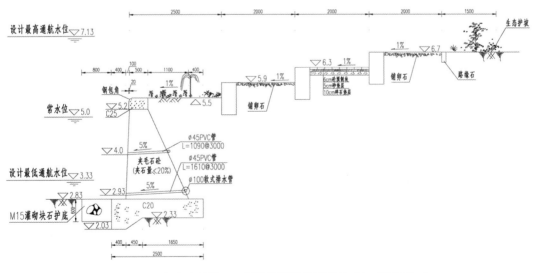

图 8.32 复合式护岸——设计护岸结构型式(四)(工程案例二)

3) 苏南运河苏州市区段三级航道整治工程兴贤桥—寒山桥段

苏南运河苏州市区兴贤桥—寒山桥段按三级航道标准整治,设计船舶吨级为 1 000 吨级,整治总里程长 7.2 km。航道底宽不小于 70 m,最小通航水深不小于 3.2 m,航道最小弯曲半径为480 m。

A1型结构一级护岸采用C20夹石混凝土重力式结构,底板采用C20素混凝土,底板顶高程为▽-1.2 m,宽4.1 m,厚0.5 m,底板前、后趾悬挑长度分别为0.5 m、1.1 m;墙身采用C20夹石混凝土,临水面后倾斜率为10∶1;压顶采用0.3 m×0.52 m(高×宽)的C25混凝土压顶,压顶临水侧伸出墙身2 cm;护岸顶高程为▽2.0 m,护岸临水侧设置凹缝图案。

二级护岸采用混凝土自嵌块结构,该结构顶高程为▽2.9 m,基础采用厚0.2 m、宽0.8 m的C20素混凝土,下设10 cm厚的碎石找平层。墙身采用6层自嵌块叠合而成,墙身后仰12°,自嵌块体尺寸为0.48 m×0.3 m×0.15 m(长×宽×高),墙身临土侧设置0.3 m厚的碎石倒滤层。块体顶部设置0.3 m×0.1 m(宽×高)C25混凝土压顶。见图8.33。

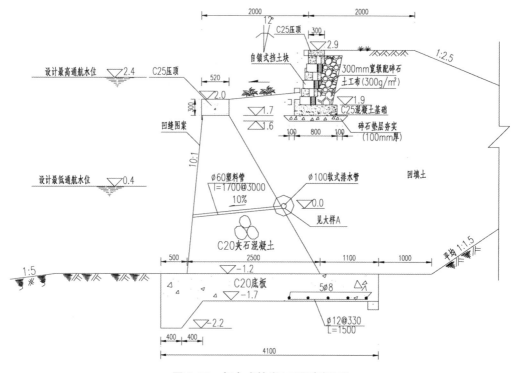

图8.33　复合式护岸(工程案例三)

4) 刘大线航道整治工程

刘大线航道按四级航道标准整治,设计船舶吨级为500吨级,整治总里程长55.691 km。航道底宽不小于40 m,最小通航水深2.5 m,最小弯曲半径为320 m。

护岸一级坡采用C20素混凝土斜坡结构,斜率为1∶3.5,由15 cm厚C20混凝土(现浇)+15 cm级配碎石+5 cm砂垫层+400 g/m² 透水土工布组成,分段长度10 m,段与段之间采用二毡一油分隔;坡底高程▽-1.8 m,坡顶高程▽1.8 m。

二级护岸距离一级护坡临水面3.4 m,二级护岸基础采用C20混凝土,厚0.2 m,宽0.8 m,下设10 cm厚碎石找平层。墙身采用6层自嵌块(尺寸为0.48 m×0.3 m×0.15 m)叠合而成,顶部设置0.3 m×0.3 m C25混凝土压顶,墙身后仰。墙身临土面设置厚0.3 m碎石倒滤层,倒滤层由级配碎石外包土工布组成。见图8.34。

8 生态护岸设计

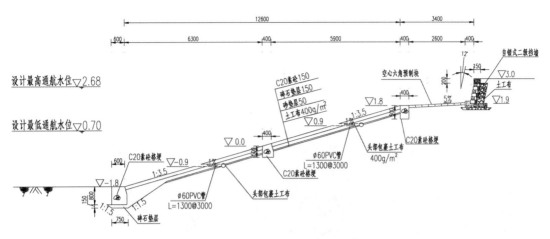

图 8.34 复合式护岸（工程案例四）

8.5 护岸生态修复设计

8.5.1 护岸类型

1) 直立式护岸修复

针对现状直立式护岸损坏程度并结合生态景观需求，采取不同修复方式，主要包括以下几种：

（1）管桩＋浇筑贴面

该结构适用于老护岸压顶以下水位变幅区勾缝脱落的老护岸加固。

在老护岸底板前趾施打管桩，然后浇筑水下混凝土，在施工水位以上老护岸临水面墙身凿毛并植筋，然后浇筑水上混凝土贴面，贴面表面根据需要做凹缝图案。见图 8.35。

（2）管桩＋生态槽

该结构适用于老护岸压顶以下水位变幅区勾缝脱落，且有一定的景观提升要求的老护岸加固。

在老护岸底板前趾施打管桩，然后浇筑水下混凝土，在施工水位以上老护岸临水面墙身凿毛并植筋，然后浇筑水上混凝土贴面，并根据生态景观需求，在常水位以上放置生态预制箱，箱内填土并种植绿植，或在贴面混凝土上现浇生态槽，槽内填土并种植绿植。见图 8.36。

（3）凿除上部墙身＋新建二级墙

该结构适用于护岸基本完好而面层局部受损的老护岸（半倒塌）的加固。

凿除老护岸施工水位以上墙身，并在后方开挖出一定范围，新建二级挡墙，可采用生态框等结构型式。见图 8.37。

（4）桩基＋浇筑墙身

该结构适用于护岸严重受损（全倒塌）的老护岸加固。

对老护岸底部进行清理找平，然后施打混凝土方桩、管桩等进行桩基处理，浇筑水下混凝土，并在水下砼顶面插入钢筋，待沉降稳定后浇筑水上混凝土。见图 8.38。

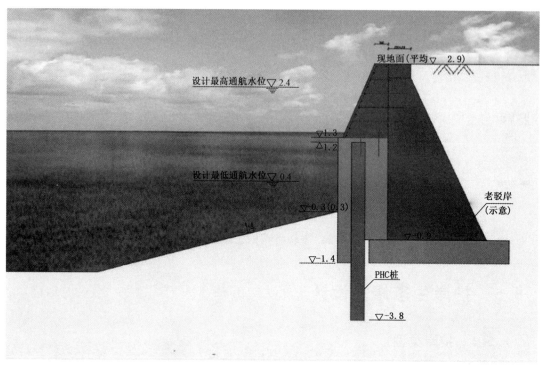

图 8.35 直立式护岸修复(管桩+浇筑贴面)

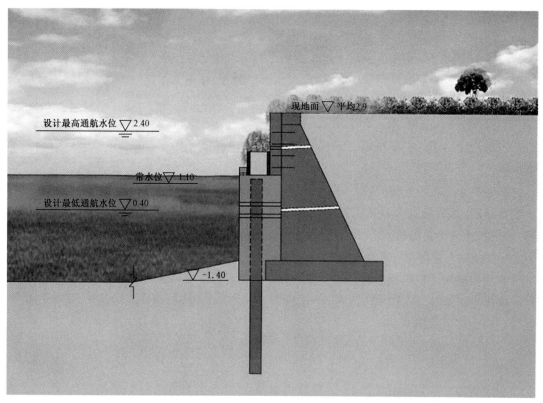

图 8.36 直立式护岸修复(管桩+生态槽)

8 生态护岸设计

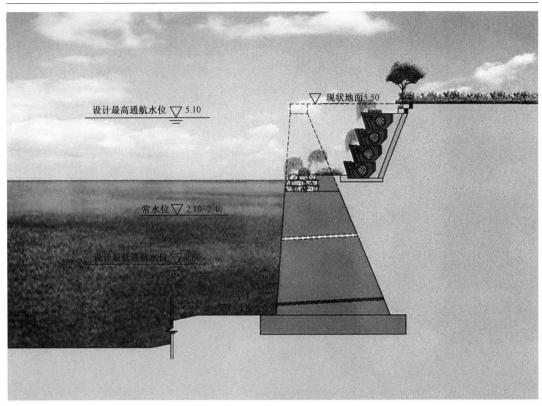

图 8.37 直立式护岸修复(凿除上部墙身＋新建二级墙)

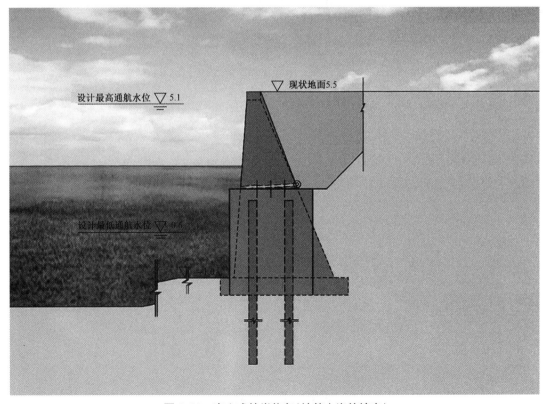

图 8.38 直立式护岸修复(桩基＋浇筑墙身)

2）斜坡式护岸修复

针对现状斜坡式护岸损坏程度及生态景观需求，采取不同修复方式。

航道沿线局部破损严重的斜坡护岸可采用三维植生垫进行修复，航道沿线局部破损较轻的斜坡护岸可采用重新浇筑护坡坡面的方式进行修复，分别见图 8.39、图 8.40。

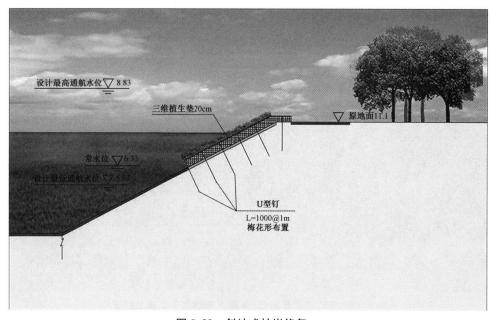

图 8.39　斜坡式护岸修复一

图 8.40　斜坡式护岸修复二

8.5.2 工程案例

1) 直立式护岸修复

(1) 苏南运河三级航道整治工程吴江 50K+860~67K+860 段

苏南运河吴江 50K+860~67K+860 段按三级航道标准整治,设计船舶吨级为 1 000 吨级,整治总里程长 10.067 km。航道底宽不小于 70 m,最小通航水深不小于 3.2 m,航道最小弯曲半径为 480 m。

航道中心线到部分老护岸的前沿线仅有 45 m,且老护岸底板顶高程较高,为▽0.0~0.3 m,故为降低老护岸底高程以满足标准横断面设计,对于不同的土质采用不同桩长的预应力混凝土空心方桩加水下混凝土进行加固。对于航道中心线到老护岸前沿线的距离不小于 50 m 的航段,采用 9 m 预应力混凝土空心方桩加水下混凝土进行加固,对于老护岸完全坍塌的航段采用小方桩加现浇水下混凝土进行重建。

D1、D2、D3 型结构采用单排方桩对老护岸进行加固,根据地质条件不同分别采用 7 m、9 m 及 12 m 空心方桩,截面为 0.25 m×0.25 m 及 0.3 m×0.3 m,空心直径为 0.15 m 及 0.16 m。方桩顶部设置现浇 C30 混凝土贴面,临水侧设置凹缝图案。见图 8.41。

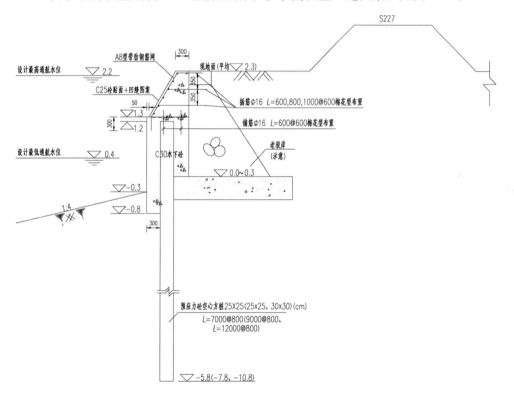

图 8.41　直立式护岸修复——D1、D2、D3 型结构(工程案例一)

E 型结构是借鉴航道工程养护经验确定的,在老护岸原底板位置设置三排截面为 0.3 m×0.3 m 的 C30 钢筋混凝土小方桩,小方桩横向间距 0.7 m、0.9 m,纵向间距前排为 0.7 m,后排为 0.8 m,桩顶高程▽-0.6 m,桩底高程▽-9.1 m。桩顶上现浇底标高为▽-1.0 m,宽 2.2 m 的 C30 水下混凝土基础至常水位,基础上设置梯形 C20 混凝土胸墙,胸墙顶宽 0.4 m,底宽 0.9 m,胸墙临水侧设置凹缝图案。见图 8.42。

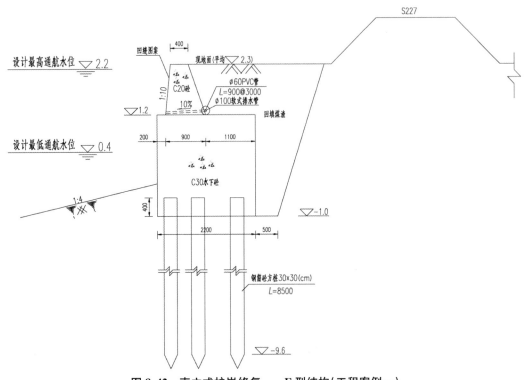

图 8.42 直立式护岸修复——E 型结构(工程案例一)

(2) 苏南运河常州段三级航道整治工程荷园里—德胜河段

苏南运河常州荷园里—德胜河段航道按三级航道标准整治,设计船舶吨级为 1 000 吨级,整治总里程长 12.276 km。航道底宽不小于 70 m,最小通航水深不小于 3.2 m,航道最小弯曲半径为 480 m。

结构采用单排方桩对老护岸进行加固,根据地质条件采用 5 m 实心方桩,截面为 0.2 m×0.2 m。方桩顶部设置现浇 C25 钢筋混凝土贴面。见图 8.43。

(3) 通扬线兴化、海陵段航道整治工程

通扬线兴化、海陵段航道按三级航道标准整治,设计船舶吨级为 1 000 吨级,整治总里程长 13.518 km。航道底宽不小于 45 m,最小通航水深不小于 3.2 m,航道最小弯曲半径为 480 m。

设计 L1 型护岸为钢板桩老护岸加固结构,钢板桩桩顶高程▽1.50 m,桩长为 7 m。桩与老护岸之间填碎石,桩顶以上浇筑 C25 混凝土贴面,贴面设置 A8 定型钢筋网。

钢板桩型号可采用 U 型 600 mm×200 mm,厚度不小于 10 mm,截面模量不小于 1 650 cm³/m。见图 8.44。

(4) 芜申线溧阳城区段航道整治工程航道工程

芜申线溧阳城区段航道按三级航道标准整治,设计船舶吨级为 1 000 吨级,整治总里程长 9.518 km。航道底宽不小于 45 m,最小通航水深 3.2 m,最小弯曲半径为 480 m。

设计 B1 型老护岸加固针对 2001 年按五级航道标准进行整治时实施的护岸进行处理,确保按照三级航道标准疏浚时的结构安全。结构采用 PHC 管桩加浇筑水下混凝土的方式。

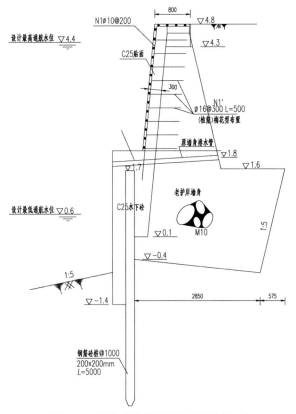

图 8.43 直立式护岸修复(工程案例二)

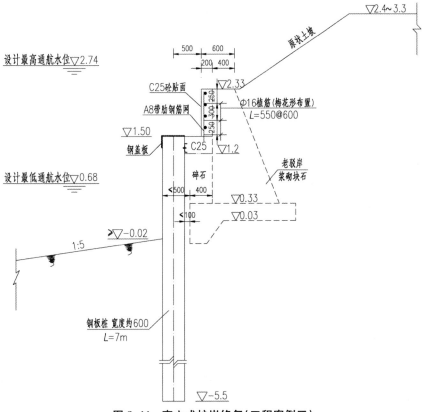

图 8.44 直立式护岸修复(工程案例三)

预应力管桩加固方案:管桩顶高程▽1.7 m,直径0.3 m,桩长8 m,顺老护岸前沿间隔0.8 m施打,桩顶设置0.3 m厚平台,平台临水面设置0.3 m宽、1.1 m高小挡墙,平台临土侧浇筑0.2 m厚混凝土贴面与老护岸连成整体,小挡墙与贴面之间的凹槽填种植土,种植云南黄馨。

老护岸与管桩之间的混凝土分为水下及水上两部分,以▽1.6 m为界划分,浇筑混凝土时宜注意老护岸墙身排水管的疏通,凹槽底部向下设置斜向临水侧的PVC管,管中插吸水棉条,便于旱季时保持凹槽中土壤的湿度。见图8.45。

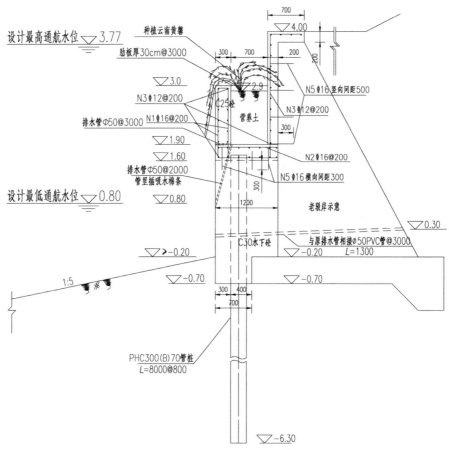

图8.45 直立式护岸修复(工程案例四)

2) 斜坡式护岸修复

京杭运河江苏段绿色现代航运综合整治工程高邮段航道按二级航道标准整治,设计船舶吨级为2 000吨级,整治总里程长42.53 km。航道底宽不小于65 m,最小通航水深不小于4.5 m,航道最小弯曲半径为800 m。

E1型结构采用三维植生垫对航道沿线局部破损严重的斜坡护岸修复。现状护坡为浆砌块石护坡,修复时,需先对破损区域及其周边进行清理,凿除不规则的破损区域边缘后,在破损形成的坑洞表面覆盖400 g/m² 无纺土工布,并用碎石回填平整。为保证护坡修复后生态效果,在平整后的护坡表面采用三维植生垫进行修复,坡面混合撒播狗牙根、百喜草、高羊茅、白三叶20 g/m²,草籽比例为1∶1∶1∶1。见图8.46。

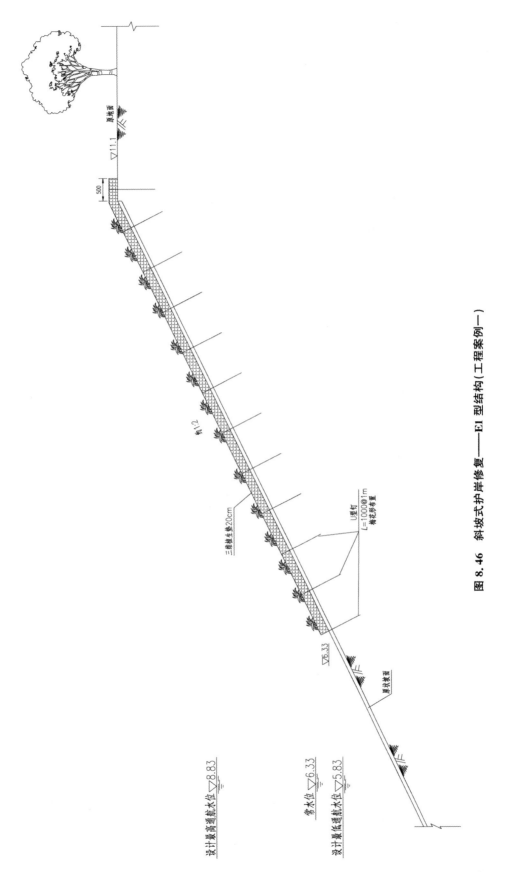

图 8.46 斜坡式护岸修复——E1型结构（工程案例一）

采用 E2 型结构对航道沿线局部破损较轻的浆砌块石斜坡护岸进行修复,避免护岸结构在船行波的作用下进一步冲刷破坏。

修复时,先对破损区域及其周边进行清理,凿除不规则的破损区域边缘,破损深度不大于 60 cm 时,在破损形成的坑洞表面覆盖 400 g/m² 无纺土工布,回填 20 cm 碎石平整,最后采用 40 cm M15 浆砌块石对坡面进行修复;破损深度大于 60 cm 时,施工时应先采取袋装土回填压实至 60 cm 深度。见图 8.47。

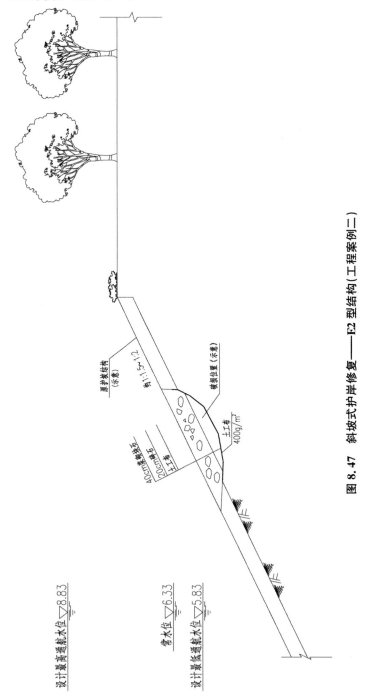

图 8.47 斜坡式护岸修复——E2 型结构(工程案例二)

8.6 自然岸坡设计

现状口宽远大于航道设计口宽时,可选择采用自然岸坡设计,依据植物的生态学特性,充分运用艺术构图原理,进行乔、灌、草等复层结构植物的调整和改造,营造富有层次的植物景观。

植物的选择应考虑植物生长的岸坡稳定性、水位变化适应性、坡面水土保持等要求。同时,要注意景观植物配置,呈现出自然的植物群落结构。

自然岸坡所选用的植物,一般可根据植物所处的不同位置划分为水生植物和护坡植物。水生植物宜选用耐水性好、对水质有净化作用的芦苇、水葱、茭白等,同时可根据水生植物的生态特征和景观需要做好水生植物的造景设计。护坡植物的主要作用是减少降雨对坡面的冲刷、防止水土流失及美化环境等,可与景观规划结合起来,选择观赏性强又耐旱、耐碱的植物,如百喜草、狗牙根等。在常水位附近,因有船行波侵蚀,宜采用生物特性较为强劲的植物,既可缓冲船行波,又减缓坡面雨水冲刷,并兼顾短时间行洪时的水流冲击,一般采用长根系、耐水性好并对水质有一定净化作用的植物。

设计洪水位以上区域很少被河水侵蚀,植物的主要作用是减少降雨对岸坡的冲刷、美化环境等。特别地,芦苇的根、茎、叶在生长过程中能够改良土壤,为细菌类微生物、昆虫、鱼类和鸟类等提供适宜的栖息生存环境,具有强大的环境调节功能和生态效益,具有抗旱、抗高温、深水耐寒和成活率高等特点,在浅水湿地容易形成密集的群落,是水面绿化、河道管理、净化水质和护土固堤的首选。

9 生态疏浚工程

9.1 概述

传统的航道建设中,疏浚工程往往以达到工程目的为主,忽视了疏浚给生态环境带来的负面影响,其中包括水生生态系统的变化、河床地貌的破坏、疏浚弃土造成的环境污染、水生生物数量的减少以及水域附近陆生生态系统的破坏等一系列生态问题。随着生态环境压力日益增大,人们环保意识的增强及"生态优先、绿色发展"的基本战略的贯彻落实,对于疏浚行业,亟须一个新兴理念引领行业发展。基于"人与自然和谐共生"的新发展理念和发展模式,生态疏浚的概念应运而生。

为了改善污染水域的生态环境,减轻疏浚对生态系统的破坏,目前已经有大量的环保疏浚工程得到了实施。环保疏浚是以去除底泥中污染物和改善水环境指标为目标,采取人工、机械的措施适当去除水体中的污染底泥以降低底泥中污染物的含量,并对疏浚后的污染底泥进行安全处置的技术。与传统的工程疏浚相比,其融入了生态环保理念,可谓是疏浚走向"生态化"的一次重大进步。然而现阶段的环保疏浚主要是在水体生态系统已经被破坏后,为了对其进行修复所实施的一种补救手段,且其关注点往往仅局限于降低某一污染物的浓度指标,忽视了疏浚过程对生态环境的影响及生态保护问题。而生态疏浚的真正含义则是一种生态友好型的疏浚技术,能够在达到疏浚的工程目的同时避免疏浚对生态环境的破坏,甚至为疏浚区的生态环境起到良好的改进作用,是疏浚工程、生态修复工程等的有机结合,更偏向于一种生态环保技术而非补救手段。

因此,生态疏浚是一种以遵循自然生态规律为宗旨,以建设或维护涉水基础设施为目的,以平衡生态保护和社会发展为原则的高质量、高效率、低损耗的多学科协同创新的工程技术。在绿色航道设计中,疏浚工程设计应遵循合理利用资源、保护环境、节能减排和安全的原则,以生态疏浚为理念,采用绿色环保的疏浚设备机具、弃土处理方法,对工程后生态环境进行保护与修复。目前,生态疏浚在湖泊生态修复中有较多的应用,主要是为了清除水体中的污染底泥,疏浚后的基底可用于后续生物修复,其本质是以工程、环境、生态相结合来解决湖泊可持续发展或称湖泊"生态位"修复。

9.1.1 生态疏浚的内涵

相对于传统疏浚,生态疏浚更为重视对客观规律的认识和遵循、产业运行与发展的可持续性要求以及融会新技术革命的动能来构建协同创新的技术体系。生态疏浚致力于为构建"人与自然和谐共生"的现代化而发挥特定作用,其服务活动均应是以恢复、建设、保护生态为前提与目标而实施的"基建性疏浚""维护性疏浚"和"修复性疏浚"等工程活动,是有益于促进生态、社会和经济统筹一致的可持续发展的行业体系。在一定意义上,其应可理解为工程疏浚的全面"生态化"。这里的意义至少包含如下层次:疏浚本应是人类社会发展不可或缺的产业,必须通过自我变革,更好地适应可持续发展需求的供给能力,成为适应现代化建设需求的生态产业,从而在建设交通强国、水利强国、疏浚强国的进程中发挥积极作用;生态疏浚的服务对象和产品主要是"生态型"的涉水基础水生态设施,包括港口、航道、流域、湿地与栖息地、水库生态恢复等;生态疏浚的产业链,包括技术工艺、装备、规范等,均须全方位创新、改进、提升,从而能够为服务生态建设提供保障。策划、规划、设计到施工、监测、运维等的全流程以及科研、生产、培训、装备、材料、政策等全链条,都要基于"生态法则""生态优先"等方针进行调整,优化疏浚产业的生态系统。

从生态学出发,疏浚自身就是一个生态系统,同时和与之关联的生态系统与环境相互影响。但以往疏浚业界受社会、市场发展和工科视野的局限,并未对自身生态学属性和规律给予系统关注。面向由工业文明进阶到生态文明的未来,疏浚业势必要清楚地认识自身的生态学地位与作用,并顺应人与自然复合生态系统的总要求,从而促进自我有序演替。这是疏浚得以持续生存和发展的根本保证。

9.1.2 生态疏浚的内容

总体上,为符合绿色航道设计,生态疏浚的流程与方案的制定应该对以下问题进行科学合理地考虑与研究:

(1) 对拟疏浚区域进行详细的勘察,对航道可能存在的污染底泥的沉积特征、分布规律、理化性质等以及生物群落的特征、原有的生态平衡状态等有比较清楚的了解。

(2) 在获得比较精确的测量数据的基础上,确定合理的疏挖深度,完成沉积物总量测算及总量调查,对污染底泥进行生态风险评价,根据污染底泥的毒性和危害采取相应的处置措施以避免对环境造成二次污染。

(3) 基于《疏浚与吹填工程设计规范》(JTS 181—5—2012)和《疏浚与吹填工程施工规范》(JTS 207—2012),对疏挖范围及规模、疏浚作业区的划分及工程量、疏挖方式及机械配置、工作制度及工期等作出科学合理的安排。

(4) 对底泥堆放场地的选择、处置工艺的选取等都要有明确的技术方案,尤其要提出综合利用方案。此外,还应将生态疏浚与其他生态工程有机结合起来,以实现疏浚效益、生态效益及经济效益的统一。

在生态疏浚工程的具体实施中,有如下内容需要考虑:

(1) 精确疏浚

基于航道设计,进行高精度定位与高精度挖深,达到疏浚要求并尽量减少超挖量。即在保证疏浚工程效果的前提下,降低工程成本,尽可能减少开挖原生土。

(2) 控制疏浚过程中底泥的扩散

采取先进的疏浚设备和工艺,保证高浓度吸入,减少悬浮物浓度,从而降低悬浮物对水生环境的影响。

（3）控制疏浚土运输过程的泄漏

对疏浚土输送进行实时的监控,避免输送过程中的泄漏对水体造成二次污染。

（4）疏浚土处理和再利用

疏浚弃土成分复杂(包含污染层土与清洁原生土),特性不一,需科学处理,降低弃土对生态的影响,避免造成二次污染,并尽可能实现弃土资源再利用。生态疏浚工程流程图见图9.1。

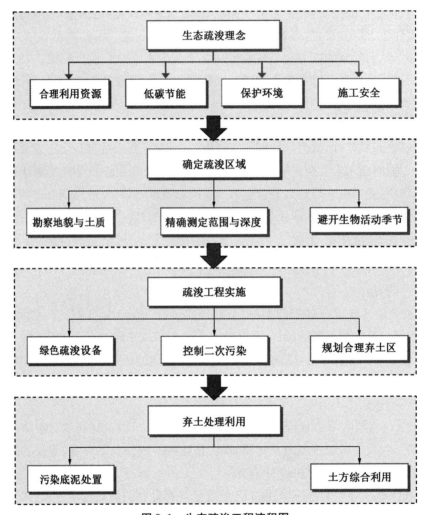

图9.1　生态疏浚工程流程图

9.2　生态疏浚设计

9.2.1　确定疏浚保护区域

在进行生态疏浚之前,需对疏浚区域地貌、土质情况等进行详细的勘察,并根据疏浚区域的土质等情况选择合理的疏浚方式,避免施工现场细颗粒的扩散和溢流物的沉降,防止二次污染,最大限度地减轻对生态系统的影响。

建立GPS局域网，对疏浚范围内的淤积状况进行精密的测量，尤其要在富含污染土或有毒物质以及水下地形复杂的区域进行加密测量，对底泥性质及分布进行分析，测算出疏浚总量、污染底泥量等，合理选定疏浚范围和深度。

为避免航道疏浚对水栖生物造成不利影响，应禁止在生物活动频繁时期进行施工。因此，在项目前期应针对目标疏浚区域中代表性生物的生活习性及特点进行充分考察，综合考虑其摄食期、迁移期、繁殖期等特性，从而确定合适的疏浚时节，必要时可进行分期施工，以最大限度地降低疏浚对生物的不利影响。

南通至太仓长江河段航道维护疏浚工程中为保护江刀鱼、河豚、中华鲟顺利繁殖和产卵，将疏浚施工大部分时期安排在夏秋季，避开了产卵繁殖期，尽可能将疏浚施工对动物繁殖产卵的影响降低到最小。练祁河等4条航道疏浚选择将施工期避开了动物的繁殖期，并结合分段施工等一系列措施，降低了疏浚对施工区域内的水生生态的负面影响。

疏浚深度是生态疏浚工程中需要确定的关键参数，既要保证能够满足工程疏浚的需求，又要达到保护生态环境的要求。目前，国内外学者普遍认为在疏浚工程实施前，应当对拟疏浚区域进行多参数的综合分析与评估，包括水文特征、底泥分布状况、营养盐含量和垂直分布特性、释放系数、沉水植物种属类型、生物学特性等，并结合疏浚区域现状地貌等条件来确定生态疏浚深度。

9.2.2 疏浚挖槽设计

疏浚区平面尺度、深度设计应符合项目总体要求，并应符合下列规定：

（1）通航水域的疏浚平面尺度、深度设计应符合现行行业标准《航道整治工程技术规范》（JTJ 312—2003）的有关规定；

（2）基槽疏浚平面尺度、深度应按挖槽使用要求、施工要求和水域冲淤情况进行设计，涉及建筑物的尚应满足建筑物稳定要求；

（3）以置换为目的的疏浚平面尺度、深度应根据拟建水工建筑物设计要求确定。

在进行挖槽设计时，边坡坡度应根据土质、水动力条件和拟采用的疏浚设备确定，并有以下相关内容：

（1）挖槽设计边坡坡度应在进行边坡稳定性分析后确定。必要时，可通过试挖进行验证。在缺乏资料的情况下，各类土质的水下边坡坡度可查阅《疏浚与吹填工程设计规范》（JTS 181—5—2012）中的数值。

（2）疏浚水域范围或疏浚厚度较大，且土质特性或水动力环境出现较大变化时，应在不同区段或深度取用不同的设计边坡坡比；疏浚范围或疏浚厚度较小时，即使土质特性或水动力环境出现较大变化，也可采用同一且较缓的边坡坡比。

在疏浚工程设计中，应考虑疏浚作业的水平和垂向偏差，在宽度和深度上分别增加计算超宽和计算超深。各类挖泥船计算超宽、超深值可按《疏浚与吹填工程设计规范》（JTS 181—5—2012）确定。

在航道两岸本来存在大量植被和树木时，在保证满足通航条件的同时，可按情况因地制宜保持原有坡度和高程，形成自然的护坡。一些航道许多地段河面宽阔，两侧芦苇茂密，针对这种特点,设计时为了保护现有的生态环境,有的地段不作护坡设计,有的地段则对现有的直立墙头进行维修,增加压顶,设计为 H 型结构,减少了护坡结构对芦苇地的占用,也减少了施工作业对芦苇破坏,形成了自然的生态护坡。

9.3 生态疏浚实施

9.3.1 设备选择

生态疏浚要通过专业的疏浚设备来实现,由于生态疏浚和工程疏浚的工程目标不同,因此两者采用的疏浚设备存在着很大差异,工程疏浚的装备往往无法满足生态疏浚的生态要求。

根据生态疏浚的特点,生态疏浚对疏浚设备有以下要求:

(1) 为了适应被污染泥层的几何尺度,对挖泥船上的监测和控制设备的自动化程度,尤其是挖掘设备的定位系统要求更高。控制疏浚船舶的船位,同时控制疏浚船舶上挖掘头与疏浚船舶的相对位置,通过上述两方面实现对挖掘头的控制,进而达到对疏浚精度的控制。

(2) 为了尽可能减少待挖污染沉积物的体积,以及便于对含有不同污染特点的泥层做选择性疏浚,要求按预先设定的挖掘剖面进行疏浚。

(3) 为了避免污染沉积物向周围水体扩散,要求减少疏浚和抛卸过程中悬浮泥沙的产生,同时要求避免或减少散落物。

先进疏浚船舶的特征如下:

(1) 先进的施工控制技术

挖泥船应具有 GPS 定位技术、水下地形测量及成图技术、操作集成控制技术、精准定位监控疏浚系统及现代电子通信技术等。

(2) 先进的挖掘机具

挖泥船应具有足够的挖掘深度和挖泥浓度,能够挖掘坚实硬土和岩石,具有内层抗压外层抗磨的双壳泵,并可装备环保的挖泥机械与输送系统。

目前,常用的航道疏浚挖泥船主要有以下几种:

(1) 绞吸式挖泥船、耙吸式挖泥船

绞吸式和耙吸式挖泥船是最常见、使用最广泛的水力式挖泥船,能够将挖掘、输送、排出和处理泥浆等疏浚工序一次性完成,生产效率高,成本低。其不仅适用于短排距泥浆输送,对于超过额定排距的疏浚工程,还可加设接力泵站,进行长距离泥浆输送。近年来,随着人们水环保意识日益增强,绞吸式和耙吸式挖泥船更趋向大型化、高环保性能发展。

在灌河口 5 万吨级航道整治工程中,采用耙吸船挖泥并运至储泥坑抛泥,绞吸船再吹泥至泥土处理区,相比于全部外抛工艺,该工艺不仅缩短了抛泥运距,降低了疏浚工程费用,且耙吸船施工不影响灌河的正常通航。

根据疏浚区土质污染报告,对污染河段疏浚,可把常规绞刀头改成环保绞刀头。

9 生态疏浚工程

(2) 气力泵船

气力泵是一种以空气为动力的空气活塞泵,施工时安装在专用驳船上,采取固定式吸泥或移动式吸泥两种施工方法。利用气力泵船进行疏浚的优点:一是可获得高浓度泥浆,从而可以有效减少排泥场的占地面积;二是由于气力泵船采取的是只吸不绞的挖泥方式,因而对施工区域底泥和水体的扰动相对较小,二次污染扩散也较小;三是疏挖出的底泥既可采取管道输送方式,也可采用泥驳输送方式,施工组织较为灵活。但其也有明显的缺点:一是其依靠静水压力作用将底泥吸入泥缸,而湖泊河流一般水深较浅,所提供的自然水压较小,从而影响其吸入效果和生产效率,需要增加增压泵等设备,改造和操作困难;二是施工平整度差,影响施工质量;三是扬程较低,造成输送距离较短,对排距较长的工程需要增加接力泵站或采用其他运输方式,增加了施工管理难度。

(3) 抓斗式挖泥船、铲斗式挖泥船

抓斗式、铲斗式挖泥船是常用的斗式设备,能够将底泥以原状土的方式疏浚,不仅受运距影响较小,机动灵活,而且挖掘硬质土能力强。但挖运卸间相互影响大,施工质量较差,生产效率低。除不适用于挖掘流态淤泥外,其余泥、沙或混合物土质皆可挖,如淤泥、重黏土、沙质黏土、石质土、卵石、块石、较粗颗粒沙等。另外,其还可以用来清理围埝和水下障碍物。

对污染河段疏浚,将普通抓斗、铲斗换成封闭型,可使污泥封闭在斗内,在提升抓斗、铲斗时污泥不流出。

表 9.1 是几类不同疏浚设备的综合比较。

表 9.1 几种类型疏浚设备综合性能比较

项目 \ 船型	绞吸船	气力泵船	斗式疏浚船
挖泥精度	高	一般	较高
防二次污染性能	高	高	较高
泥浆浓度	一般	较高	高
疏浚效率	高	一般	一般
输送性能	好	一般	较灵活
土质的适应性	强	一般	较强

生态疏浚设备选择应根据工程的施工环境、工程条件和生态环保要求,通过技术经济论证,综合比较,选择环保性能优良、挖泥精度高、施工效率高的环保疏浚设备。

生态疏浚的施工应采用环保无扰动型挖泥船,尤其是疏浚头部设备,密闭和抽吸是关键。

疏浚设备选择主要参数:底泥密度$\leqslant 1.8 \text{ g/cm}^3$,采用环保绞吸式疏浚船;底泥密度$>1.8 \text{ g/cm}^3$,采用环保斗轮式疏浚船。生态疏浚为薄层精确疏浚,要求超挖深度$\leqslant 10 \text{ cm}$,底泥扩散$\leqslant 5 \text{ m}$,平面平整度好,不漏疏或形成沟坎。

在有环保技术问题的特殊情况下,选择条件有污染底泥性质与物理状态、疏浚施工环境与条件等。

(1) 污染底泥性质

一般我国湖泊、河流的污染底泥按照其污染性质可划分为氮磷污染、重金属污染以及有毒有害有机物污染三类。在选择疏浚船舶时应特别慎重，主要选择原则如下：

① 疏浚施工精度高

不同的疏浚船舶由于疏浚方式不同，其挖泥精度有较大差异。如绞吸船由于工作的连续性并可配备专用环保绞刀，具有施工精度高的特点；另外，配备了高精度平面定位和深度控制系统的挖泥船可显著提高环保疏浚施工精度。目前国内一般环保疏浚船舶要配备DGPS的平面定位系统，定位精度一般控制在 20 cm，挖泥深度控制精度在 15 cm 以内。

② 具有控制或减少二次污染的功能或措施

为了减少疏浚施工中的二次污染，所选择的疏浚船舶要具有对水体扰动小的特点，如船体尺寸相对较小，尽量依靠自身的动力设备实现施工时船舶的移位，挖掘头配备防扩散罩，依靠负压吸入泥浆等。

③ 提高挖泥浓度

在疏浚中形成高浓度的泥浆，不仅能够减少底泥后处理的工作量和后处理费用，也体现了污染底泥整体迁移效果，如能够做到原状土疏浚则效果更佳。

对于氮磷污染底泥，疏挖工程量与疏挖面积较大，可根据疏浚施工技术要求选择适宜的疏浚船舶，但应尽量提高疏浚施工精度并注意减少施工过程中的二次污染。目前国内一般选用环保绞吸挖泥船，也可选用气力泵等环保疏浚设备。

对于重金属污染底泥，一般疏挖工程量与疏挖面积不大，可根据疏浚施工技术要求选择适宜的疏浚船舶，但应提高疏浚施工精度并减少施工过程中的二次污染问题。目前国内一般可选用环保绞吸挖泥船，也可选用气力泵和环保抓斗等环保疏浚设备。

对于含有毒有害有机物的污染底泥，疏挖工程量与疏挖面积较小，应采用先进的低扰动、高浓度的环保疏浚设备进行疏挖，应保证疏挖施工精度高，并严格控制施工过程中的二次污染。宜选用环保抓斗挖泥船。

(2) 污染底泥物理状态

不同地域的土质差别、不同污染底泥形成机制以及不同的污染底泥形成阶段，造成了形态各异的污染底泥形态，如具有一定流动性的浮泥、具有确定的形态但含水率高易变形的底泥、具有一定黏性和硬度的污染底泥等。

对于具有流动性和高含水率的污染底泥，应采取负压吸入的方式，并通过管道输送至预定堆场；对于具有一定黏性和硬度的污染底泥，可采取绞吸或抓斗式挖泥方式。

(3) 疏浚施工环境与条件

除满足疏浚的环保技术要求外，在选择疏浚设备时还需考虑以下施工环境和施工条件：

① 满足疏浚设备陆上运输的要求

除少数可进行水路调遣外，一般内河与湖泊疏浚所使用的疏浚设备要依靠陆路调遣，这就需要疏浚设备为可组装式结构，且单件尺度及重量在陆路运输相关规定的范围内。

② 满足污染底泥输送、堆放、后处理的要求

当污染底泥就近堆放,输送距离相对较近时,可采取管道输送的方式,如选择绞吸船施工时利用泥浆泵输送底泥的方式;而当堆场较远,不具备管道输送条件时,可选择斗式挖泥船疏浚并利用车辆运输的方式。

另外,选择疏浚设备时也应考虑不同的底泥后处理方式与资源化利用方式。

③ 满足工程工期要求

对于疏浚区内杂物较多,水草丰富或芦苇丛生的疏浚区域,所选择的疏浚设备也要能够适应这种状态,如疏浚设备具有或配备专门杂物割除功能等。

9.3.2 二次污染控制

1) 施工前精心准备与科学合理安排

合理组织施工。施工单位应在全面研究合同条件和技术要求、调查和分析现场施工条件的基础上编制施工组织设计,合理选择疏浚设备和施工方法,对整个工程的施工质量、施工进度以及资源消耗作出合理的安排,使工程质量、工期达到合同规定的要求。航道疏浚施工应避开鱼类的产卵和洄游季节,以降低工程疏浚施工对当地渔业资源的影响。同时,为了达到疏浚工程的生态环保,在施行疏浚工程前,首先要截断外部污染源,同时了解清楚底泥特征和纵向分布,以便较精确地确定疏浚深度,尽可能地防止超挖、漏挖、乱挖。

严格控制挖泥船挖泥时挖泥机具头部产生的悬浮泥沙扩散。施工前应对所有的施工设备尤其是泥舱的泥门进行严格检查,发现有可能泄漏污染物(包括船用油和开挖泥沙)的,必须先修复后才能施工。环保性疏浚工程施工时要采用环保型挖泥机具,必要时还可布设防淤帘,以防止污染施工水域以外的水域。可以把挖掘机具改造,如把常规绞刀头改造成环保绞刀头,把抓斗、铲斗改为封闭式;对于链斗式挖泥船,可对链斗架进行改造,斗架上部改造为封闭式,泥斗上装设有排气阀,使泥斗入水后排出泥斗中空气,避免造成泥浆悬浮。合理布设排泥管线也是控制泥浆流失的一个重要手段。

2) 采用先进的疏浚设备和工艺要求

所有疏浚船、测量船和运输驳船装备有精确的自动监测设备、DGPS 定位设备和疏浚头深度指示器,此外自航式耙吸挖泥船也需装有连续载荷指示器,以便施工人员根据船舶吃水深度和潮位变化随时调整下耙深度,从而实现高精度的定深挖泥,提高疏浚施工精度,确保疏浚作业和疏浚泥沙处置工作准确、有效地进行,减少疏浚作业中不必要的超深、超宽,降低疏浚作业对周围水体的扰动,减轻对周边水域水质和生态环境的影响。

底泥上层的流泥和浮泥在施工作业时受到扰动后很容易扩散,为了解决这类问题,随着环保疏浚工程实践的积累,不断改进疏浚工艺,对于较厚的泥层,采取分层挖的方法,减小一次挖泥厚度,避免过多被搅起的底泥不能完全被挖泥船泥泵吸走而引起扩散。并通过调整进尺、横移速率、绞刀旋转速度,在减小挖掘头的扰动作用的同时,使挖掘头的挖掘能力略小于或等于泥浆泵的输送泥浆能力,这样可减少污泥颗粒向水体的扩散,降低疏浚施工中污染底泥的残留量并提高细颗粒去除率。根据排泥管路长度、排泥管直径和摩擦阻力、污染底泥的性质等数据计算泥浆管路特性和泥泵特性并绘制出其特性曲线,在其特性曲线上确定最

佳施工工况点,根据工况点处的泥浆输送生产率调整挖掘头的一次挖泥厚度和挖泥船前移距以及挖掘头的左右摆动速度,使挖掘头的挖掘生产率小于泥泵的输送生产率,这样可使挖掘头挖下的污染底泥能够全部被泥泵排出,既可减少污泥颗粒向水体的扩散,又可降低污染底泥的残留。

间歇作业是施工后期用以解决因堆场沉淀时间不足而使余水水质不能达标的一种补救方法。用间歇向堆场吹泥的作业方法创造堆场污泥的静止沉淀条件,对于一些没有设置排放口余水处理设施的堆场来说,这是一种有效的控制余水中悬浮物浓度的方法。

3) 加强过程控制

疏浚过程中严格按照疏浚规范作业的要求控制满舱溢流时间,减少悬浮泥沙。在施工过程中应密切注意有无污染物泄漏的现象,并安排相应人员配置必要的监测仪器,定期对周围水质进行监测,如有发生油料及泥沙泄漏应立即采取措施。

4) 减缓对水域污染影响

在项目河段疏浚作业应采取布设防污屏的措施来减缓和避免对水域生态的污染影响,或者设置隔泥幕,阻止悬浮物输移,同时在航道底泥污染严重区域覆盖未污染的原状底泥,掩盖污染物,从而避免污染物扩散。吹泥场尾水应经过多级沉淀处理达标后排放。

5) 疏浚吹填污染控制

疏浚弃土吹填必须在围堰形成后方可实施。泄水口上安装拦污栅并且沿泄水通道设置两层防污屏阻挡漂浮物排出。严格控制吹填高程,防止疏浚弃土由吹填区围堰上向外扩散。吹填施工时应在围堰内侧铺垫防渗布,以减少泥沙外渗和对围堰安全的影响。加强对泄水口泥浆浓度的测定,确保泥浆排放浓度指标满足规范要求。

6) 弃土无害化处理(弃土受到污染时)

在对底泥进行无害化处理时,采用相关技术,变废为宝,进行二次利用。具体措施包括:

(1) 固化处理法

在疏浚底泥中添加固化材料,进行搅拌混合,达到固化疏浚底泥、提高疏浚底泥强度,防止疏浚底泥中污染物扩散的目的。此法可将疏浚底泥处理为填方材料,减缓疏浚底泥中污染物的溶出速率,减少对周围环境的二次污染,但处理效率不高,成本贵。

(2) 加热处理法

通过加热、烧结,将疏浚底泥脱水,转化成建筑材料。此法对疏浚底泥有一定要求,处理大规模疏浚底泥能力不足。

(3) 真空电渗及动力挤密联合处理法

在对疏浚底泥真空电渗降水的基础上施加动力荷载,有效排除疏浚底泥中的水分和污染物,降低疏浚底泥孔隙比,提高疏浚底泥的强度。此法可以快速高效排出疏浚底泥中的大量水分和污染物,从根本上防止二次污染的发生,有性价比高、施工期短等特点,适用于生态疏浚产生的高污染疏浚底泥。

7) 堆场污染控制

堆场需采取隔离措施,常用的控制方法有在堆场底部加黏土或复合的垫层,如果该地区没有黏土,也可以铺土工布或土工膜,从而隔绝堆土中污染物向地下输移的通道,避免造成二次污染,杜绝堆场陆域污染和地下水污染。植物和动物直接摄取污染物后通过生物累积作用使重金属或有毒、有害的有机物进入食物链中,对环境造成潜在的危害,可以通过堆场的管理,防止某些积累污染物的物种在堆场上生长。某些受严重有机污染的底泥,可能向空气中挥发一些有毒、有害物质,可以采用表面覆盖的方法,防止污染物的挥发。

余水中的污染物大部分是颗粒态或黏附在污泥细小颗粒上,通过对余水中的悬浮颗粒的去除,基本上可以控制余水的水质。必要时可加入一定的絮凝剂。

8) 土地恢复

施工结束应及时清理施工临时用地,恢复植被,在可能的情况下造田还耕,能够实现保持水土、固土护岸作用,同时满足生态环境的需要,改善生态环境,还可进行景观造景。坡面植草是一次性营造人工植物群落的工程措施,可以使坡面迅速覆盖上植被。植草应尽量考虑本地植物,并注意避免植被物种选择的单一化,植被的选用应注意要能够帮助丰富河流生态系统的物种多样性,帮助防止外来物种入侵。

(1) 弃土区植被恢复

弃土区占用植被,在施工结束后尽可能复植,同时采用本土物种,恢复原有植被面貌,避免生物入侵。

① 堆场快速脱水

传统的疏浚污泥堆场在上部水排出后即进入完全依赖自然条件的被动干化阶段,如蒸发、渗透等。被动干化过程效率低、历时长,不利于土地开发利用及景观恢复。在气候干燥地区,污染底泥的干化需要半年以上时间,而在多雨潮湿地区,底泥堆场的自然干化过程需持续2~3年。因此,为尽快利用土地和恢复自然景观,必须采取有效措施,缩短疏浚泥浆脱水干化的时间,从而迅速对堆场进行恢复。常用方法有表面排水和渐进开沟排水法、砂井堆载预压法、塑料排水带堆载预压法等。

② 堆场快速植草

疏浚工程结束后,由于底泥堆场不可能在短期内达到规划使用功能,大面积底泥堆场的存在既严重影响周围的景观,又使裸露的泥面极易被雨水冲刷而对周边环境造成二次污染。因此在堆场快速植草,恢复生态,是解决这一问题的快速、有效、经济的有力措施。通过植草利用草对底泥中污染物质的吸收同化作用,降低堆场底泥中的污染物含量,有利于底泥的进一步资源化开发利用;植草后堆场表面被草层所覆盖而非裸露,可有效防止地表冲刷引起的二次污染。

常见的快速生长草种有黑麦草、白三叶、苇状羊茅、象草、串叶松香草、紫花苜蓿等。

(2) 湿地保护与恢复

结合航道疏浚工程、吹泥上滩成陆工程,将弃土吹填到浅滩,逐步促其形成湿地。将疏浚的淤泥运用于滨岸带水下造滩,构建深浅不一的滨岸带生态环境,形成河湖滨岸带自然湿地,弥补护岸建设时对自然浅滩湿地侵占的影响。比如:从2002年起,长江口工程开始结合疏浚抛泥施工,与上海市有关单位合作在北导堤实施了吹泥上滩成陆工程,将弃土吹填到横沙浅滩,逐步促其形成湿地。规划一期促淤区面积达5.4万亩,二期促淤区面积达4.7万亩。上海土地资源宝贵,吹泥上滩成陆扩大了湿地面积,促进了环境保护。再比如:"645工程"最大的生态固滩——戴家洲生态固滩就是用疏浚土吹填出的 65 万 m² 沙滩,在挖深航道的同时造出湿地,实现了一举两得。

(3) 生物增殖、放流

对于疏浚区域,在工程实施前调查资料的基础上,向河流投放原生生物幼苗,促进底栖生物系统恢复,修复受损生物链。这对于河段渔业生态修复、维护水生物多样性及水域生态平衡、促进生态保护具有积极作用。通过科学、合理、有序的渔业活动,有效恢复和发展鱼类种群,促进航道水生生态系统的良性循环。生物增殖放流需要严格按照《水生生物增殖放流管理规定》有关要求,注重增殖放流的科学性与规范性,对增殖放流活动的时间、地点、放流种群、过程监督、效果评估等需要作科学的规划。

比如:长江口航道疏浚工程,从 2001 年起,长江口进行了四次放流。2001 年,放流中华鲟幼鱼 3 080 尾;2002 年底,放流底栖生物牡蛎 300 万只;2004 年 3 月底,底栖生物群落式放流;同年 12 月,放流中华绒螯蟹蟹苗 2.5 万只。最新调查表明,长江口中华绒螯蟹蟹苗继续呈旺发趋势;底栖生物的投放为长江河口区水产生物提供饵料基地,并为栖息于长江口区的中华鲟等提供充足的活性饵料;同时,放流也提高了长江口底栖生物的物种数量和多样性,逐步改善了底栖生物的种类和群落结构,增强了河口区生物资源可持续利用的支持力度。

9) 相关规定严格执行

建设单位应加强对施工过程的环境监控,施工承包合同中应包括环境保护相关条款,施工单位应严格实施。

(1) 环境监测

① 设计阶段的环境监测

目的是了解施工区水域污染程度、范围,以便为疏浚工程实施过程中的疏浚地点、疏浚量及工程造价提供详细的资料。同时也应对底泥堆场进行环保监测,以便了解堆场的本底值。环境监测主要内容见表 9.2。

表 9.2 疏浚工程设计阶段环境监测主要内容

监测区域	监测项目	监测点布设	监测指标	监测频率
疏浚区环境监测	水质监测	参考疏浚工程设计图纸布设疏浚区监测点,并在非疏浚区布设对照监测点	透明度、悬浮物、高锰酸盐指数、总磷、总氮、氨氮、叶绿素 a、重金属等	不少于两次
	底泥回淤监测	参考疏浚工程设计图纸在疏浚区和非疏浚区交界处两侧布设监测点	淤泥厚度、透明度、悬浮物、总磷、总氮、重金属等	施工后监测不少于一次
	水生生物监测(与非疏浚区对比)	参考疏浚工程设计图纸布设疏浚区监测点,并在非疏浚区布设对照监测点	高等水生植物、浮游生物与底栖生物的种类、数量、分布及施工前后变化	不少于一次

9 生态疏浚工程

续表

监测区域	监测项目	监测点布设	监测指标	监测频率
污泥堆场环境监测	排放水量及水质监测	每个堆场排水口	水量、悬浮物、浊度、高锰酸盐指数、总磷、总氮、氨氮、重金属等,重点监测项目为当地环保部门规定的该工程余水排放控制指标	施工中跟踪监测
	渗漏及地下水污染监测	每个堆场围埝外沿地下水下游方向30~40 m布设监测井点,同时在地下水上游方向布设一眼对照监测井	水位、pH、电导率、高锰酸盐指数、总磷、总氮、氨氮、重金属等	施工前、中、后各监测不少于两次;长期定期监测,应每年的丰水期、枯水期、平水期各监测一次
	空气恶臭监测	每个堆场围埝上及周边敏感处	恶臭	施工中跟踪监测
	污泥主要污染物含量监测	每个堆场按100 m×100 m网格均匀布设	含水率、有机质、重金属等	施工后监测一次
	植被中污染物累积监测	重点监控堆场植被中有毒有机物及重金属累积情况,具体方法按《生物监测技术规范》执行	—	—

② 施工期间的环境监测

目的是了解施工过程中水质及堆场的环境状况的变化情况,避免对环境造成二次污染,并为疏浚施工过程的效果评价提供定量化的科学依据。疏浚施工期间环境监测主要内容见表9.3。

表9.3 疏浚工程施工期间环境监测主要内容

监测区域	监测项目	监测点布设	监测指标	监测频率
疏浚区环境监测	水质监测	参考疏浚工程设计图纸布设疏浚区监测点,并在非疏浚区布设对照监测点	透明度、悬浮物、高锰酸盐指数、总磷、总氮、氨氮、叶绿素a、重金属等	施工前、中、后各监测不少于两次
	疏浚作业污染监控	根据使用的挖泥船类型,以挖掘头为圆心,分别以5 m、10 m、30 m为半径做同心圆,在东、南、西、北四个方位上、下水层布设监测点	悬浮物、高锰酸盐指数、总磷、总氮、氨氮、重金属等	施工中跟踪监测不少于两次,必要时在非疏浚区布设对照监测点
	底泥回淤监测	参考疏浚工程设计图纸在疏浚区和非疏浚区交界处两侧布设监测点	淤泥厚度、透明度、悬浮物、总磷、总氮、重金属等	施工后监测不少于一次
	水生生物监测（与非疏浚区对比）	参考疏浚工程设计图纸布设疏浚区监测点,并在非疏浚区布设对照监测点	高等水生植物、浮游生物与底栖生物的种类、数量、分布及施工前后变化	不少于一次

续表

监测区域	监测项目	监测点布设	监测指标	监测频率
污泥堆场环境监测	排放水量及水质监测	每个堆场排水口	水量、悬浮物、浊度、高锰酸盐指数、总磷、总氮、氨氮、重金属等,重点监测项目为当地环保部门规定的该工程余水排放控制指标	施工中跟踪监测
	渗漏及地下水污染监测	每个堆场围捻外沿地下水下游方向30~40 m布设监测井点,同时在地下水上游方向布设一眼对照监测井	水位、pH、电导率、高锰酸盐指数、总磷、总氮、氨氮、重金属等	施工前、中、后各监测不少于两次;长期定期监测,应每年的丰水期、枯水期、平水期各监测一次
	空气恶臭监测	每个堆场围捻上及周边敏感处	恶臭	施工中跟踪监测
	污泥主要污染物含量监测	每个堆场按100 m×100 m网格均匀布设	含水率、有机质、重金属等	施工后监测一次
	植被中污染物累积监测	重点监控堆场植被中有毒有机物及重金属累积情况,具体方法按《生物监测技术规范》执行	—	—

③ 施工结束后的环境监测

目的是对疏浚工程的效果评价提供定量化的科学依据。疏浚施工结束后环境监测内容见表9.4。

表9.4 疏浚工程施工结束后环境监测主要内容

监测项目	监测点布设	监测指标	监测频率
水质监测	参考疏浚工程设计图纸布设疏浚区监测点,并在非疏浚区布设对照监测点	透明度、悬浮物、高锰酸盐指数、总磷、总氮、氨氮、叶绿素a、重金属等	施工后监测不少于两次
底泥回淤监测	参考疏浚工程设计图纸在疏浚区和非疏浚区交界处两侧布设监测点	淤泥厚度、透明度、悬浮物、总磷、总氮、重金属等	施工后监测不少于一次
水生生物监测(与非疏浚区对比)	参考疏浚工程设计图纸布设疏浚区监测点,并在非疏浚区布设对照监测点	高等水生植物、浮游生物与底栖生物的种类、数量、分布及施工前后变化	不少于一次

(2)污泥堆场环境监测

污泥堆场环境监测项目及监测内容见表9.5。

9 生态疏浚工程

表 9.5 疏浚工程污泥堆场环境监测主要内容

监测项目	监测点布设	监测指标	监测频率
地下水污染监测	每个堆场围埝外沿地下水下游方向 30~40 m 布设监测井点,同时在地下水上游方向布设一眼对照监测井	水位、pH、电导率、高锰酸盐指数、总磷、总氮、氨氮、重金属等	施工前、中、后各监测不少于两次;长期定期监测,应每年的丰水期、枯水期、平水期各监测一次
污泥主要污染物含量监测	每个堆场按 100 m×100 m 网格均匀布设	含水率、有机质、重金属等	施工后监测一次
植被中污染物累计监测	重点监控堆场植被中有毒有机物及重金属累积情况,具体方法按《生物监测技术规范》执行	—	—

9.3.3 节能减排

在生态疏浚施工过程中,减少能源的消耗、提高设备能源使用效率是绿色施工的基本要求,为此应选择合适的疏浚设备和施工方案,以实现航道疏浚工程节约能源的目标。关于节能与能源利用,有以下几个方面。

1) 疏浚设备的节能技术应用

需要对项目施工中疏浚设备的技术状况进行考察。比如,施工过程中优先使用能源利用效率高的施工机械设备,淘汰老旧设备;应定期监控重点耗能设备的能源利用情况,并有记录;应建立设备技术档案,并应定期进行设备维护、保养。

2) 二次回挖、超挖率

疏浚施工过程还要注意控制超深、超宽,减少废方和疏浚工程量,提高施工效率,从而有效降低疏浚施工过程中的能耗。方法为计算二次回挖、超挖的面积占总疏浚面积的百分比。

3) 万方能耗下降率

万方能耗指平均每挖一万方疏浚土所需要的能耗,这个指标考核时需要考虑施工环境,水深、水流条件、土质都对这个数值有很大影响。由于维护性疏浚具有周期性和规律性,考察内容为在同一水道中疏浚施工的平均万方能耗下降的比例。

4) 疏浚船舶施工效率提高率

船舶施工效率对航道疏浚影响很大,不同疏浚船舶的施工效率差别也很大,通过提高疏浚施工技术,可以有效提高疏浚船舶的施工效率。这个指标主要考察同一个疏浚设备施工效率比传统方案提高的比例。

9.4 疏浚土处理

航道疏浚弃土量大,弃土的性质不同对环境影响也不同,尤其是受污染的底泥对环境影响更大,处理好疏浚弃土是生态环境保护的重要技术手段之一。

9.4.1 污染底泥处置

首先要确定疏浚弃土是否污染。确定疏浚弃土是否污染有以下三种试验项目:

（1）疏浚土是否由泥沙和砾石，或由任何粒径大于粉沙的泥沙所组成；
（2）在疏浚次数正常情况下，疏浚区的水质是否适合鱼类、贝类和野生生物的繁殖；
（3）待挖底质能否通过标准的淘洗试验。

将疏浚现场的河床湿泥沙与抛泥区的水以1：4的比例进行混合，并剧烈摇动30 min后让其沉淀1 h，然后对上层澄清液进行过滤，或用离心法处理，除去颗粒状物质，并测定其中是否含有可溶性污染物和测定其生物需氧量。

而对污染底泥，其堆放与处置主要有以下要求：

（1）堆放时处理

当疏挖出来的底泥是污染底泥时，其中或含有高浓度的氮磷等营养盐，或含有高浓度的有毒有害有机污染物或重金属，有些污染底泥中还会同时含有两种或两种以上的污染物，因此环保疏浚的污染底泥需要经过适当的处理处置，同时还要防止其造成的二次污染。对吹填场址的选择、堆场围堰设计、污染底泥处置工艺等要有专业的设计和监测。

堆场是疏浚污染底泥存放的场所，堆场勘测中除完成一般工程疏浚需要完成的勘测内容外，还需要对工程区地下水分布及走向、土壤的渗透特性、周边的井点分布、居民点分布、周边的种植结构、余水排放通道等进行调查，从而为堆场防渗、防泄漏、堆场存放的安全性等工作提供依据。

由于存放的底泥具有污染性，为此堆场应具有防渗要求，不同的污染物质其所需堆场的防渗要求各不相同，如果堆场顶部地质构造土层不能满足防渗要求，必须采取工程措施，如铺设黏土防渗铺盖或土工膜等，以满足环保要求。一般应注意以下几点：

① 选择地下水位低、土层吸附性能好、适于衔接输送管道的地带作为堆场场址。对堆场沉降池尺寸进行科学估算。

② 当污染土中的主要污染物是磷和氮而不含重金属及有毒物质时，堆场是否设置防渗层，应在对有关地形、地质资料调查后决定，必要时应进行淋溶试验，提出加速污染底泥沉淀的措施。

③ 可将疏浚淤泥充灌进一种特殊高强度土工织物做成的管袋内，只排水、不漏泥，形成堆场围堰。以底泥作充填料，不需远距离取土石方，对生态环境没有任何损害，还降低了工程造价，同时还能有效过滤底泥中的污染物，起到疏浚、筑堰和清洁水质一举多得的作用。

④ 对堆场区的平面地形进行分析，考虑隔埂的布置，以延长泥浆的流程，减缓流速，增加泥浆颗粒的碰撞，加快其沉淀，使余水达标排放，避免造成水体的二次污染。

⑤ 对疏挖泥浆进行干化处理。污染底泥一般属含高有机质的淤泥质土类，淤泥质土自然干化固结过程缓慢，可采用人工强化脱水措施。常用方法包括真空预压法、堆载预压法、化学沉淀法、机械脱水法、堆场主动排水法等。

⑥ 对排泥场进行后期处理。排泥场淤泥在风干后即覆盖新鲜的种植土、人工种植草被，植被可大量吸收淤泥中的磷、氮等有机物质。

⑦ 覆盖，即在离岸回填区使用洁净疏浚物覆盖污染疏浚物。

(2) 集中处置

目前对集中的污染底泥的处置技术主要有：

① 将污染底泥储存在水下存泥场或积泥坑封闭处置。利用挖泥船将污染底泥吹填或抛填到水下存泥场或积泥坑，然后在其上面覆盖一层干净土进行处置。该种处置方法的处置能力大，目前应用较多，适用于被污染的任何土质，而且处置费用相对较低。

② 将污染底泥储存在土工织物袋中集装化封闭处置。利用斗式挖泥船将污染底泥装入土工织物袋中，装满后将土工织物袋纵向开口缝合，然后将袋装的污染底泥抛到指定的水下卸泥区。该种处置方法在处理工程量较小的情况下较适用，适用于被污染的砂性土，而且处置费用比较低。

③ 将污染底泥疏挖后运到工厂进行处置与回收。利用卡车或驳船将挖泥船疏挖的污染底泥运输到疏浚土再生工厂，在工厂采用物理化学方法或生物方法来清除、改变或稳定污染底泥中的污染物，然后对处置后的土进行回收，生产出清洁的砂，泥浆除水后作成固体泥饼。该种处置方法的处理能力较小，适用于被污染的砂性土，而处置费用较高。物理化学法有萃取技术、固定技术、湿空气氧化作用等，生物工艺则利用动物、植物、微生物消除或降解底泥中污染物。

在对污染底泥进行无害化处理后，可以在一定条件下对其进行资源化利用。比如加以一定量的辅料、添加剂，经过脱碳和烧胀制成具有一定强度的轻质陶粒；稳定后的污染底泥也可用来制砖、生产水泥；达到标准的底泥可以应用于农用与生态湖滨带营建；此外还可用于填地造景或修复严重扰动的土地。

9.4.2　土方综合利用

在近几年江苏省内的航道整治工程中，在土方利用与土方平衡上出现不少优秀的范例。多数工程在土方综合调查和研究的基础上，对土方产生的数量和质量的时空分布进行分析、规划，结合有效利用途径和组织方式综合利用，达到土方资源的可持续利用，以节约土地、保护生态环境，提高工程的经济和社会效益。其中的关键是做好以下几点：

(1) 认真分析开挖土方的土性，将开挖出的多层土方进行分类，针对不同土性的土方进行合理的利用和废弃方案设计。

(2) 认真做好航道沿线的调研工作，对航道沿线的用土工程、潜在弃土临时用地要了如指掌，主动出击。

(3) 要妥善解决大量土方的出路问题，变废为宝，但必须取得地方政府的配合和支持，充分利用多种宣传方式，拓宽航道土方的利用渠道。

土方综合利用的设计原则为：

(1) 节约用地、保护耕地的原则

土方综合利用主要是从最少占用土地、尤其是耕地的角度出发，采用有序、有效的利用方式，节约土地资源。

(2) 因地制宜、就近利用的原则

土方综合利用要考虑因地制宜，运距较短为宜，降低运输成本，减少浪费，提高土方利用的效率。

（3）保护和改善生态环境的原则

按照保护优先、兼顾治理的要求，在土方综合利用的过程中推进土地资源保护和生态环境综合整治，保障土地资源的可持续利用。

（4）土方综合利用效益最大化原则

土方利用综合效益最大化是土方综合利用的基本原则。土方作为一种有限的土资源，科学合理地配置土方资源是土方利用综合效益最大化的先决条件。

在通扬线（运东船闸—海安船闸段）航道整治工程中，将土方用于附近城镇的开发建设是亮点。建筑用地、市政工程、堤防加固、高等级交通干线建设等均包括大量的土方工程，对工程性质较好的土料需求较大，通过加强宣传与沟通，能够促使不同工程之间相互衔接，互惠互利，达到共赢。其中，未来五年的道路建设和航道沿线的砖瓦厂为主要的土方利用方向，且多选择航道沿线附近 20 km 内的施工点或砖瓦厂。

传统疏浚底泥处理方法无法充分利用底泥有益成分，造成资源浪费。疏浚底泥的资源化利用无疑是更好的选择。许多研究机构对疏浚土的处理和资源再生技术进行了长期深入的研究。目前，除了传统的自然固结法、地基排水固结法、真空预压法、覆盖法和隔离法外，又进一步研究开发了物理固化、化学固化、机械脱水、热处理固化等疏浚土处理新技术，进一步实现了资源的再利用。

从工程应用出发，采用化学原理的固化处理法是最灵活、适用范围最广、造价最理想的方法。固化处理后的疏浚底泥成为填方材料，可代替砂石和土料使用。与一般的土料相比，固化土具有不产生固结沉降、强度高、透水性小等优点，除可以免去进行碾压、地基处理外，有时还可达到普通土砂所达不到的工程效果。

根据工程地点的特点，不少工程研发了具有鲜明特点的处理技术。比如，在引江济淮工程中的瓦埠湖航道疏浚工程中，由于排泥场地面积极大，采用传统的泥水快速分离或者真空预压技术存在技术复杂、流程冗长、成本高等问题，且农用的话承载力要求相对较低，为此提出了一种利用植物生长生态固化疏浚场地的方法，选取皇竹草及高丹草作为生态固化疏浚土的先锋植物，利用植物的蒸腾作用与根系"加筋"作用，提高了土壤承载力，减少了重金属污染，使疏浚土满足农用要求，相对于传统方法其成本也大大降低。

疏浚底泥的资源化利用应遵循无害、可靠、经济的原则。根据疏浚底泥的来源、成分特征，以及当地经济、技术条件，因地制宜地选用疏浚底泥资源化的途径。疏浚底泥的用途很大程度上取决于它的物理性质和化学成分。根据疏浚底泥不同的用途，采用特定的处理方案。在川江航道治理中，根据川江航道不同的疏浚土类提出了可能的再利用方法，即表层砂卵石疏浚土上岸作为建筑材料，底层砂卵石及块石疏浚土构建生态涵养区，实现了航道整治与生态环境的和谐发展，获得良好的投资效益和生态效果。另外在新洲—九江河段航道疏浚工程中，利用疏浚弃土抬高洲滩滩面，并引入亲水植被，达到了良好的固滩效果。

对于弃土的处理和利用，主要可分为直接利用和改良后利用两种方式。

（1）直接利用。疏浚土大致可分为原状土、淤积土和有机质土，而原状土根据不同的颗粒组成又可分为巨粒土、粗粒土和细粒土。因此,疏浚土的直接利用主要指根据不同的土类特点对疏浚土进行合理和充分利用,如填塘造地、筑围堰造地、平地筑坝造山、加固堤防、改善航行条件等。

① 填塘造地。填埋低洼地、取土坑和废弃的河汊、水塘是疏浚工程最常用的疏浚土利用方法。在施工中要尽可能保留几乎所有的疏浚土,包括让粗颗粒均匀分布,细颗粒充分沉淀以及保留有机质土。这些新造的土地经改良后可作农用地,种植农作物或经济作物,也可种植树木、花草等。比如在京杭运河江苏段绿色现代航运综合整治工程(江北段)中,将不能利用的淤泥于沿线就近水塘(低洼地)或滩地作为吹填,远离生活生产区域;将可利用的取土坑、废弃沟塘填平,上覆种植土,以达到耕作的要求。航道沿线低洼地、取土坑、池塘众多,几乎将航道沿岸分隔成一个个"孤岛",通过一些小桥涵沟通,将这些小沟塘填埋,将"孤岛"连成整片,不但可消化土方、规整航道沿线布局、增加可耕种土地,还可为航道生态建设与环境保护创造条件。

② 筑围堰造地。疏浚工程临近城市地区,为节省土地常在荒废地、河滩地修筑围堰,利用疏浚土吹填工业生产用地、生活用地和交通、旅游、环保用地。对于地基有承载力要求的新地,施工中有时只保留粗颗粒和部分细颗粒,同时将极细颗粒土、有机质土及悬浮颗粒随退水排出。通过这种方式可以加速地基的固结沉降。

③ 平地筑坝造山。有时疏浚弃土还可以用来堆造景观假山,条件是弃土中须含有一定量的黏性团状结构,吹填时可堆成人工假山或台地。施工中,应根据设计形状分层修筑围堰,将疏浚弃土均匀充填到围堰内。充满一层,再利用充填土做上一层围堰,以此类推,层层堆造,直至完成。需要注意的是,造山后的退水中的细颗粒含量较多,需要汇入沉淀池沉淀后,余水才能排放;退水渠的淤泥也需要在完工后加以清理,以恢复原状。

④ 加固堤防。在河道堤防的背水侧修筑围堰后,将疏浚土利用排泥管线输送到吹填区内,增加堤防的盖重,以达到消除管涌、加固堤防的作用。此处理方法在水利系统里经常使用到。

⑤ 改善航行条件。即将疏浚出的土料通过排泥管线或泥驳等输送到附近影响通航安全的航道深槽或深潭处,通过填埋达到改善航行条件的目的。

⑥ 充当肥料。当疏浚弃土中的有机质含量大于 10% 时,可采用分层疏浚方法,先将有机质土挖除存入专门的弃土场,再用沉淀、脱水固化等方法,将有机质土制作成固体肥料使用。

疏浚土直接利用时应注意以下问题:要综合考虑疏浚的总成本,使总处理费用最低;尽量减少对周围水质和环境的污染;当疏浚土中含有重金属或化学物质等有毒有害成分时,应分析情况,酌情利用,或改良后利用,或放弃不用。

(2) 改良后利用。当疏浚土无法直接利用时,可通过改良的方法使疏浚土尽快得到利用。

① 加速密实。密实方法主要根据疏浚土的性质而定。

对于沙性土而言,经搬运搅动和水力冲填后土颗粒会很快沉淀,在一定的水力作用下比较容易密实。这类土通常采用直接排水法、振动密实法、塑料排水板加堆载预压法或水泥灌浆法等加快密实。

对于颗粒较细的淤泥和黏性土，则应根据不同的使用要求，采用不同的密实固结方法。如塑料排水板加堆载预压固结法、真空预压法、附加荷载法、电渗法和化学（水泥、石灰）稳定法等来加速其密实与再利用。比如，在京杭运河施桥船闸至长江口门段航道整治工程的可行性研究报告中提到，施工处水下淤泥质土成分复杂，有机质含量高，可以通过添加土壤固化剂改变淤泥性质，然后再度利用。

② 制作土砖。当弃土中的黏粒含量大于30%时，可利用弃土料烧制土砖或用作防渗填料。施工中，应在拟定的制砖场所附近修筑专门的存土场，并尽可能将有机质土随退水排出存土场外。

③ 航道疏浚底泥资源化利用。目前，环保性疏浚在清理湖泊内源污染中得到了广泛应用，也被证明为一种行之有效的处理方式。河道与湖泊类似，底泥有其特殊性和复杂性，多以有机质为主体，底泥中富含氮、磷等有机元素及一定量的金属元素，是一种可以利用的资源。同时，底泥中还含有重金属以及病原菌、病毒、寄生虫（卵）等有害生物和微生物，因此必须给予有效处置，避免疏浚出的底泥对环境造成二次污染。近年来，随着环保意识和需要的增强，环保性疏浚已成为改善水环境的一种有效且高效的手段，这类环保性疏浚项目的不断启动使得湖泊与河道底泥资源化处置成为必然。根据不同的污染底泥采取相应措施进行资源化利用，不仅可以实现良好经济效益，而且还可实现社会效益和环境效益。目前，疏浚底泥主要用于制备建筑材料、改良土壤、生态建设和能源回收等。

a. 制备建筑材料。底泥可用来制造建筑材料，如可被用作生产陶粒、砖、生态水泥等，经过固化的疏浚底泥可以代替砂石和土料用作填土造地、堤防工程、道路工程等。加工方法多为热处理方法（熔烧处理）。用底泥制砖即为将疏浚底泥作为添加剂，通过高温焙烧，疏浚底泥中的有机物在高温中产生大量微孔，降低产品密度，而绝大部分重金属也被固化在产品中，产品的重金属的浸出率相对于原料而言大大降低，不会对周围环境造成影响。与普通建材相比，加入疏浚底泥的建材有质量轻、保温隔热性能好等优点。南浉河底泥制砖的试验结果表明，成品符合MU7.5级砖的等级要求，干容重为 1 364 kg/m^3，低于烧结普通砖容重20%，其导热系数为 1.44 kJ/kg，比烧结普通砖低 53%，具有较好的保温隔热效果。由于砖瓦、水泥等各行业都对黏土有着大量的需求，黏土资源的大量开采，已影响到农村耕地的数量和质量，而当前黏土砖、混凝土等仍是最大宗的墙体材料，因此，利用疏浚底泥替代黏土可减缓建材制造业与农业争土，是疏浚底泥资源化的又一途径，这种方法在我国有着广阔的发展前景。

b. 改良土壤。城市河道底泥中积累了大量植物生长所必需的氮、磷、氨等肥料成分、微量元素及土壤改良剂，可将底泥作为农田肥料加以利用，使底泥含有的有机物重新进入自然环境，从而改良土壤结构、促进作物的生长。如杭州西湖清淤过程中疏挖出的底泥，经压滤脱水后制成的肥料饼和肥料粒，大受种植户欢迎；云南滇池治理工程中，滇池疏浚底泥被用做"垫田"，即采用环保绞吸挖泥船将底泥吹填至低矮农田与低洼地，并采取措施进行底泥干化，最终进行堆场复耕，改良了当地贫瘠的土地，取得显著的经济效益与社会效益。

若疏浚底泥中的重金属超标，则有可能对环境造成二次污染，需要采取一定措施对疏浚底泥进行预处理,再进行土地利用。可采用以下四种措施减轻重金属的危害:其一,适量地使用碱性物质(石灰、硅酸钙炉渣、钢渣、粉煤灰等)提高土壤的 pH 值,使重金属形成硅酸盐、碳酸盐、氢氧化物沉淀,阻碍植物吸收;其二,调节疏浚底泥的氧化还原电位,对于中、轻度污染区的底泥,还田后可采用淹水种植的方法降低氧化还原电位,将镉、铜、锌等重金属还原为难溶性元素,以降低污染程度;其三,在受重金属严重污染的疏浚底泥中种植抗污染且能富集重金属的植物(如柳属的某些植物),从而使其重金属含量逐年递减,当底泥中的重金属含量降到一定浓度后,再种植可食性植物,应注意的是收获植物时,应连根拔起;其四,增施有机物质,如生物活性有机肥、动物粪便、鸟粪等,生物惰性有机肥、泥炭、泥炭类物质及各种添加矿物添加剂的混合物等,可提高土壤缓冲能力,降低土壤中盐分浓度,从而阻碍重金属进入植物体,降低对植物的毒性。

c. 生态建设。河湖滨带在湖泊流域生态系统中发挥着重要作用,对河湖滨带实施生态恢复工程有助于降低污染负荷,改善河湖滨带的生态环境及维护栖息其间的动植物群落多样性,建立生态体系自然结构。国内外一些机构已开始将河湖底泥用于河湖滨带生态建设的基底重建与修复。

d. 能源回收。用城市河道污染底泥提制氢气是能源回收领域的前沿技术。目前,用疏浚底泥制氢技术主要分为高温气化制氢和生物制氢两类。高温超临界水气化制氢是一种已被广泛应用的高温气化制氢技术,该技术对生物质的气化率可达 100%,所产生的气体产物中氢的体积分数甚至可以超过 50%,并且反应不生成焦油、木炭等副产品,避免了二次污染问题,发展前景良好。生物制氢技术受多种因素影响,整体研究水平仍处于基础阶段,距离实现工业化生产还有较大差距。

9.5 生态疏浚评价

航道建设中的疏浚工程是否达到了生态保护、绿色低碳的要求,可根据《绿色交通设施评估技术要求 第 3 部分:绿色航道》(JT/T 1193.3—2018)、《江苏省绿色航道建设指南》(DB 32/T 4191—2022)等工程评价体系或标准,对工程内容进行全生命周期评价,其中土地减征率、用地复垦率、土方综合利用率、岸坡植被覆盖率等指标都占有重要权重。

评价包括决策设计阶段、建设施工阶段和养护管理阶段。分阶段评价的时间界定:① 决策设计期——立项到初步设计审查;② 施工期——施工招投标到竣工验收;③ 养护管理期——航道管理单位开始实施养护到评价时间点为止。总体评价的时间界定以评价工作开始为起点,往前追溯到航道建设成效,往后考虑到对未来的影响,因此,对新建、扩建与改建航道疏浚工程的评价,应在其投入使用二年以后进行。

在学术上,已有学者将该过程定义为内河航道疏浚工程"绿色度"评价。内河航道疏浚工程"绿色度"的概念为:在满足疏浚工程的基本要求及特殊功能的前提下,疏浚技术尽可能节约资源与能源,保护环境与工人健康,节约成本,提高疏浚施工质量,实现经济效益、环境效益及社会效益的综合程度。内河航道疏浚"绿色度"的定义突出强调了"四节一环保"的理念,即节约能源、节约土地、节约水资源、节约材料和环境保护。从环境保护、能源与资源的节约利用以及综合管理三个方面,可构建如表 9.6 所示的内河航道疏浚工程"绿色度"评价指标体系,其中包括分目标层指标 3 个,准则层指标 12 个,指标层指标 30 个,仅供参考。

表 9.6 内河航道疏浚工程"绿色度"评价指标体系

分目标层指标	准则层指标	指标层指标
环境保护	水环境质量	DO(溶解氧)浓度
		CODcr(化学需氧量)浓度
		BOD_5(五日生化需氧量)浓度
		NH_3—N 浓度
	底泥质量	重金属
		有机质含量
		总氮含量
		总磷含量
	大气污染	废气排放
		施工扬尘
	生态环境	浮游生物
		水生植物
		底栖生物
能源与资源的节约利用	能源	能源节约率
		清洁能源利用率
	水资源	余水处理
		施工现场临时用水
	材料	材料利用率
		就地取材率
		废弃物再利用率
	土地	堆场布置
		施工现场布置
综合管理	施工管理	安全文明施工
		绿色疏浚知识培训
	设备管理	环保设备使用率
		设备数量优化
	技术管理	技术创新
		技术普遍适用性
	人员管理	安全管理
		卫生防疫

9.6 工程案例

9.6.1 灌河口 5 万吨级航道整治工程

1) 项目概况

灌河口位于长江口以北 450 km,距连云港 40 km,是江苏省苏北地区最大的入海潮汐河流河口。灌河口 5 万吨级航道整治工程,建设标准为:航道设计水深 14.73 m,航道设计底标高为 −11.15 m(灌河理论深度基准面)。航道通航宽度导堤内 170 m,导堤外 190 m。通航标准为:满足 5 万吨级散货船乘潮进出港单向航道。航道轴线总长 29.19 km。疏浚工程土方总量为 3 124.1 万 m³。

2) 生态疏浚设计

(1) 确定疏浚保护区域

航道设计轴线顺应河势向北延伸,沿北侧的北水道布置,至 6.5 m 线附近转折向东(转向角 30°),垂直等深线方向,直至 11 m 深水区。根据工程地质平面及剖面图,本次疏浚土质均为:III$_1$ 灰黄~灰色淤泥质黏土,疏浚岩土分级属 3 级。本工程距离港口码头及居民区均较远,附近水域无大小养殖场,对环境影响较小。

(2) 疏浚挖槽设计

导堤口门内航道通航宽度 170 m,挖槽宽度 163 m;导堤口门外航道通航宽度 190 m,挖槽宽度 183 m。航道设计底标高 −11.15 m。根据土质,航道设计横向边坡取 1:7,设计纵向边坡取 1:10。根据国内类似工程及附近连云港航道工程经验,确定超宽为 3 m,超深为 0.4 m。

3) 生态疏浚实施

(1) 设备选择

本次疏浚区域较为狭长,泥土处理区分布较为分散,航道不同区段的施工条件不同,且施工期应保证航道的正常通航,因此根据上述特点选用合适的施工工艺,以提高施工效率,降低工程费用和合理安排船机。

疏浚施工方案一:全部采用外抛工艺,采用耙吸船将泥土处理至抛泥区。

疏浚施工方案二:采用绞吸+外抛工艺,导堤口内航道采用绞吸船直接吹泥至泥土处理区;外海采用耙吸船外抛。

疏浚施工方案三:采用绞吸+挖运抛吹+外抛工艺,导堤口内航道中间约 100 m 宽采用耙吸式挖泥船挖泥并运至储泥坑抛泥,再经绞吸挖泥船吹泥至抛泥区,航道两侧采用绞吸工艺;外海采用耙吸船外抛。

施工方案一采用耙吸船外抛施工能够及时避让来往船舶,对航道正常通航影响较小,且外海适应性较强;全部外抛需要选划较大的海上抛泥区,造成疏浚土的浪费,且航道较长,灌河口内外运抛泥运距较远,疏浚费用高。

施工方案二导堤内段采用绞吸船施工,直接吹填至泥土处理区,减少了疏浚土的浪费,缩短了外抛运距,降低了疏浚费用。但由于灌河航运繁忙,绞吸挖泥船施工会对正常通航产生较大影响,有大型船舶通过时无法及时避让,加大了施工组织的难度,影响施工安全和进度。

施工方案三在方案二基础上增加了临时储泥坑作为辅助工程措施,采用耙吸船挖泥并运至储泥坑抛泥,绞吸挖泥船再吹泥至泥土处理区,相比于全部外抛工艺,该工艺不仅缩短了抛泥运距,降低了疏浚工程费用,且耙吸船施工不影响灌河的正常通航。临时储泥坑开挖增加了一部分疏浚费用,但相对于整体疏浚工程费用仍较低。一期已经形成航道边坡,为了增加工效,降低成本,航道两边可采用绞吸工艺。

综合考虑上述分析,本次疏浚工程选用施工方案三。

(2) 二次污染控制

疏浚工程中,为防止二次污染,有如下对策:

① 疏浚过程的环境保护对策

采用先进疏浚工艺,减少超挖土方量:配备 DGPS 全球定位系统,准确确定需开挖航道的位置,从而减少疏浚作业中不必要的超深、超宽的疏浚土方量,从根本上减少对环境产生影响的悬浮物的数量。

减少溢流的影响:施工时根据挖泥船的溢流装置特征、泥沙特性和水流形态等确定适当的溢流时间,以期达到经济效益与环境效益的统一。另一方面,设法降低溢流口的高度,尽可能使溢流口安装在近船底处,这样可以降低溢流泥浆的入水深度,减少悬浮物的悬浮量。

② 运输过程的环境保护对策

施工单位经常检查挖泥船底部门封条,发现水密性能差时及时更换;同时控制泥门开启与关闭的传动装置也应经常维修保养;及时更换液压杆上的密封圈,确保液压系统的完好;确保运输过程中泥门密闭,严防泥浆泄漏。

③ 泥土处理过程的环保措施

本工程采用了多种泥土处理方式,疏浚土对环境产生的影响较为分散,各泥土处理区需经专门选划并经有关部门批准。在处理疏浚土时应严格执行规定,不得在选划区域外随意抛泥。

(3) 节能减排

疏浚工程在施工过程中的主要能耗设备为各类工程施工船舶和运输车辆等,主要耗能种类为柴油和电。本工程节能措施如下:

① 合理选择船机、车辆和设备

选择合理的适合本工程施工条件的船机、车辆和设备,尤其是要尽量选择能耗低、效率高的施工船舶,以提高施工效率,降低能耗。

② 加强机具设备管理

根据本工程自身特点配备足够的船机、车辆和设备,同时做好施工设备的管、用、养、修。配备数量充足的易损件、关键配件,确保施工设备始终处于良好的施工状态。

③ 加强施工计划和管理

制定详细的切实可行的施工计划,合理安排施工工序,特别是各施工工序间的衔接,控制合理的施工速度,尽量使设备、人员的使用强度趋于平均,避免产生大的波动,以减少不必要的进退场时间和能源的浪费。

4) 疏浚土处理

本工程疏浚工程量为 3 124.1 万 m^3。经调研,江苏省响水县陈家港沿海经济区为满足建设用地的需要,接纳一部分疏浚土用于建设,该区域四周分别为海堤公路、326 省道、观潮三路和浦港河,所占陆域面积约 6 000 亩,泥土处置量约 1 446.4 万 m^3。同时根据前期专题研究成果,将部分疏浚土吹填至陆上弃土区、海上倾倒区和临时蓄泥区,不会对航道工程带来影响。其中,陆上弃土区的弃土用于施工中就地取土建设土围堰进行吹填;临时蓄泥区作为疏浚土处置的中转站,疏浚土最终用于岸线修复。为节约成本,施工临近结束时,部分耙吸疏浚土可直接用于填埋蓄泥区。

5) 生态疏浚的评价

(1) 环境保护评价

施工船舶舱底油污水由各地方海事局认可的有资质的接收点接收处理,收集处理后对水环境基本不产生污染影响。施工人员就近租用居民房屋,生活污水主要通过农舍中既有化粪池进行简单处理后用作农肥,不直接排入水域,对水环境基本不产生污染影响。

施工船舶主机、运输车辆及其他施工机械产生的燃油废气对环境的污染影响很小;施工期材料的运输和堆放、土石方的开挖等作业过程中将产生粉尘污染,但居民点位于工程点 1 km 外,施工作业产生的粉尘对其影响很小。船舶废气为无组织排放源,排放将对环境空气产生污染影响,但这种影响仅局限在排放点 50 m 范围内,均发生在航道范围内,不会影响到其他区域环境空气保护目标。

对浮游动、植物的影响:在施工期间,疏浚工程及维护疏浚、疏浚土抛泥等作业中均会产生大量的悬浮物,除了在施工中心、疏浚点分布外,一定浓度的悬浮物扩散,将会形成一定范围的悬浮物高浓度分布区,致使该范围水域中透明度下降,从而导致浮游植物光合作用能力在一定时间内减弱。浮游植物光合作用降低,从而对浮游动物产生一定影响。因此在航道施工期内,因悬浮物增加,浮游植物数量减少,必然会一定程度上减少浮游动物的数量和其种类组成。但这不良影响不是永久性的,而是可逆的,会随施工结束而逐渐恢复。在营运期内,浮游植物和浮游动物种群数量、群落结构会发生变化而趋于复杂,生物量也会趋于增加。

对底栖生物影响:工程建设过程中,沙泥底质为主的底栖生物的生境发生变化,底栖生物的种类与组成也会发生一些变化,而一些附着性贝类可能在种群数量上有所增加,从而可能使西水道底栖生物群落结构和种群数量在若干年后产生新的变化和平衡。

(2) 能源与资源的节约利用

在施工期间合理选择建材,合理选择船机、车辆和设备,加强机具设备管理以及加强施工计划和管理的情况下,工程的能耗大大降低。由于工程耗能为石油和电,而工程区用电多是柴油发电,因此采取一定的节能工程措施后,大大减少了石油和柴油的消耗,在节能的同时,还有利于减少工程对于环境的污染。

9.6.2 京杭运河施桥船闸至长江口门段航道整治工程

1) 项目概况

京杭运河施桥船闸至长江口门段位于经济发达、人口稠密、城市密集的京杭运河徐扬段入江口门处,是长江与京杭运河的交汇处。航道北起施桥船闸下游,止于六圩长江口,全长 5.3 km(现状长度)。航道底宽 70 m,水深 4.0 m,最小弯曲半径 540 m,口宽≥90 m。按Ⅱ级航道标准整治,航道线路走向不变,对航道进行浚深、拓宽,设置停泊区,并对护岸进行拆除重建。

2) 生态疏浚设计

(1) 确定疏浚保护区域

本项目分标段实施,在各标段护岸工程施工结束后,开始进行航道水下土方疏浚。各标段可按疏浚区域距抛泥区距离分为若干小段实施疏浚,航道疏浚总长 5.37 km。疏浚工程主要涉及的土层有:②粉质黏土及黏土、③-1 粉土、③-2 淤泥质粉质黏土及淤泥质黏土、③-3 粉质黏土及黏土、③-4 粉细砂、④-1 淤泥质粉质黏土及淤泥质黏土、④-2 粉质黏土及黏土、⑤-1 粉质黏土及黏土、⑤-2 粉质黏土及黏土;级别为 3、5、9 级。

(2) 疏浚挖槽设计

纵断面设计:航段起讫地点为施桥船闸—长江口,设计河底高程为 −3.77 m。

横断面设计:航道横断面设计根据各段航道尺度标准、航行船型、设计通航水位和地形地质等因素确定,在满足船舶通航的条件下,选用工程费用低、施工方便的断面型式,同时还应考虑水利防洪、排灌等要求。根据本工程各航段通航条件及通航尺度要求的不同,本次设计将全线分为一般航段和停泊区航段。各航段的横断面设计如下:

① 一般航段

航道横断面采用复式梯形断面型式,航道底宽不小于 70 m,水深为 4.0 m,水下边坡不陡于 1:4。

② 停泊区航段

采用矩形断面,底高程为 −3.77 m,底宽与面宽相同,并根据地势、地质、水位及现状情况新建护岸。

本工程航道疏浚超挖量按超深 0.4 m、超宽 2 m 计算。

3) 生态疏浚实施

(1) 设备选择

本项目水下土方疏浚主要采用抓斗式挖泥船施工,运输工具为小型泥驳。

(2) 二次污染控制

① 防治水污染措施

航道沿线施工营地生活污水具备纳管条件的,经集中收集后纳入污水管网中;对于不具备纳管条件的,粪便污水经化粪池预处理后定期由环卫部门抽运,严禁任意排放,施工人员食堂的含油废水经隔油处理达标后外运。

施工抛泥区余水经过自然沉淀后可大部去除,吹填后期,当余水的 SS 值超标时,可在泥浆进入围堰处适当投加絮凝剂促沉,以控制余水水质,处理后的余水须达到《污水综合排放标准》中的一级排放标准要求,达到标准后的余水可排至附近沟渠。

船舶生活污水应设置与生活污水产生量相适应的处理装置或者储存容器,不得向内河水域排放不符合排放标准的生活污水。生活污水排放应满足《船舶污染物排放标准》的要求。船舶舱底油污水需经自带的油水分离器处理,没有安装油水分离器的小型船舶,其舱底油污水应暂存于船舶自备的容器中。含油污水交由地方海事部门认可的有资质的船舶污染物接收船或陆域码头等接收处理,航道内不得排放舱底油污水。

② 防治环境空气污染措施

工程开工前,施工工地按照规定设置围挡;地面、车行道路进行硬化;在施工工地内设置车辆清洗设施以及配套的排水、泥浆沉淀设施;运输车辆在除泥、冲洗干净后,方可驶出施工工地;及时清扫洒落的尘土,保持施工现场清洁,减少车轮黏土;定时洒水压尘,减少运输过程中的扬尘。

挖土时,对作业面和土堆适当喷水,使其保持一定湿度,减少扬尘量。

加强对施工机械、车辆的维修保养,禁止以柴油为燃料的施工机械超负荷工作,减少尾气排放。

③ 防治噪声污染措施

尽量采用符合环保要求的低噪声施工设备和施工工艺,同时,加强设备的维护和养护,从根本上降低噪声影响。

④ 防治固体废物污染措施

船舶和陆上的施工建筑垃圾运至附近垃圾场填埋或处理,施工人员生活垃圾及时运后方,统一外运。

(3) 节能减排

本工程的航道疏浚在施工过程中会有一定的能耗,主要能耗设备为施工船舶、挖掘机械、运输车辆等施工作业机械,主要能耗种类有电、水和燃油。本项目采取的主要节能措施如下:

① 精心组织,合理安排工期、工序,控制施工过程中的能耗。本工程设计按生产、辅助生产和生活用能设施分别装置计量仪表,有效控制能耗。

② 选用国家推荐的节能型施工机械和施工船舶,并选取同类产品中效率较高、知名厂家生产的设备。合理调度和使用施工机械和施工船舶,避免无负运行。加强对施工机械的检查、保养,使机械保持在较高的效率运转。

③ 合理布置临时预制场和临时码头,尽量缩短运输距离,降低能源消耗。

④ 预制场供电照明系统和机械用电,变压器应采用新型节能型设备,采用整体照明和局部照明相结合的方法。为了降低无功损耗,高低压均采用电容补偿措施,照明灯具采用节能型高压钠灯,实行集中控制,并可根据季节、昼夜和生产需要分区、分时控制,有利于节能。

4) 疏浚土处理

航道沿线企业众多,民房密集,土方的处理需要慎重对待,特别是水下疏浚土方不能随意堆弃,以免对沿线生产生活造成不良影响。对于寸土寸金的扬州地区,陆上挖方基本可以得到再度利用,当地的基础设施建设以及工厂楼房的建设均需要大量的土方;水下土方通过处理或堆放晾晒尽量再度利用,不能利用的寻找低地沟塘集中堆弃。土方的处理遵循以下几个原则:

(1) 项目自身用土:主要用于护岸后方回填、防汛土堤堆筑、岸线平整以及桥梁接线用土等。

(2) 综合利用:陆上土方的表层填土及黏土可直接用于当地的基础设施建设项目和工厂企业的建设项目等。

(3) 保护环境:水下淤泥质土成分复杂,有机质含量高,通过添加土壤固化剂改变淤泥性质,然后再度利用。不能利用的淤泥沿线就近寻找低洼沟塘堆放,尽量远离生产生活区域。

本项目陆上土方选择用于新建护岸后方回填和围堰填筑,陆上剩余土方选择合适的位置堆放;水下土方选择合适的位置堆放。根据地勘资料,本工程水下土方主要为粉质黏土,水下土方经过堆放晾晒后用于其他工程建设。

本工程临时堆土量计算如下:

$$临时堆土量=陆上剩余土方量+水下土方量(含围堰)$$
$$陆上剩余土方量=陆上土方量-新建护岸后方回填-围堰填筑$$

经计算,临时堆土量为 160.52 万 m^3,临时堆土按 3 m 堆高计算,共需临时堆土用地约 800 亩。根据现场调查及扬州市中心城区用地规划图,临时堆土区可借用施桥运河大桥和京杭运河大桥之间的备用地和未使用的其他城乡建设用地,以堆放本项目土方。

5) 生态疏浚的评价

本工程对环境的影响主要表现在施工期和营运期对水体的污染影响,工程建设单位应加强施工期的环境管理工作,加强施工队伍的环境保护教育,严格管理,文明施工。工程承包合同中有明确的条款,承包方须对施工期的污染防治的措施予以承诺,并遵循严格的违约处罚程序。

工程设计已考虑了环境保护的要求,制定的环境工程设计方案在技术上、经济上是可行的,具有较强的可操作性,在落实工程设计拟订的环境保护对策措施后,可使工程建设对环境的不利影响得到较好的控制。

生态环境方面,航道施工造成局部水域悬浮物浓度升高和溶解氧浓度变化,对浮游动物和鱼类产生一定影响,采取土工布围堰施工后,航道施工对水域生态环境影响有限。永久占地造成初级生产量和生物量的减少。沿线无珍稀特有濒危保护物种,工程建设对整个生态系统完整性和生物多样性不会造成大的影响。航道整治前后浮游生物量变化不大,工程建设对其影响较小,运营期间水体恢复稳定,底栖动物生物量可逐渐恢复。航道整治不会改变水质类别,对航道内鱼类不会产生明显影响。陆域生境面积减少而水域生境面积增加较明显,该地区动植物广布,无珍稀特有濒危物种,主体工程完工后,航道沿线绿化、复耕、护岸的建设使陆域生态得到一定恢复。对原占地为农田或适宜发展为农田的抛泥区,施工结束后进行表土恢复,播种豆科牧草改土,可恢复为农田;对于临河抛泥区不宜发展为农田的,结合护岸绿化进行植被恢复。

10 配套工程

10.1 概述

配套工程主要包括锚地与服务区、助航设施两部分内容。通过配套工程建设,对内提升航道管理部门的管理水平和效率,对外提高航道整体的服务水平、航道通航能力和船舶运营效率,提升水运行业竞争力,实现水运交通现代化。

10.2 锚地与服务区

锚地与服务区是为船舶、船员和航运管理提供服务的重要设施。

10.2.1 一般规定

锚地与服务区总体设计应遵循安全高效、节约资源、生态环保和经济合理的原则,适应航运事业发展的要求,并与内河航道规划、港口规划相协调。

锚地与服务区总体设计应满足服务区正常运营、防洪度汛、消防安全和环境保护的要求,并符合国家现行标准《内河水上服务区总体设计规范》(JTS/T 162)的有关规定。

锚地与服务区布局、选址及总平面布置应符合国家现行标准《内河通航标准》(GB 50139)、《航道工程设计规范》(JTS 181)和《河港总体设计规范》(JTS 166)的有关规定。

锚地与服务区布局应根据航道发展规划,航道货运量,现有加油站、液化天然气加注站、停泊区、锚地等设施以及建设条件综合确定。

锚地与服务区选址应遵循节约用地、方便管理和岸线留有发展余地的原则。

锚地与服务区功能确定应进行船舶服务需求调查。

锚地与服务区建设规模和内容应根据总体布局、服务需求、航道发展规划等级、航道条件、船型、船舶流量、自然条件和经济社会条件等综合论证确定。

锚地与服务区总体布置宜采用集中布置的方式;也可根据建设条件、管理要求和服务功能,采用适当分离布置的方式。

油气化工品船舶宜单独设置服务区或依托现有油气化工品船舶锚地建设服务区。

服务区陆域建筑及景观宜与周边环境和当地历史人文景观相适应。

10.2.2 建设规模

1) 水域规模

水域包括前沿停泊水域、回旋水域和航道连接水域;趸船式服务区还应包括趸船停泊水域。水域规模应按现行行业标准《河港总体设计规范》(JTS 166)的有关规定确定。

泊位数量应根据驶入服务区的船舶数量、船舶靠泊方式、船舶日周转次数等因素综合确定，并应符合下列规定：

(1) 驶入锚地与服务区的船舶数量应根据所在航道的船舶流量、锚地与服务区设置密度、船舶吨位、驶入率、驶入不均匀系数等因素综合测算；

(2) 船舶靠泊方式根据水域平面布置可采用顺靠或丁靠，当采用顺靠时可采用多档并靠；

(3) 综合服务区泊位数不宜少于 5 个，一般服务区泊位数不宜少于 3 个；采用丁靠系泊时，泊位数宜适当增加。

泊位长度应按现行行业标准《河港总体设计规范》(JTS 166)的有关规定确定，并应考虑加油、液化天然气加注泊位的安全距离等因素。

趸船数量应根据功能要求、供船舶停靠的泊位数要求等确定；趸船主尺度应根据靠泊船型、装载容量、作业工艺、趸船设备、上部建筑物布置等要求综合确定。

2) 陆域规模

有陆域的内河水上服务区，陆域用地和建筑面积应满足服务区主要功能要求，其他功能用房和设施与内河水上服务区合址建设时用地和建筑面积应叠加计算，建筑物宜统一布置。

内河水上服务区陆域设施宜包括管理用房、服务用房、应急装备仓库、船舶机修间及备品库房、泵房、变电房、加油站房、液化天然气加注站房、垃圾房、门卫房、船舶含油污水与生活污水接收及转运站、加油站储油罐、液化天然气加注站储气罐等。

陆域的趸船或固定平台水上服务区，其上部设施面积应根据服务功能和安全使用要求确定。

10.2.3 高程和竖向设计

高程和竖向设计应符合国家现行标准《内河通航标准》(GB 50139)和《河港总体设计规范》(JTS 166)的有关规定。

前沿停泊水域、连接水域、回旋水域等设计水深应满足设计代表船型的要求。

停靠泊位前沿设计高程应根据设计水位、使用要求、防洪要求和地形条件综合确定。设计水位的取值应符合下列规定：

(1) 设计高水位应根据河流水文特性、船舶避洪特性、枢纽和梯级运行调度等因素综合考虑，按现行行业标准《河港总体设计规范》(JTS 166)的有关规定取值，并不应低于航道设计最高通航水位。

(2) 设计低水位应按现行行业标准《河港总体设计规范》(JTS 166)的有关规定取值。

陆域竖向设计应综合考虑地形条件、防洪要求、淹没影响、场地和道路连接等因素，并与停靠泊位前沿高程相适应。

10.2.4 水工结构与材料

综合考虑经济、环境及耐久性等多方面因素，合理确定水工结构型式及材料。

在满足功能要求的情况下，应基于全寿命周期理念选择水工结构型式，考虑建设与维护的协调统一。

水工结构宜提升预制化和整体装配化水平。在满足护岸功能性要求的情况下,兼顾生物性和景观性需求。

宜就地取材选用建筑材料,对疏浚土、渣进行回收利用。

航道服务区应以提供锚泊为核心的公益服务为主,功能可分为基本功能、辅助功能和拓展功能,见表10.1。

表10.1 航道服务区功能划分

功能划分	分类功能	服务内容
基本功能	航运管理	船舶的签证、报港、超载处理、规费征收、治安、监控、指挥等
	物资供给	船舶加油、加水、加气、岸电、网络等。人员休息、购物、就餐、通信、住宿、医疗等
	环境保护	污水、固体废物收集和处理等
辅助功能	船舶维修	配件出售、工具配备、应急修理等
	应急保障	支持保障、应急救援等
拓展功能	物流货运	货运中转、信息交流等
	人文旅游	文化服务、宣传教育、休闲旅游等

(1) 基本功能

服务区的基本功能包括航运管理、物资供给和环境保护。

航运管理是服务区最主要的功能,承担船舶的签证、报港、超载处理、规费征收等,同时承担监控、指挥、治安和水上安全,协调整个服务区的运行秩序。

物资供给主要是设置船舶加水、加油、加气站,配置岸电箱和局域网,设置菜市场、日用小商品店、餐饮、住宿、诊所、厕所等设施,满足停靠在服务区的船民吃饭、住宿、看病、如厕等基本生活消费需求。

环境保护主要是进行污水、固体废物收集和分类处理等。在服务区内需设置船舶废油回收站、生活垃圾分类回收站,实现水上污染物处理功能。

(2) 辅助功能

服务区的辅助功能包括船舶维修和应急保障。

船舶维修包括配件出售、工具配备、应急修理等。通过在服务区内设置船舶维修区、船用零配件销售区来满足停靠在服务区的船舶的维修需求。

应急保障主要是支持保障、应急救援等。配备有视频监控、警务室、小药箱、救助码头等。在船舶待闸、堵航等紧急情况下提供应急救援、船舶调遣服务。

(3) 拓展功能

拓展功能主要包括物流货运和人文旅游等。

物流货运主要是通过建设公共信息和交流平台,使船民获得最新滚动的运输市场信息,及时调整自己的运输目标,提高运输效益,减少船舶返空率。还可以利用现代化的电子交易平台,通过网络进行电子交易。对于服务区周边有丰富货源的水上服务区可以进行物流功能的开发,建立现代化的物流系统和仓储运输设施等。

服务区可提供人文历史、航运发展、宣传教育、休闲旅游等功能。随着社会发展和人们对美好幸福生活的追求,亲水休闲旅游也开始发展流行起来。

服务功能应当契合船员和管理服务部门的实际需求,充分考虑各项需求的内在逻辑,使服务功能配置协调和规模建设合理,也可为行业主管部门的安全生产进行监管与服务。

10.2.5 水上服务区设计

1) 设计与建设原则

(1) 航道服务区设计应遵循节约岸线、节约用地、节约能源和安全环保的原则,合理利用资源、保护环境。

(2) 综合服务区应具备环境保护功能,垃圾接收设施宜与城市公共服务体系对接,充分利用社会资源,实现绿色共享。

(3) 积极应用节能技术和绿色能源。综合服务区宜建设岸电设施,岸电桩配备与船舶接电设施匹配,视情况建设 LNG 加气站。

(4) 综合服务区宜布设生活服务区,丰富服务区功能,服务区建筑设计风格和布局宜结合当地历史和文化特色设计。

2) 航道服务区总体规划

在我国高等级航道中,船舶密度和货物运输量总体是一直在持续增加。服务区总体规划要将区域高等级航道视为相互联系的有机整体,运用可持续发展的观点整体布局考虑。要考虑航道远期规划,精准预测货运量变化,采用适度超前的建设标准进行规划布局。同时要与城市布局统一协调,要分析与航道服务区总体布局密切相关的航道两侧用地性质的发展变化,为航道服务区的总体布局分析提供依据。要考虑船闸和城镇布局状况,在条件许可的情况下,服务区布局尽量结合船闸布局建设,另外航道沿线城镇布局对服务区的布局也有一定的影响。航道服务区是水路运输重要基础设施,为确保综合运输发展总体要求,必须进行各种运输站场和交通路网的分析,从而为航道服务区的功能定位和总体布局分析提供更加具体的依据。

(1) 服务区选址规划

服务区选址要充分考虑码头和沿途地域特色,对多种影响因素进行综合比较确定。

① 码头位置选址法

结合沿线码头进行选址建设。如果船闸间距过大,可以考虑在两船闸间建设服务区,以满足运输服务需求。服务区可以结合航道沿途码头进行选址,开发物流业,创建物流市场,一方面船舶可以在码头装卸货物,另一方面船户可以在服务区进行休整、交易,提高航道运输效益。

② 地域特色选址法

当前,绿色航道和人文航道建设得到各主管部门的重视。服务区的规划选址应考虑所在区域的基础条件、自然环境、人文景观等地域特色,尽量选择风景秀丽、山水迷人的地方,从以人为本、生态优先、亲水人文的理念出发,进行旅游功能开发,带动周边城镇旅游业发展。

(2) 服务区建设规模

服务区建设规模包括水域规模和陆域规模,由船舶和人员数量决定,而船舶数量主要与船舶到达间隔、服务概率和服务时间有关。航道服务区的服务对象主要包括船舶、船员、游客、居民等。因此首先要对船舶流量、船民数量、游客和居民数量进行预测。船舶流量、船员数量的预测主要基于船闸设计水平年的货运通过量,根据单船和船队数据统计,每艘船上人员配备平均约 2.5 人,服务区按航道沿线服务区数量等概率服务船民,实际服务对象量还要受服务区所处的地域影响,科学预测对于确定服务区的总规模以及内部各种设施规模具有重要意义。游客量的预测也是根据整条航线游客总量按沿线服务区等概率服务预测,随着服务区功能的完善,以前转移到城镇获取服务的游客将逐渐过渡到服务区。居民量的预测需要根据附近居民居住地与服务区距离、人员组成以及附近有无休闲设施等进行。

① 水域规模

根据航道断面资料统计获得航道日船舶流量,可根据航道年货运量、船舶平均吨位、船舶实载率计算得到日平均船舶流量,同时需要考虑船舶流量的日不均衡性。根据航道船舶流量和服务区泊位数量的关系,可得到服务区泊位数。水域面积根据服务区泊位数量以及单个泊位停泊面积来计算。可参考国内相关规范要求,根据工程航段的实际资料和情况进行调整。

② 陆域规模

航道服务区的陆域规模主要指陆域建筑物的规模,包括各类物资供给、生活服务设施和办公设施等,应参照相关设计规范确定,或根据服务区船舶停泊数量、船舶流量、人员停留量等确定,如表 10.2 所示。

表 10.2 航道服务区陆域规模确定因素

服务设施		配备确定依据
基本设施	办公场所、停车场	服务区类型
	加油站、加气站	船舶流量
	岸电设施	船舶停泊数量
	超市、卫生服务站、招待所	船员停留量
	垃圾分类回收设施	船员停留量
辅助设施	维修站	船舶流量
	救援设备	船舶流量
拓展设施	信息共享平台	货运和人员需求
	学习休闲设施	船员、游客、居民人员停流量

(3) 服务区间距确定

应根据远期货物运输量以及船舶流量的特性,合理确定服务区间距。航道运输相对速度较慢,运输周期长,距离长,运输过程中船民的生活需求基本上都在水上实现,服务区的间距设置要满足船民的生活和心理需求,要满足船舶的加油和维修需求。应综合考虑靠近沿线城市的位置与大小,以及对沿线环境的影响等因素,以确定服务区间距。

3) 航道服务区建设案例

江苏共有内河航道里程 24 366 km,航道密度为 24.2 km/100 km^2,均居全国第一,京杭运河则是我国最重要的内河水运主通道,而长江江苏段 369 km、京杭运河江苏段 687 km 是其中通航条件最好、船舶通过量最大、社会经济效益最为显著的区域。

2003 年,江苏无锡开展了国内最早的内河航道服务区相关研究。2004 年,京杭运河宿迁水上服务区、杭申线余杭塘栖水上服务区等开始建设。南京长江汇兴隆洲、镇江六圩水上绿色综合服务区已投入常态化运行。南通如皋水上绿色综合服务区 2020 年也已开工建设,为下一步全面开展水上绿色综合服务区建设提供了样板。2020 年,江苏省开始建设苏北运河绿色现代航运示范区,通过省市联动,系统谋划,打造具有地方文化特色的航运示范区,其中航道服务区也是建设的重要内容之一。

"十三五"期间,江苏建成京杭运河两淮段、无锡城区段等一批绿色生态航段,京杭运河湖西段等 40 处航段荣获"最美运河地标";基本完成船舶污染物接收设施建设任务,全省航道沿线基本具备靠港船舶污染物接收能力;推进岸电设施建设,全省内河船闸、航道服务区建成 770 套低压岸电系统,京杭运河船闸船舶待闸区实现岸电系统全覆盖。截至目前,江苏共建成 20 个内河航道水上服务区。

2017 年 4 月,江苏省推进内河航道水上服务区岸电系统建设及互联互通,推广扩大内河岸电系统覆盖范围,在徐州、连云港、淮安、镇江、常州、南通等市的 9 个内河航道水上服务区建设岸电系统互联互通示范工程,这极大地推动了江苏水运绿色转型,改善了水运通道的大气环境和船民的生活环境,促进了经济社会可持续发展。截至 2020 年,全省内河航道岸电系统建设基本实现省内内河航道水上服务区、公务船艇停泊码头和船舶停泊区等船舶聚集区全覆盖。

10.2.6 工程案例

1) 京杭运河无锡新安服务区

新安水上服务区位于京杭运河与 G312 交汇处南侧东岸,占地约 28.3 亩,服务区泊位岸线长约 300 m,能供近 30 艘千吨级船舶同时靠近,还建有 2641.2 m² 船舶修理车间,自 2014 年 12 月投入运行以来,在基础设施、便民服务、绿色节能、应急保障、生产生活服务等方面为广大船民打造了"一站式服务",也为沿线企业经营提速加码。见图 10.1。

新安水上服务区在全省率先引入便民智能供水设备,正向全市水上服务区逐步推广。

图 10.1 京杭运河无锡新安水上服务区

如今,船民只需注册"船佳宝"APP,就能通过智能供水设备自动加水,省心省力。该设备与岸电、污染物接收等设备一道为船民提供更加便捷贴心的服务。

2) 连申线如皋水上服务区

水清岸绿,鱼跃鸟飞,一江碧水向东流。作为全省唯一一座综合性绿色水上服务区,近年来,如皋水上绿色综合服务区全面贯彻落实"一零两全四免费"政策,即靠港和锚泊船舶污染物零排放、全接收,在航船舶污染物排放全达标,生活垃圾免费接收、生活污水免费接收、免费水上交通、免费锚泊。截至目前,该服务区累计接待船舶 11 550 艘次,服务船员 46 200 余人次,免费接收生活污水 10 760.5 t,免费接收生活垃圾 159.3 t,真正让以船为家、为水所隔的船员享受到了水上工作、"陆"上生活的便利。

2022 年底前,连申线如皋水上服务区在原有 18 座岸电的基础上,又新增了 8 座绿色岸电,实现了整个 400 m 锚地岸电使用全覆盖,年均使用电量达到 5 万余度。绿色岸电的使用给船民们带来了诸多便利,他们通过连接充枪口,启动岸电 APP 一键扫码,就可以迅速地实现充电。

连申线如皋水上服务区分布式光伏项目成功并网发电,服务区正式开启"自发自用、余电上网"的用电模式。这也是全省首个内河水上服务区分布式光伏项目。该光伏项目利用了服务区的综合楼、服务楼斜屋面及平台,分布了 1 300 m² 光伏板,年发电量可达 20.3 万 kW·h,每年可节约标煤 73.3 t,减排二氧化碳 226.6 t。见图 10.2。

图 10.2 连申线如皋水上服务区

3) 京杭运河镇江水上服务区

京杭运河镇江水上服务区作为苏南运河镇江段三级航道整治提升工程配套工程,位于京口工业园区,是船舶从长江进入苏南运河的第一座内河服务中心。2013 年 12 月 23 日开工,2015 年 4 月 8 日建成投运,建设投资约 3 000 万元。主要向来往船舶提供日常生活保障、应急维修保障、政策咨询等服务。见图 10.3。

(1) 船舶停泊服务。服务中心设有空船停泊区、重船停泊区、危险品停泊区,主要用于过闸船舶的临时停靠,总长度为 450 m,可同时停靠 50 多艘船舶,日均船舶进出 300 余艘,年停靠船舶超过 10 万艘次。

(2) 船舶岸电服务。服务中心共有 22 套低压岸电桩,供电输出为 220 V/50 Hz,每套充电桩可提供两路供电接口,可同时供 44 条船舶接电使用。船舶停靠期间接用岸电满足船上照明和生活用电需求,代替传统的柴油机发电,解决噪声污染、辅机尾气排放等问题,达到节能减排、污染防治、绿色航道的目标。据不完全统计,2018 年至今,岸电用量 130 万 kW·h,减少碳排量 1 100 t 和其他污染物排放量 4.4 t。

(3) 船舶垃圾回收服务。建设 2 套船舶生活垃圾、油污水智能接收柜及 1 套船舶生活污水智能固定接收柜,初步具备了收集、存储、处理三位一体的船舶污染物接收功能。自 2020 年 6 月建成投入运行以来,服务中心、船闸已接收船舶送交的生活垃圾 165 t,生活污水 1 405 t,基本实现京杭运河镇江段船舶污染物零排放、零污染。目前镇江运河水质已达国家三类水质标准。

(4) 船民日常需求服务。服务中心内综合服务楼入驻商户 20 余家,包含生活超市、船舶维修间、五金配件店等,为船民的停泊、修理、补给提供了便利。

(5) 打造运河文化标识,建设花园式服务区。服务中心绿化面积 43 252 m²,精心打造的景观小品串珠成线,构成运河岸边独特的文化风景线。2020 年京杭运河镇江水上服务区文化长廊再添新景,五幅巨型石雕壁画跃然墙上,从秦始皇开凿徒阳运河到历代镇江运河在航运、河工、水利方面的杰出成就,从明代独特的水绕城关盛景到京江画派笔下的城市山林,充分展示着镇江运河的秀美风光、璀璨文化。

图 10.3 京杭运河镇江水上服务区

10.3 助航设施

10.3.1 助航设施分类

根据我省限制性航道的特点,主要采用视觉航标,以形状、颜色、灯质、图案、文字等为特征,可直观识别的助航标志。

根据《内河助航标志》(GB 5863)的规定,视觉航标按功能分为航行标志、信号标志、专用标志三大类。

1) 航行标志

航行标志指标示航道方向、界限和碍航物的标志,我省常用的航行标志有示位标、侧面标、左右通航标、泛滥标及桥涵标 5 种。

(1) 示位标

在湖泊、水网地区和其他宽阔水域,标示浅滩、礁石及通航河口等特定位置,供船舶定位或确定航向。示位标可根据地理位置采用特殊形状的标体。示位标设在通航河口处,须与"左白右红"原则一致。灯质采用白色、绿色或红色莫尔斯信号闪光,但不得同其他种类标志的灯质相混淆,示位标主要标示通航河口,因此灯质优先采用左岸白色(绿色)莫尔斯信号"H"闪光,右岸红色莫尔斯信号"H"闪光。

(2) 侧面标

设在浅滩或碍航物靠近航道一侧,标示航道的侧面界限;设在航道两岸时,标示岸形、不通航的汊河,起指示船舶在航道内航行的作用。固定设置在岸上可采用杆型标,水中的侧面标(灯桩)可采用柱形标。水中灯桩根据其自然条件和地质情况的不同,分为层叠式水中标和桩柱式水中标两种型式。侧面标设置在左岸一侧的,颜色采用白色(黑色),杆形灯桩的标杆为白、黑色相间横纹,灯质采用绿色(白色),单闪光或双闪光。侧面标设置在右岸一侧的,颜色采用红色,杆形灯桩的标杆为红、白色相间横纹,灯质采用红色,单闪光或双闪光。

(3) 左右通航标

设在航道中个别河心障碍物或航道分叉处,标示该标两侧都是通航航道。岸标宜采用柱形标,标体每面的中线两侧分别为红色和白色(左白右红),灯质采用白色(绿色),三闪光。

(4) 泛滥标

设在被洪水淹没的河岸或岛屿靠近航道一侧,标示岸线或岛屿的轮廓。泛滥标的标杆上端装截锥体顶标一个,也可安装在具有浮力的底座上作为浮标设置。设置在左岸的,颜色采用白色(黑色),灯质采用绿色(白色),定光。设置在右岸的,颜色采用红色,定光。弯曲河段朝岸上一面的灯光应予遮蔽。

(5) 桥涵标

设在通航桥孔迎船一面的桥梁中央,标示船舶通航桥孔的位置。正方形标牌表示通航桥孔颜色为红色,灯质采用红色,单面定光。在通航桥孔迎船一面两侧桥柱上,还可各垂直设置绿色单面定光桥柱灯二至四盏(按桥柱高度确定),标示桥柱位置。

2）信号标志

为航行船舶揭示有关航道信息的标志称为信号标志,目前常用的信号标志有通行信号标、横流标、节制闸标、界限标、鸣笛标和航道信息标 6 种。

（1）通行信号标

设在上、下行船舶相互不能通视,同向并驶或对驶有危险的狭窄、急弯航段或单孔通航的桥梁、通航建筑物及施工禁航等需通航控制的河段,利用信号控制上行或下行的船舶单向顺序通航或禁止通航。由带横桁的标杆和信号组成,横桁与岸线垂直。悬挂于横桁一端的箭形通航信号,箭头朝下表示允许下行船舶通航,箭头朝上表示允许上行船舶通航,禁止通航信号为垂直悬挂两个锥尖朝上的三角锥体。标杆与横桁为白、黑色相间斜纹,箭头或三角锥体为红色,箭杆为黑色(白色)。由垂直悬挂于横桁一端的红色、绿色定光灯组成信号：绿灯在上,红灯在下,表示允许下行船舶通航；红灯在上,绿灯在下,表示允许上行船舶通航；上下两盏红灯,表示禁止船舶通航。对控制船舶进、出通航建筑物的通行信号标,也可在通航建筑物上、下两端各设红、绿单面定光灯一组,灯光面向来船方向,红灯表示禁止船舶通航,绿灯表示允许船舶通航。白天也可用红、绿旗代替红、绿灯。

（2）横流标

在航道内有横流的地方设置横流标,警告船舶注意。在标杆上端安装菱形顶标。左岸一侧顶标为白色(黑色),标杆为白黑相间斜纹；右岸一侧顶标为红色,标杆为红白相间斜纹。

（3）节制闸标

设在靠近节制闸上游一侧或上、下游两侧的岸上,标志前方是节制闸以防止船舶误入发生危险。一般在岸上设置,采用标杆上端装一圆形标牌,标牌面向上游来船方向,标牌上绘制标准的船形图案及禁令标志。标杆为红、白相间斜纹,标牌为白底、红边、黑色船形图案加红色斜杠,灯质为并列红色定光灯两盏。

（4）界限标

设在通航控制河段的上、下游,标示通航控制河段的上、下界限。设在船闸闸室有效长度的两端时,标示闸室内允许船舶安全停靠的界限。采用标杆上端装菱形标牌一块,标牌面向来船方向(也可镶绘在船闸闸墙上)。标杆为白、黑色相间斜纹,标牌为白底、黑边,中间为黑色横条一道。灯质为红色,快闪光。

（5）鸣笛标

设在通航控制河段或上、下行船舶不能相互通视的急弯航道上、下游两端河岸上,指示船舶鸣笛。标杆上端装圆形标牌一块,标牌面向来船方向,正中写"鸣"字。标杆为白、黑色相间斜纹,标牌为白色、黑边、黑字。灯质为绿色,快闪光。

（6）航道信息标

根据我省限制性航道的特点,将航道信息标分为指向牌、航道起讫点指示牌等共 10 种类型。

① 指向牌

功能：标示航道前方分叉口的方向、各分叉口前方主要的地名(可为主要城市、集镇、港口、船闸等)及其距离。

设置地点:设在标示航道与其他等级航道的交叉口弯道起点的 50～100 m 外的航道右岸,并以 100 m 为宜。当交叉口为分水岛型叉口时,指向牌应设置在凸出岸形的顶点处。

颜色:标牌为绿底、白字(该颜色为四级及四级以上航道采用,五级及五级以下航道采用蓝底、白字,以下其他标牌的颜色要求均同此,不再另述)。

设置方向:面对来船方向设在航道右岸,与航道中心线方向成 60°～90°夹角。当航道口宽大时宜采用小的角度,如图 10.4 所示。

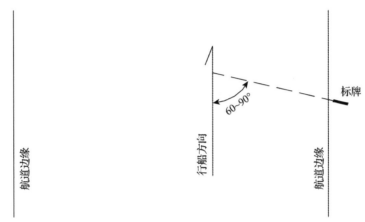

图 10.4 设置方向

立柱设置:一般版面较大,应采用双柱式结构。

设置数量:分叉航道的每个分叉口设置 1 块。每个"十"形四叉口共设 4 块指向牌,每个"卜""扌"和"T"(或"Y")形三叉口共设 3 块指向牌。

形状尺寸:根据不同等级航道状况确定牌面的外形尺寸和牌面布置。

指向牌的地点要求:指向牌中应以航道沿线的主要特征点(如省名、市名、县名或主要乡镇名为主,也可因地制宜采用沿线重要的港口、大型船闸或锚泊地等名)加以标识。具体标识采用的名称和里程宜与航道等级资料中的说法相一致。

② 航道起讫点指示牌

功能:标示航道起点、终点的名称和整治里程长度。

设置地点:一般设在各航道的起点和终点附近。

颜色:标牌为绿底、白字。

设置方向:面向航道与航道平行,设在航道左或右岸。

立柱设置:一般版面较大,应采用双柱式结构。

设置数量:每条等级航道上设置 2 块。

形状尺寸:根据不同的等级确定牌面的外形尺寸和牌面布置。

③ 地点距离指示牌

功能:对从主要的分叉口进入本航道后即将到达的沿线主要特征地名(省、市、县或船闸、港口或锚泊地等)的名称和里程长度加以标识,起到对过往船舶航行的提示作用。地名应由近而远从上而下地排列。标识的地名可因地制宜。

设置地点:一般可设在主要航道的分叉口进入本航道后的一定距离范围(顺直河段)。如分叉口少且航道里程长,也可在进入地级市后的一定范围内设置1处地点距离指示牌。

颜色:标牌为绿底、白字。

设置方向:面对来船方向设在航道右岸,与航道中心线方向成 60°~90°夹角。

立柱设置:一般版面较大,应采用双柱式结构。

设置数量:每1处的地点距离指示牌中可标识 2~3 处地名和距离,由于航道沿线的距离地点指示牌不确定因素较多,设置数量建议密度不大于 30 km/处。

形状尺寸:根据不同的等级航道确定牌面的外形尺寸和牌面布置。

④ 地名牌

功能:对本航道即将到达的沿线主要特征地名(省、市、县名或船闸、港口或锚泊地等)的名称加以标识,起到对过往船舶航行的提示作用。标识的地名可因地制宜。

设置地点:可设置在航道沿线进入某地区辖地后的一定距离内。桥梁(地名)牌可设置在到达桥梁前的 50~150 m 处。

颜色:标牌为绿底、白字。

设置方向:面对来船方向设在航道右岸,与航道中心线方向成 60°~90°夹角。

立柱设置:一般版面不大,可采用单悬臂"F"式结构。

设置数量:航道沿线经过的每处重要地点设1处地名牌。

形状尺寸:根据不同的等级航道状况确定牌面的外形尺寸和牌面布置。

⑤ 分界牌

功能:对航道沿线经过的县级或县级以上的区划进行标识,可对船舶航行过程中起到较好的提示作用。

设置地点:分界牌可设置在航道沿线上的2个相邻县级或县级以上行政区域交界处。

颜色:标牌为绿底、白字。

设置方向:面对来船方向设在航道左岸或右岸,与航道中心线方向成 60°~90°夹角。

立柱设置:一般版面不大,可采用双悬臂"F"式结构。

设置数量:每1处的分界牌可标识2个地名,航道沿线经过的每处县级或县级以上行政区划交界处设1处分界牌。

形状尺寸:根据不同等级航道状况确定牌面的外形尺寸和牌面布置。

⑥ 桥梁信息提示牌

功能:标示前方进入桥梁通航水域,对航道跨线桥梁的通航净空高度进行标识,以对过往桥梁的船舶航行起到较好的提示作用。

设置地点:可设置在航道沿线到达桥梁前的 50~150 m 处的右岸,并以大值为宜。

颜色:标牌为绿底、白字。

设置方向:面对来船方向设在航道的左岸或右岸,与航道中心线方向成 60°~90°夹角。

立柱设置:一般版面不大,可采用单悬臂"F"式或单柱式结构,并宜以"F"式为优先选用方式。

设置数量:每座桥梁的上、下游侧应各设1块,每座桥梁的桥梁标识牌共计设2块。

形状尺寸:根据不同等级航道状况确定牌面的外形尺寸和牌面布置。

⑦ 航道信息提示牌

功能:对一些主要航道的名称、航道等级、设计最大船舶吨位等基本信息状况加以标识,告知过往航行船舶,宣传和普及航道的基础知识,也可避免发生搁浅等现象。

设置地点:在航道沿线的重要的分叉口进入本航道后的一定范围内设置。

颜色:标牌为绿底、白字。

设置方向:面向航道与航道平行,设在航道左岸或右岸。

立柱设置:一般版面较大,应采用双柱式结构。

设置数量:主要航道与其他重要航道的交叉口附近设1块。

形状尺寸:根据不同等级航道状况确定牌面的外形尺寸和牌面布置。

⑧ 港口(锚地)预告牌

功能:对航道沿线的公益性港口、水上服务区和航道停泊锚地的位置进行提前预告,以方便船民及时了解服务信息和停靠使用。

设置地点:可设置在航道沿线的公益性港口、水上服务区和航道停泊锚地到达前的1~2 km处。

颜色:标牌为绿底、白字。

设置方向:面对来船方向设在航道右岸,与航道中心线方向成60°~90°夹角。

立柱设置:一般版面不大,可采用单柱式结构。

设置数量:每处港口或锚地的上、下游侧应各设1块,每处港口(锚地)的预告牌共计设2块。

形状尺寸:根据不同等级航道状况确定牌面的外形尺寸和牌面布置。

⑨ 宣传牌

功能:在航道沿线对法律、航道法规、规章和规范性文件进行各种形式的长期宣传。此外,航道上的"文明航道牌"也可作为宣传(告示)牌的一种,用于标示本航道为文明航道。

设置地点:可设置在航道沿线的主要城镇、公益性港口(码头)或航道交叉口附近,同时其他标牌设置不多的醒目地带。

颜色:标牌可为绿底、白字。

设置方向:面向航道与航道平行,设在航道左岸或右岸。

立柱设置:一般版面较大,应采用双柱式结构。

设置数量:可根据各条航道的实际状况因地制宜地确定宣传(告示)牌的设置数量。

形状尺寸:根据不同等级航道状况确定牌面的外形尺寸和牌面布置。

⑩ 里程牌

功能:在航道沿线按一定的方向(以上游起点为0 km)和一定的间隔距离(一般以1 km计)设置里程牌,标示该航道的名称和当前的累计公里数。

设置地点:可设置在航道沿线上距离起点的整公里数处。遇到特殊地形难以设置里程牌的,可跳开不设,但不应影响下一里程牌的数字准确性。有直立式驳岸的里程牌可结合驳岸结构采用附着式;斜坡式护岸的里程牌可设置在坡顶附近,需要时可浇筑混凝土基础;自然岸坡的航道里程牌可设置在设计最高通航水位线以上 1 m 处,牌身埋入土中并浇筑混凝土基础。

颜色:标牌为白底,航道名称为红字(凸字),里程数字为黑字(凹字)。

设置方向:面向航道与航道平行,设在航道左岸和右岸。

材质:预制混凝土结构。

设置数量:与各条航道的整治里程数相关,取整设置。

形状尺寸:根据不同的等级航道状况及航段确定牌面的外形尺寸和牌面布置。

3) 专用标志

为标识沿、跨航道的各种建筑物,或为标示特定水域所设置的标志,其主要功能不是为了助航的统称为专用标志。专用标志包括管线标及专用标两种。

(1) 管线标

设在需要标示跨河管线(即管道、电缆、电线等)的两端或一端岸上,或设在跨河管线的上、下游适当距离的两岸或一岸,禁止船舶在敷设水底管线的水域抛锚、拖锚航行或垂放重物,警告船舶驶至架空管线区域时注意采取必要的措施。两根立柱上端装等边三角形空心牌一块,设在跨河管线两端岸上的标牌与河岸平行,设在跨河管线上、下游的标牌与河岸垂直。标示水底管线的三角形标牌尖端朝上,标牌下部写"禁止抛锚";标示架空管线的三角形标牌尖端朝下,标牌上部写"架空管线"。立柱为红、白色相间斜纹,标牌为白色、黑边、黑字。标牌的三个顶端各设置白色(红色)定光灯一盏。

(2) 专用标

标示锚地、渔场、娱乐区、游泳场、水文测量、水下钻探、疏浚作业灯特定水域;或标示取水口、排水口、泵房以及其他航道界限外的水工建筑物。形状任选,颜色采用黄色,灯质为黄色,单闪光或双闪光。

10.3.2 助航设施配布要求

1) 配布原则

(1) 应根据通航条件及航运需要,充分利用自然条件,符合航道尺度,做到航标正确,灯质、标位准确,满足助航和导航要求。

(2) 应当进行总体布局,重点配布,防止出现信息不足或过多而导致混乱的现象,避免出现相互矛盾的内容。

(3) 应当注意干支河流的连贯、衔接,明确航道的方向与界限。

(4) 航道信息标应设置在航行正面方向最容易看见的地方,原则上设在航行船舶的右侧。

2) 航标配布要求

(1) 水网地区船舶基本沿河心航行,航标配布应着重标示通航河口、湖口、岸滩和特别弯曲的岸形,以及防止船舶误入支河汊。

(2) 航标需根据实际情况,尽可能采用岸标。

（3）根据航标的使用要求，以及在潮湿环境中防腐蚀的必要性，标体采用涂装烤漆处理。

10.3.3 航标设计

1）标体外形

示位标（有景观要求的除外）、侧面标和左右通航标等航标在标体外形选择上首选圆柱形航标标体。

2）标体材质

航标标体可选择高分子材料或铝合金作为标体主材，标体涂装采用四氟乙烯氟碳烤漆，标体内部也需做氟碳漆喷涂（颜色根据建设单位需求定制），提升标体内部环境。

3）标体尺寸

除景观航标应"一标一景"进行单独设计外，示位标、左右通航标和侧面标其高度可根据地形、视距和航道口宽等实际情况按照《内河助航标志的主要外形尺寸》(GB 5864)确定。柱形钢质标体的高度一般为 6 m、8 m、10 m 的模数。

4）标体基础

航标的基础可根据地质条件情况分别采用钢筋混凝土（岸标）、桩基承台（岸标、水标）、层叠式钢筋混凝土承台（水标）等。

5）航标灯光源

航标灯选用太阳能电源，少维护或免维护、环保型电池，高强发光二极管装置的新型冷光源灯器（LED 灯光）等，以确保灯光明亮，发光周期准确，性能稳定，从而达到少维护、高效率的目的。

LED 光源航标灯与常规用的白炽灯光源航标灯相比，具有寿命长、功耗小、颜色纯、闪光响应速度快、耐振动等优点。LED 光源航标灯已经开始取代白炽灯、霓虹灯等光源的航标灯。

6）遥控遥测

建立省、市、县三级航标遥控遥测管理系统，实现全省内河航标的遥测和数据采集、故障报警、图表生成等自动化管理。

7）避雷设施

航标应按照国家相关规定设置避雷设施。

8）航道信息标设计

（1）版面

航道信息标的版面设计应按照航道的等级及口宽状况确定字体大小及版面内容，版面外形宜尽量形成系列化、标准化的尺寸，以便于制作和安装。

航道信息标字体和尺寸大小要能满足过往船舶在距标牌 150 m 处看清牌面内容并能判断航向的要求。标牌版面的中文字体均采用黑体中的大黑字体。版面上的阿拉伯数字和字母字体的高度均为中文字体的二分之一。

航道信息标内部设置白边，白边距离航道信息标外缘的距离及其宽度均为字体高度的

1/10,字符边缘距离白边的边缘不小于200 mm,宣传牌、指示牌字符横向间距为150 mm,字符的上下间距为200 mm。

牌面材料的选择,既要考虑使用功能、应用场合和使用年限,又应兼顾施工及维修养护的方便。除里程牌可采用混凝土桩式埋于岸边或采用牌式附着于岸壁外,其余牌面可采用铝合金、玻璃钢、不锈钢、彩塑板或挤压成型的铝合金板等,城区段或重要航段可采用面光源发光。面光源发光标志版面及其设置形式应符合现行行业标准《城市道路主动发光交通标志设置指南》(GA/T 1548)相关要求。

(2) 颜色

航道信息标的颜色除白色、黑色外,其他颜色均应符合相关国家标准(GB 3181)的规定,即:红色为朱红色,R02颜色标本;绿色为淡绿色,G02颜色标本。

航道里程牌可为白底红(黑)字。江苏省干线航道网中的航道可采用绿底白字,其他航道可采用蓝底白字。里程牌支柱应采用黑白相间斜纹。斜纹自上而下为顺时针螺旋形,斜纹与水平面之间的夹角为30°~60°,斜纹粗细为0.3~0.5 m,斜纹距离相等。

(3) 结构

航道信息标结构根据版面可分别采用单柱、双柱、悬臂F式、埋桩式或附着式。

航道信息标支撑立柱可采用镀锌无缝钢管、钢筋混凝土管等材料。

双柱式航道信息标内缘距离航道边缘(直立式护岸指前沿线,下同)不得小于0.5 m,单柱式或"F"悬臂式标牌伸入航道边缘的距离不得大于1.5 m。里程牌的外缘距离航道边缘不得小于0.5 m,当里程牌为附着式时,其设置高度应高于设计最高通航水位并低于直立式护岸顶标高。

航道信息标的正面底色、文字及图案均须用反光膜制成并无缝粘贴,保证使用期不应少于10年。

航道信息标中用作图像的数字除里程牌用整公里数累计的数字外,其余均须标明计量单位。计量单位采用国际单位制(SI)单位的国际代号表示。

航道信息标结构的板面厚度、立柱钢管及地基基础型式应根据当地的地质条件和风雪等自然条件确定。

双柱式结构适用于尺寸较大的航道标牌,单柱式和"F"悬臂式结构适用于中、小型尺寸的航道标牌。

10.3.4 工程案例

苏南运河北起镇江长江谏壁口门,南至江浙交界的鸭子坝,全长约212 km,贯穿镇江、常州、无锡、苏州四市。苏南运河镇江段起点为苏南运河入江口门,终点为镇江与常州交界处,全长42.565 km。京杭运河江苏段绿色现代航运综合整治工程(江南段)镇江段航道按照二级航道标准进行设计,航标配布类别为重点配布,航标基础采用岸上基础。

项目中对与丹金溧漕河交叉处的航标更换标体,即拆除现状高度8 m左右通航标,新建高度10 m左右通航标,谏壁二线船闸新增2座界限标。左右通航标标体每面的中线两侧分别为红色和白色,灯质为白色或绿色,三闪光;界限标标杆为白、黑色相间斜纹,标牌为白底、黑边,中间有黑色横条一道,或黑色单箭头,设在下游侧时箭头朝上游,设在上游侧时箭头朝下游,灯质为红色,快闪光。

项目中航标标体选用铝合金作为主材,标体涂装采用四氟乙烯氟碳烤漆,标体内部也进行氟碳漆喷涂。航标电路设计中设置防雷电干扰装置。

航标配备一体化LED航标灯(含内置遥测装置),功率不小于2.4 W,在大气层透明系数$T=0.74$条件下灯光射程满足4.0 km,灯器日光阀开启灵敏度300 LX+100 LX,选用沿圆周焦距菲涅尔透镜航标灯在公布光强范围内水平配光均匀度不应小于85%,灯壳采用铸铝成型表面喷塑防腐处理。

项目中航道信息标版面的中文字体均采用黑体中的大黑字体,字大小规格主要为70 cm×70 cm。版面上的阿拉伯数字和字母字体的高度均为中文字体的二分之一。部分版面尺寸如图10.5所示。

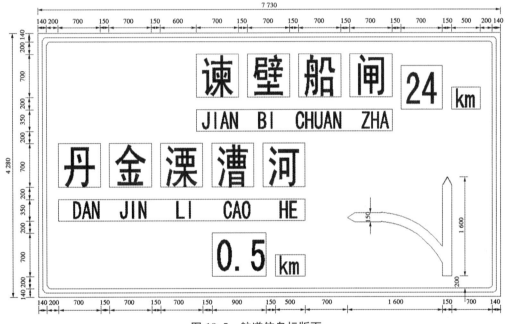

图10.5 航道信息标版面

除警示标志版面颜色为黄底黑字、里程牌的版面采用白底红字外,其余航道信息标均采用绿底白字。在标杆的颜色上,规定设于左岸的标杆为黑白相间的斜纹杆,设于右岸的标杆为红白相间的斜纹杆。斜纹自上而下为顺时针螺旋形,斜纹与水平面之间的夹角为45°,斜纹粗细为0.3 m,斜纹距离相等,斜纹采用Ⅳ类反光膜。

项目中航道信息标结构根据牌面采用单柱式或双柱式。

为保证航道信息标的美观和耐久性,航道信息标牌面材质采用3.0 mm厚铝合金,其抗拉强度$\sigma_b=345$ MPa,机械力学性能要求应符合现行国家标准《一般工业用铝及铝合金挤压型材》(GB/T 6892)和《铝合金建筑型材》(GB/T 5237)的要求。牌面材料的选择,既要考虑使用功能、应用场合和使用年限,又应兼顾施工及维修养护的方便,故宣传牌版面的文字、箭头以及底色等均采用Ⅳ类反光膜;指向牌、地名牌箭头及底色采用Ⅳ类反光膜。

立柱采用热轧无缝钢管,材质是 20 号钢,机械力学性能要求应符合现行国家标准《结构用无缝钢管》(GB/T 8162)的要求。尺寸选择上尽量用整根,避免拼接。直角地脚螺栓按现行国家标准《直角地角螺栓》(JB/ZQ 4364)选用,地脚螺栓除高强螺栓采用 45 号钢外,其余均采用 Q235 钢。

航道信息标结构除基础、面板外,构件均为钢结构。航道信息标面板与龙骨整体连接;龙骨与支承件采用抱箍连接;支承件与立柱的连接采用预埋钢板焊接或预埋螺栓连接;立柱与基础采用地脚螺栓连接;航道信息标基础均采用钢筋混凝土基础。

为保证航道信息标板面整体与局部均有足够的强度,且对不同大小的板面布置龙骨、横杆做到相对统一,除按结构计算布置构件外,另对板面的构造规定了相关的要求:

(1) 龙骨上、下端分别距面板的上、下缘间距均为 50 mm,立柱上端距铝合金板上缘应小于 50 mm。

(2) 龙骨间距一般在 300~500 mm,最大不超过 600 mm。

航道信息标基础采用钢筋混凝土基础,基础的混凝土等级为 C25。要求基础混凝土强度达 100% 后,方可进行航道信息标的安装工作。由于基础为扩大基础的型式,因而在验算基础稳定性时考虑土对基础的侧向土压力,其大小按静止土压力计算。航道信息标基础的地基土允许承载力取 80 kN/m^2,由于埋深较浅,基础基本落在回填土上,承载力能够满足要求,无需地基处理。

在通视角度范围内进行局部地面硬化(铺砌 6 cm 厚 Mu30 预制块),避免生长过高的杂草和杂树。

11 航道绿化

11.1 概述

航道绿化要求：
(1) 在工程投资和征地红线范围内进行设计。
(2) 因地制宜,选择符合当地生长环境的植物,景观设计符合当地人文景观特色,融入当地城镇总体风格。
(3) 贯彻生态优先、低影响开发的理念,利用有利的水资源条件和本地乡土植物,营造良好的植被群落,改善河道及周边的生态环境。
(4) 重视对现有绿化景观的保护。
(5) 绿化景观的选择便于植物存活和后期养护。

11.2 护岸绿化及景观设计

我省高等级干线航道两岸绿化范围为:城镇段30～60 m、乡村段20～30 m。

乡村段航段适宜发展速生林、经济林、苗圃林,烘托环境色彩、营造空间层次、传承地域文脉,打造独具特色、经济生态、田园野趣的航段绿化,展现简洁自然的景观风格;避免黄土裸露、绿化杂乱、空间破碎等问题的出现。要达到生态经济双赢,倡导丰富生物多样性,多栽乡土树种,有益于航道环境的可持续性发展。

城镇段航道结合周边城镇重点区域沿线打造运河公园、滨水风光带、休闲走廊、文化长廊等。突出整体景观建设,加强与区域特色深度融合。倡导四季常绿,三季有花,应时有果,建设季相鲜明、色彩丰富的航段绿化景观。

11.2.1 硬质型驳岸

硬质型驳岸固土防塌,有效控制水土流失。主要分为一级护岸和二级护岸两种类型。

1) 田园风光段

田园风光段绿化种植模式植物选择应多加考虑乡土树种及经济树种。结合农田、农作物、果园蔬圃、畜牧场、鱼塘、乡村建筑等乡村元素,打造"芳草鲜美,落英缤纷"般的自然美景。

(1) 一级护岸

一级护岸上层成排种植意杨/中山杉/乌桕/榔榆,种植株距宜为4.0 m;下层撒播草花。结合田园特有的地形地貌、乡野环境,打造绿色翠堤,展现简洁整齐、竖直向上的景观效果

(图 11.1)。

图 11.1　田园风光段一级护岸效果图

（2）二级护岸

一级护岸草皮满铺。

二级护岸上层成排种植香樟/垂柳/乌桕/榔榆，种植株距宜为 5.0 m；下层撒播草花。防护功能和观赏美化自然地结合起来，展现柔美枝条、乡野韵味的景观效果(图 11.2)。

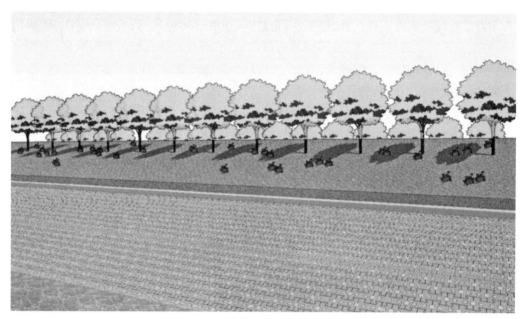

图 11.2　田园风光段二级护岸效果图

2) 经济片林段

对于周边环境为苗圃、果林或自然林带优美的路段,采用引入的手法,保留原来苗圃景观特色,将其景观引入航道视线范围内。经济片林段绿化种植模式推荐种植速生林、苗圃林、果林,既可美化航道,保护河堤、护坡、平台,防止水土流失,又可取得一定的经济效益。

(1) 一级护岸

一级护岸上层两排种植银杏/大叶女贞/榉树/合欢/桂花,株距宜为 4.0~4.5 m,行距宜为 4.0~4.5 m;下层草皮满铺,靠近航道岸边栽植云南黄馨,柔化岸线。突出规整有致、葱绿明快的景观特点(图 11.3)。

图 11.3 经济片林段一级护岸效果图

(2) 二级护岸

一级护岸草皮满铺。

二级护岸上层两排交错种植栾树/梧桐/国槐/刺槐,株距宜为 5.0 m,行距宜为 5.0 m,有效地控制水土流失、保证常绿量,同时起到美化的效果;下层草皮满铺,靠近航道岸边栽植云南黄馨,柔化岸线(图 11.4)。

图 11.4 经济片林段二级护岸效果图

3) 遮蔽提升段

遮蔽提升段绿化种植模式适用于航道周边环境杂乱、景观效果差的航段,采用一定高度的常绿植物——夹竹桃和珊瑚树修剪绿篱,组成高于视线的绿墙用以屏障视线。夹竹桃生长粗放、管养少、绿化效果较好,在1~2年内生长高度即可遮挡航道周边的不良景观,尤其是夹竹桃花期长、花朵繁多,能够为航道绿化增添亮色。日本珊瑚树适合作绿篱,可观红果白花,能阻挡尘埃、吸收有害气体、降噪。

(1) 一级护岸

一级护岸上层交错种植两排水杉/中山杉/垂柳,株距宜为4.0 m,行距宜为4.0 m;下层草皮满铺,前景种植夹竹桃/日本珊瑚树。有效控制水土流失,具备良好防风效果,形成硬朗的绿化特色(图11.5)。

图11.5　遮蔽提升段一级护岸效果图

(2) 二级护岸

一级护岸种植夹竹桃/珊瑚树。

二级护岸上层种植两排香樟/垂柳/乌桕,株距宜为5.0~6.0 m,行距宜为5.0~6.0 m;下层草皮满铺,形成优美航道绿带(图11.6)。

图11.6　遮蔽提升段二级护岸效果图

4）城镇风貌段

城镇风貌段绿化种植模式相较乡村风貌需要更多地考虑绿化的综合性与多元性,根据沿线城市特色、绿化特征,改善城镇段航道绿化环境和凸显城镇特色,从而提升城镇形象,打造层次多变、色彩缤纷、长期持续的城镇航道景观。

(1) 一级护岸选型一

一级护岸上层成排种植垂柳/黄山栾树/香樟,株距宜为 8.0~8.5 m;中层种植木槿/花石榴/紫叶李/木芙蓉,株距宜为 8.0~8.5 m;下层草皮满铺。春日红花烂漫、夏日绿意盎然、秋日黄叶缤纷,打造生机勃勃之景(图 11.7)。

图 11.7　城镇风貌段一级护岸选型一效果图

(2) 一级护岸选型二

一级护岸上层两排种植水杉/银杏,株距宜为 4.0 m,种植长度 100 m;下层草皮满铺;交替种植单排香樟/垂柳/乌桕,株距宜为 5.5 m,种植长度 200 m,前排种植色叶或开花灌木红叶石楠/金森女贞/夹竹桃。在布局上兼顾视觉特性和色彩的搭配,实现乔灌草搭配,层次多变(图 11.8)。

图 11.8　城镇风貌段一级护岸选型二效果图

(3) 二级护岸选型一

一级护岸种植云南黄馨。

二级护岸上层种植垂柳/香樟/黄山栾树,株距宜为8.0 m;间隔种植花开乔灌木木槿/花石榴/紫叶李/木芙蓉,株距宜为8.0 m;下层草皮满铺,营造柔美多彩的航道水岸(图11.9)。

图11.9 城镇风貌段二级护岸选型一效果图

(4)二级护岸选型二

一级护岸种植云南黄馨。

二级护岸上层后排种植香樟/垂柳/广玉兰,株距宜为5.0 m,前排种植海滨木槿/木芙蓉/紫叶李,株距宜为3.0 m;下层前排灌木种植海桐/金森女贞/枸骨。落叶与常绿相结合,各种灌木和草本类花卉加以点缀,达到四季常绿,三季有花(图11.10)。

图11.10 城镇风貌段二级护岸选型二效果图

5)滨水风光段

滨水风光段绿化种植模式结合周边城镇重点区域沿线打造运河公园、滨水风光带、休闲走廊、文化长廊等。注重创造性与协同性,通过视觉感知特定的环境意象而产生美感,充分考虑与地域文化元素的关联。

(1)一级护岸

一级护岸后排乔木种植香樟/垂柳,株距宜为5.0 m;下层后排灌木种植红叶石楠/金森女贞/山茶;前排乔木种植金桂/樱花/木槿,株距宜为3.0 m;前排灌木种植金丝桃/海桐/细叶芒;靠近航道岸边栽植云南黄馨,柔化岸线。疏密适当,高低错落,形成一定的层次感;色彩丰富,主要以常绿树种作为"背景",以四季不同花色的花灌木进行搭配。凸显雄浑中见清秀、开阔中透雅致的景观特色(图11.11)。

图11.11 滨水风光段一级护岸效果图

(2) 二级护岸

一级护岸种植云南黄馨,形成开阔的景观视线。

二级护岸第三排乔木种植池杉/中山杉高杆树木,株距宜为4.0 m,形成良好背景林;第二排乔木种植香樟/广玉兰/乌桕/榔榆,株距宜为5.0~5.5 m;第一排种植开花小乔木金桂/樱花/海滨木槿,株距宜为2.5~3.0 m;前排下层种植粉黛乱子草/羽毛草/芦竹等易养护观赏草类植物;后排下层种植金森女贞/海桐/冬青。自航道驳岸边向岸内由低向高渐变,层次分明。春季花开烂漫,夏季树叶葱翠,秋季黄叶纷飞(图11.12)。

图11.12 滨水风光段二级护岸效果图

11.2.2 生态型驳岸

生态型驳岸选用更为生态化的型式和材料,以保证河道生态系统的完整性。这样的驳岸不仅能保证其符合景观美学价值,而且对于生态保护、节约造价具有显著的作用。

水流受船行波的影响较大,导致河岸经常被冲刷。生态型驳岸常水位附近和常水位以下多选用耐水湿树种和水生草本,利用植物的消浪作用消减船行波对岸坡的直接冲击,保护岸坡稳定,但岸边植物容易受到船行波影响导致倒伏、死亡。

1) 田园风光段

对于周边环境为农田、草场等自然现状的航道段,对其外围景观加以保留,并在原有元素基础上做少量增色甚至不加以改动,保留自然景观的田园特色风光。上层种植意杨/中山杉/池杉,株距宜为 4.0 m;下层草皮满铺;驳岸边种植芦苇/蒲苇/茭白等水生植物,具备去污净水、生态修复的功能。营造杉影婆娑、芦林摇曳的景观效果(图 11.13)。

图 11.13 田园风光段生态驳岸效果图

2) 经济片林段

上层种植两排银杏/大叶女贞/梧桐/栾树,株距宜为 4.0 m,行距宜为 4.0 m;下层草皮满铺;前段为植草坡;驳岸边种植芦苇/蒲苇/香蒲等水生植物。形成自然流畅的航道岸线,水岸柄柄芦花,引人入胜(图 11.14)。

图 11.14 经济片林段生态驳岸效果图

3) 遮蔽提升段

上层种植中山杉/池杉/银杏,株距宜为4.0 m;前排下层种植夹竹桃;驳岸边种植芦苇/蒲苇/茭白等水生植物。植物配置以乡土植物和易于速生为主,遵循适时适地原则,实行乔、草、灌相结合,以增加自然观赏性(图11.15)。

图 11.15 遮蔽提升段生态驳岸立面图

4) 城镇风貌段

选型一:上层种植两排垂柳/栾树/朴树/广玉兰,株距宜为5.0 m,行距5.0 m;前排下层种植云南黄馨,营造垂坠感;驳岸边交替种植芦竹/水葱、芦苇、香蒲等水生植物,种植长度分别为100 m、300 m、100 m。构建优美水体景观,打造清新自然、趣味生态的航道景观(图11.16)。

图 11.16 城镇风貌段生态驳岸选型一效果图

选型二:上层后排种植香樟/垂柳/乌桕,株距宜为5.0 m;前排种植紫薇/桂花/紫叶李/木芙蓉,株距宜为3.0 m;下层草皮满铺,前段为植草坡;驳岸边交替种植芦竹/水葱、芦苇、香蒲/美人蕉等水生植物,种植长度分别为 100 m、300 m、100 m,体现滨水植被的空间连续性及生物多样性(图 11.17)。

图 11.17　城镇风貌段生态驳岸选型二效果图

5) 滨水风光段

上层后排乔木种植香樟/垂柳/广玉兰,株距宜为 5.0～6.0 m;前排乔木种植金桂/樱花/海滨木槿,株距宜为 3.0 m;前排下层分别种植大花金鸡菊/粉黛乱子草等草本及冬青/枸骨/金森女贞等常绿灌木丛;驳岸边间隔 200 m 种植芦苇、芦竹/美人蕉等水生植物,种植长度均为 100 m(图 11.18)。

图 11.18　滨水风光段生态驳岸效果图

航段绿化标准模式见表 11.1。

表 11.1 航段绿化标准模式表

序号	驳岸形式	绿化模式	护岸类型	选用树种
1	硬质驳岸	田园风光段	一级护岸	意杨、中山杉、乌桕、榔榆等
2			二级护岸	香樟、垂柳、乌桕、榔榆等
3		经济片林段	一级护岸	银杏、大叶女贞、榉树、合欢、桂花、云南黄馨等
4			二级护岸	栾树、梧桐、国槐、刺槐、云南黄馨等
5		遮蔽提升段	一级护岸	水杉、中山杉、垂柳、夹竹桃、日本珊瑚树等
6			二级护岸	香樟、垂柳、乌桕、夹竹桃、日本珊瑚树等
7		城镇风貌段	一级护岸1	垂柳、黄山栾树、香樟、木槿、花石榴、紫叶李、木芙蓉等
8			一级护岸2	水杉、银杏、香樟、垂柳、乌桕、红叶石楠、金森女贞、夹竹桃等
9			二级护岸1	垂柳、香樟、黄山栾树、木槿、花石榴、紫叶李、木芙蓉、云南黄馨等
10			二级护岸2	香樟、垂柳、广玉兰、海滨木槿、木芙蓉、紫叶李、海桐、金森女贞、枸骨、云南黄馨等
11		滨水风光段	一级护岸	香樟、垂柳、金桂、樱花、木槿、红叶石楠、金森女贞、山茶、金丝桃、海桐、细叶芒、云南黄馨等
12			二级护岸	池杉、中山杉、香樟、广玉兰、乌桕、榔榆、金桂、樱花、海滨木槿、金森女贞、海桐、冬青、粉黛乱子草、羽毛草、芦竹、云南黄馨等
13	生态驳岸	田园风光段	—	意杨、中山杉、池杉、芦苇、蒲苇、茭白等
14		经济片林段	—	银杏、大叶女贞、梧桐、栾树、芦苇、蒲苇、香蒲等
15		遮蔽提升段	—	中山杉、池杉、银杏、夹竹桃、芦苇、蒲苇、茭白等
16		城镇风貌段1	—	垂柳、栾树、朴树、广玉兰、云南黄馨、芦竹、芦苇、香蒲等
17		城镇风貌段2	—	香樟、垂柳、乌桕、紫薇、桂花、紫叶李、木芙蓉、芦竹、水葱、芦苇、香蒲、美人蕉等
18		滨水风光段	—	香樟、垂柳、广玉兰、金桂、樱花、海滨木槿、大花金鸡菊、粉黛乱子草、冬青、枸骨、金森女贞、芦苇、芦竹、美人蕉等

11.2.3 水上服务区

根据内河航道水上服务区所在航段水域条件、岸线条件、船舶停靠方式、船舶流量等,总体上可将内河航道水上服务区分为3种基本布局形式,即顺岸式、挖入式和浮动船式。本书重点以顺岸式为例,分析水上服务区绿化标准模式。

1) 一般驳岸式水上服务区

一般驳岸式水上服务区前沿停泊水域基本上利用足够的自然水域宽度,不需挖入或稍作挖入处理(挖入纵深一般不超过10 m)便可达到停泊水域纵深要求,船舶顺岸停泊。其优点是停泊水域占用土地少,船舶停靠、进出方便;缺点是水域利用率低、可停泊船舶少,停泊船只多时影响航道船舶正常通行。该形式适用于在河面较宽、陆域纵深受到限制、船舶流量较小的航道上进行服务区布局,也是目前应用较广的一种服务区布局形式。

本书选取某地航道一般驳岸式水上服务区,以各分区属性及功能为依据进行植物配置,满足基本绿化要求,同时体现服务区绿化的特色和风格,充分发挥绿化的整体效果。

根据不同功能可将该水上服务区划分为船员通行区、加油停泊区、办公区、综合服务区、附属设施区、休闲游憩区、运动区和防护林区(图11.19)。

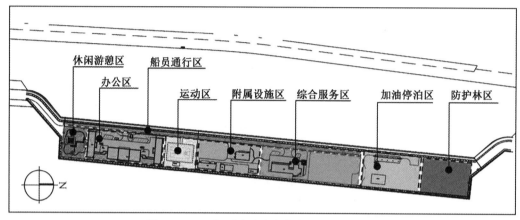

图11.19 一般驳岸式水上服务区功能分区图

(1) 船员通行区

通行区域紧靠航道水域,适宜等距行式种植具备观赏性的乔灌木,形成开阔景观,同时设置警示标志和安全文化宣传栏。

推荐植物:垂柳、日本晚樱、木槿、紫叶李、石楠等。

(2) 加油停泊区

加油停泊区植物品种的选择以防火、少修剪为原则,不得种植油性植物(铁树、松、杉、柏等),优先选用含水量多、可吸收有害气体的常绿植物。

以简单的乔灌搭配草坪进行加油停泊区的植物种植,以下为推荐植物。

乔木:银杏、合欢、刺槐(落叶、防火)、红花油茶(常绿、耐火)。

灌木:海桐(常绿、抗苯和粉尘及防火)、含笑(抗烟尘及多种污染气体)、珊瑚树(常绿、耐烟尘及抗火)、夹竹桃(常绿、吸收二氧化硫等有害气体)、大叶黄杨(常绿、生命力强)。

(3) 办公区

办公区一般以硬质广场为主,因此可充分利用植物组团打破沉闷的硬质空间,通过植物果实、花卉、草叶增加活泼、和谐的气氛。建筑周边及广场周边绿地适宜配置色叶植物组团,有选择性增加果树、竹林,营造色彩丰富、舒朗有致的办公环境(图11.20)。

推荐植物配置:① 乔木:榉树+香樟+枇杷+桂花+木槿+紫叶李;灌木:红叶石楠+冬青+金森女贞+南天竹+棕竹;草本:美人蕉+玉簪+麦冬等。② 乔木:乌桕+香樟+柿树+海棠;灌木:花石榴+蜡梅+海桐+毛鹃+山茶+月季;草本:细叶芒+常春藤等。③ 竹林。

图 11.20 建筑周边绿地意向图

(4) 综合服务区

综合服务区绿化要求整齐、大方、美观,其绿化与办公区绿化基本相同。同时考虑与附属设施区之间的连接,设置游园营造步行游憩空间。

(5) 附属设施区

结合行道树形成封闭式绿地,同时考虑防火防爆等因素。推荐植物:香樟、垂柳、榉树、乌桕、大叶女贞树、海桐、木槿、桂花、珊瑚树、夹竹桃等或竹林。

(6) 休闲游憩区

休闲游憩区包括出入口(根据小游园大小、周边道路情况合理确定数量和位置,自成景观而有景可观)、场地(考虑通行、休息、活动的空间)、建筑小品(亭廊、花架、园灯、水池、假山、雕塑等)、精致植物组团。为船员、服务区工作人员提供休息、散步、交往、娱乐的场所,打造舒适怡人的游憩空间(图 11.21)。

图 11.21 休闲游憩区意向图

推荐植物：

精致植物组团：① 景石；乔木：黑松＋桂花＋龙爪槐＋鸡爪槭；灌木：铺地柏＋翠蓝柏＋南天竹＋毛鹃＋连翘；草本：美人蕉＋大花金鸡菊＋美女樱＋松果菊等。② 乔木：广玉兰＋银杏＋桂花＋紫叶李＋樱花；灌木：金丝桃＋金森女贞＋花叶蔓常春＋金边黄杨；草本：丛生福禄考＋二月兰＋金鱼草。

背景林：香樟、黄山栾树、枫杨、广玉兰、雪松、白皮松、水杉、云杉等。

（7）运动区

运动场地四周一般栽植高大乔木，下层配置耐阴花灌木，形成一定层次和密度的绿荫，能有效地遮挡夏季阳光，抵御冬季寒风，减弱噪声对外界的干扰。

（8）防护林区

防护林区应选择生长健壮、病虫害少、抗污染性强、根系发达的树种，起到滤滞粉尘、净化空气、减轻污染、保护服务区、绿化环境的作用。树种搭配上，要常绿树与落叶树相结合、乔灌结合、速生树与慢生树相结合。林带结构以乔灌混交的紧密结构和半通透结构为主，外轮廓保持"T"形或屋脊形，防护效果较好。

推荐植物：杨树、刺槐、枫香、白蜡、池杉、构树、合欢、悬铃木等。

2）集聚驳岸式水上服务区

该形式本质上与一般驳岸式基本相似，不同的是集聚驳岸式是在多条航道交汇的河汊，利用夹在两条航道中间的陆域沿两岸分别挖入一定纵深形成停泊水域，交汇航道服务船舶均在其相应航道的一侧停泊水域停泊，船舶一般以顺靠方式停泊，当中间陆域可提供较大的水域纵深时亦可以顶靠方式停泊。其优点是一个服务区可为两条交汇航道船舶服务，停泊水域利用效率较高，节约土地与建设资金；缺点是可容纳的停泊船舶量较少，且停泊船只多时可能影响交汇航道之间转换船舶正常运行，且要求服务区所在位置无船闸，水流平稳。该形式适用于航道交汇角度较小、水流平稳的河汊口服务区布局。

本书选取某地航道集聚驳岸式水上服务区，遵循观赏与休憩相结合的原则，绿化设计通过空间划分和植物配置，在满足基本绿化及功能要求的基础上进行地方特色及航道文化营造。以亭、石、小品、步道及植物造景点缀，达到观赏、休闲、健身和提高环境质量的目的。

根据不同功能可将该集聚驳岸式水上服务区划分为船员通行区、加油区、停泊区、综合服务区、附属设施区、出入口区、休闲游憩区、停车场（图 11.22）。

（1）停泊区

水域部分应满足船舶停靠系缆和护岸安全要求，不宜布置绿化。

（2）综合服务区

综合服务区绿化采用规则式种植方式，花坛及建筑周围的基础绿带或用修剪整齐的常绿绿篱围边，点缀色彩鲜艳的花灌木、宿根花卉或植草坪。同时灵活运用各种绿化手法，如垂直绿化、屋顶花园等。推荐植物如下：

规则式植物种植：① 乔木：香樟＋黄山栾树＋枫杨＋四季桂＋紫薇；灌木：瓜子黄杨＋花叶青木＋火棘＋海桐；草本：萱草＋沿阶草等。② 乔木：银杏＋榉树＋枇杷＋紫叶李＋西府海棠＋花石榴；灌木：红叶石楠＋冬青＋木芙蓉＋茶梅；草本：大吴风草＋麦冬等。

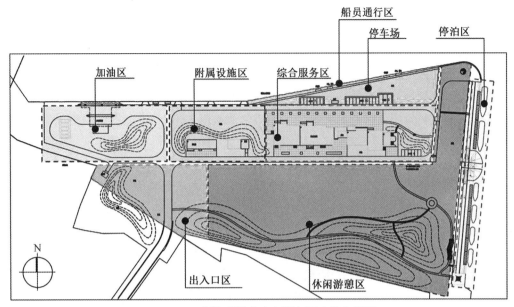

图 11.22 集聚驳岸式水上服务区功能分区图

垂直绿化：地锦、爬山虎、迎春、凌霄、紫藤、常春藤、扶芳藤、藤本月季、金银花、茑萝、牵牛花、络石、木香、葡萄等（图 11.23）。

图 11.23 综合服务区绿化意向图

（3）出入口区

出入口区两侧绿地采用精致植物组团来强调入口空间，标记入口位置属性；背景种植防护林来阻隔烟尘和降低噪声；围墙内结合周边绿地作精致植物组团，打造层次多样、色彩丰富的入口景观。

推荐植物组团：① 乔木：香樟＋二乔玉兰＋木槿；灌木：杜鹃＋海桐；草本：金焰绣线菊＋花叶玉簪＋萱草＋菖蒲＋沿阶草＋五节芒＋蒲苇等。② 乔木：女贞＋紫叶李＋桂花；灌木：红叶石楠＋洒金桃叶珊瑚＋南天竹＋茶花；草本：白晶菊＋大花马齿苋＋美人蕉＋四季秋海棠＋大吴风草＋凹叶景天＋吉祥草＋五节芒等。

(4) 休闲游憩区

休闲游憩区面积较大的情况下,可以建成功能较完善的服务区小花园或小公园。在一般驳岸式水上服务区休闲游憩区绿化设计的基础上增加疏林草地区域、防护林区域及文化小品。疏林草地区域遵循以树木为本、花草点缀;乔木为主、灌木为辅的原则,在有限的绿地上把乔木、灌木、地被、草坪、藤本植物进行科学搭配,营造朝气蓬勃、简洁大方、开敞明亮的游憩空间。而文化氛围的营建需要结合当地特色及航道文化,设置标志性雕塑、构筑小品及宣传栏。

疏林草地推荐植物:乔木:香樟+雪松+广玉兰+无患子+枫香+樱花+鸡爪槭+紫薇;灌木:毛鹃+茶梅+八角金盘;草本:沿阶草+麦冬+红花酢浆草等。

(5) 停车场

停车场具有停车和园林绿化两个属性,要求必须满足停车的功能需求及树木遮阴。重点考虑遮阴乔木,侧分枝点高度不能影响车辆出行,枝下净空至少在 2.5 m 以上,同时需要避免种植果实及花朵含浆液的乔木,防止对车辆造成污染、对停车场地面造成损害。

推荐植物:乔木:香樟、榉树、女贞、广玉兰、银杏、鹅掌楸、榔榆、朴树、三角枫;灌木:毛鹃、红叶石楠、金森女贞、冬青等(图 11.24)。

图 11.24 停车场意向图

11.2.4 绿化及景观标准模式

景观绿化的模式众多,例如以时间风格来区分,有传统景观模式、现代景观模式、新中式景观模式等;以绿化形式来区分,有自然式、规则式、混合式等;以美学风格来区分,有简约式景观模式、复古式景观模式、新中式景观模式等。

对以上众多模式进行归类总结,将水上服务区绿化标准模式分为以下六类:传统中式景观模式、纯现代景观模式、现代中式景观模式、自然式景观模式、规则式景观模式和混合式景观模式。

1) 传统中式景观模式

江苏传统中式景观模式主要是在传统苏州园林设计的基础上，因地制宜，进行取舍融合，呈现出曲折转合中亭台廊榭巧妙映衬，溪山环绕中山石林阴趣味渲染的中式园林效果，适用于建筑中式风格定位明显的水上服务区。

传统中式景观模式中以粉墙黛瓦、亭台楼阁、假山、流水、曲径、梅兰竹菊等为代表元素。

(1) 景观绿化

传统中式景观植物种植以自然形、多层次、多品种植物混植为主要特色，对植物的利用强调遵循"天人合一"的思想，取法自然，因地制宜，做到"虽有人作，宛自天开"。

其不但对树的姿态有要求，而且在树的高低层次上，要有乔木、灌木和草本的搭配；在树叶的色彩上，要有常绿和落叶的搭配，在统一的绿色调里产生纯度和明度的变化，映衬碧水蓝天，使人如入画境。

其还讲究植物的选用，追求意境。在我国的文化礼制中，园林植物由于各自不同的生态特性、物候期、造型特点和名称等，往往被文人墨客人格化或赋予象征意义。如荷花被认为是脱离庸俗而具有理想的象征；竹则被认为是刚直不屈、虚心有节，是有气节的君子；松柏四季常青，象征长寿、永年等一系列传统流传下来的观念，一直以来都是私家造园者对植物选择的依据。传统中式景观种植意向图见图11.25。

图11.25 传统中式景观种植意向

(2) 铺装

传统中式景观园路的铺装材质主要为石材、卵石、青砖，以拼花图案表现中式传统园林的细腻。在设计园路时尽量考虑环路，避免走回头路。

(3) 景观建筑与小品

① 亭：传统中式景观中景亭一般按外形分为四角亭、六角亭和八角亭，其中六角亭较多，有六合之意。

② 廊：传统中式景观中的廊按横剖面划分可分为双面空廊、单面空廊、复廊、双层廊、单排柱廊、暖廊等。

双面空廊：屋顶用两排柱支撑，四面无墙无窗、通透；在廊的柱间常设坐凳、栏杆供游人休息。

单面空廊：一边用柱支撑，另一边沿墙或附属于其他建筑物，形成半封闭的效果。

复廊：在双面空廊的中间隔一道墙，形成两侧单面空廊的形式。

双层廊：廊分上、下层(图11.26、图11.27)。

图 11.26　传统中式景观中植物与山石的搭配意向

图 11.27　传统中式景观景亭意向

2）纯现代景观模式

纯现代景观模式包括三个方面的要求：一是设计方法的现代，要求对场地认真研究，以最小的改变取得最大的成效；二是表现手法的现代，要求简明和概括，以最少的景物表现最主要的景观特征；三是设计目标的现代，要求充分了解并顺应场地的文脉、肌理、特性，尽量减少对原有景观的人为干扰。

纯现代景观模式突出现代主义中少就是多的理论，也称极简主义。多采用几何式的直线条构成，以硬景为主，多用树阵点缀其中，形成人流活动空间，突出交接节点的局部处理，色彩对比强烈，以体现新鲜和时尚的超前感。

纯现代景观模式以简单的点、线、面为基本构图元素，以抽象雕塑品、艺术花盆、石块、鹅卵石、木板、竹子、不锈钢为一般的造景元素，取材上更趋于不拘一格。

（1）色彩质感

现代主义景观对色彩的应用有两种趋势。一种是趋向沉静，这类景观中，色调具有统一性、同一性，喜好用黑白灰作为整体基调，再点缀其他的冷色系或中色系色调。

另一种则受新艺术运动及超现实主义的影响，喜好明亮的、刺激视觉的对比色。明黄、橙黄、紫罗兰、大红、桃红、海蓝等对比色毫不顾忌地以明快、艳丽的硬质体块形式出现，隐约在绿色植物中显现，能加强空间的人性化氛围。纯色的硬质体块再结合光影、水体，便能创造出活泼而诗意的神秘场所。

（2）形式自由

各种几何形式的元素都能够经过重复性的、连续性的排列组合，形成有韵律、有秩序性的景观。形式不必拘泥于空间场所，点状组合、线状的延伸、面状的叠加，都能够形成并传达出很好的园林效果（图 11.28）。

图 11.28　纯现代景观模式的形式自由

（3）景观材料

纯现代景观设计中材料的运用可以分为高技术材料的运用和低成本材料的新形式运用。

材质按性质可分为人工材料和天然材料。景观中常用的人工材料有金属、混凝土、砖瓦、涂料、仿真石材、玻璃、塑料、塑胶、环氧基树脂等；天然材料有石材、木材、土、水、植物等。另外，"可移动园林要素"塑造空间，逐渐成为现代园林小品的表现形式，即运用可移动的树池、可移动的园林柱和旱喷设计，根据活动需要灵活地改变空间。

（4）绿化种植

现代景观是在现代社会不断发展中逐步形成的园林体系，其不但继承了传统景观的特点，同时在其基础上进行了改革，加入了很多现代的科技因素。相较于传统景观模式，现代景观模式中的绿化种植通过强调自然群落的生态园林景观，从而促进生态平衡以及环境可持续发展，既要尊重不同树种的生态习性及观赏习性，还要考虑到一定的经济价值。最重要的是根据环境条件，因地制宜地进行植物配置，让乔灌花草、常绿树与落叶树按一定比例进行配置，组成稳定性好、外观优美、季相丰富的复层混交群落，使植物的观赏性、生态性和经济性相结合。

表 11.2　不同植被生态效益表

序号	植物类型	单位绿量吸收 CO_2 $(kg \cdot m^{-2} \cdot d^{-1})$	单位绿量释放 O_2 $(kg \cdot m^{-2} \cdot d^{-1})$	单位绿量蒸腾水量 $(kg \cdot m^{-2} \cdot d^{-1})$	单位绿量蒸腾吸热 $(kJ \cdot m^{-2} \cdot d^{-1})$	单位绿量滞尘量 $(g \cdot m^{-2} \cdot W^{-1})$
1	落叶乔木	0.017 6	0.012 0	1.738 0	4.264 6	1.891
2	常绿乔木	0.016 3	0.011 9	2.125 1	5.211 4	68.429 5
3	灌木类	0.013 6	0.009 9	1.479 7	3.630 7	491.953
4	地被类	0.015 3	0.011 1	1.276 1	3.131 5	—

以绿量指标为前提，对植物结构进行优化。植物具有降低噪声、防风固沙以及调节温

度、湿度以及阻止尘埃和涵养水源、转化水源等功能,同时在吸收有害气体方面也具有较大的作用,而这些都主要通过叶片的生理活动予以实现,所以景观绿地植物叶片面积是决定其功能实现的基础,应据此进一步改善现有绿地种植结构中存在的不合理现象,注重绿化建设水平,进而达到改善人们生活环境,以及提高生态环境质量的目的。绿地中不同植物种类以及不同种植物结构所生产的效益差异很大。

3) 现代中式景观模式

现代中式是传统中国文化与现代时尚元素在时间长河里的邂逅,以内敛沉稳的传统文化为出发点,融入现代设计语言,为现代空间注入凝练唯美的中国古典情韵。它不是纯粹的元素堆砌,而是通过对传统文化的认识,将现代元素和传统元素结合在一起,以现代人的审美需求来打造富有传统韵味的景观,让传统艺术在当今社会得到合适体现,让使用者感受到浩瀚无垠的传统文化。这种风格既保留了传统文化,又体现了时代特色,突破了中国传统风格中沉稳有余、活泼不足等常见弊端(图11.29)。

图 11.29　传统中式景观(左)与现代中式景观(右)的对比

现代中式从现代材料和手法上修改了传统景观中的各元素,并进行了演化和抽象化。虽然在外貌上看不到传统的模样,但从整体风格和意境上仍保留着传统庭院的神韵和精髓。现代中式是对传统中式风格从"形似"到"神似"的提升。

(1) 景观色彩

色彩是景观表现定位的首要元素。现代中式景观设计主要选用能代表华夏文明的几种色彩,即所谓的"国色",以中国红、琉璃黄、长城灰、玉脂白、国槐绿为主,结合景观材料及新中式的表现定位,还常常使用到木原色及黑色,用这些色彩共同来营造景观效果,打造崇高、喜庆、祥和、宁静、内敛的"新中式"景观空间。

(2) 景观符号

现代中式景观中需要运用到中国传统符号,有中国传统的吉祥物——青龙、白虎、朱雀、玄武、凤、貔貅、双鱼、蝙蝠、玉兔等;有五行的金、木、水、火、土;有十二干支纪法;有甲骨文、象形文字;有象征民族特色的图案——中国结、窗花、剪纸、生肖、祥云、日、月、山、火、云、水、太极、金乌等;有福、禄、寿等吉祥文字;还有中国传统的宝相植物——牡丹、荷花、石榴、月季、松、竹、梅等。

在现代中式景观设计中采用以上传统符号用抽象或简化的手法来体现中国传统文化内涵,运用形式多种多样,可镶刻于景墙、大门、廊架、景亭、地面铺装、座凳上;或以雕塑小品的形式出现;或与灯饰相结合(图 11.30)。

图 11.30　传统符号运用在现代中式灯具与大门围墙中

(3)景观绿化

现代中式景观植物种植以自然型为主,植物层次较少,多为二至三层,一般有乔木层+地被层+草坪、大灌木+草坪等形式,品种选择也较少。

植物选择以枝杆修长、叶片飘逸、花小色淡的种类为主,如竹、松、垂柳、桂花、芭蕉、迎春、菖蒲、水葱等植物,营造简洁、明净而富有中国文化意境的植物空间。其中,竹在现代中式景观中得到广泛的运用。

4)自然式景观模式

自然式景观又称风景式、不规则式、山水派园林。我国园林,从有历史记载的周秦时代开始,无论是大型的帝皇苑囿还是小型的私家园林,多为自然式山水园林,这些古典园林以北京颐和园、"三海"园林、承德避暑山庄、苏州拙政园、留园为代表。我国自然式山水园林,从唐代开始影响日本的园林,18 世纪后半期传入英国,从而引起了欧洲园林对古典形式主义的革新运动。广州越秀公园、流花湖公园、兰圃、西苑等属自然式园林。

自然式景观以模仿再现自然为主,不追求对称的平面布局,立体造型及园林要素布置均较自然和自由,相互关系较隐蔽含蓄。

(1)地形地貌

平原地带,地形为自然起伏的和缓地形与人工堆置的土丘相结合,其断面为和缓的曲线。在山地和丘陵地,则利用自然地形地貌,除建筑和广场基地以外不作人工阶梯形的地形改造工作,原有破碎割切的地形地貌也加以人工整理,使其自然。

(2)水体

其轮廓为自然的曲线,岸为各种自然曲线的倾斜坡度,如有驳岸也是自然山石驳岸。园林水景的类型以溪涧、河流、自然式瀑布、池沼、湖泊等为主,并常以瀑布为水景主题。

(3)景观建筑

景观建筑为对称或不对称均衡的布局;其建筑群和大规模建筑组群,多采取不对称均衡的布局。场地不以轴线控制,而以主要导游线构成的连续构图控制场地。

（4）道路广场

场地中的空旷地和广场的轮廓为自然的封闭性空旷草地和广场，以不对称的建筑群、土山、自然式的树丛和林带包围。道路平面和剖面为自然起伏曲折的平面线和竖曲线组成。

（5）种植设计

场地内种植不成行列式，以反映自然界植物群落自然之美。花卉布置以花丛、花群为主，不用模纹花坛。树木配植以孤立树、树丛、树林为主，不用规则修剪的绿篱，以自然的树丛、树群、树带来区划和组织园林空间。树木整形不作建筑鸟兽等体形模拟，而以模拟自然界苍老的大树为主。

（6）其他景物

除以建筑、自然山水、植物群落为主景外，还常采用山石、假石、桩景、盆景、雕刻为主要景物。雕像的基座为自然式，多配置于透视线的焦点处。

5）规则式景观模式

规则式景观模式又称整形式、几何式、建筑式园林。西方园林，从埃及、希腊、罗马时代起到18世纪英国风景式园林产生以前，基本上以规则式园林为主，其中以文艺复兴时期意大利台地建筑式园林和17世纪法国勒诺特平面图案式园林为代表。这一类园林，以建筑式空间布局作为园林风景表现的主要题材。

规则式景观给人以庄严、雄伟、整齐之感，常用于有对称轴的建筑环境中。

（1）平面规划

平面规划上有明显的中轴线，并大抵以中轴线的左右前后对称或拟对称布置，园地的划分大都成为几何形体。

广场多为规则对称的几何形，主轴和副轴线上的广场形成主次分明的系统；道路均为直线形、折线形或几何曲线形。

（2）绿化种植

园内花卉布置用以图案为主题的模纹花坛和花境为主，有时布置成大规模的花坛群。树木配置以行列式和对称式为主，并运用大量的绿篱、绿墙以区划和组织空间。树木整形修剪以模拟建筑体形和动物形态为主，如绿柱、绿塔、绿门、绿亭和用常绿树修剪而成的鸟兽等。

（3）小品雕塑

除以建筑、花坛群、规则式水景和大量喷泉为主景外，还常采用盆树、盆花、瓶饰、雕像为主要景物。雕像的基座为规则式，多配置于轴线的起点、终点或交点上。

6）混合式景观模式

指规则式、自然式交错组合，没有或形不成控制场地的主中轴线和副轴线，只有局部景区、建筑以中轴对称布局；或场地没有明显的自然山水骨架，形不成自然格局。

规则式与自然式比例差不多的园林，可称为混合式园林。原有地形平坦的可规划成规则式，原有地形起伏不平、丘陵、水面多的可规划自然式。树木少的可采用规则式。大面积园林，以自然式为宜，小面积以规则式较经济。四周环境为规则式则宜规划成规则式，四周环境为自然式则宜规划成自然式。林荫道、建筑广场的街心花园等以规则式为宜。

构建内河干线航道绿化模式是应对当下内河航道景观规划管理在景观特色和品质方面的缺位所作的一种尝试和探索。通过提出不同的建设标准的参考图集,形成景观绿化设计指南,进一步转化为可操作的规划管理语言,从而加快江苏省内河航道绿化整治提升、生态环境修复改善、产业结构调整升级的协同推进,强化航道景观更新持续、文化传承展示和功能多样集合,建设具有内涵的美丽航道景观。

11.3 绿植配置与选择

本节根据苏北、苏中、苏南地域气候的差异,结合航道特点,对不同的功能区分类总结,分别提出不同地域推荐的植物品种,为今后的航道绿化建设提供参考。

依据树种的生物学特性和苏北平原及丘陵地区、江淮平原地区、沿海平原地区、苏南平原及丘陵地区不同的气候条件,地形、地貌及土壤等状况,遵循适地树种和乡土树种优先原则,推荐航段应用植物61种,水上服务区植物101种。

11.3.1 航段推荐树种

航段主要推荐植物见表11.3。

表11.3 航段主要推荐植物表

区域	航段主要推荐植物					
	常绿乔木	落叶乔木	常绿灌木	落叶灌木	地被植物	水生植物
苏北平原及丘陵地区	大叶女贞、桂花、枇杷	垂柳、国槐、落羽杉、水杉、中山杉、乌桕、无患子、黄山栾树、紫薇、垂丝海棠、红叶李	大叶黄杨、法青、夹竹桃、龙柏、红叶石楠、火棘	迎春、木芙蓉、紫荆、木槿、花石榴	细叶麦冬、香根草、狗牙根、白三叶、马蔺	黄菖蒲、再力花、千屈菜、水葱、香蒲、茭白、美人蕉、花叶芦竹、荷花
江淮平原地区	大叶女贞、广玉兰、桂花、枇杷	垂柳、国槐、落羽杉、水杉、中山杉、乌桕、无患子、黄山栾树、紫薇、垂丝海棠、红叶李	大叶黄杨、法青、夹竹桃、龙柏、红叶石楠、火棘	云南黄馨、木芙蓉、紫荆、木槿、花石榴	细叶麦冬、香根草、狗牙根、白三叶、马蔺	黄菖蒲、再力花、千屈菜、水葱、香蒲、茭白、美人蕉、花叶芦竹、荷花
沿海平原地区	大叶女贞、侧柏、枇杷	垂柳、落羽杉、中山杉、国槐、白蜡、苦楝、西府海棠	夹竹桃、红叶石楠、火棘	紫穗槐、绣线菊	细叶麦冬、香根草、狗牙根、白三叶、马蔺	芦苇
苏南平原及丘陵地区	香樟、广玉兰、桂花	垂柳、落羽杉、水杉、中山杉、无患子、黄山栾树、紫薇、红叶李、垂丝海棠	海桐、法青、夹竹桃、红叶石楠、火棘	云南黄馨、木芙蓉、紫荆、木槿、花石榴	常春藤、扶芳藤、香根草、狗牙根、白三叶、马蔺	黄菖蒲、再力花、千屈菜、水葱、香蒲、茭白、美人蕉、花叶芦竹、荷花

11.3.2 水上服务区推荐树种

水上服务区主要推荐植物见表11.4。

表 11.4 水上服务区主要推荐植物表

区域	水上服务区主要推荐植物					
	常绿乔木	落叶乔木	常绿灌木	落叶灌木	地被植物	竹类
苏北平原及丘陵地区	大叶女贞、桂花、枇杷	银杏、榉树、朴树、黄山栾树、杉类、乌桕、无患子、悬铃木、紫薇、樱花、鸡爪槭、贴梗海棠、碧桃、垂丝海棠、红枫、红叶李、梅花	大叶黄杨、法青、夹竹桃、龙柏、红叶石楠、火棘、金森女贞、栀子花	迎春、木芙蓉、紫荆、木槿、花石榴、红花继木、锦带花、棣棠、南天竹、蔷薇	细叶麦冬、狗牙根、葱兰、白三叶、马蔺、玉簪、石蒜、红花酢浆草	桂竹、早园竹
江淮平原地区	大叶女贞、广玉兰、桂花、枇杷	银杏、榉树、朴树、黄山栾树、杉类、马褂木、乌桕、无患子、悬铃木、紫薇、樱花、鸡爪槭、贴梗海棠、碧桃、垂丝海棠、红枫、红叶李、梅花	大叶黄杨、法青、夹竹桃、龙柏、红叶石楠、金森女贞、栀子花	迎春、木芙蓉、紫荆、木槿、花石榴、红花继木、锦带花、棣棠、南天竹、蔷薇	细叶麦冬、狗牙根、葱兰、白三叶、马蔺、玉簪、石蒜、红花酢浆草	箬竹、孝顺竹、凤尾竹、淡竹、早园竹、菲白竹
沿海平原地区	大叶女贞、侧柏、枇杷	银杏、朴树、苦楝、国槐、白蜡、榔榆	夹竹桃、红叶石楠、火棘	紫穗槐、绣线菊、彩叶杞柳	细叶麦冬、狗牙根、白三叶、马蔺、玉簪、石蒜	—
苏南平原及丘陵地区	香樟、广玉兰、乐昌含笑、桂花	银杏、榉树、朴树、黄山栾树、杉类、马褂木、乌桕、无患子、悬铃木、紫薇、樱花、鸡爪槭、垂丝海棠、碧桃、垂丝海棠、红枫、红叶李、梅花	海桐、法青、夹竹桃、红叶石楠、火棘、栀子花	云南黄馨、木芙蓉、紫荆、木槿、花石榴、锦带花、南天竹、蔷薇	常春藤、扶芳藤、细叶麦冬、狗牙根、葱兰、白三叶、马蔺、玉簪、石蒜	箬竹、孝顺竹、凤尾竹、淡竹、菲白竹

11.3.3 植物应用

依据植物的生物学特性和全省各地区不同的气候条件,地形、地貌及土壤等状况,合理选择应用适宜的树种或品种(见表11.5)。

表 11.5 植物的特性及应用

序号	名称	树种特性	应用方式
1	香樟	常绿大乔木,树冠广卵形,树冠广展,枝叶茂密,是优良的绿化树、行道树及庭荫树。香樟树对氯气、二氧化硫、臭氧及氟气等有害气体具有抗性,能驱蚊蝇	服务区
2	大叶女贞	又名高杆女贞,常绿乔木,半常绿。幼枝及叶柄无毛或有微小短柔毛,有皮孔。叶纸质,椭圆状披针形	航段
3	广玉兰	叶大荫浓,花似荷花,芳香馥郁。宜孤植、丛植或成排种植。还能耐烟抗风,对二氧化硫等有毒气体有较强的抗性	服务区
4	桂花	常绿灌木或小乔木,叶长椭圆形面端尖,对生。花生叶腑间,花冠合瓣四裂,形小。具代表性的有金桂、银桂、丹桂	服务区

续表

序号	名称	树种特性	应用方式
5	枇杷	常绿小乔木,高可达10 m左右;小枝密生锈色或灰棕色绒毛。叶片革质,披针形、长倒卵形或长椭圆形	服务区
6	垂柳	高大落叶乔木,观赏价值较高。小枝细长下垂,淡黄褐色。叶互生,披针形或条状披针形,是固堤护岸的重要树种	航段、服务区
7	银杏	落叶大乔木,幼树树皮近平滑,浅灰色,大树树皮灰褐色,是著名的长寿树种,生命力强,叶形奇特	服务区
8	榉树	乔木,树皮灰白色或褐灰色。对土壤的适应性强,侧根广展,抗风力强。忌积水,不耐干旱和贫瘠。生长慢,寿命长	航段、服务区
9	榔榆	树形优美,姿态潇洒,在庭院中孤植、丛植,或与亭榭、山石配置都很合适。具有较高的观赏价值。可选作厂矿区绿化树种	航段、服务区
10	国槐	树型高大,其羽状复叶和刺槐相似。材富弹性,耐水湿	航段、服务区
11	朴树	落叶乔木,叶片卵形或卵状椭圆形,先端尖或渐尖,基部近对称或稍偏斜,绿化效果体现速度快,移栽成活率高。朴树树冠圆满宽广,树阴浓郁,是河网区防风固堤树种	航段、服务区
12	合欢	落叶乔木,夏季开花,淡红色。生于山坡或栽培。喜温暖湿润和阳光充足的环境,对气候和土壤适应性强,宜在排水良好、肥沃土壤生长,但也耐瘠薄土壤和干旱气候,但不耐水涝	航段、服务区
13	黄山栾树	落叶乔木,高可达20余米,皮孔圆形至椭圆形。分布于长江流域以南地区、西南诸省及华北地区	航段、服务区
14	苦楝	落叶乔木,树形优美,枝条秀丽,耐烟尘,抗二氧化硫能力强,并能杀菌。适宜作庭荫树和行道树,是良好的城市及矿区绿化树种	航段、服务区
15	池杉	落叶乔木,主干挺直,树冠尖塔形。极耐水湿,抗风力强,是平原水网区防护林、防浪林的理想树种	航段、服务区
16	落羽杉	落叶大乔木,树干圆满通直,圆锥形或伞状卵形树冠	航段、服务区
17	水杉	落叶乔木,耐寒性强,耐水湿能力强,在轻盐碱地可以生长,为喜光性树种,最适于列植,可用于堤岸、池畔、庭院等绿化	航段、服务区
18	中山杉	半常绿高大乔木,树干挺拔,树型优美,树叶绿色期长,耐盐碱、耐水湿,抗风性强,病虫害少,生长速度快	航段、服务区
19	杂交马褂木	叶大乔木,喜阳,有一定的庇荫性。喜温暖湿润气候,耐干旱,喜深厚肥沃和排水良好的砂质壤土	服务区
20	乌桕	落叶乔木,是一种色叶树种,春秋季叶色红艳夺目,可栽植于庭院中,或成片栽植于景区、森林公园中	服务区
21	无患子	落叶乔木,干通直,枝叶广展,绿荫稠密。10月,果实累累,橙黄美观,是优良的观叶、观果树种	航段、服务区
22	悬铃木	树形雄伟,枝叶茂密,是世界著名的优良庭荫树和行道树,有"行道树之王"之称	服务区
23	紫薇	落叶灌木或小乔木,树皮平滑,树姿优美,花期长,故有"百日红"之称,是观花、观干、观根的良材	航段、服务区
24	日本晚樱	落叶乔木,花色有纯白、粉白、深粉至淡黄色,花期受气候影响较为明显,是著名的观赏植物	服务区
25	鸡爪槭	槭属落叶小乔木,树冠伞形,树皮平滑,呈深灰色。其中红槭和羽毛槭常作园林树种	服务区

续表

序号	名称	树种特性	应用方式
26	西府海棠	小乔木,树枝直立性强,在北方干燥地带生长良好,在绿化工程中较受欢迎	服务区
27	贴梗海棠	落叶灌木,适应性强,喜光,也耐半阴,耐寒,耐旱。对土壤要求不严	服务区
28	碧桃	常见的有红花绿叶碧桃、红花红叶碧桃、白红双色洒金碧桃等多个变种。具有很高的观赏价值	航段、服务区
29	垂丝海棠	落叶小乔木,性喜阳光,不耐阴,也不甚耐寒,适生于阳光充足、背风之处。土壤要求不严,微酸或微碱性土壤均可成长	服务区
30	红枫	落叶乔木,性喜阳光,适合温暖湿润气候,怕烈日曝晒,较耐寒,稍耐旱,不耐涝,适生于肥沃疏松排水良好的土壤	服务区
31	红叶李	落叶小乔木,有一定的抗旱能力。对土壤适应性强,不耐干旱,较耐水湿,但在肥沃、深厚、排水良好的黏质中性、酸性土壤中生长良好,不耐碱	航段、服务区
32	梅花	小乔木,稀灌木,高4～10 m。著名的冬花植物	服务区
33	山茶	灌木或小乔木,半阴性植物,宜于散射光下生长,怕直射光暴晒,幼苗需遮阴	服务区
34	火棘	常绿灌木或小乔木,夏有繁花,秋有红果,果实存留枝头甚久,在庭院中作绿篱以及园林造景材料。具有良好的滤尘效果,对二氧化硫有很强吸收和抵抗能力	服务区
35	红叶石楠	树冠为圆球形,可作绿篱。红叶石楠因其新梢和嫩叶鲜红而得名。常见的有红罗宾和红唇两个品种,观赏性更佳	服务区
36	海桐	常绿灌木或小乔木,可作绿篱栽植,也可孤植、丛植于草丛边缘、林缘或门旁、列植在路边。并宜作城市隔噪声和防火林带的下木	服务区
37	大叶黄杨	灌木或小乔木,喜光,稍耐阴,有一定耐寒力,对土壤要求不严	服务区
38	金森女贞	大型常绿灌木,花白色,果实呈紫色。耐修剪,萌芽力强,叶色金黄,株形美观,是优良的绿篱树种,观叶、观花和观果兼有	服务区
39	龙柏	柏科圆柏属乔木,常用于园林绿化,如街道绿化、小区绿化、公路绿化等	服务区
40	法青	喜温暖湿润气候。在潮湿肥沃的中性壤土中生长旺盛,酸性和微酸性土均能适应,喜光亦耐阴。根系发达,萌芽力强,特耐修剪,极易整形	服务区
41	夹竹桃	喜温暖湿润的气候,耐寒力不强,不耐水湿,要求选择干燥和排水良好的地方栽植	航段
42	水果兰	种植于林缘或花境,萌蘖力强,可反复修剪,所以也可用作规则式园林的矮绿篱	服务区
43	八角金盘	掌状的叶片,裂叶约8片,其性耐荫,在园林中常种植于假山边或大树旁,还能作为观叶植物	服务区
44	阔叶十大功劳	常绿灌木或小乔木,枝叶奇巧、花黄果紫,栽在房前屋后,庭院、园林围墙下作为基础种植	服务区
45	栀子花	常绿灌木,四季常绿,花芳香,喜温暖湿润和阳光充足环境,较耐寒,耐半阴,怕积水,要求疏松、肥沃和酸性的沙壤土	服务区
46	六月雪	常绿小灌木,喜温暖气候,也稍能耐寒、耐旱。喜排水良好、肥沃和湿润疏松的土壤,对环境要求不高,生长力较强	服务区

续表

序号	名称	树种特性	应用方式
47	木芙蓉	喜温暖、湿润环境,不耐寒,忌干旱,耐水湿。对土壤要求不高,瘠薄土地亦可生长	服务区
48	紫荆	落叶乔木或灌木。喜欢光照,有一定的耐寒性。喜肥沃、排水良好的土壤,不耐淹。萌蘖性强,耐修剪	航段、服务区
49	木槿	落叶灌木,可做花篱式绿篱,孤植和丛植均可。木槿种子入药,称"朝天子"。木槿是韩国和马来西亚的国花	航段、服务区
50	花石榴	落叶小乔木,喜温暖、阳光充足和干燥的环境,耐干旱,也较耐寒,不耐水涝,不耐阴,对土壤要求不严,以肥沃、疏松、适湿而排水良好的沙壤土最好	服务区
51	绣线菊	喜光也稍耐荫,抗寒,抗旱,喜温暖湿润的气候和深厚肥沃的土壤	服务区
52	蔷薇	蔷薇喜欢阳光,亦耐半阴,较耐寒,对土壤要求不严,耐干旱,耐瘠薄。不耐水湿,忌积水。萌蘖性强,耐修剪,抗污染	服务区
53	月季	常绿、半常绿低矮灌木,花期长,观赏价值高,可用于园林布置花坛、花境、庭院	服务区
54	云南黄馨	枝条长而柔弱,下垂或攀缘,碧叶黄花,喜温暖湿润和充足阳光,怕严寒和积水,稍耐阴,较耐旱,以排水良好、肥沃的酸性沙壤土最好	航段、服务区
55	南天竹	木本花卉,植株优美,果实鲜艳,对环境的适应性强	服务区
56	常春藤	常绿攀缘灌木,叶形美丽,四季常青,在南方各地常作垂直绿化使用。多栽植于假山旁、墙根	服务区
57	棣棠	喜欢温暖的气候,较耐阴,不甚耐寒,对土壤要求不严,耐旱力较差	服务区
58	扶芳藤	常绿藤本灌木。是庭院中常见地面覆盖植物,攀缘能力不强,不适宜作立体绿化	服务区
59	连翘	落叶灌木,花开香气淡艳,满枝金黄,喜光,有一定程度的耐阴性;喜温暖、湿润气候,也很耐寒;耐干旱瘠薄,怕涝;不择土壤,在中性、微酸或碱性土壤均能正常生长	航段、服务区
60	锦带花	落叶灌木,喜光,耐阴,耐寒;对土壤要求不严,以深厚、湿润而腐殖质丰富的土壤生长最好,怕水涝。萌芽力强	服务区
61	彩叶杞柳	落叶灌木,喜光,耐寒,耐湿,生长势强。春季观新叶,是城乡绿化、美化环境的优良树种之一	服务区
62	花叶玉簪	宿根草本植物,喜土层深厚和排水良好的肥沃壤土,喜荫蔽处	服务区
63	葱兰	多年生草本植物,喜阳光充足,耐半阴与低湿,宜肥沃、带有黏性而排水好的土壤。较耐寒	服务区
64	细叶麦冬	多年生常绿草本。作花坛边缘材料和地被植物,布置在山石旁、庭园、台阶下或沿路两旁栽植	航段、服务区
65	萱草	多年生宿根草本。萱草类耐半阴,又可做疏林地被植物	服务区
66	香根草	多年生粗壮草本植物。适用于边坡防护	航段
67	白三叶	主根短,侧根和须根发达,适应性广;抗热抗寒性强;可在酸性土壤中旺盛生长,也可在砂质土中生长	航段、服务区

续表

序号	名称	树种特性	应用方式
68	波斯菊	一年生或多年生草本,花色丰富,有粉、白、深红等色,适于布置花境,在草地边缘、树丛周围及路旁成片栽植美化绿化,颇有野趣	航段、服务区
69	硫化菊	一年生草本植物,喜阳光充足,不耐寒。多分枝。春播花期6~8月,夏播花期9~10月	航段、服务区
70	金盏菊	二年生草本植物,喜光照,对土壤要求不严,耐瘠薄土壤,可作为草坪的镶边花卉或盆栽观赏。优良抗污花卉	航段、服务区
71	美女樱	多年生草本植物,喜温暖湿润气候,喜阳,不耐干旱,对土壤要求不严,在疏松肥沃、较湿润的中性土壤能节节生根,生长健壮,开花繁茂	航段、服务区
72	燕子花	多年生草本植物。用于园林水景园及鸢尾专类园布置。适植于水池中或栽于盛有黏土的水缸中	航段、服务区
73	紫娇花	多年生草本植物。球根花卉,花期长,是夏季难得的花卉。适宜作花境中景,或作地被植于林缘或草坪中	航段、服务区
74	二月兰	一年或二年生草本。早春观花,冬季观绿的地被植物	航段、服务区
75	石蒜	宿根草本花卉。园林中常用作背阴处绿化或林下地被花卉,花境丛植或山石间自然式栽植	航段、服务区
76	红花酢浆草	多年生直立草本植物。具有植株低矮、整齐,花多叶繁,花期长,花色艳,覆盖地面迅速,又能抑制杂草生长等诸多优点,很适合在花坛、花径、疏林地及林缘大片种植	服务区
77	大吴风草	多年生莛状草本。喜半阴和湿润环境;耐寒,在江南地区能露地越冬;害怕阳光直射;对土壤适应度较好,以肥沃疏松土壤为好	服务区
78	马蔺	叶基生,宽线形,在高温干旱、水涝等不良环境中可正常生存	航段、服务区
79	狼尾草	多年生草本植物。喜光照充足的生长环境,耐旱、耐湿,亦能耐半阴,且抗寒性强。适合温暖、湿润的气候条件	航段、服务区
80	细茎针茅	冷季型草,耐旱,适合在土壤排水良好的地方种植,喜光,也耐半阴。可用作花坛、花境镶边	航段、服务区
81	细叶芒	多年生草本植物。叶直立、纤细,顶端呈弓形,顶生圆锥花序	航段、服务区
82	蒲苇	多年生,雌雄异株。观花类,花穗长而美丽,花境观赏草专类园内使用,具有优良的生态适应性和观赏价值	航段
83	狗牙根	多年生草本植物。为暖季型草。叶色浓绿,性喜光,稍耐阴、耐旱,喜温暖湿润,具有一定的耐寒能力	航段、服务区
84	百慕大	暖季型草,密度适中,根系发达,生长极为迅速,耐旱耐踏	航段、服务区
85	淡竹	禾本科,刚竹属植物,竿高可达12 m,粗可达5 cm,节间长可达40 cm,壁薄	服务区
86	早园竹	适应性强,轻碱地、沙土及低洼地均能生长,透气、肥沃、保水性能良好的沙壤、红壤、黄壤均可,怕积水,喜光怕风	服务区

续表

序号	名称	树种特性	应用方式
87	孝顺竹	禾本科刺竹属。灌木型丛生竹,四季青翠,姿态秀美,宜于宅院、草坪角隅、建筑物前或河岸种植	服务区
88	桂竹	喜温暖湿润气候,稍耐寒,能耐低温,喜山麓及平地之深厚肥沃土壤	服务区
89	凤尾竹	禾本科,箣竹属孝顺竹。适于在庭院中墙隅、屋角、门旁配植,植株较小的凤尾竹可栽植于花台上	服务区
90	菲白竹	禾本科,赤竹属小型灌木状竹类。植株低矮,叶片秀美,栽作地被、绿篱或与假石相配都很合适	服务区
91	阔叶箬竹	箬竹叶大、植株矮小、常绿、姿态优美,是理想的庭院观赏和园林绿化竹种(可丛植、片植等)。可作为优势种群构建垂直结构完整(灌木层)的群落体系	服务区
92	黄菖蒲	多年生挺水宿根草本植物。花色黄艳,花姿秀美,观赏价值极高。可在水池边露地栽培,亦可在水中挺水栽培	航段、服务区
93	再力花	多年生挺水草本植物。从水深 0.6 m 浅水水域直到岸边均生长良好。喜温暖水湿、阳光充足环境,不耐寒冷和干旱,耐半阴,在微碱性的土壤中生长良好	航段、服务区
94	千屈菜	多年生草本植物。喜强光,耐寒性强,喜水湿,对土壤要求不严,在深厚、富含腐殖质的土壤中生长更好	航段、服务区
95	水葱	生长在湖边、水边、浅水塘、沼泽地或湿地草丛中。最佳生长温度15～30 ℃,10 ℃以下停止生长。能耐低温	航段、服务区
96	香蒲	多年生水生或沼生草本植物。生于湖泊、池塘、沟渠、沼泽及河流缓流带	航段、服务区
97	茭白	多年生宿根草本植物。花色鲜艳,是配置花坛、花境,点缀岩石园的好材料	航段、服务区
98	美人蕉	多年生草本植物。喜温暖和充足的阳光,不耐寒。在疏松肥沃、排水良好的沙土壤中生长最佳	航段、服务区
99	荷花	多年生水生草本花卉。地下茎长而肥厚	航段、服务区
100	花叶芦竹	多年生挺水草本植物。喜光、喜温、耐水湿,也较耐寒,不耐干旱和强光,喜肥沃、疏松和排水良好的微酸性沙质土壤	航段、服务区
101	芦苇	多年水生的高大禾草。是水面绿化、河道管理、净化水质、护土固堤、改良土壤之首选,为固堤造陆先锋环保植物	航段、服务区
102	睡莲	多年生浮叶型水生草本植物。喜阳光、通风良好,对土质要求不严	航段、服务区

11.4 工程案例

11.4.1 航道绿化

1)京杭运河宿迁城区运河湾公园段

运河湾公园段是京杭运河宿迁城区段的典型航段,于2021年8月入选江苏"运河百景"标志性运河文旅产品公示名单。运河湾公园段北起宿迁闸,南至马陵路,全程3.5 km,是运河文化带亮眼的名片。绿化品种有柳树、二球悬铃木、黑松、刺槐、石榴、芦苇等,合理搭配各类开花、色叶和常绿树种,保证了公园景观三季有花、四季常绿。结合运河历史文化的景观小品,展现运河沿线的文化特色和历史风貌(图11.31)。

图11.31 京杭运河宿迁城区运河湾公园段

2)京杭运河淮安段

淮安市打造"运河之都"旅游文化品牌,对于运河两侧的风景带打造十分重视。风景带打造主要集中于城镇段,乡村段的绿化打造较少。京杭运河淮安城镇段绿化主要使用的绿化品种包括杨树、乌桕、香樟、红枫、红叶石楠、银杏、芦苇、水杉、落羽杉、黄连木等。绿化种植以规则式为主,城市段绿化两侧对称设置,颇具气势,在运河上观望,景观效果极好。城镇段绿化植物规格较大,养护到位,总体来说病虫害较少。

11.4.2 服务区绿化

1)京杭运河吴中水上服务区

京杭运河吴中水上服务区位于大运河吴中段,地处城市区域,内部绿化较好,绿化结构清晰,达到良好景观效果。

吴中水上服务区目前调研发现的主要绿化品种包括垂丝海棠、红叶石楠、红花继木、香樟、垂柳、洒金桃叶珊瑚、法国冬青、紫薇、乌桕、榉树、银杏、雪松、五针松、瓜子黄杨等，植物规格适中。吴中水上服务区目前以一年2次的频率进行养护（图11.32）。

图11.32 吴中水上服务区绿化

2）锡溧漕河武进华渡水上服务区

该水上服务区绿化总体态势较好，上层大乔木长势较佳，中下层植物则较为凌乱。目前水上服务区办公区内有香樟、榉树、银杏、大叶女贞、红叶李、椤木石楠、乌桕、紫薇、五针松、枇杷、花石榴、南天竹、鸡爪槭、海桐、红叶石楠、红花继木、金边黄杨、金森女贞、木槿、金桂、法国冬青、花叶蔓长春等（图11.33）。

图11.33 锡溧漕河武进华渡水上服务区绿化

12 节能

12.1 概述

内河水运在规划、设计、施工、养护和运营全过程中需贯彻节约资源和保护环境的理念,推进绿色航道、绿色港口的建设。内河航道工程的"节能",要从全能耗的角度研究,既要考虑工程中消耗的石油、煤炭、电力等直接能源消耗,又要降低间接能源消耗,在开采、运输、加工、转换以及使用过程等环节中减少能源的浪费和损失。节能设计主要考虑工程实体构造物内含能,即工程建筑物或者临时辅助设施建设过程中消耗的全部建筑材料的内含能量,包括原材料从获取到制成成品的全过程能量消耗,设计应尽量选用更为节能的建筑材料。建造阶段的方案应尽可能降低运输、施工等能耗。运输能耗即运输建材消耗的能源;施工能耗则包括施工过程中施工机械(如吊车、搅拌机、焊机等)和车船(卡车、挖泥船等)的运行能耗。养护和运营阶段,工程自身需后期维护,产生维修材料的运输能耗以及修补施工的机械能耗;如已无法修复,需对工程进行拆除,产生拆除施工的机械能耗以及废物抛弃处理和回收能耗。后期运营由于航道条件改善,水上运输能力增大,航运增长方式由粗放式向集约式转变,对原本的运输方式产生结构性影响,从而影响到水路运输相关的自然资源能耗,特别是对石油产品的消耗。工程投入使用前以及使用过程中,需充分调研分析,采取措施降低可能产生的能耗(图12.1)。

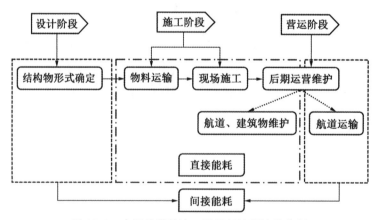

图12.1 内河航道整治工程能耗流程清单分析

内河航道工程可采取的节能手段包括:积极研究使用新材料、新工艺、新产品、新技术等减少资源利用,降低能源消耗;开发新能源,减少污染物的排放,风能、水能、太阳能是生态航道生产中取之不尽的能源;建立新体制,有计划地组织开展节能减排宣传教育,积极宣传节能减排方针政策、法律法规,弘扬节能减排典型,增强节能减排意识等。

本章将从能耗分析和节能措施两个方面进行介绍。首先给出内河航道工程能耗分析所涉及的内容;然后介绍能耗计算方法;再对航道设计、施工及运营养护步骤中的节能措施进行介绍;最后通过两个工程案例的介绍加深对能耗分析和节能措施实际应用的认识。

12.2 能耗分析及措施

内河航道工程项目节能设计应包括以下内容:能耗环节、能源种类、单位产品能耗或者产值能耗、能源购入及消耗量、节能措施、用能效率及节能效果分析等。

12.2.1 能耗分析

内河航道工程能耗分析内容具体应包括能耗系统、能耗工序、能耗设备、能耗种类、单位耗能指标、能源购入及消耗量、节能效益计算等。

首先应对可能产生能耗的主要环节、能耗设备、能耗种类进行充分分析;再根据《综合能耗计算通则》(GB/T 2589—2020)及《江苏省发展改革委关于明确能源消耗折标系数参照标准的通知》(苏发改工业发〔2008〕404号)的有关规定对内河航道工程进行能耗预测。将节约能源作为设计方案比选的重要因素,对能源消耗指标进行比较评价。有条件时,应选取能源利用效率高的方案(图12.2)。

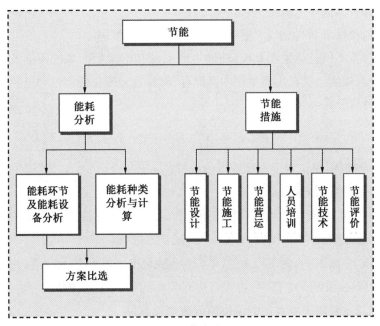

图12.2 节能流程图

综合能耗计算可采取不同形式的边界划分。边界划分可以是用能单位整体、次级用能单位或其组成部分(图12.3)。

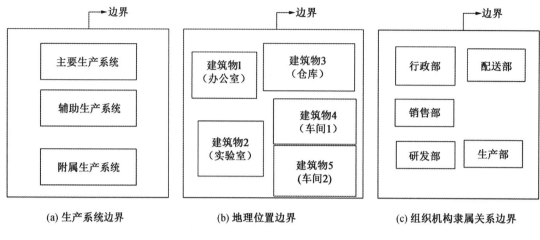

图 12.3 边界划分示意图

综合能耗计算种类包括用能单位实际消耗的各种能源(含用作原料的能源)及各种耗能工质。综合能耗计算包括的种类,应满足填报国家能源统计报表的要求。各种能源不得重计、漏计。能源的计量应符合现行国家标准《用能单位能源计量器具配备和管理通则》(GB 17167)的要求。

一次能源包括原煤、原油、天然气、水力、风力、太阳能、生物质能等。

二次能源包括洗精煤、其他洗煤、焦炭、焦炉煤气、汽油、煤油、柴油、液化石油气、炼厂干气、其他石油制品、其他焦化制品、热力、电力等。

耗能工质包括新水、软化水、压缩空气、氧气、氮气、氩气等。

综合能耗计算不仅包括生产系统、辅助生产系统和附属生产系统用能及用作原料的能源,还包括能源及耗能工质在用能单位内部储存、转换及分配供应(包括外销)中的损耗。

综合能耗计算公式:

$$E = \sum_{i=1}^{n}(E_i \times k_i) \quad (12.1)$$

式中:E——综合能耗,单位为千克标准煤(kgce);

n——消耗的能源品种数;

E_i——生产和/或服务活动中消耗的第 i 种能源量(含耗能工质消耗的能源量),单位为千克(kg)或千瓦小时(kWh)或焦耳(J)或立方米(m^3);

k_i——第 i 种能源的折标准煤系数,单位为千克标准煤每千克(kgce/kg)或千克标准煤每千瓦小时(kgce/kWh)或千克标准煤每焦耳(kgce/J)或千克标准煤每立方米(kgce/m^3)。

注:综合能耗主要用于考察用能单位的能源消耗总量。

单位产值综合能耗计算公式:

$$e_g = \frac{E}{G} \quad (12.2)$$

式中:e_g——单位产值综合能耗;

G——统计报告期内产出的总产值或增加值(可比价)。

注:单位产值综合能耗主要用于考察用能单位的能源效率或能源强度。

单位产品综合能耗计算公式:

$$e_j = \frac{E_j}{M_j} \tag{12.3}$$

式中:e_j——第 j 种产品的单位产品综合能耗;

E_j——第 j 种产品的综合能耗;

M_j——第 j 种产品的合格产品产量。

注:单位产品综合能耗主要用于考察用能单位的能源效率或能源强度。

计算综合能耗时,各种能源应折算为标准煤。

实际消耗的燃料能源应以其收到基低位发热量为计算依据折算为标准煤量。按照GB/T 3102.4国际蒸汽表卡换算,低位发热量等于29 307.6千焦(kJ)[7 000千卡(kcal)]的燃料,称为1千克标准煤(1 kgce)。

能源的低位发热量和耗能工质耗能量,应按实测值或供应单位提供的数据折标准煤。无法获得实测值的可参照国家统计局公布的数据或下表(表12.1和表12.2)确定折标准煤系数。自产的二次能源,应根据实际投入产出计算确定折标准煤系数。

表12.1(a)　各种能源折标准煤参考系数(参考值)

能源名称	平均低位发热量	折标准煤系数
原煤	20 934 kJ/kg (5 000 kcal/kg)	0.714 3 kgce/kg
洗精煤	26 377 kJ/kg (6 300 kcal/kg)	0.900 0 kgce/kg
洗中煤	8 374 kJ/kg (2 000 kcal/kg)	0.285 7 kgce/kg
煤泥	8 374 kJ/kg～12 560 kJ/kg (2 000 kcal/kg～3 000 kcal/kg)	0.285 7 kgce/kg～ 0.428 6 kgce/kg
煤矸石(用作能源)	8 374 kJ/kg (2 000 kcal/kg)	0.285 7 kgce/kg
焦炭(干全焦)	28 470 kJ/kg (6 800 kcal/kg)	0.971 4 kgce/kg
煤焦油	33 494 kJ/kg (8 000 kcal/kg)	1.142 9 kgce/kg
原油	41 868 kJ/kg (10 000 kcal/kg)	1.428 6 kgce/kg
燃料油	41 868 kJ/kg (10 000 kcal/kg)	1.428 6 kgce/kg
汽油	43 124 kJ/kg (10 300 kcal/kg)	1.471 4 kgce/kg
煤油	43 124 kJ/kg (10 300 kcal/kg)	1.471 4 kgce/kg
柴油	42 705 kJ/kg (10 200 kcal/kg)	1.457 1 kgce/kg
天然气	32 238 kJ/m³～38 979 kJ/m³ (7 700 kcal/m³～9 310 kcal/m³)	1.100 0 kgce/m³～ 1.330 0 kgce/m³
液化天然气	51 498 kJ/kg (12 300 kcal/kg)	1.757 2 kgce/kg
液化石油气	50 242 kJ/kg (12 000 kcal/kg)	1.714 3 kgce/kg
炼厂干气	46 055 kJ/kg (11 000 kcal/kg)	1.571 4 kgce/kg

续表

能源名称	平均低位发热量	折标准煤系数
焦炉煤气	16 747 kJ/m³～18 003 kJ/m³ (4 000 kcal/m³～4 300 kcal/m³)	0.571 4 kgce/m³～ 0.614 3 kgce/m³
高炉煤气	3 768 kJ/m³ (900 kcal/m³)	0.128 6 kgce/m³
发生炉煤气	5 234 kJ/m³ (1 250 kcal/m³)	0.178 6 kgce/m³
重油催化裂解煤气	19 259 kJ/m³ (4 600 kcal/m³)	0.657 1 kgce/m³
重油热裂解煤气	35 588 kJ/m³ (8 500 kcal/m³)	1.214 3 kgce/m³
焦炭制气	16 329 kJ/m³ (3 900 kcal/m³)	0.557 1 kgce/m³
压力气化煤气	15 072 kJ/m³ (3 600 kcal/m³)	0.514 3 kgce/m³
水煤气	10 467 kJ/m³ (2 500 kcal/m³)	0.357 1 kgce/m³
粗苯	4186 8 kJ/kg (10 000 kcal/kg)	1.428 6 kgce/kg
甲醇(用作燃料)	19 913 kJ/kg (4 756 kcal/kg)	0.679 4 kgce/kg
乙醇(用作燃料)	26 800 kJ/kg (6 401 kcal/kg)	0.914 4 kgce/kg
氢气(用作燃料,密度为 0.082 kg/m³)	9 756 kJ/m³ (2 330 kcal/m³)	0.332 9 kgce/m³
沼气	20 934 kJ/m³～24 283 kJ/m³ (5 000 kcal/m³～58 00 kcal/m³)	0.714 3 kgce/m³～ 0.828 6 kgce/m³

表 12.1(b) 电力和热力折标准煤系数(参考值)

能源名称	折标准煤系数
电力(当量值)	0.122 9 kgce/(kW·h)
电力(等价值)	按上年电厂发电标准煤耗计算
热力(当量值)	0.034 12 kgce/MJ
热力(等价值)	按供热煤耗计算

表 12.1(c) 各种能源折标准煤参考系数

能源名称	单位	折标系数(t标煤/t)
水煤浆	t	0.714 3
煤粉	t	0.714 3
煤层气	万 m³	9.5
电	万 kW·h	1.229

表 12.2 主要耗能工质折标准煤系数(按能源等价值计)(参考值)

品种	单位耗能工质耗能量	折标准煤系数
新水	7.54 MJ/t (1 800 kcal/t)	0.257 1 kgce/t
软化水	14.24 MJ/t (3 400 kcal/t)	0.485 7 kgce/t

续表

品种	单位耗能工质耗能量	折标准煤系数
除氧水	28.47 MJ/t (6 800 kcal/t)	0.971 4 kgce/t
压缩空气	1.17 MJ/m³ (280 kcal/m³)	0.040 0 kgce/m³
氧气	11.72 MJ/m³ (2800 kcal/m³)	0.400 0 kgce/m³
氮气(做副产品时)	11.72 MJ/m³ (2 800 kcal/m³)	0.400 0 kgce/m³
氮气(做主产品时)	19.68 MJ/m³ (4 700 kcal/m³)	0.671 4 kgce/m³
二氧化碳气	6.28 MJ/m³ (1 500 kcal/m³)	0.214 3 kgce/m³
乙炔	243.76 MJ/m³ (58 220 kcal/m³)	8.3143 kgce/m³
电石	60.92 MJ/kg (14 550 kcal/kg)	2.078 6 kgce/kg

注：单位耗能工质耗能量和折标准煤系数是按照电厂发电标准煤耗为 0.404 kgce/(kW·h)计算的折标准煤系数。实际计算时，推荐考虑上年电厂发电标准煤耗和制备耗能工质设备效率等影响因素，对折标准煤系数进行修正。

12.2.2 节能措施

1) 节能设计

前期设计是整个工程节能的关键，很大程度上直接影响到施工、营运期间的节能效果。

确定科学合理的航道建设规模。航道建设规模应根据腹地经济发展、港口发展规模以及预测的货源量等确定。建设规模过小将不能满足腹地经济发展的需要，过大则会增加施工期和营运期的能耗。

航道工程设计应根据本地区自然条件，尽量利用天然水深，以减少营运期航道维护的能耗。

耗能产品及设备选取中，在满足用户需求和财务要求的情况下，应首选国家推荐的节能产品设备，同类产品设备中应选择效率较高者。

此外，航道工程节能设计还包括航道沿线建筑设计、用水设计、供电及照明设计、控制和管理设计、通航建筑物及助航标志设计等内容。

(1) 建筑设计

建筑材料选择宜尽可能节能环保。表 12.3 供参考选择。

表 12.3 江苏省节能主导材料

名称	规格(墙厚)(mm)	容重(kg/m³)	导热系数[W/(m·K)]	蓄热系数[W/(m²·K)]	地区
墙体材料					
黏土多孔砖 KP1、KM1	240/190	1 400	0.58	7.92	全省
灰砂砖	240	1 900	1.10	12.72	
炉渣砖	240	1 700	0.81	10.43	
煤矸石烧结砖		1 700	0.63	9.05	徐州
粉煤灰烧结砖		1 600	0.50	7.82	徐州

续表

名称	规格(墙厚)(mm)	容重(kg/m³)	导热系数[W/(m·K)]	蓄热系数[W/(m²·K)]	地区
粉煤灰蒸养砖		1 600	0.62	8.71	徐州
煤矸石多孔砖		1 400	0.54	7.60	徐州
混凝土双排孔砌块	190	1 300	0.68	5.88	全省
混凝土单排孔砌块	190	1 200	1.02	5.88	全省
混凝土砌块内加气混凝土碎块	190	1 300	0.33	7.64	苏州
煤矸石砌块内填膨胀珍珠岩	190	1 300	0.27	3.25	苏州、徐州
加气混凝土砌块	250	700	0.22	3.59	全省
挤塑聚苯乙烯泡沫板(XPS)		30~40	0.030	0.54	全省
粉煤灰淤泥烧结节能砖	S1-2 型	1 500~1 600	0.36~0.42		南通
粉煤灰淤泥烧结节能砖	S3-4 型	1 000~1 200	0.32~0.36		南通
粉煤灰淤泥砖	240/190	1 700	0.50	7.82	南通
ALC 外墙板		650	0.14~0.17	2.18	全省
保温砂浆					
吉能士(JNS)系列高性能复合保温砂浆		550~700	0.100~0.125	2.1~2.7	镇江
R·E-Ⅰ(内墙)、Ⅱ(外墙)、Ⅲ(屋面)复合保温材料		400~600	0.060~0.085	3.16	全省
珍珠岩保温砂浆		500	0.15	2.8	南京、苏州
JMS 轻质砂浆		1 200	0.24~0.30	2.3	南通
GTN 隔热保温砂浆		≤500	0.085		南京
硬质聚氨酯泡沫塑料		≥30	<0.024		南京、扬州

建筑选址宜选择具有良好光照和通风条件的地块,不宜布置在洼地。

应进行科学的平面布局和建筑朝向设计。应结合建筑使用要求、周边环境、太阳辐射、当地风向等因素进行设计。建筑布局宜采用交错排列,斜、坡地台阶排列等形式。不宜采用不利于自然通风的周边式和混合式布置。有条件时,宜引入水陆风或山谷风以改善夏季热环境。避开冬季北向风口地段。建筑朝向宜控制在南偏西5°至南偏东30°之间。

应合理进行建筑内部采光设计。应保证日常日照时间,居住建筑间距系数按《江苏省住宅设计标准》执行。冬至日底层南向房间宜保证日照时数不少于1 h。可借助光导管以及反射光板等导光设备、浅色调运用等方法确保室内光线充足。考虑夏季光照强度,应设计遮阳篷减少室内太阳光辐射。门窗设计需考虑自然通风以实现室内温度调节。

应进行热环境节能设计。室温控制需满足建筑环保及节能要求。

应进行屋面隔热与保温节能设计。传统节能工作使用的是正铺法,即在屋面两层建材中铺设节能、新型屋面材料。随着建筑行业的发展,逐渐开始使用倒铺法,该方法原理为在防水层下铺设保温层,对两者的铺设顺序进行颠倒,能够有效提高保温效果。

应进行门窗节能性设计,优化门窗气密性,合理设计窗墙面积比。

应注重新能源利用。如将地下水资源用于建筑系统冷源,促使空调使用率降低。借助太阳能进行供暖和制冷,方法包括通过铺设采暖板开展液体加热活动,并使之循环流动于管道中,实现建筑物内部供暖;通过太阳能与电能转换促使制冷系统运转等。还可以将空调系统与再生风能进行有机结合实现风供冷系统设计,促使建筑温度降低。

结合绿化设施,宜在建筑物需要遮阳部位的南侧或东西侧配置树冠高大的落叶树,推广绿化屋面,进行建筑物周边场地绿化等。

详细设计指标可参考《江苏省民用建筑热环境和节能设计标准》(DB 32/T 478—2001)的具体要求。

（2）用水设计

给水、排水设计宜采用循环用水或一水多用、重复用水的系统。

宜采用城市自来水。有条件时,可采用直取或经简易处理后的江、河、海水以及集中收集的雨水作为喷洒、冲洗、绿化及消防用水。生产、生活污水经处理也可以作为上述情况的补充用水。

输水管网控制点的压力设置应安全可靠、经济合理。管网应维持在较低压力下运行,供水压力要求较高的局部地区宜采取单独升压设置。有条件时,应采用管网叠压技术。

排水管道应布设合理,宜采用重力流排水系统,尽量减少中间提升环节。

各用水单元应设置计量水表和优质水阀。

选用符合现行国家标准的节水型产品。

水泵宜选用与实际使用工况相匹配的叶片角度可调节的轴流泵或变频调速泵组等。

（3）供电及照明设计

供电、照明设计应符合现行国家标准《评价企业合理用电技术导则》(GB/T 3485—1998)的有关规定。

降压站、变电所的数量应合理,位置宜靠近负荷中心。

装机功率在 400 kW 及以上的大型机械,宜采用高压供电;装机功率在 400 kW 以下的机械,应结合线损和变损等因素综合确定供电电压等级。

供电系统应采用低损耗、低噪声的新型节能变压器,变压器负荷率应根据负荷性质及运行方式合理确定。并应合理选择供电电缆的规格和合理的敷设路径。

大型用电设备宜进行就地无功补偿,负荷变化剧烈时应采用微机控制的动态无功补偿。

大型起重机械应采取能够进行电能回馈的节能措施。

采用电力电子变流装置的大型装卸设备应采取抑制谐波的有效措施。

照明设计应选择合理的照度标准,进行照度计算。合理进行照明设施的布置和选型。

室外照明应采用新型高效节能光源和节能型镇流器,并应选择与光源的光学特性及热特性相匹配的灯具。

大面积的室外照明宜设置节电装置。设计应采取分组控制,宜根据生产作业、保安和交通要求,采用光控、定时等自动控制方式或集中控制方式进行控制。

大型机械作业区域应充分利用机上照明。

气体放光源应进行就地无功补偿,补偿后的功率因数不应低于0.88。

(4) 控制和管理设计

重点用能单位应建立能源计量数据中心,对能源计量数据进行网络化管理。

信息网络电缆、控制电缆和通信电缆可同路径敷设。

电缆管道设计应选择距离最短的路径。

(5) 助航标志设计

灯塔、灯桩、灯船、导标、灯浮标和活节式灯桩等助航标志应合理配布。

助航标志应选用性能良好、维护简单、耐用的节能设备。

助航标志应选用高光效、低耗能的节能型能源。

助航标志可采用遥测遥控方式。

岸上助航设施,如灯塔、灯桩和导标等往往光源功率较大,宜采用市电电源供电,市电供电困难时也可采用柴油或汽油发电机供电,有条件时可采用太阳能辅助供电。

水上助航标志宜采用太阳能等可再生能源。

航标巡检船舶应根据自然条件和助航标志规模合理配置。

2) 节能施工

施工组织设计要根据施工水域工况条件、疏浚土质、水深条件及运距等要素,以科学合理、资源优化为原则,对施工方案进行多方案设计、比选与优化,以其中最经济合理的作为最终实施方案。

建设之初,应根据当地实际情况确定建设顺序、材料堆积位置、建筑物建设次序等,缩短运输距离,保证建筑材料不用进行多次转运。

提高场内外交通道道路路面质量,亦可减少油耗。

施工应保证定位和水位观测精度,避免欠挖和多挖土方,保证工程量。如发现欠挖现象,要及时分析调整施工方法并补挖,杜绝因工程质量问题而导致的不必要返工,浪费能源。

合理选择施工设备。对施工现场的生产、生活、办公和主要耗能施工设备应设有节能的控制措施。

重点耗能设备应定期进行耗能计量核算。

不应使用国家、行业、地方政府明令淘汰的施工设备、机具和产品。

施工机具资源应共享。

应建立设备技术档案,并应定期进行设备维护、保养。

通过水循环系统的建设,对施工的废水和收集的雨水进行处理,将水资源净化成为施工建设工业用水,降低对环境的危害。

合理应用可再生能源。主要指对光能和风能的利用。在光照时间长的地区,可通过架设太阳能板进行太阳能收集,并转换为电能储存,用于夜间基础照明等。

施工临时设施应结合日照及风向,采用合理的采光、通风和外窗遮阳措施。

施工临时用房应使用热工性能达标的复合墙体和屋面板,顶棚宜采用吊顶。

应尽量减少夜间作业和冬期施工的时间。

施工工具应尽量可循环利用。如混凝土浇筑尽量采用钢模板,减少使用木模板。

施工期间加强废旧物资的再生利用,扩大废旧物资加工能力。

临时用电设备应采用自动控制装置。

办公、生活和施工现场,采用节能照明灯具的数量应大于80%。

办公、生活和施工现场用电应分别计量。

完工后的设备验收、调试阶段,要保证助航设施处于最佳工作性能状态时再投入使用。

3）节能营运

航道工程营运阶段要求运营管理单位科学合理地调整与优化营运方案与结构,充分发挥航道改造后的通航能力,采用绿色低碳的航道养护手段,降低单位能耗。主要节能措施体现在以下方面:

航道运营应制定绿色低碳养护管理制度。如完善航道养护定额管理制度、建立航道能源管理体系。宜对物耗进行估算,制定清洁能源、新能源、新材料应用计划,明确养护废物处理措施。

航道运营交通管理宜根据项目特点、船舶组成等进行合理安排和精心设计,降低能耗。

航道运营宜运用信息化服务与管理系统,提高航道智能化管理水平,使航道维护管理从劳动密集型向技术管理型转变,提升服务效率,减少航道管理部门及船民的能源消耗。如建设水上ETC工程、航道及其设施监控系统、船闸电能监测管理系统等信息化系统。

航道运营阶段宜加强LNG水上加气站建设。

航道运营应加强航道巡航船舶科学管理。

航道养护宜应用节能新技术,采用GPS测量技术进行平面控制、航道水深测量、航标定位以及航道清障定位等,提高航道养护管理水平。

航道养护日常检查应减少对采用遥控遥测系统的航标的现场巡航频次。

航道养护船舶应符合现行国家标准《船用燃料油》(GB 17411—2015)、《车用柴油》(GB 19147—2016)有关规定。

航道养护应采取绿色节能的供电方式。如养护生产设施应具有向工作船舶供应岸电的功能。船舶停靠码头期间宜使用岸电。根据《港口和船舶岸电管理办法》(交通运输部令2019年第45号)规定,航道养护船舶停靠码头关闭辅机、使用新能源或清洁能源或停泊时间小于2 h的可以不使用岸电。

航道养护生产设施作业机械宜采用电能、液化气(LNG)等新能源和清洁能源。

4）人员培训

在航道工程生命全周期,应深入贯彻落实《中华人民共和国节约能源法》等国家、行业有关法律、法规,搞好节能宣传工作。组织能源管理人员、设备操作人员等进行节能培训,未经培训人员不得在能源管理岗位和节能设备岗位工作。明确各岗位职务和职责。

5）节能技术

为贯彻落实《绿色交通"十四五"发展规划》提出的"持续制定发布交通运输行业重点节能低碳技术目录"的要求,强化节能降碳,为交通运输行业"双碳"工作提供技术支撑,交通运输部对《交通运输行业重点节能低碳技术推广目录(2021年度)》进行编制和公示,其中绿色

航道设计相关技术列举如下,可供参考:

(1) 基于高强度塑钢组合板桩的生态护岸技术

技术内容:通过高分子材料高温高压形成板桩,在护岸工法的基础上予以改进提升的新型护岸技术,可替代传统水运工程中钢板桩、混凝土、块石护岸方式,并具有抗冲刷、不渗漏、耐腐蚀、耐老化、无污染、施工简便高效,使用寿命长,全寿命周期成本低等优点。

典型项目:该技术在海宁提升(中分桥至吴家新桥段)改造工程中得到应用,每年的节能量/替代燃料量为 255.4 tce/km,CO_2 减排量为 486 t/km。

应用单位在应用该技术的过程中,应结合自身实际科学开展。此外该技术施工规范与传统工艺有一定差异,需注重进行人员培训。

(2) 线性低密度聚乙烯滚塑浮标应用技术

技术内容:通过采用线性低密度聚乙烯滚塑浮标替代传统浮标的方式,具有整体坚固耐用性能、使用寿命长(达 15 年)、色彩标识清晰、清洁维护便捷、环保无污染、抗撞击性佳等特点。

典型项目:该技术在 134 座滚塑浮标中得到应用,每年的节能量/替代燃料量为 49.43 tce,CO_2 减排量为 93.93 t。

应用时需考虑到初期一次性投入成本较高,且新材料环保浮标与传统钢质浮标日常维护管理模式存在不同,应用单位应制定水上现场维修更换的绩效激励机制,形成滚塑浮标应用长效优势。

(3) 水运工程弃土(渣)的资源化利用技术

技术内容:针对港口及航道工程中的工程弃土、弃渣,通过筛分、拌和、固化等专业手段进行处理,将工程弃土转化为港口及航道工程中可以循环利用的土、石材料等资源的技术。

典型项目:该技术在约 2 km^2 堆场处理工程及 1 km 的航道边坡改良工程中得到应用。

该技术为资源循环利用技术,其节能效果不易量化。应用时需科学选择针对弃土、弃渣处理所用的掺加剂材料,具体问题具体分析,针对具体工程研制专用掺加剂材料以达到工程节能减排效果及工程效益的最佳。

(4) 泥泵疏浚性能提升技术

技术内容:通过采用低流量高效率新型专用泥泵和优化相关零部件的方式,提高船舶泥浆输送能力,大幅提高施工效率,降低能耗。

典型项目:该技术在"新海马"号耙吸船中得到应用,每年的节能量/替代燃料量为 2 828 tce,CO_2 减排量为 6 285 t。

应用时需考虑到提升改造工程前期一次性投资较大,后期安装、调试需大量时间;升级改造时应选择综合实力较强的修理船厂进行改造。

(5) 航道整治工程全过程 BIM 技术应用

技术内容:应用 BIM 技术,在航道整治工程的规划、设计、施工、运营等各阶段信息共享,使各专业设计协同化、精细化,全周期项目成本明细化、透明化,施工质量可控化,工程进度可视化,做到施工过程的精细化管理,提高工程建设全过程管理效率,降低能耗。

典型项目:该技术在 4 条航道整治工程中得到应用,每年的节能量/替代燃料量为 55.55 tce,

CO_2 减排量为 144.43 t。

该技术要求培养经验丰富的 BIM 技术人员和项目管理专业人员,配合丰富的现场管理经验,保证 BIM 模型的正确性及可行性,并在施工过程中合理进行节点管理。

(6) 植入型生态固滩技术在航道护滩工程中的应用

技术内容:根据当地情况科学选择固滩植被,并在土壤上方铺设用草绳编织成的网状框架防冲结构。实现基于天然原材料且成本较低的技术方案、防止护滩工程回填土冲刷,不会对挺水植物的生长发育产生影响。

典型项目:该技术在长江中下游航道整治工程中得到应用,每年的节能量/替代燃料量为 10.44 tce,CO_2 减排量为 26.03 t。

固滩区域的年内平均淹没期与固滩植被耐淹能力的搭配是影响工程成败的关键。应用时,需根据固滩区域年内淹没时间,在充分调研本土耐淹湿生植被种类的基础上进行科学选择。

(7) 风光互补供电系统技术应用

技术内容:通过风力带动三片扇叶与永磁发电机作用产生直流电,存储到蓄电池中,使用时通过变频逆变器将蓄电池内直流电转化为交流电输出作为办公、生活或照明用电。将太阳能转化为电能存储到蓄电池中,蓄电池内直流电经逆变器转化为交流电供使用。

典型项目:该技术在 62 套风光互补离网型供电系统中得到应用,每年的节能量/替代燃料量为 144.8 tce,CO_2 减排量为 376.48 t。

应用时需考虑风资源、太阳能资源、土地、电网接入等问题。项目建设前统筹考虑安全性问题,建设阶段把控好现场安全质量问题。

(8) 船舶交流岸电技术

技术内容:通过将船舶电力系统接入陆上电源,实现在港区靠泊过程中可以停止使用所有船舶发电机,实现船舶靠泊期间大气污染物零排放。

典型项目:该技术在"中海天王星"岸电系统中得到应用,每年的节能量/替代燃料量为 55 tce,CO_2 减排量为 122 t。

应用时应符合相关标准规范,并注重船岸岸电设施的衔接匹配。

(9) LNG 燃气动力消拖两用全回转拖轮应用技术

技术内容:通过应用 LNG 清洁燃料,并进一步优化动力系统,提高燃料经济性,达到降低传统燃料使用量,降低碳排放的效果。

典型项目:该技术在甬港消拖 60 港作拖轮中得到应用,每年的节能量/替代燃料量为 450 tce,CO_2 减排量为 1 650 t。

6) 节能评价

《绿色交通设施评估技术要求 第 3 部分:绿色航道》(JT/T 1199.3—2018)规定了绿色航道和绿色船闸评估的基本要求、评估指标体系及评估方法,适用于新建、改扩建的内河航道和船闸。航道工程节能措施的制定应参照计分方法,尽量使工程实现绿色、低碳、节能。节能部分的评估指标体系及等级划分见表 12.4。

表 12.4　航道"节能低碳"指标计分

一级指标	满分	二级指标	满分	三级指标	满分	计分方法
节能低碳	10分	能源节约利用	5分	节能措施	3分	a) 采用节能型施工设备,得1分; b) 施工区采用集中供电措施,得1分; c) 合理安排施工工序,提高机械使用率和满载率,降低施工设备的单位能耗,得1分
				绿色照明灯具使用率	2分	施工期间,绿色照明灯具占总灯具数量比例达90%(含)以上得2分,80%(含)~90%得1分,80%以下不得分
		绿色能源利用	5分	可再生能源	3分	采用太阳能、风能、地热能等可再生绿色能源一种及以上的得3分
				高效、清洁、安全的新能源的应用	2分	a) 采用高效、清洁、安全的新能源作为动力的车辆,得1分; b) 建设有天然气加气站,得1分

12.3　工程案例

12.3.1　宿连航道(京杭运河至盐河段)整治工程一期工程

1) 工程概况

宿连航道(京杭运河至盐河段)整治工程一期工程航道西起京杭运河宿迁城区段(刘老涧船闸上游4.4 km处),经陆运河、路北河、军屯河,东至沭阳县沭新河南船闸下游,全长58.5 km。按照三级航道标准建设。

一期工程的建设将进一步完善骨干航道网络,升级改造干线航道,推进内河航道整治,构建"连城达港、通江入海连运河"的联运体系,扩大水运中转能力,形成以"两纵五横"干线航道为骨架的水运通道网络。

2) 能耗分析

(1) 能耗的主要环节及设备

本项目建成后,航道本身没有耗能,耗能主要设施由航道配套设施、船闸系统、锚地及服务区系统等组成,可分为如下四个方面:

① 航道工程能耗,包括:通行航道间船舶照明用电;航道管理及办公区的照明用电;航道配套工程设施等用电;生产生活用水,主要为靠泊船舶用水和人员生活用水。

相关用电设备可接入市政电网,按需供电;靠泊船舶用水约占全部用水额的50%,人员生活用水约占全部用水额的40%,不可预见和管网漏水等约占10%。

② 航运梯级工程能耗,包括:船闸、阀门启闭机械设备用电;照明用电,包括闸室、上下引航道、停泊锚地及办公区的照明;远方调度站、闸管所及控制室暖通设备及给排水设备等用电;生产生活用水,主要为靠泊用水和人员生活用水;备用发电机设备柴油消耗。

主要电力耗能设备是启闭机、照明灯具和空调设备等;靠泊船舶用水约占全部用水额的50%,人员生活用水约占全部用水额的40%,不可预见管网漏水等约占10%。

③ 锚地服务区能耗,包括:船舶靠泊用水,清洗或维修设备用电;锚地及服务区照明用电;工作区暖通设备及给排水设备等用电;人员生活用水;备用发电机设备柴油消耗。

照明用电系统、暖通及给排水设备等可接入市政电网,按需供电;船舶靠泊用水约占全部用水额的70%以上,人员生活用水约占20%,不可预见管网漏水等约占10%。

④ 运营期航道清淤养护,主要为清淤养护施工期间,设备所需油料、夜间施工照明能耗等。

(2) 能耗种类及指标

本工程能耗主要为电、水和柴油。电能主要用于船闸系统、锚地及服务区的照明系统;水主要用于靠泊船舶加水补给、船闸系统用水和服务区管网用水等;柴油主要用于船闸和服务区的备用柴油发电机等。

根据同类工程耗能,对本工程能耗进行计算及评价(表12.5、表12.6)。

表 12.5 年能耗总量表

序号	能耗品种	单位	数量
1	电	10^4 kW·h/a	438
2	水	10^4 t/a	25
3	柴油	t/a	5

表 12.6 综合能耗总量表

序号	能源种类	实物量		折标准煤系数	折标准煤		占总能耗比例(%)
		单位	数量		单位	数量	
1	电	10^4 kW·h/a	438	0.122 9 kgce/kW·h	T标准煤/年	538.3	85.09
2	水	10^4 t/a	25	0.085 7 kgce/t	T标准煤/年	21.4	3.38
3	柴油	t/a	5	1.457 1 kgce/kg	T标准煤/年	72.9	11.52
	总计					632.6	100

本工程2045年预测货运量可达3 610万吨,因此2045年的综合能耗指标为0.175吨标煤/万吨吞吐量。

3) 节能措施

(1) 完善能源管理

① 建立节能管理体制,设立能源管理岗位,明确岗位的任务和职责。

② 建立消耗统计和能源利用状况分析制度,为节能决策提供详细的数据依据。

③ 对有关人员进行节能培训,以减少人员操作失误造成的能源损失。

(2) 用电节能措施

① 对各能耗点实施计量,及时发现不正常的用电情况。

② 选用节能的低压钠灯照明,选用节能型低损耗变压器。

③ 对生产生活及办公区用电设备经常进行维护保养,使其保持良好的工作状态。

④ 对启动频繁的设备尽量采用变频控制,对带载启动的设备采用降压启动方式,以节约用电。

(3) 给排水节能措施

① 各用水单元安装优质水阀、管道和计量水表,降低管道阻力,减少能耗。

② 生产、生活、消防采用合一的供水管网系统,减少管网的漏水点。

③ 利用雨水、河水作冲洗用水及绿化、道路的喷洒用水。

(4) 暖通设备节能

本工程暖通项目能源消耗的主要环节为闸管区、控制室和远方调度室的空调设备及其他通风和制冷设备。

① 尽量采用保温性能较好的墙体,建筑顶层屋面采用先进的、隔热效果好的隔热层设计。

② 通风和空调设备均选用高效率、低噪声的产品,以起到节约电能的作用。

③ 采用 VRV 空调系统,利用其先进的自动化负荷调节控制系统,使空调系统在不同负荷时段能自动卸载,节能运转。

(5) 疏浚施工节能

① 选用配置高效节能柴油机的铲斗船、抓斗船,其单位能耗应符合现行行业标准的规定。

② 精心组织,合理安排工期、工序,控制施工过程中的能耗。如在疏浚过程中,优化作业流程,减少操作环节,使各作业环节相互适应,合理利用设备能力。

12.3.2 通海港区—通州湾港区疏港航道整治工程

1) 工程概况

通海港区—通州湾港区疏港航道新江海河、东灶新河段航道整治里程约 33.9 km,其中新江海河段 28.6 km,东灶新河段 5.3 km,按三级航道标准建设,新建船闸等级为三级,设计最大船舶吨级为 1 000 t。整治工程内容包括航道工程、船闸工程、桥梁工程、土方开挖和疏浚以及绿化工程、标志标牌、信息化等附属工程。

工程建设有利于加快江苏新出海口打造,且能加快落实运输结构调整工作的要求,服务江苏高质量发展;能促进南通通州湾港、产、城融合,充分发挥南通区位优势。本航道为江苏省"二纵五横"干线航道网中通扬线通道的组成部分,项目建设可有效提高区域高等级航道网络化和通达率水平,对区域综合运输网的完善和提升也有着重要意义。

2) 能耗分析

经分析,得出航道能耗主要是新江海河闸和双桥枢纽产生。两船闸主要是闸阀门启闭机械电动机的能耗,占工程总耗能量的比例较大;闸区照明耗能次之。工程能耗概况、年能耗总量以及项目综合能耗见表 12.7～表 12.9。

表 12.7 工程能耗概况表

序号	项目名称	能耗内容		
		能耗系统	能耗工序	能耗设备
1	过闸工艺设备	闸阀门启闭系统	作业全过程	闸阀门启闭机械

续表

序号	项目名称	能耗内容		
		能耗系统	能耗工序	能耗设备
2	闸区照明	作业全过程	非白昼作业	照明灯具
3	环保用电	环保系统	环保过程	环保设备
4	闸区给水	供水系统	生产生活用水	自来水

表 12.8 年能耗总量表

序号	能耗品种	单位	能量耗量	折标准煤(t/a)
1	电	10^4 kW·h/a	58.1	232.4
2	柴油	t/a	13.6	18.4
3	汽油	t/a	13.3	19.4

表 12.9 项目综合能耗总表

项目名称	单位	综合能耗
综合能耗总量	吨标煤/年	270.2
综合能耗指标	吨标煤/万吨通过量	0.131

经比选,工程推荐方案年耗电量为 58.1 万 kW·h,供电外线采用 1 路 10 kV 电源进线,另外自备 150 kW 柴油发电机组一套作为应急备用电源。拟建 1 座 10 kV/0.4 kV 变电所,内设 200 kVA 变压器一台,负责船闸及船闸管理区的动力、照明用电。年用柴油为 13.6 t,汽油为 13.3 t,由船闸管理所自行采购解决。

3) 节能措施

(1) 节能设计

① 机械设备

a. 选用国家推荐的节能设备。

b. 同类产品设备中选择效率较高者。

② 建筑物

根据《江苏省民用建筑热环境与节能设计标准》(DB32/T 478—2001)贯彻国家节能方针政策、改善建筑物室内热环境和提高建筑物采暖、空调降温等方面的耗能的使用效率,建筑设计、采暖与空调设计采取了有效的技术措施,能达到节能 50% 的水平。

a. 在围护结构的选择上,选用环保节能的墙体材料,多孔砖 KP1 等。

b. 选用重质材料满足热惰性指标(D 值)。

c. 对每幢单体建筑物体形系数(S)合理布局,减少外表面积,体形系数控制在 0.32 以下。

d. 严格按设计要求满足窗墙面积比,在朝向上控制在南偏西 5°至南偏东 30°之间,间距系数按标准冬至日底层南向房间保证日照时数不少于 1 h。

e. 建筑遮阳,南、东、西向窗均设置外遮的设施,并且是活动遮阳,遮阳率可达 80%。

f. 层面是平屋面,主要考虑港区的造型特征以及安装太阳能的要求,但均设置保温层,均能满足屋面传热阻值 $R=1.42\ m^2 \cdot k/W$ 的要求。

g. 门窗,特殊部位采用双层窗、平开窗,特殊部门采用门斗设计。

h. 优先采用节能型采光照明系统,使用高效、长寿节能光源和灯具。

i. 对闸区进行绿化。

③ 供电、照明

a. 对各能耗点实施计量,及时发现不正常用电。

b. 节约用电,对照明采用集中控制与分散控制相结合,以避免大面积照明产生的浪费。

c. 选用节能的低压钠灯照明。

d. 采用调速给水泵,适应变工况运行的需要,节省用电。

④ 用水

a. 各用水单元安装优质水阀和计量水表。

b. 排水系统采用分流制,以节约排水能耗。

c. 建立污水处理系统,使部分污水经处理后可再次使用。

d. 道路和绿化的喷洒与消防采用合一的河水供水管网系统,并采用能耗小的水泵。

e. 提高循环水浓缩倍率,减少循环水排污损失,利用处理后的循环水、雨水、河水作道路、绿化的喷洒用水。

f. 对各用水点的闸阀经常检查,以杜绝因闸阀渗漏、破损等引起的水源流失。

(2) 节能施工

① 电力

a. 推广节能型电光源,夜间施工照明采用高效节能灯及灯具等,尽量不使用白炽灯泡照明。

b. 严格执行现行国家标准《交流接触器节电器》(GB 8871—2001),禁止使用 RT0 系列熔断器,JR6、JR16 系列热继电器等低压电气产品。

c. 降低线损和配电损失,尽量采用高压输电,减少低压输电线路长度,以减少输电线损。

d. 施工用电计划报电力供应部门备案,以便开展电网经济调度,最大限度使用无功补偿容量,减少无功损失。

e. 施工用电焊机采用可控弧焊机,禁止使用电机驱动的直流弧焊机。

f. 使用高效节能式变压器、水泵等用电设备,禁止使用能耗高的机电设备。

g. 在提高排水泵运行效率的同时,采取措施减少基坑内渗水量,以达到节能的效果,为减少围堰渗漏,在迎水坡编织袋护坡下铺设一层复合土工膜。

② 施工机械

a. 重型车采用以 EQ153、奔驰和斯泰尔为主导的产品,减少使用黄河、上海等国产旧车型,增加大吨位新车型使用量。

b. 加大柴油车使用比重,提高车辆的实载率和能源利用率。

c. 使用直喷式、缸径 65~105 mm、功率 2.2~14.7 kW 节能型单缸小功率柴油机动力设备系列产品。

d. 提高场外交通道路路面质量,减少油耗。

e. 土方挖运平衡与调配,合理安排施工程序,降低土方挖运运输机械空载率。

f. 合理布置施工场地,精心安排建筑材料进场,减少场内运输。

③ 其他节能措施

a. 混凝土浇筑尽量采用钢模板,减少使用木模板。

b. 施工期间加强废旧物资的再生利用,扩大废旧物资加工能力。

(3) 节能运营

① 加强能源计量、控制、监督和能源科学管理。能源利用的计量、控制、监督和科学管理逐步使用现代化方法,是节能技术进步的基础工作,也是实现工艺、设备最佳运行的必要手段。节能科学管理能够经济和合理有效利用能源,是现代化生产、推进节能水平提高的标志。

② 加强用电设备的维修,提高检修质量。

③ 加强照明管理,采用节能灯,节约非生产用电。

④ 做好节能宣传工作,使人人具有节能意识。节能从身边做起,养成节能习惯,随手关闭水龙头、人走关灯、关机(办公室计算机、打印机等)。对浪费电、水的现象坚决制止。

13 环境保护与水土保持

13.1 概述

环境保护是指人类为解决现实的或潜在的环境问题,协调人类与环境的关系,保障经济社会的持续发展而采取的各种行动的总称。环境保护又是指人类有意识地保护自然资源并使其得到合理的利用,防止自然环境受到污染和破坏;对受到污染和破坏的环境必须做好综合治理,以创造出适合于人类生活、工作的环境。

水土保持是指防治水土流失,保护、改良与合理利用水土资源,维护和提高土地生产力,减轻洪水、干旱和风沙灾害,以利于充分发挥水、土资源的生态效益、经济效益和社会效益,建立良好生态环境,支撑可持续发展的生产活动和社会公益事业。严重的水土流失,会给中国经济社会的发展和人民群众的生产生活带来多方面的危害。

航道工程建设是导致建设性环境污染和水土破坏的因素之一。航道工程建设过程中由于存在大量的开挖、填筑以及弃土弃渣堆放,不仅破坏了原有植被,而且扰动表层土壤结构、改变现状地形,在重力和降雨作用下极易造成水土流失,同时也破坏了局部河段的水生生态,对环境造成了非常不利的影响。因此,做好航道工程的环境保护和水土保持工作是当前航道工程施工必须认真研究和解决的重要问题(图13.1)。

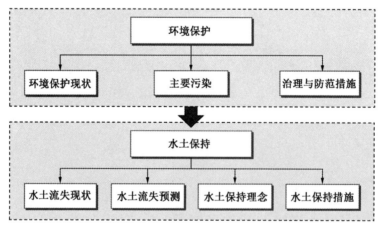

图13.1 环境保护与水土保持流程图

13.2 环境保护

13.2.1 环境影响因素分析

1）生态环境影响分析

（1）陆生生态

陆生生态主要包括陆生植被、陆生动物以及土地资源等，航道工程建设对其可能造成的影响表现为：

① 工程建设中对岸边植被的影响主要体现在航道站建设对土地的占用及护岸工程对原地表植被的破坏，并引发一定水土流失。

② 爆破、施工机械噪声和施工人员往来，对栖息于沿线的野生动物尤其是处于繁殖期的动物造成惊吓，一定时期内在施工作业区附近的野生动物数量会减少，其活动范围也会缩小。

③ 工程建设用房占地以及炸石所产生的弃渣堆放占用沿线地区土地资源，造成有限的生物量损失和产生一定的水土流失。

（2）水生生态

水生生态主要包括浮游生物、底栖生物、水生维管束植物以及鱼类"三场"（产卵场、索饵场、越冬场）等，航道工程建设对其可能造成的影响表现为：

① 在航道整治阶段，水中爆破、疏浚挖泥、抛投等作业引起局部水域水质浑浊，将影响阳光透射，使水中浮游植物光合作用暂时降低，不利于藻类生长繁殖，局部水域的浮游生物的种类和密度有所降低，但是不会造成浮游生物类群的长期性改变。

② 工程炸礁、疏浚、抛投等施工行为直接改变了原住底栖动物的生活环境，从而对其种类、数量、分布产生一定的影响。

③ 工程疏浚、筑坝时挖掉水生维管束植物，破坏其生长环境；施工产生泥浆等悬浮物覆盖水草，影响其生长；水下弃渣的掩埋会导致其死亡。

④ 河道礁石爆破、滩涂挖掘清理，河床淤积多年的泥沙被释放到江水中，使水质受到不同程度的污染，浮游生物、底栖动物等鱼类饵料生物量的减少，改变了原有鱼类的生存、生长和繁衍条件。水下炸礁产生的强大冲击力会造成炸礁区域附近鱼类的大量死亡，施工区域鱼类资源量将有所降低，并在客观上促成鱼类向其他水域迁移，其分布范围因航道施工而有所改变。

⑤ 施工产生的悬浮物、污水、噪声、震动必然对鱼类的洄游产生干扰，严重阻碍鱼类的产卵洄游、索饵洄游、越冬洄游。在鱼类越冬期，施工产生的噪声、震动必然对鱼类越冬场内越冬的鱼类产生很大影响。施工期对河道内的礁石进行爆破，对河床挖掘清理，使所有鱼类的产卵、索饵、栖息受到严重影响；洄游性鱼类的洄游活动暂时受到限制。

施工期对鱼类资源影响的范围和强度都很大，虽然鱼类有主动逃避不利环境的能力，但施工期间对鱼类造成的不利影响，主要表现为对鱼类的栖息地造成毁坏和干扰，进而导致种群数量资源减少。

2) 地表水环境影响分析

疏浚工程、炸礁工程所产生的悬浮物对水环境和河道水质都可能产生不利影响;船舶作业中产生的生产、生活污水如不经处理直接排放,会对局部水域水质造成一定的不利影响。

3) 声环境影响分析

施工期材料运输、炸礁(石)作业、疏浚作业、筑坝工程等机械作业造成的声环境影响,主要有三个方面:固定、连续的施工机械设备噪声;流动式的交通运输噪声;短时、定时的爆破噪声。

(1) 航道整治多单机施工机械噪声,其中,船舶运行噪声昼间最大在距声源 10 m 以外可符合现行国家标准《声环境质量标准》(GB 3096—2008)规定的 2 类标准限值;材料运输昼间最大在距声源 40 m 以外可符合 4a 类标准限值,80 m 以外可符合 2 类标准限值;挖泥机械作业昼间最大在距声源 20 m 以外可符合 2 类标准限值。

(2) 航道工程评价范围内,声环境保护目标较为分散,所有敏感点与施工地点(主航道范围内)距离一般都在 100 m 以外,因此水上作业不会造成各敏感点出现施工噪声超标现象。各种施工材料的运输,施工船舶的运行噪声对临近码头的建筑物会造成一定的影响。

(3) 陆上炸石点一般距离最近的敏感点(村庄、城镇)都较远,因此陆上炸石对评价范围内声环境敏感点不会产生影响。水下炸礁由于水的阻力作用,噪声的影响范围更小,一般小于 80 dB(A)。

4) 固体废物影响分析

施工期固体废物的主要来源为施工船舶垃圾以及航道疏浚、炸礁、炸石筑坝等产生的残渣、碎石等。

炸礁产生的碎石、筑坝残渣,水域挖泥疏浚产生的弃泥等会在短期内改变作业区及附近水域水质环境,使水中悬浮物含量增加,水变浑浊,水质下降,并局部破坏水域中动植物的栖息环境;但悬浮物影响是暂时的,可为水体自净作用所消除,同时炸礁(石)所产生的碎石及疏浚废渣将全部清运到相应的抛投区,也有效地减轻了对周围环境的影响。因此,施工期固体废弃物对水环境的影响时间短、范围小,只要在施工期加强环境管理,严格执行既定的环保措施,固体废物对环境不会产生明显影响。

13.2.2 治理与防范措施

1) 生态环境保护措施

施工前就保护区内施工的问题征询保护区管理机构的意见,共同制定行之有效的防护措施并征得保护区管理机构同意后,才可进行施工。

(1) 保护自然植被,严格控制施工范围和规范施工活动,禁止工程外的一切植被破坏行为,加强监督管理,对本工程占地或施工造成的植被破坏须采取生态恢复措施予以补偿。施工期间若发现保护植物,首先应考虑避让措施并挂牌标识;若无法避让,必须移栽并挂牌标识,移栽时须考虑移栽的时间和地点的适宜性,须在植物专家的指导下进行。

(2) 进行水下爆破、勘探、施工作业,对渔业资源有严重影响的,作业单位应当事先同有关县级以上人民政府渔业行政主管部门协商,采取措施,防止或减少对渔业资源的损害。

(3) 在主要经济鱼类繁殖期(一般为每年的 3~6 月份)不进行炸礁疏浚、倾倒作业,施工期避开鱼类洄游季节(一般为每年的 4 月份)。

(4) 采用先进施工工艺、方法及设备,如选择环保型炸药等。

(5) 制定科学炸礁施工方案,建立鱼类临时救护机制,对施工区内发现的珍稀保护鱼类及时进行暂养或放归,落实鱼类救护措施。正式施工前应先以少量炸药进行试爆,对需炸礁的河段分段进行,实行点炸,同时采用"电赶拦鱼"设备,在炸礁作业前,实施电赶驱鱼。

(6) 若施工过程中发现保护鱼类受到意外伤害后,须在渔政部门指导下对受伤鱼类及时进行救助,若发现有珍稀水生生物(中华鲟、花鳗鲡等)应立即停止施工。

2) 地表水环境保护措施

(1) 加强对施工期的环境管理,制定严格的规章制度,严禁将生活垃圾、施工废水、机械废油排入河中。施工期、营运期严格执行《船舶水污染物排放控制标准》(GB 3552—2018)的要求。

(2) 施工建筑垃圾不得弃至航道中,筑坝前应先筑好围堰然后再抛石筑坝,以防止施工泥土散落河中;所需石料尽可能优先考虑使用就近炸出的水下礁石或者水上炸石产生的废弃石块。

(3) 施工期间,重点在取水口布设防污屏以减缓和避免对水环境保护目标的污染影响。航道沿线各城镇集中式生活饮用水一级、二级水源保护区水域内严禁设置疏浚、炸礁物抛投区域。

(4) 船舶运输施工材料过程中加强管理,避免施工材料坠入航道中,造成水环境污染。采用先进施工工艺和机械,减少对地表水体的污染。

3) 声环境保护措施

(1) 施工单位应做好施工设备的维护保养,使施工设备处于良好状态,保持低噪声运行。

(2) 中午休息时间尽量不要在码头运输和装卸施工材料。

(3) 夜间禁止爆破和进行其他高噪声机械设备作业。

(4) 建议城镇规划未建成区航道两侧最小防护距离为:距航道中心线两侧 100 m 以内范围不宜新建居民点;200 m 以内范围不宜新建学校。

4) 固体废物处理措施

(1) 建筑垃圾可用于场地回填或由环卫部门运至垃圾处理场填埋处。

(2) 船舶生活垃圾由航道沿线的港口、船闸及航道管理部门认可的其他船舶垃圾接收单位统一接收,环卫部门运至垃圾处理场填埋处理。

13.3 水土保持

13.3.1 水土流失的影响与危害

1) 水土流失影响因素分析

(1) 工程开挖和填筑

工程开挖过程中,因表层土剥离、取土和弃土等工作,使其工作面的原生地貌和植被遭受破坏,地表裸露、土壤结构疏松,表土抗蚀能力减弱,原有的自然稳定状态受到破坏,失去原有植被的防冲、固土功能,从而在雨滴打击、水流冲刷等外营力的作用下,增加新的水土流失。工程填筑导致地形的改变,在施工过程中形成填筑边坡,改变原有坡面的汇流条件,易造成水力侵蚀,使水土流失由原来的面蚀改变为沟蚀,形成新增水土流失。加上地质构造、土壤类型等因子,在重力作用下,新筑边坡也易产生滑、塌等形式的土壤侵蚀。

(2) 取土采料

取土采料将对地表植被造成严重破坏,使底层土壤裸露,土壤结构严重破坏,抗侵蚀能力降低,遇暴雨将会发生水土流失。

(3) 施工弃土

弃土占压土地、自然植被及其他水土保持设施,降低原有的水土保持功能;弃土为松散堆积体,若不采取适当的防护措施,容易造成土体表面的冲刷,甚至产生土体塌滑,引起水土流失,弃土亦再塑了原地貌,影响周边地区的水土流失状况。

(4) 其他临时占地

工程建设过程中,施工场地、临时道路等临时占地将对占地范围内的植被和地表土壤造成一定程度的破坏,这也会为水土流失的发生和加剧创造条件。

(5) 拆迁安置

工程建设将造成一定数量的拆迁,在移民安置过程中,受移民建房等人类活动的影响,将造成对土地、地表植被的占压和破坏,可能引发新的水土流失。

2) 可能造成的水土流失危害

工程建设过程中,由于扰动和破坏了原地貌,加剧了水土流失,如不采取有效的防治措施,将对工程和当地的水土资源和生态环境带来不利影响。主要表现在:

(1) 增加河道淤积,影响河道排洪

工程建设中扰动原土层和破坏了原地貌,植被受损,裸露地表增加,为各种侵蚀创造了条件。施工中弃土(渣)若不及时有效地防治,在降雨径流作用下,泥沙将直接进入河流,加大河道的含沙量,造成底泥二次淤积,不利于下游沿岸地区的防洪除涝。

(2) 加速土地肥力流失,降低地力

土地破坏后导致水土流失加剧,使土壤有机质流失、结构破坏,土壤中的氮、磷和有机物及无机盐含量迅速下降;同时土壤中生物、微生物及它们的衍生物数量也大大降低,从而使立地条件恶化,不仅影响农业生产,同时也给以后的植被恢复和土地复垦工作增加了难度。

(3) 降低水域功能

伴随着水土流失现象的发生,地表径流夹带进入水体的悬浮物及其他有机污染物数量增加,有利藻类生长而使水中含氧减少,从而使该水域水体功能下降,对局部生态环境有一定不利影响。

13.3.2 水土流失预测

水土流失预测是对项目可能造成的水土流失危害进行预测和分析,预测水土流失危害形式、程度,可能产生的后果。根据预测结果,分析并明确产生水土流失的重点区域(地段)

和时段、水土流失防治和监测的重点区段和时段,并对防治措施布设提出指导性意见。

水土流失预测应在主体工程设计功能的基础上,根据自然条件、施工扰动特点等进行,可从气象(降水、大风)、土壤可蚀性、地形地貌、施工方法等方面进行水土流失影响因素甄别,分析项目生产建设产生水土流失的客观条件。扰动前土壤侵蚀模数应根据自然条件、当地水文手册、土壤侵蚀模数等值线图、库坝工程淤积观测、相关试验研究等资料合理确定,并作为水土流失预测分析的基础。扰动后土壤侵蚀模数应根据施工工艺、施工时序、下垫面、汇流面积、汇流量的变化及相关试验等综合确定。

开发建设项目可能产生的水土流失量应按施工准备期、施工期、自然恢复期三个时段进行预测。每个预测单元的预测时段按最不利的情况考虑,超过雨季(风季)长度的按全年计算,不超过雨季(风季)长度的按占雨季(风季)长度的比例计算。水土流失预测单元的划分应符合下列要求:

(1) 地形地貌、扰动地表的物质组成相近;
(2) 扰动方式相似;
(3) 土地利用现状基本相同;
(4) 降水或大风特征值(降雨量、强度与降雨的年内分配等)基本一致。

水土流失预测内容包括开挖扰动地表面积、损坏水土保持设施的数量、弃土(石、渣)量、水土流失量、新增水土流失量、水土流失危害等。在选择水土流失量预测方法时,应符合下列规定:

采用类比法进行水土流失预测时,当具有类似工程水土流失实测资料时,应列表分析预测工程与实测工程在地形地貌和气象特征、植被类型和覆盖率、土壤、扰动地表的组成物质和坡度、坡长、侵蚀类型、弃土(石、渣)的堆积形态等水土流失主要因子的可比性。当预测工程与实测工程具有较强的可比性时,可采用类比法进行水土流失预测,根据对水土流失影响因子的比较,对有关参数进行修正。

有条件的地方可采用当地科学试验研究成果并经鉴定认可的公式和方法。

宜通过试验、观测等方法进行水土流失预测,可在项目区设立监测小区(或径流小区)和土壤流失观测场,采用天然或人工模拟(降雨)试验,取得不同预测单元的土壤流失模数。通过对上述指标的论证分析与调整,采用类比法的公式进行计算。

位于大中城市及周边地区、南方石漠化地区和西北干旱地区的开发建设项目,以及有大量疏干水和排水的项目,还应进行水损失(或水资源流失、有效水资源的减少)的预测,以减轻城市排水防洪压力,改善水环境。其预测基础应为工程按设计建成后的情况。

13.3.3 水土保持理念

水土保持的设计理念就是在对工程建设可能产生水土流失预测、分析的基础上结合主体工程已做的防护设计,从水土保持角度出发,建立统一、科学、完善的防治措施体系,达到控制水土流失、恢复和改善生态环境的目标;结合工程用地性质,对项目区可实施绿化的区域进行植被恢复与重建,提高项目区的植被覆盖率,改善项目区生态环境条件;开挖损坏原地貌植被的地点,经工程措施及植物措施治理后,减少水土流失量,基本恢复和控制水土流失。

13.3.4 水土保持措施

根据航道整治建设过程中各工程地形单元上水土流失的特点、危害程度以及水土流失防治的目标,合理、全面、系统地规划提出各种工程地形单元的水土保持措施,使之形成一个完整的以工程措施为先导、土地整治与植物措施相结合的水土保持体系。

1) 堤防工程防治区

堤防工程在施工之前先将表土剥离堆存,用于后期覆土整治。表土可临时集中堆置在护堤地内,堆放边坡比控制在1:1.5左右,平均堆高不超过4 m为宜。在堆土场地四周筑挡土坎和排水沟,所筑挡土坎尽量选择黏土,并夯实,采用彩条布临时覆盖遮挡,防止水蚀和风蚀。在挡土坎外侧设置简易排水沟,临时堆土场的排水经沉砂池沉淀后排入附近的排水沟渠,内壁应夯实。

新建、退建堤防堤顶道路路肩两侧、边坡以及堤防背水侧护堤地内应采取植物措施进行防护。由于堤防边坡坡面土壤松散,抗冲性差,当汇流沿坡面下泄时,易对坡面表层土造成严重的溅蚀、面蚀和沟蚀,甚至形成冲沟而造成水土流失,同时对堤基也造成破坏,沿堤线纵向堤基边坡上设置临时性边坡排水沟,用以排泄路面上的集中汇流,边坡排水沟在坡脚处设横向截水沟或缓冲带。在边坡排水沟和截水沟的末端进入泄水道前设沉砂池兼消力池,以阻留从坡面冲蚀的土壤。

堤基施工结束后,如不能及时进行边坡防护工程的施工,遇汛期须采用塑料彩条布对堤基边坡进行苫盖,以防降雨、径流对堤基边坡形成的溅蚀、面蚀和冲蚀。

2) 桥梁改建防治区

施工过程中主要是对桥墩(台)施工的临时防护。首先填筑围堰,围堰施工过程中,应做好围堰外坡的防护措施,采用袋装土防护。

由于建桥后桥墩的阻水影响,流速增加,为保证桥址断面上下游临水侧岸坡的稳定,避免因桥梁建设造成岸坡冲毁,大桥中心线上游50 m、下游100 m范围内河段迎水坡采用浆砌块石护砌,下设碎石垫层,使建桥后河道流态在桥位处不致产生大的变化,以减少建桥对河岸安全产生的不利影响,保护桥台的安全。

3) 抛泥区

施工前先将抛泥区的表土剥离,堆放于场地一角,堆高不大于3 m,边坡比为1:1.5,在其表面应跟进施工历时采取相应的防护措施,主要是采用苫盖或撒播草籽防护等。围堰在填筑之前,沿围堰外侧先筑土坎,再进行围堰的填筑施工,筑土坎尽量选择黏土。

此外,为使抛泥区排水连接到现有灌排渠系,需开挖连通排水沟。土方堆于排水沟两侧,表层土在最下层,便于施工结束后回填。为防止抛泥区耕地表面径流对背水侧堰坡的冲刷,以及抛泥区背水侧围堰渗水对其周围的农田、道路及村舍等产生浸没。沿背水侧围堰设置堰坡排水沟,在堰内外侧各设置截水沟,将围堰边坡汇流导入附近的排水沟渠内。考虑到抛泥区淤土组成以砂性土为主,地力及保水性能均较差,不利于农作物的生长,根据现状用地类型和改造后的土地利用方向,待施工结束后,应予以覆土改良,以满足农作物耕种的最低要求。土地整治后的耕地表面应为倒坡,即以一定的耕作坡度向背水侧倾斜,以防止地表径流对迎水侧堤坡的冲刷。施工结束后对抛泥区围堰边坡采取植物措施,考虑当地居民需求,以种植经济作物来改善土质。

4) 闸坝工程防治区

航道整治中为满足通航水位要求,需设置橡胶坝和船闸;工程实施过程中,需在上下游填筑围堰,并开挖导流明渠;为防止河流对围堰的冲刷,在围堰脚部需采取挡护措施,导流明渠也应采取相应的防护措施。工程完工后,需对本区内导流明渠等临时占地进行土地整治、深翻,船闸管理所对其采取绿化美化措施。

5) 管理服务区

航道沿线的主、辅服务区施工前应采取表土剥离措施,以备后期覆土绿化所需;加之船闸施工过程中的基坑开挖,将会产生一定的临时堆土,需采取拦挡防护措施,并在其周边设置排水沟、沉砂池顺接至河道内。施工结束后需对管理区采取绿化美化措施。

6) 临建工程防治区

临建工程主要是施工场地和施工道路。施工场地施工时将会对占地范围内的植被和地表土壤造成一定程度的破坏,为水土流失的发生和发展创造了条件,必须采取措施进行防护。施工场地施工前需设置排水措施,施工完毕后清除施工场地硬化层,并回填表土,进行土地整治后归还当地进行复耕。施工道路在施工过程中一般不采取路面硬化措施,易于因降雨击溅或径流冲刷作用而造成路面土壤的侵蚀,是工程建设中对水土流失较为敏感的工程单元,应在路面铺设碎石子。

13.4 工程案例

13.4.1 京杭运河绿色现代化航运综合整治工程(江南段)

1) 项目概况

苏南运河,又称江南运河,是国家水运主通道京杭大运河的重要组成部分,位于长江下游的太湖水网平原,沟通长江与太湖水系,穿越流域腹地和太湖下游水系,起着水量调节与转承作用,贯穿苏州、无锡、常州、镇江四市,北起镇江长江谏壁口门,南至江浙交界的鸭子坝,全长约 212 km。

苏南运河流经区域属长江水系和太湖水系,区域内河网纵横交错、湖塘星罗棋布,京杭运河和申张线纵贯南北,西有太湖、隔湖、长荡湖、天目湖,东为长江。苏南运河北连长江,南抵浙江,中部经苏申内港线、苏申外港线到达上海,东部通过九曲河、新孟河、德胜河、锡澄运河、锡十一圩线、杨林塘与长江沟通,西侧有丹金溧漕河、锡溧漕河、苏西线等与太湖、隔湖相连,形成了江、湖、河通江达海的水运网络。

2) 环境保护

(1) 环境现状

① 气环境质量现状

根据《2018 年度江苏省生态环境状况公报》,2018 年全省环境空气质量优良天数比率为

68.0%,与2017年相比保持稳定。主要污染物中颗粒物、二氧化硫、二氧化氮和一氧化碳浓度同比有所下降,臭氧浓度同比持平。其中,细颗粒物(PM2.5)年均浓度较2017年下降2.0%,达到国家年度考核目标(43 mg/m³)。受颗粒物、臭氧及二氧化氮超标影响,四个设区市环境空气质量均未达二级标准。

② 地表水环境质量现状

根据苏南运河流经各市的"2018年度生态环境状况公报",苏南运河监测断面基本全部达到地表水Ⅲ类标准,污染指数评价等级为轻度污染。

③ 生态状况

苏南运河流经镇江、常州、无锡、苏州四座地级市,流经地区属东亚季风气候区,处在亚热带和暖温带的气候过渡地带。气候温和、四季分明,季风显著,冬冷夏热、春温多变、秋高气爽,雨热同季、雨量充沛、降水集中,梅雨显著,光热充沛。常年平均气温12.6~16.1 ℃,冬季平均气温3.0 ℃,夏季平均气温25.9 ℃。受北亚热带海洋性季风气候影响,航道所在地多年平均年降水量为704~1 250 mm。全年降水量季节分布特征明显,其中夏季降水量集中,基本占全年降水量的一半;冬季降水量最少,占全年降水量的十分之一左右;春季和秋季降水量各占全年降水量的20%左右。夏季6月和7月间,受东亚季风的影响,淮河以南地区进入梅雨期,梅雨期降水量常年平均值大部地区在250 mm左右。航道沿线地区风能资源丰富,部分地区年平均风速可达5.0 m/s以上,年风能有效小时数可达6 000 h以上,年平均风功率密度可达200 W/m²。境内动植物资源丰富,尤以水产品、家禽和土特产品为甚,人均淡水产品产量位居全国前列,素称"鱼米之乡"。农业主要有水稻、小麦、油菜籽、棉花等种植业;养殖业主要有淡水鱼、虾、蟹和鸡、鸭、鹅、猪、兔、羊及特种水禽、家禽等;林果、桑蚕、药材、外贸农产品亦很丰富。

④ 声环境现状

根据《2018年度江苏省生态环境状况公报》,全省设区市昼间区域声环境质量总体较好,噪声平均等效声级为54.9 dB,同比上升0.3 dB;夜间区域声环境质量总体一般,噪声平均等效声级为46.0 dB,较2013年(夜间声环境质量每5年监测一次)上升0.2 dB。

⑤ 土壤现状

现状监测数据结果表明,本项目航道沿线土壤环境质量能够满足《土壤环境质量 农用地土壤污染风险管控标准(试行)》(GB 15618—2018)和《土壤环境质量 建设用地土壤污染风险管控标准(试行)》(GB 36600—2018)筛选值要求。

(2) 工程环境影响

① 建设期

航道建设期污染源是因疏浚工程、护岸建设、护岸建设中的基础工程和其他土石方工程产生,污染物主要有疏浚的水下弃方、建筑垃圾、粉尘、施工人员生活垃圾、施工噪声和施工设备排放的有害气体等。

② 营运期

航道营运期的污染源和污染物包括:

有害气体:过往船舶排放的二氧化硫、一氧化碳等。

固体废弃物:船舶在营运时船员排放的生活垃圾。

溢油:船舶用油的跑、冒、滴、漏。

噪声:船舶在停靠时的鸣笛和航行时的机械噪声。

③ 可能引起的生态变化

本工程范围为苏南运河全线,对于建设绿色生态的航运设施、低碳环保的航运装备、高效顺畅的航运组织、人文智慧的航运服务起着至关重要的作用。但建设工程也不可避免对区域内社会自然环境、群众生活产生一定的影响。主要表现为以下几方面:

a. 社会环境:航道疏浚、应急保障码头及水上搜救应急基地新建、航道护岸的加固和改建、公路桥改建等工程建设期间,对周围区域居民的交通、出行带来不便,对沿线居民正常生产和生活可能产生一定的影响。但随着航道的通过能力提高,将大大促进周边城市的经济发展,改善沿线居民的生活水平。

b. 生态环境:航道护岸工程施工对沿线原有植被和局部生态环境有所改变,从而影响到与植被密切相关的动物或微生物生态系统。疏浚工程可能会影响底栖生物栖息地,航道的建设可能会造成短期生态系统的变化,而生态环境的改变将有可能使部分动物迁移和丧失。但是所建的新护岸和绿化带将会形成新的生态环境。

c. 声环境:对沿线声环境造成影响的噪声源主要包括施工期的机械噪声和运营期的船舶噪声。施工阶段的施工机械、船舶和运输船舶、车辆都具有高噪声、无规则等特点,因此,在施工期要加以控制。航道建设工程完成后,随着航行条件大为改善,船舶通过量增多,船舶航行的机器噪声将对沿线居民的生活环境产生一定的影响。

d. 大气、水质等环境:航道建设工程施工时引起的粉尘、烟尘影响大气环境,从而对人体及周围生态环境带来伤害。运营期船舶产生的含油废水和生活污水对水质也将产生不利影响。但随着绿化环境提升的实施,在苏南运河两侧形成生态河流缓冲带,对进入河流的污染物有一定的截留作用,必将减少污染物的最终入河量,会大大改善航道的水质状况。

(3) 环境保护对策

① 施工期防治污染和减缓影响的方案

合理确定施工总平面布置,土方临时堆场、机械冲洗场不得布置在易于冲刷入河的区域,施工区域下游应设置截水沟截留雨水径流并引入隔油池、沉淀池处理。

施工便道表面采用碎石铺盖或水泥浇筑硬化,禁止采用土质便道。

施工区域进出口设置车辆冲洗台,并安排专人值守。进出场车辆的轮胎必须经冲洗干净后方可进出场作业。

土方和散货物料的运输采用密闭方式,运输车辆的车厢应配备顶棚或遮盖物,装载的物料高度不得超过车厢栏板高度。

施工单位配置清扫车和洒水车,每天定时对施工区域、运输道路进行清扫、洒水。

施工物料运输在途经居民集中区时,应减速慢行,禁止鸣笛。

施工机械的噪声应符合噪声控制标准要求,宜沿施工临时用地界设置实心围挡,尽量避免在夜间(22:00~6:00)施工。

施工船舶应安装油水分离器、生活污水和垃圾贮存容器。船舶污染物交由海事部门接收船统一处理,不得在施工水域排放。施工营地生活垃圾由环卫部门定期清运处理。拆迁建筑垃圾一并运送至城市管理局核准的工程渣土弃置场统一处理。

临时堆土场四周设置编织土袋围挡和临时排水沟,土堆高度不超过 3 m,边坡坡率 1∶1.5。晴天时洒水防尘,雨天时覆盖篷布防雨。

水下方弃土尽量选在低洼地区(特别对含有害物质的河底淤泥),场地应在吹填前设置黏土围堰,并在弃土表层用熟土覆盖,以便缩短复耕时间并及时种植经济作物。

桥梁钻孔灌注桩施工时,应设置密封的泥浆储存池临时储存泥浆,加强检查泥浆管道的密封性。废弃泥浆应及时由泥浆管道抽吸至泥浆沉淀池进行处理,干化的泥浆作为工程弃渣处理。

② 营运期防治污染和减缓影响的方案

航道管理部门加强对沿线厂矿企业污水排放的管理,要求其建立生产污水处理站,进行二级排放。

船舶应配备生活污水、垃圾的储存容器和油水分离器,收集船舶生活污水、垃圾和油污水,交由海事部门接收船或上下游船闸废水、垃圾收集站统一处理。

结合绿化及景观建设,在航道两岸设置乔木、灌木、草坪相结合的绿化体系,在经过村庄房屋集中分布区域的航道护岸后方陆域密植乔木或灌木带,降低航道噪声影响并阻挡和吸收船舶排放的废气污染物。

推进船舶使用低硫油和船舶油改气,降低船舶废气污染物的排放总量。

加强航道交通秩序维护和海事监管,避免发生水上交通堵塞而增加船舶废气污染物的排放量。

3) 水土保持

(1) 工程拟建地的水土流失现状

本项目沿线基本为平原区,以耕地为主,植被覆盖率高,侵蚀形式以面蚀和沟蚀为主,水土流失类型为水力侵蚀,属微度侵蚀。

(2) 水土流失现状

现状河道大部分已实施护岸工程,部分自然护坡段可能受通过船舶的船行波影响而流失少量水土。

(3) 水土流失预测

本工程在施工过程中,可能因开挖使地表植被遭到破坏,原有表层土与植被之间的平衡关系失调,表土层抗蚀能力减弱,在雨水、水流和风蚀作用下产生水土流失。

在大挖方段施工过程中,由于挖方量大于填方量,多余土石方因受土质、地形或运输条件的限制,不得不进行弃渣处理,可能会导致新的水土流失。

施工过程中,施工作业面处理不当,也可能造成新的水土流失。

(4) 水土保持方案设计

水土保持方案设计的目的就是在对工程建设可能产生水土流失预测、分析的基础上结合主体工程已做的防护设计,从水土保持角度出发,建立统一、科学、完善的防治措施体系,达到控制水土流失、恢复和改善生态环境的目标;结合工程用地性质,对项目区可实施绿化的区域进行植被恢复与重建,提高项目区的植被覆盖率,改善项目区生态环境条件;开挖损坏原地貌植被的地点,经工程措施及植物措施治理后,减少水土流失量,基本恢复和控制水土流失。防治措施体系总体上按"分片集中治理、分单元控制"的方式进行布局。

① 航道工程区

主体工程设计对工程完成后的防护措施设计充足,不需要再补充工程和植物措施,本方案主要补充临时防护措施,包括临时拦挡措施和临时排水措施。

a. 临时拦挡措施

本项目围堰主要考虑挖方和回填施工过程的临时防护措施。初步拟定在开挖边坡坡脚布置编织土袋拦挡措施。编织土袋挡墙断面宽 0.6 m,平均堆高 0.6 m,所需土料直接取自开挖表土。施工将结束时拆除土袋挡墙,用做绿化用土。

b. 临时排水措施

在开挖和回填施工阶段,为有效地疏导水流,减少陆域径流对施工面的冲刷,需设置一定的临时排水措施。拟在开挖边坡坡顶外开挖临时土质排水沟,以截流施工区域外的地表径流,排水沟采用梯形断面,顶宽 0.6 m,底宽 0.4 m,深 0.4 m,土工布覆盖防护。围堰内积水采用潜水泵抽排,排水口设沉砂池,沉沙池长 5 m,宽 3 m,深 1.5 m,采用 24 cm 砖衬砌并抹水泥砂浆。

② 混凝土搅拌站和预制场

a. 临时措施

临时拦挡。为防止工区平整给周边环境带来不利影响,拟在工区周边采取编织土袋拦挡,拦挡断面采用 0.6 m×0.6 m(高×宽)。

临时排水。在挡墙外设置临时排水沟,排导周边径流对工区的冲刷,水沟断面采用上底宽 0.6 m,底宽 0.4 m,高 0.4 m,土工布覆盖防护。

b. 植物措施

本项目工区在使用完毕后进行全面整地。整地完毕后,施工营造区撒播草籽进行临时复绿,选用狗牙根等草籽进行撒播。

③ 堆土场和弃土区

a. 临时措施

临时拦挡。本项目利用低洼地回填弃土,拟在淤泥干化场、临时堆土场周边采取编织土袋拦挡,拦挡断面采用 0.6 m×0.6 m(高×宽)。

临时排水。在挡墙外设置临时排水沟,以排导周边径流对弃土堆的冲刷。水沟断面采用上底宽 0.6 m,底宽 0.4,高 0.4 m,土工布覆盖防护。淤泥干化场内积水采用潜水泵排出,排出口设沉砂池,沉沙池长 5 m,宽 3 m,深 1.5 m,采用 24 cm 砖衬砌并抹水泥砂浆。每处淤泥干化场设 1 个沉砂池。

b. 植物措施

弃土回填完毕后进行全面整地,整地完毕后,撒播草籽进行临时复绿,选用狗牙根等草籽进行撒播。

13.4.2 杨林塘航道整治工程

1) 项目概况

杨林塘航道起自申张线上的巴城镇,流经苏州昆山市、太仓市,至长江杨林口结束,整治前全长约 41 km,沿线与南石头塘、盐铁塘、吴塘河、金鸡河、茆莎塘交叉。杨林塘、金鸡河航道现状等级为七级,吴塘河现状等级为等外级;跨河桥梁众多,净空高度较低;杨林塘入江口门 1.1 km 处为杨林节制闸,通航孔宽度 10 m,可利用平潮开通闸。

杨林塘航道是江苏省干线航道网规划"二纵五横"中连申线苏南段的重要组成部分,它沟通长江和申张线,连接苏州港太仓港区。本项目工程实施后可解决苏州港太仓港区集疏运方式相对单一的问题,完善太仓港区集疏运方式,同时可为集装箱内河运输提供便捷的集疏运通道;对于缓解公路集装箱运输的压力、保护生态环境、促进上海国际航运中心的建设发挥重要作用。项目的建设将进一步完善我省内河航道网,形成新的苏沪水运通道。

2) 环境保护

(1) 环境现状

① 水环境现状

根据环评报告,各水环境监测断面均存在不同程度的超标。水质超标主要因子为氨氮和总磷,超标的原因主要是受监测断面附近乡镇生活污水未经处理直接排放、农村面源污染严重无序、船舶生活污水与含油废水的排放、企业污水的排放等的综合影响,总体上杨林塘水质不符合功能区划要求。

② 大气现状

根据环评报告,航道沿线各大气监测点的 NO_2、SO_2、TSP 的日均值均达到大气环境质量二级标准。

③ 声环境现状

根据环评报告,航道沿线昼间噪声基本可达《声环境质量标准》(GB 3096—2008)相应标准,均未出现超标现象。

④ 土壤与底泥环境现状

根据环评报告,航道沿线土壤各项指标均符合《土壤环境质量 农用地土壤污染风险管控标准(试行)》(GB 15618—2018)Ⅲ级标准,土壤总体质量良好;底泥各监测指标均符合《农用污泥污染物控制标准》(GB 4284—2018)中的标准限值,没有超标现象。

⑤ 生态环境现状

航道沿线成片的林地较少,主要是防护林,在河道两岸零星分布,主要树种是杨树和柳树,还有人工栽培的银杏树。裸露地表极少,多数为水边生长的杂草和芦苇。沿线以农田生态系统为主,主要种水稻、小麦、玉米和蔬菜,主要植被为农田植被和苗圃。河道水质尚好,周边水产养殖地较多,鱼类资源丰富,有鳗鲡、青鱼、草鱼、团头鲂、鳙、鲢、鲤、鲫、泥鳅、鲶鱼等。

野生动物主要有青蛙,偶见麻雀、喜鹊。根据现场调查和咨询,未发现国家重点保护野生动植物物种。

⑥ 地下水环境

根据环评报告,岳王地下水监测结果显示,除氨氮外,其他各项指标均符合《地下水质量标准》(GB 14848—2017)Ⅲ类水质标准,航道沿线地下水水质总体良好,基本符合功能区划要求。分析氨氮超标的原因,认为除受到地面水污染影响外,可能与当地的土壤过量施肥有关。

(2) 工程环境影响

① 施工期

a. 水环境

根据环评报告,本次工程施工期对水环境的影响主要为疏浚工具造成悬浮物二次扩散和施工人员生活废水对水环境的影响两方面。

施工期航道疏浚时水体悬浮物浓度为营运期的 2.11~7.04(平均 4.275)倍,DO 和 COD 浓度变化不大,说明航道疏浚施工对水体浑浊度的影响十分明显。

由于施工程序为分段施工而非全面铺开,施工队伍居住在征用的拆迁民居,无拆迁民居则搭建临时工棚,因此施工期的生活污染影响很小,可以忽略不计。

施工船舶严格按海事局的有关规定处理和排放舱底油污水,对施工河段水环境不会造成污染影响。

桥梁、锚地施工现场废水主要污染物为悬浮固体,经沉淀处理后排入杨林塘,将对局部水域 SS 污染产生影响,但由于施工工程量较小,施工时间短,其产生的污染的范围很小,污染时间较短,程度较轻。

b. 大气环境

在施工路段下风向 150 m 处,TSP 日平均浓度值仍超过《环境空气质量标准》(GB 3095—2012)二级标准限值,因此施工期道路扬尘对沿线环境空气质量的污染影响程度较重。

物料装卸(施工)阶段,1 m 堆高扬尘起尘量达到 0.22 kg/t 物料,其中 TSP 含量约占 8%;起大风时,下风向 100 m 的范围 TSP 浓度将超过《环境空气质量标准》(GB 3095—2012)二级标准限值。

c. 声环境

白天施工机械超标范围为装载机和平地机 30 m 以内、推土机 20 m 以内、挖掘机 15 m 左右、搅拌机 30 m 左右、挖泥船 15 m 左右(以挖泥船的最高噪声值控制)。夜间施工机械装载机和平地机在距离 300 m 外、推土机和搅拌机在距离 200 m 外、挖掘机在距离 150 m 外、挖泥船在距离 50 m 外能达到施工场界噪声限值。整治航道附近的声环境保护目标为居民区,距本项目距离在 10~300 m 的范围内。据上述计算结果分析,该工程施工噪声夜间会对周围居民区产生一定的不利影响。

d. 生态环境

根据施工期水中溶解氧的预测结果,施工期水体中的溶解氧已明显低于确保鱼类正常生长的最低溶解氧恒定值;但由于航道是分段施工,溶解氧过低,鱼类会自然选择逃避方式,因此对整个河段鱼类的影响不大。

本项目占地造成了净初级生产量和生物量的一定量的减少,但是由于该地区的动植物品种为广布品种,没有珍稀、特有、濒危保护物种和其他需要保护的动植物品种,所以对整个生态系统完整性、生物多样性不造成大的影响。随着主体工程完工后,通过恢复耕地、绿化,可以使本工程建设所造成的陆域生态环境损失得到一定的恢复。

e. 固体废弃物

本项目弃土土方的处理要慎重对待,特别的水下疏浚土方不能随意堆弃。根据土壤背景值调查和底泥监测结果,整治航道工程的底泥和沿线地区的土壤均满足《农用污泥污染物控制标准》(GB 4284—2018)最高允许含量的要求,适量农用不会造成有毒有害物质和重金属污染,对环境影响较小。

f. 社会环境

拆迁户由当地政府同意安排,就近安置,拆迁居民的生产、生活环境变化不大。贯彻安置政策和经济补偿政策,拆迁后居民生活水平一般不会降低。由于本工程建设使该地区的水运条件得到改善,会带来运输业、物资贸易业等进一步繁荣,可间接促进该地区其他行业的进一步发展,带来更多的就业机会。因此,土地占用的经济损失可从本工程建设对当地经济发展的促进作用中得到一定的补偿。

② 营运期

a. 水环境

本航道营运期对整个航道水质的影响非常小。航道整治完成后,断面尺寸加大,水流量加大,水动力增强,污染物自净和稀释能力增强,对水质的改善有促进作用,工程实施对阳澄湖引清工程无不利影响。当然,这些要建立在环保、航道、海事部门的严格管理和监督之下,保证船舶航运过程中所产生的污染物合理收集、排放。

b. 声环境

根据环评报告,船舶鸣笛产生的噪声超标范围的边界距航道的距离分别为昼间 200 m、夜间 550 m。本项目的保护目标均位于航道的岸边,均会受到鸣笛噪声的影响。鸣笛时的瞬时噪声值超标量较大,但由于船舶鸣笛的持续时间短,具有瞬时性,因而由船舶鸣笛产生的噪声污染也具有瞬时性,其影响是很短暂的。

c. 生态环境

航道拓宽后,河道流量变大,水体流速随之增大,另外,船舶数量增多,对水体的扰动程度加大;但因航道水体中浮游生物量比较小,所以航道整治前后,浮游生物量变化不大。综合考虑,对浮游生物的影响不明显。

运营期间,水体恢复稳定,底栖动物生物量也将逐渐恢复,因此营运期对底栖动物基本无影响。

航道整治后,水面变宽,水深增加,促进了鱼类饵料生物的生长繁殖,为鱼类提供了充足的食物,对鱼类的生长有利。因此不会对航道内的鱼类产生明显影响。

本项目永久占地的土地主要是将陆域转变为水体,陆域生境的面积减少,水域生境的面积增加较明显。该地区的动植物品种为广布品种,没有珍稀、特有、濒危品种和其他需要保护的物种。因此,总体上本项目占地只造成动植物个体数量的变化,不会造成物种消亡,即不破坏该地区的生物多样性。主体工程完工后航道沿线的绿化、复耕、护岸的建设均能使陆域生态环境得到一定的恢复。

(3) 环境保护对策

① 水环境污染防治措施

a. 施工期

施工人员就近租用农舍或民居居住,其生活污水主要通过农舍中现有排污设施或城镇污水管网排放,对水环境和生态环境的影响很小。生活垃圾应定点堆放、定期清运。

在航道水域采用抓斗式挖泥船水下施工时,可在施工水域周围用木桩或毛竹打桩后,固定土工布,做成简便围堰以封闭区域,防止施工产生的 SS 随流扩散到非施工水域。待该区域施工完毕后静止一段时间,并监测 SS 达到《地面水环境质量标准》(GB 3838—2002)中Ⅲ级标准(30 mg/L)后再拆除简易围堰,进行下一水域施工。

护岸等配套和附属工程建设时采取切实有效的措施,防止泥沙进入水体,如用土工布将施工区域与外界围隔,水上方即挖即运,不要在附近堆放。

施工船舶应安装油水分离器,将船舶含油废水处理达标后排放。施工船舶人员的生活污水由海事部门认可的有资质的接收船舶接收处理。

施工营地基坑废水和混凝土拌和废水、机修废水、洗车废水,应经过沉淀池沉淀后排放,沉淀池应定期清淤。

b. 营运期

根据《江苏省内河水域船舶污染防治条例》的规定,锚地及港口应当根据防治污染、保证安全、方便使用的原则,设置船舶污染物接收设施,集中收集并加强设施的日常管理和维护,保证其处于良好的使用状态。

本工程拟在双凤停泊锚地、牌楼停泊锚地分别设置船舶污染物接收和处理设施(废水回收处理系统和垃圾回收站),收集并处置各类污水和生活垃圾。另在航道配置环保收集船 1 艘,用于收集船舶废水和垃圾。在杨林塘清水通道工程进一步实施后,采取对杨林塘沿线工业企业排污口进行整治,沿线农业灌溉排水系统合理规划,提高城市生活污水收集、接管率等措施后,有望从根本上改善河道水质。杨林塘航道沿线船舶污水排放也当遵从清水通道工程的相关环保要求。

船舶含油废水污染防治措施:本工程拟在双凤、牌楼停泊锚地处设置废水回收处理系统(共 2 套),包括污水泵、隔油池、二级生化处理装置和污水管道。船舶舱底油废水在船闸、锚地处通过污水泵收集上岸,经污水管道输送至隔油池隔油预处理后,接入二级生化处理装置处理达到《污水综合排放标准》(GB 8978—1996)中一级标准后近期排入河中,远期遵从清水通道工程的相关环保要求,按规定排放。

船舶生活污水处理措施:船舶应当按照规范要求设置与生活污水产生量相当的储存容器,本工程拟在双凤停泊锚地、牌楼停泊锚地处设置废水回收处理系统,船舶生活污水在锚地收集上岸,经污水管道输送至生化污水处理装置处理达到一级标准后近期排入河中,远期遵从清水通道工程的相关环保要求,按规定排放。

船舶垃圾污染防治措施:根据《江苏省内河水域船舶污染防治条例》,禁止船舶向内河水域排放废油、残油、货物残渣和船舶垃圾。船舶应当根据船舶种类、吨位、功率和配员等配备相适应的废油、残油、垃圾和其他有害物质的存储容器,并正常使用。禁止使用不可降解的一次性发泡塑料餐具。船舶应当对所产生的垃圾进行分类、收集、存放。垃圾处理作业应当符合《船舶垃圾管理计划》中所规定的操作程序。本工程拟在茆沙塘、双凤、牌楼停泊锚地处分别设置垃圾回收站(共3个)。船舶垃圾应暂存于船舶自带的容器中,由环保船收集上岸;也可在锚地、港区或船闸处收集上岸至垃圾回收站,再由环卫部门清运处置,不得随意抛弃在航道中。

管理措施:根据《中华人民共和国防止船舶污染内河水域环境管理规定》,150总吨及以上的油轮和400总吨及以上的非油轮,应当将油类作业情况记载在由海事管理机构签发的《油类记录簿》中。150总吨以下的油船和400总吨以下的非油船应当将油类作业情况记载在《轮机日志》或者《航行日志》中。载运散装有毒液体物质的船舶应当将有关作业情况记载在由海事管理机构签发的《货物记录簿》中。《油类记录簿》《货物记录簿》应当随时可供检查,用完后在船上保存3年。海事部门应加强对航道内的船舶的监督和检查,确保没有偷排现象的发生。

② 大气环境污染防护措施

应在堆料场四周设置竹笆或土工布挡风墙(网),并合理安排堆垛位置,必要时在堆垛表面掺和外加剂或喷洒润滑剂以使材料稳定,减少可能引起的扬尘量。

堆场内由于积尘较多,因此在进出堆场的道路上应经常洒水,使路面保持湿润,并铺设竹笆、草包等,以减少由于汽车经过和风吹引起的道路扬尘。

在施工现场的裸露路面上,特别是施工时载运物料的汽车经过的路面上应经常洒水,可有效减少扬尘量。

拌和站应尽量远离居民区、学校等敏感区域并安排在空旷处、距居民区200 m以外的地方。

弃土装车应控制车内弃土低于车厢挡板,减少途中撒落;控制施工运输车辆的速度小于40 km/h,以减少道路二次扬尘。

水泥类建筑材料应设专门库房堆放,破包和撒落于地面的水泥应及时进行清扫。

应在弃土区上风向和面临居民区一侧设置竹笆或土工布挡风墙(网),并合理安排堆垛位置,弃土堆放结束后再拆除,用于下一个弃土区,以减少可能引起的扬尘量、减轻对周围环境的大气污染。

桥梁的拆除和新建应采取防尘措施,如布设防尘网(布),同时在施工部位下面拉张防护网,防止桥梁拆除和新建过程中产生的建筑垃圾和粉尘坠入河道中对水环境造成污染,影响船舶航行安全。

底泥疏浚应避免夏季施工。排水、清除污泥工序应提高工作效率,尽量缩短时间。清除出的底泥要及时运送至底泥堆放场。此外,底泥运输采用密闭罐车,以防止沿途散落,影响城市景观。

③ 噪声防护措施

a. 施工期

选用低噪声施工机械和工艺,合理安排施工时间,尽量减少夜间作业和多机械同步施工时间,减少噪声污染影响。

施工机械、拌和站应尽量远离居民区、学校等保护目标,当施工点距保护目标的距离不足 200 m 时,在夜间 22:00~6:00 应禁止装载机、平地机等高噪声施工设备施工。

150 m 范围内有居民区的施工场地,必要时设置竹笆等隔声屏障。

加强施工机械的维修和保养,使施工机械保持良好的工作状态。

在施工场地采取有效的劳动保护措施,使工作人员的身心健康基本不受影响。

b. 营运期

航道管理部门应加强对船舶的管理,对船机设备噪声达不到船检要求的船舶应禁止其进入航道从事运输活动,尽量减少船舶交通噪声对航道沿线居民正常生产、生活的影响。

根据《声环境质量标准》(GB 3096—2008),夜间突发噪声,其最大值不得超过标准值 15 dB,而船舶鸣笛的瞬间噪声往往在 100 dB 以上。在航道沿线居民点分布较为集中且距离航道较近的航段禁止夜间鸣笛,设置禁止鸣笛标志,以尽量减少船舶交通噪声对航道沿线居民正常生活、休息的影响。

降低船舶航行速度可以显著降低船舶噪声。在航道沿线居民点分布较为集中且距离航道较近的航段限制船速(夜间),设置低速行驶的标志,以减少船舶交通噪声对航道沿线居民正常生活、休息的影响。

绿化降噪工程措施:航道沿线种植隔声绿化林带,绿化带的构成形式为:红、白花夹竹桃相间→水杉、柳树、柏树相间→珊瑚树→意杨→意杨;林木之间种植观赏花草、木芙蓉、女贞、红叶李、桃树、万年青等草本植物和低矮树木。

根据噪声预测结果,建议航道噪声防护距离为航道边线两侧 50 m,在噪声防护距离内不宜新建居民区、寄宿学校和医院等敏感目标,宜安排作道路、商业等用途的非噪声敏感设施。

④ 生态环境保护措施

a. 施工期

临时堆土区生态修复措施:本工程产生弃土约为 622.3 万 m^3,拟采取以下工程措施恢复弃土区生态环境:临时堆土区的围堰应夯实,四周种植草皮,防止水土流失;临时堆土区应尽早、尽量复耕还田,对其他不能改土造田的裸露地应复填表土,以恢复植被;施工场地在平整前,先剥离 30 cm 的表层熟土,暂时存放在各自场边,夯实堆积边坡,表面撒些草籽以防止养分流失,在雨季覆盖防水编织布,待施工结束后用于表层覆土。每个施工场地周边开挖排水沟,在排水沟出口处设沉沙池,水流经沉沙池沉淀后排向附近的自然沟道。工程竣工后,应及时清理施工现场。对施工中临时占用的耕地,尽量复耕还田。对不能改土造田的裸露地要复耕表土,恢复植被。为防止侵蚀而采用的坡面植草是边坡绿化工程的一部分。坡面植草物种应尽量选择乡土草种,所选草种应具有发芽早、生长快、根部固土性强、能防止表土侵蚀和流动,多年生且能与周围环境相协调的优良生物生态学特性。时间选择以雨季前一个月效果最好。

生态(渔业)补偿措施：本项目占地造成了净初级生产量和生物量的一定减少，随着主体工程完工后航道沿线的绿化，可以使本工程建设所造成的陆域生态环境损失得到一定的恢复。本项目对征用的鱼塘等渔业养殖区给予补偿费用，施工后恢复渔业养殖，可使渔业损失缩小到最小范围。本工程完工后航道的水域面积有所增加，渔业养殖有望得到恢复。

b. 营运期

杨林塘航道整治工程完成后，向航道抛洒一定数量和品种的底栖生物，对尽快修复水生生态系统、改善水质都能起到积极的作用。

航道护岸要加强绿化，种植草种和树木，种类上注重多样性和协调性结合，改善陆域生境，提高沿线的景观环境。

项目完工后，尽快利用弃土恢复低洼地、废塘、滩涂等为绿地或耕地，从而有效弥补工程永久占地对农业生产带来的影响。

3) 水土保持

(1) 项目区水土流失现状及防治情况

杨林塘太仓段整治里程长 23.502 km，近地表以河漫滩粉质黏土及淤泥、淤泥质粉质黏土为主。根据《土壤侵蚀分类分级标准》(SL 190—2007)，从引起水土流失的外营力分析，该区水土流失属水力侵蚀类型区。按地表物质侵蚀形态分析，则以面蚀、沟蚀为主。

(2) 水土保持措施

① 工程措施：主要包括防冲护岸、河道护砌、硬化路面、修建弃土区排水系统等。排水系统根据本工程实际情况，结合其他工程实施效果进行布置和设计，并优化导流沟断面设计，节省工程投资。

② 植物措施：临时堆土区顶部坡面采取植物防护，建筑物周边、管理区采取乔、灌、草、花相结合的办法进行防治和绿化美化。

③ 土地整治措施：临时占地在完工后应采取土地平整、覆土、复耕等土地整治措施，恢复原土地利用类型，及时恢复农田、林草地。

④ 临时措施：料场、临时施工道路、生产生活区等需采取临时措施防治水土流失的地方，特别是汛期施工时，须采取必要的排水、拦挡、沟道清淤等临时防治措施。堆土场、砂石料场、临时施工道路、生产生活区和其他需要排水的施工场地应修建临时排水沟。

⑤ 管理措施：堆土场应"先挡后弃"；生产生活区应先修建拦挡、排水工程；施工道路修建应及时采取拦挡和排水措施，施工道路应经常洒水；工程施工中应落实水土保持监督、监理和监测工作，保证水土保持方案落实。

14 经济和社会影响评价

14.1 概述

内河航运建设项目的经济和社会影响评价,应遵循水运建设项目经济评价的一般原则和方法的要求,并结合实际,根据内河航运建设项目的类型和特点进行具体的评价。

内河航运建设项目是交通运输基础设施的重要组成部分,除具有一般基础设施特点外,还具有许多特点,比如综合性强,项目的初始投资大,建设期和营运期长,项目影响的空间范围广,项目涉及的相关部门或利益集团、阶层和个人多,项目影响具有多元性和难以定量性。内河航运建设项目投资主体——中央和地方政府一般都没有直接的财务收入,受益人主要是非直接的投资者,国民经济评价必须根据有项目和无项目情况,在共同时点上比较项目的费用或效益,使项目评价复杂化。在进行内河航运建设项目的经济评价时,应当综合考虑其各方面特点。

内河航运建设项目一般属于战略性投资项目,主要是为国家长远经济目标和促进区域经济发展服务,通常由国家中央政府和地方政府投资;对某些含有盈利性的项目,如港口和航(运)电(力)结合的项目,则由中央政府、地方政府和企业共同投资。纯粹的航道项目,由于没有直接的、商业性的财务收入,其效益主要表现为各种费用(包括运输费用)的节约。它们分别存在于国民经济相关部门中,而被视为宏观经济效益。因此,项目的国民经济评价的结果是投资决策的主要依据,其评价流程见图14.1。

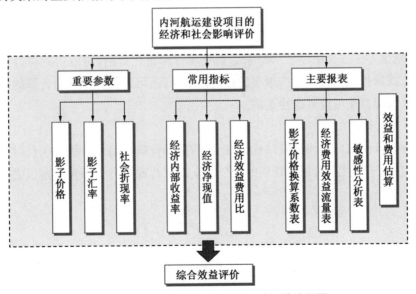

图 14.1 内河航运建设项目的经济评价流程图

14.2 国民经济评价

根据国家发展改革委和建设部联合发布的《建设项目经济评价方法与参数(第三版)》以及《水运建设项目经济评价方法与参数》(2009 年修订),内河航运建设项目的国民经济评价通常包括以下七部分内容:国民经济评价指标、影子价格、内河航道建设项目效益、内河航道建设项目费用、评价指标的计算、敏感性分析及国民经济评价报表。实际项目可以依据工程内容进行选择与评价。

14.2.1 国民经济评价指标

1) 经济内部收益率

经济内部收益率(EIRR)是反映项目对国民经济净贡献的指标。它是项目在计算期内各年经济净效益流量的现值累计等于零时的折现率。其表达式为:

$$\sum_{t=1}^{n}(B-C)_t(P/F,EIRR,t)=0 \tag{14.1}$$

式中:B——效益流入量;

C——费用流出量;

$(B-C)_t$——第 t 年的净效益;

n——计算期。

经济内部收益率等于或大于社会折现率表明项目对国民经济的净贡献达到或超过了要求的水平,这时应认为项目是可以考虑接受的。

2) 经济净现值

经济净现值(ENPV)是反映项目对国民经济净贡献的指标。它是指用社会折现率将项目计算期内各年的净效益流量折算到建设期初的现值之和。其表达式为:

$$ENPV=\sum_{t=1}^{n}(B-C)_t(P/F,i_s,t) \tag{14.2}$$

式中:i_s——社会折现率。

经济净现值等于或大于零表示国家为拟建项目付出代价后,可以得到符合社会折现率的社会盈余,或除得到符合社会折现率的社会盈余外,还可以得到以现值计算的超额社会盈余,这时就认为项目是可以考虑接受的。

3) 经济效益费用比

效益费用比(BCR)是反映项目对国民经济的全部贡献与国民经济为项目付出的代价的比例关系。它等于用社会折现率折现的项目的全部效益现值与全部费用现值之比。其表达式为:

$$BCR=\frac{\sum_{t=1}^{n}B_t(P/F,i_s,t)}{\sum_{t=1}^{n}C_t(P/F,i_s,t)} \tag{14.3}$$

式中：B_t——计算期中第 t 年的效益；

C_t——计算期中第 t 年的费用。

项目取舍的判别标准：BCR≥1 即可取。多方案比选时，取 BCR 值最大的方案。

4）经济外汇净现值

经济外汇净现值（$ENPV_F$）是反映项目实施后对国家外汇收支直接或间接影响的重要指标，用以衡量项目对国家外汇真正的贡献（创汇）或净消耗（用汇）。经济外汇净现值可通过经济外汇流量表计算求得，其表达式为：

$$\mathrm{ENPV}_F = \sum_{t=1}^{n}(FI-FO)_t(P/F,i_s,t) \tag{14.4}$$

式中：FI——外汇流入量；

FO——外汇流出量。

经济外汇净现值大于或等于零时，表明项目是可行的。

14.2.2 影子价格

1）国民经济评价与影子价格

国民经济评价是在合理配置国家资源的前提下，从国家整体的角度分析计算项目对国民经济的净贡献，以考察项目的经济合理性。其目的是对项目的经济价值进行分析，以确定项目消耗社会资源的真实价值。

所有的国家都面临着资源的可获得量和对资源进行技术转换的可能性这两种基本约束，在某些情况下，市场价格能够正确地反映这些资源的稀有价值。但是，其他约束条件作用的结果，却经常使市场价格和经济价值发生背离。例如，关税可能引起商品的国内价值和国际价格之间的差别。由此导致官方汇率不能正确地反映外汇的价值。

为了纠正这些偏差，经济学家建议使用影子价格，即使用那种能保证资源的有效分配而不受各种变形因素影响的价格。因此，为了正确计算项目对国民经济所作的净贡献，在进行国民经济评价时，原则上都应使用影子价格。

2）影子价格的确定

影子价格不仅取决于某一社会折现率下的国内生产价格体系，还取决于国际市场价格、影子汇率、货物稀缺程度及供求关系等诸多因素。

（1）社会折现率

社会折现率是社会对资金时间价值的估算，是从整个国民经济角度出发所要求的资金投资收益率标准，代表占用社会资金所应获得的最低收益率，其存在的基础是不断增长的扩大再生产。

社会折现率是根据我国在一定时间内的投资效益水平、资金机会成本、资金供求状况、合理的投资规模以及项目国民经济评价的实际情况进行测定的，它体现了国家的经济发展目标和宏观调控意图。国家发展和改革委员会、建设部发布的《建设项目经济评价方法与参数（第三版）》中将社会折现率规定为 8%，供各类建设项目评价时统一采用。

社会折现率是项目经济评价的重要通用参数，在项目国民经济评价中作为计算经济净现值的折现率，并作为经济内部收益率的判据，只有经济内部收益率大于或等于社会折现率的项目才可行。它也是项目和方案相互比较选择的主要判据,因此它同时兼有判别准则参数和计算参数两种职能。适当的社会折现率有助于合理分配建设资金,引导资金投向对国民经济贡献大的项目,调节资金供需关系,促进资金在短期和长期项目间的合理配置。当国家需要缩小投资总规模时,可以提高社会折现率,反之则降低社会折现率。同样,在方案或项目比选时,社会折现率越高,越不利于初始投资大而后期费用节约或收益增大的方案或项目,因为后期的效益折算为现值时其折减率较高。当社会折现率较低时,情况正好反过来。

(2) 影子汇率

影子汇率是单位外币用国内货币表示的影子价格,是能反映外汇增加或减少对国民经济贡献或损失的汇率,反映外币的真实价值,体现了从国家角度对外汇价格的估量。国民经济评价中涉及外汇与人民币之间的换算均应采用影子汇率,同时影子汇率又是经济换汇成本或经济节汇成本指标的判据。

影子汇率通过影子汇率换算系数计算。影子汇率换算系数是影子汇率与国家外汇牌价的比值,由国家统一发布并定期调整。根据现阶段外汇供求情况、主要进出口商品的国内外价格的比较、出口换汇成本及进出口关税等因素综合分析,目前我国的影子汇率换算系数取值为 1.08。在项目评价中,将外汇牌价乘以影子汇率换算系数即得影子汇率。

影子汇率取值的高低,直接影响项目(或方案)比选中的进出口抉择。国家可以利用影子汇率作为杠杆,对进出口项目施加影响。影子汇率越高,外汇的影子价格就越高,产品是外贸货物的项目经济效益就越好,项目就容易通过;反之项目就不容易通过。影子价格较高时,引进方案的费用较高,评价的结论将不利于引进项目。

影子汇率以美元与人民币的比价表示。对于美元以外的其他国家货币,应根据项目评价确定的某个时间国家公布的国际金融市场美元与该种货币兑换率,先折算为美元,再用影子汇率换算成人民币。

(3) 影子工资

影子工资体现国家和社会为建设项目使用劳动力而付出的代价。影子工资是由劳动力的边际产出和劳动力就业或转移而引起的社会资源消耗这两部分构成的(劳动力的边际产出是指一个建设项目占用的劳动力在其他使用机会下可能创造的最大效益)。在国民经济评价中影子工资作为费用计入经营费用。

影子换算系数是影子工资与财务评价中的职工个人实得货币工资加上提取的福利基金之比。它应按地区和职业的不同来区分。对于就业压力大的地区占用大量非熟练劳动力的项目,影子工资换算系数可小于 1;对于占用大量短缺的专业技术人员的项目,影子工资换算系数可大于 1。根据我国劳动力的状况、结构以及就业水平,一般建设项目的影子工资换算系数为 1。在建设期内使用大量民工的项目,民工的影子工资换算系数为 0.5。

(4) 货物的影子价格

在确定影子价格前,首先需将项目的投入物和产出物进行区分,以便用不同的方法对投入物和产出物进行影子价格的测算。确定投入物和产出物的影子价格,要区分它们是属于外贸货物还是非外贸货物。区分时应看其主要是影响国家进出口水平还是影响国内的供求关系。如属前者,应划为外贸货物;如属后者,则应划为非外贸货物。

① 外贸货物的影子价格

外贸货物的影子价格以口岸价格为基础,先乘以影子汇率(SER)换算成人民币,再经适当加减国内的运杂费用和贸易费用来确定。实践中,为了简化计算,可以只对项目投入物中直接进口的和产出物中直接出口的采取进出口价格测定影子价格,对于间接进出口的仍按国内市场价格定价。

② 非外贸货物的影子价格

非外贸货物影子价格的确定分为两种情况,一种是适用于国内市场没有价格管制的产品或服务,以市场价格为基础进行影子价格的测算;另一种是适用于由政府进行价格调控的产品或服务,以成本分解法、消费者支付意愿和机会成本来进行影子价格的测算。

(5) 土地影子价格

土地是项目的特殊投入物。在国民经济评价中,土地的影子费用包括拟建项目占用土地而使国民经济为此放弃的效益,即土地的机会成本;以及国民经济为项目占用土地而新增加的资源消耗(如拆迁费、剩余农业劳动力安置费等)

若项目占用土地是没什么用处的荒山野岭,其机会成本可视为零。若项目占用农业土地,其机会成本为原来的农业净效益。应按项目所占用土地的具体情况,计算该土地在整个占用期间的净效益。在国民经济评价中对土地的影子费用有两种处理方式,一是计算项目占用土地在整个占用期间逐年净效益的现值之和,作为土地影子费用计入项目建设投资中;二是将逐年净效益的现值换算为年等值效益,作为项目每年的投入。

(6) 贸易费用率

项目国民经济评价中的贸易费用是指物资系统、外贸公司和各级商业批发站等部门花费在货物流通过程中以影子价格计算的费用(长途运输费用除外)。贸易费用率是反映这部分费用相对货物影子价格的一个综合比率,用以计算贸易费用。

贸易费用率主要受到流通效率、生产资料价格总水平及汇率变化的影响。一般贸易费用率取值为6%,对于少数价格高、体积与重量较小的货物,可适当降低贸易费用率。

由贸易费用率计算货物的贸易费用时,使用以下计算公式:

$$进口货物的贸易费用=到岸价×影子汇率×贸易费用率$$
$$出口货物的贸易费用=(离岸价×影子汇率-国内长途运费)÷(1+贸易费用率)×贸易费用率$$
$$非外贸货物的贸易费用=出厂影子价格×贸易费用率$$

不经商贸部门流通,由生产厂家直接供应的货物不计算贸易费用。

14.2.3　内河航道建设项目效益

1) 国民经济效益的定义

凡是项目为国民经济所作的贡献均计为项目的效益,可分为直接效益和间接效益。直接效益主要是用影子价格计算的项目的产出物(物质产品或服务)的经济价值;间接效益则是项目对社会产生的那些未能在直接效益中得到反映的其他效益,如港口建设项目的实施可能导致出口产品价格下降,增加出口,多赚外汇等即属于港口建设项目的间接效益,或称外部效益。对外部效益的处理,也是尽量内部化。

2）国民经济效益的识别

国民经济效益包括直接效益和间接效益,项目的直接效益一般是根据"有项目"和"无项目"对比的原则来确定。各类内河航道项目的"有一无"情况不同,其国民经济效益需要结合项目特点考虑。

新建内河航道项目是指不通航的天然河流或河段,按一定通航标准开发成通航河流或通航航段、开辟新的运河、建设船闸或综合利用的枢纽等等通航工程设施。在新建内河航道项目状况下,有项目情况是指根据腹地社会、经济发展和运量预测或交通运输网布局的需要,经过系统优化论证而优选的开发方案,目的在于满足未来运输需求或缓解相关的运输方式的拥挤状况或降低运输费用等等。

对于新建内河航道项目的无项目情况是指不采取上述有项目的措施而在计算分析期内最可能出现的情况,一是无其他可替代的运输方式,如不通铁路或公路的山区河流;二是可扩建其他运输方式。在可扩建其他运输方式的条件下,进行有项目情况和无项目情况的对比和估算效益时,应考虑下列问题:

(1) 在无其他运输方式替代条件下,腹地资源闲置或不能充分利用,生产发展受到限制,商品不能外运等等,即航道是否开发是所在腹地经济、社会发展的制约条件,其国民经济效益就是运到区外商品所实现的价值与该种商品的生产费用之差。

(2) 在有其他运输方式可以替代时,要考虑新开辟的航道(包括运河)建成后,未来运量是否会与现有运输方式发生重新分配的情况;货物始发地或到达地和货物运距是否会发生变化;新建航道是否会诱发新的运量以及新建航道与所替代的运输方式在规模和效率上的差异及产生的规模经济。

(3) 国民经济效益可能有:运出的商品实现的价值与其生产费用之差;节约其他运输方式的改扩建投资费用;发生运量在各种运输方式间重新分配情况下货物运输方式变化,货物始发地和到达地及运输距离发生变化所带来运输费用的节约;运输时间变化所带来的货物时间费用的节约;新航道可能诱发的运量所产生的效益;其他效益。

内河航道改扩建项目一般是指航道(包括进港航道)的渠化、拓宽、浚深、裁弯取直和维持正常通航条件的整治工程措施。目的在于提高航道通过能力以解决航道标准低、通行船舶吨级小、事故发生率高、运输成本高和不能适应未来运输持续增长的需要的问题。河流渠化工程和航道整治工程都属于有项目情况。通过渠化工程,改善航道的通航条件,提高船舶的运输能力和航行安全,以适应未来预测运量的需求。航道整治工程,包括航道的拓宽、浚深、裁弯取直,等等,其目的在于解决航道局部"瓶颈"段,扩大航道的通过能力,提高航道标准和船舶运输能力及航行安全。

利用现有航道完成原有运量和新增运量则属于无项目情况。在这种情况下,船舶数量增加,航道中船舶航行密度提高,在航道控制段船舶通过时间延长,事故也可能增加,船舶营运成本提高。通过一些非工程管理措施,还能完成未来预测运量,营运成本虽然增加,但还在合理范围之内。此外,无项目情况还包含了由于航运能力不足,或航道拥挤堵塞,难以完成未来运量,迫使部分运量转移到其他运输方式,或利用其他运输方式不经济,生产发展受到限制的状况。

通过航道改扩建,航道标准提高,航行条件改善,较之无项目可能产生下述的效益:降低船舶营运成本、节约船舶事故费用和损失、缩短货物在途时间的费用节约、减少运量转移的运输费用、增加诱发运量的效益、减少航道的维护费用、航电结合项目的发电效益。其中,发电效益的估算有两种方法:一是按发电的影子价格即支付意愿价格,二是按两种不同发电方式(如水、火电)费用替代的节约估算。

此外,除上述可能产生的效益外,尚应考虑工程措施可能带来的一些负效益、不利影响,如裁弯取直,可能对下游河段、岸线产生冲刷、凸凹岸土地的得失;航电结合项目,大坝上游水库淹没土地、居民搬迁,环境保护等等的损失,如用货币计算时,均应列为费用。

3) 国民经济效益的计算

在国民经济评价中,与项目相关的间接效益和间接费用统称为外部效果。外部效果通常是较难计算的,为了减少计算上的困难,首先应力求明确项目范围的"边界"。一般情况下是扩大项目的范围,把一些相关的项目合在一起作为"联合体"进行评价。另外,采用影子价格计算效益和费用,在很大程度上使项目的外部效果在项目内部得到了体现。因此,通过扩大计算范围和调整价格两步工作,实际上是将很多"外部效果"内部化。这样处理之后,在考虑某些外部效果时,还应注意以下问题:

(1) 对上下游企业产生的效果。它是由于拟建项目的投入使其上下游企业,如"以运定产"的工矿企业运输能力增加,使其原来闲置的生产能力得以发挥或达到经济规模所产生的效果。为防止外部效果扩大化,计算时需注意随着时间的推移,如果没有该拟建项目,上下游企业生产能力的利用也可能会变化,要按照有无对比的原则计算增量效果;并注意其他拟建项目是否也有类似的效果,如果有,就不应把上下游企业闲置生产能力的利用都归因于该拟建项目,以免引起外部效果的重复计算。

(2) 技术扩散的效果。建设技术先进的项目,由于技术培训、人才流动、技术推广和扩散,整个社会都将受益,这种效果通常都未能在影子价格中得到反映,不过由于计量上的困难,一般只作定性说明。

(3) 建设项目造成的环境污染和生态的破坏,是一种间接费用,可参照现有同类企业所造成的损失来计算,至少也应作定性描述。

(4) 计算外部效果时还应区别是否已经在项目投入物和产出物的影子价格中得到充分反映。由于项目使用投入物,提供产出物,引起上游工矿企业、下游工矿企业效益或费用的变化,一般多在投入物、产出物的影子价格中得到反映,不必再计算间接效益或费用。

(5) 项目的外部效果一般只计算一次相关效果,不应连续扩展。

14.2.4 内河航道建设项目费用

1) 国民经济费用的定义

项目的费用是指国民经济为建设项目所付出的代价,即指这个建设项目在兴建和建成后运营中所投入的全部物资消耗和人力消耗,并用影子价格进行测算。它不仅包括与这个项目的兴建和运营直接有关的直接费用,而且包括这个项目完成预期效益,国民经济为此所付出的其他代价,即间接费用或称外部费用。例如,港口建设项目的实施会引起当地水产资源的损害,为了抵消或防止这种损害的影响而付出的代价便属于这种间接费用。在项目评价中,一般是将外部费用内部化处理。

2) 国民经济费用与财务费用的区别

国民经济的费用是用影子价格来衡量,而财务费用则用市场价格来衡量。这两种价格之间可能有很大的差别。国民经济费用不但要计算直接费用,而且要计算间接费用;财务费用则只计算项目直接发生的费用。某些在项目中支出的财务费用,并不反映对国家资源的直接要求,它只是反映了对资源分配的控制权力从社会的一个成员或部门转移到另一个成员或部门。例如税金、国内借款利息、补贴和折旧费等均属这种转移支付,不应该计为项目的国民经济费用。

3) 国民经济费用的计算

在国民经济评价中,除了要计算由其投入物所体现的直接费用外,还需计算国民经济为项目所付出的其他代价,即间接费用。

若在财务评价基础上计算国民经济费用,则需要调整费用的计算范围,即剔除已计入财务费用中的内部转移支付,识别项目的间接费用,对能定量的应进行定量计算,不能定量的应作定性描述。此外,对费用数值也要进行调整,按影子价格或换算系数对各项财务费用,包括固定资产投资、流动资金、运营费用和外汇汇率进行调整。

若直接进行国民经济费用计算,用货物的影子价格、土地影子费用、影子工资、影子汇率、社会折现率等参数直接进行项目的投资估算,按项目运营的影子费用乘以一定的百分比估算流动资金,根据生产经营的实物消耗,用货物的影子价格、影子工资、影子汇率等参数计算项目的运营费用。

内河航运建设项目费用,根据项目的特点,计算的范围有所不同。对于新开发的天然河流航运项目,为了评价整个航运系统效益,应包括:航道建设投资和营运期的维护费用,其中有大坝、船闸、航标、疏浚挖泥设备(挖泥船、泥驳、管线等等)的投资和维护费用;船舶投资和营运费用;通信设施投资和营运维护费用;港口投资和营运费用;发电设备和运行维护费用及其他。

而改扩建项目的费用只包括与改扩建项目有关的设施的投资和营运费用,如现有的航道某一航段的整治或船闸的改建、扩建所涉及的投资和营运维护费用(增量部分),它不涉及整个航运系统的评价。此时可能引起的船舶或港口投资和营运费用可单独处理,不列入项目投资,也不参与费效分析。在航道未来维护费用和船舶未来营运费用估算时,应根据现有费用水平,考虑未来年代费用提高情况,确定未来某一水平年的费用,如投产年、投产后 5 年或 10 年的费用。在与其他运输方式比较时,应保持费用时点的一致性,以免造成不可比情况。以航运为主的内河综合利用项目投资和营运费用,如航电结合项目并与防洪、灌溉相关时,在估算国民经济效益时,亦应包括相关配套投资和营运费用。航道建设期间发生停航,货物转移到其他运输方式或影响船舶正常航行等等情况而发生的损失,亦应列为费用。

14.2.5 评价指标的计算

内河航道项目的国民经济评价指标和其他项目一样,在通常情况下采用经济内部收益率、经济净现值和经济效益费用比三个指标或其中之一作为评价指标。对于内河航道项目，采用其他运输方式，如公路或铁路运输作为无项目情况的替代方案时，在建设期一开始就可能出现效益大于费用的情况，例如，其他运输方式亦需按新增运量进行投资建设，而其投资大于内河航道项目的投资。这样，两种运输方式费用之差便表现为内河航道项目的效益。在这种情况下，经济内部收益率这个评价指标便不适用，而应该用净现值指标。

14.2.6 敏感性分析

在内河航道建设项目的敏感性分析中，影响效益结果的最敏感因素是费用，特别是投资费用和运量的变化。运量实际上代表着效益。但通常作敏感性分析时，都是以总费用和总效益变化一定的百分比来进行的。效益或费用变化的幅度，视项目的未来预期的不确定性大小，一般在±5%～±15%；有时为了特别慎重，亦可采用同时费用上升和效益下降，例如15%来进行敏感性分析。

14.2.7 国民经济评价报表

国民经济评价应提供下列主要报表：

(1) 项目投资估算表；
(2) 项目影子价格换算系数表；
(3) 项目经济费用表；
(4) 运输费用、维护费用等财务和经济费用调整表；
(5) 项目效益计算基本参数表（如各种运输方式的单位运输费用、运距、单位货物价值、节约时间，等等）；
(6) 各种效益或节约的计算表；
(7) 项目经济效益指标和敏感性分析表。

14.3 工程案例

14.3.1 宿连航道整治工程

1) 项目基本情况

宿连航道整治工程包括宿迁段一期工程、二期工程宿迁段和二期工程连云港段三段航道工程，需以其全段航道为整体进行经济效益评价。本项目属于公益性的基础设施项目，为地区社会经济繁荣发展起到促进作用，由政府部门投资，没有经营收入，故只作经济评价，不作财务评价。

2) 评价依据、原则、方法

经济评价是按照资源配置合理的原则，从国家角度考察项目在经济上的可行性。评价依据是国家发展改革委和建设部联合发布的《建设项目经济评价方法与参数（第三版）》以及《水运建设项目经济评价方法与参数》（2009年修订）。

评价按照"有—无"对比原则进行。"有项目"方案是指整治宿连航道，提高航道等级，使该航道通航1 000吨级船舶。"无项目"方案是指不进行航道整治和船闸建设，维持现状，部分货物经现状航道运输,但效率较差;大部分货物需经公路运输,运费较高.

3)基本数据

(1)评价参数:根据《水运建设项目经济评价方法与参数》(2009年修订)的规定,选定本项目经济评价社会折现率参数为8%。

(2)评价指标:经济内部收益率(EIRR),经济净现值(ENPV)、效益费用比(B/C)。

(3)项目评价期:项目计算期取30年,其中建设期5年,宿迁段一期工程已于2020年开工。

(4)投资规模和分年投资计划:宿连航道建设方案投资估算为106.78亿元,航道工程的建设资金在建设期5年内分年投资计划暂按5%、30%、40%、15%、10%投入。

(5)营运维护费:根据江苏省同类航道每年营运维护费,宿连航道每年营运维护费取1 200万元。

4)效益和费用估算

宿连航道两岸产业密集、经济发达,本项目建成后,有利于苏北地区相关港口降低沿线企业的物流成本,进一步发挥水路运输经济优势,促进地区经济发展。本项目的经济效益主要反映在运输经济费用的节约,分四部分计算。

(1)货物弃陆走水费用的节约

根据货物流量流向及起讫点分析,约占总量80%的货物,在无项目时改由公路运输。显然,公路运输较水路运输费用高,两者之差即为货物弃水走陆费用的节约。

公路、水运的运输经济成本分别为558元/(kt·km)和120元/(kt·km),两者之差为264元/(kt·km),即为本项目弃陆走水费用的节约,各年见效益流量表。

(2)船舶大型化运输经济成本的节约

据调查资料分析,目前宿连航道上航行的船舶为300~500 t的单船,而整治后宿连航道上可保障1 000吨级船舶通航。

船舶单位运输成本通过对有关航运部门不同船型运输费用的统计资料分析,计算出相应船型的单位运输成本并按有关规定调整为现行单位运输经济成本。又据目前宿连航道上航行的船舶船型比例,综合出该航段整治前后的运输经济成本之差,船舶大型化运输成本效益见效益流量表。

(3)节能减排效益计算

宿连航道的建设会吸引部分陆运货物向水运转移,水运相比陆运可节省大量的燃油,减少废气排放。根据宿连航道项目的船型组合及各船型油料消耗计算出船舶综合油耗指标为7.2 kg/(kt·km),公路的综合油耗指标为60 kg/(kt·km)。采用1 t柴油排放CO_2 2.84 t的折算标准,碳排放带来的环境收益为208元/t CO_2。

(4)船舶绕行费用的节约

有项目后,之前宿迁、淮安的经京杭运河、盐河转运的出海物资通过宿连航道直接到达连云港出海港口,大大节约了绕行距离,运距节约数80 km,绕行货运量约为总运量的30%。

(5)桥梁加宽效益

航道建设而配套的桥梁新改建会使附近居民的出行更加便捷,也相应减少了周边地区

5）经济评价

（1）计算结果

根据前面各项费用及效益计算编制经济现金流量表,由表14.1可以看出,此项目的内部收益率为9.84%,财务内部净现值为635 447万元,高于基准收益率8%。

表 14.1 经济费用效益流量表　　　　　　　　　　　　　　（单位:万元）

序号	年份	经济费用			经济效益					效益费用
		固资投资	营运维护	小计	弃路走水	船舶大型化	碳排放	绕行节约	小计	
1	2021	51 500		51 500						−51 500
2	2022	309 000		309 000						−309 000
3	2023	412 000		412 000						−412 000
4	2024	154 500		154 500						−154 500
5	2025	103 000		103 000						−103 000
6	2026		1 200	1 200	50 096	7 583	4 967	15 012	62 646	61 446
7	2027		1 200	1 200	56 927	8 617	5 644	17 059	71 188	69 988
8	2028		1 200	1 200	64 690	9 792	6 414	19 385	80 896	79 696
9	2029		1 200	1 200	73 511	11 127	7 289	22 028	91 927	90 727
10	2030		1 200	1 200	83 535	12 645	8 283	25 032	104 463	103 263
11	2031		1 200	1 200	91 271	13 816	9 050	27 350	114 136	112 936
12	2032		1 200	1 200	99 722	15 095	9 887	29 883	124 705	123 505
13	2033		1 200	1 200	108 957	16 493	10 803	32 650	136 253	135 053
14	2034		1 200	1 200	119 046	18 020	11 803	35 673	148 870	147 670
15	2035		1 200	1 200	130 068	19 688	12 896	38 976	162 653	161 453
16	2036	100 000	1 200	101 200	133 060	20 141	13 193	39 872	166 394	65 194
17	2037	100 000	1 200	101 200	136 120	20 605	13 496	40 790	170 221	69 021
18	2038		2 000	2 000	139 251	21 078	13 807	41 728	174 136	172 136
19	2039		2 000	2 000	142 454	21 563	14 124	42 687	178 142	176 142
20	2040		2 000	2 000	145 766	22 065	14 453	43 680	182 284	180 284
21	2041		2 000	2 000	160 358	24 273	15 899	48 052	200 530	198 530
22	2042		2 000	2 000	176 409	26 703	17 491	52 862	220 604	218 604
23	2043		2 000	2 000	194 068	29 376	19 242	58 154	242 686	240 686
24	2044		2 000	2 000	213 494	32 317	21 168	63 975	266 979	264 979
25	2045		2 000	2 000	235 469	35 643	23 347	70 560	294 458	292 458
26	2046		2 000	2 000	240 837	36 456	23 879	72 169	301 172	299 172

续表

序号	年份	经济费用			经济效益					效益费用
		固资投资	营运维护	小计	弃路走水	船舶大型化	碳排放	绕行节约	小计	
27	2047		2 000	2 000	246 329	37 287	24 424	73 814	308 039	306 039
28	2048		2 000	2 000	251 945	38 137	24 980	75 497	315 062	313 062
29	2049		2 000	2 000	257 689	39 006	25 550	77 219	322 246	320 246
30	2050	−442 900	2 000	−542 810	263 501	39 886	26 126	78 960	329 513	770 413

（注：在建设期航道虽有运量，但与本工程无效益联系）

（2）敏感性分析

前面的经济运量及有关费用计算，均是在一系列预测数据基础上进行的。预测数据在一定范围内有其不准确性，故需作敏感性分析来考察项目承受不确定性因素变化风险的能力。现计算固定资产投资、经济效益变化对经济内部收益率等有关指标的影响。计算结果见表14.2。

表14.2 敏感性分析表

	−20%	−10%	0	10%	20%
固定资产投资	11.62%	10.66%	9.84%	9.12%	8.48%
敏感系数	0.91	0.84		0.73	0.69
营运费用	10.92%	10.36%	9.84%	9.36%	8.92%
敏感系数	−0.55	−0.53		−0.48	−0.47
经济效益	8.14%	9.02%	9.84%	10.61%	11.34%
敏感系数	0.86	0.83		0.78	0.76

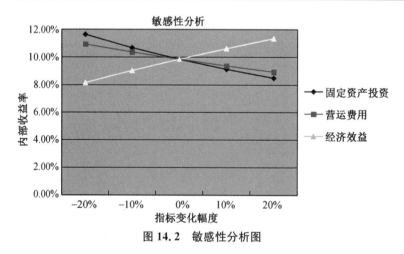

图14.2 敏感性分析图

从图14.2中可看出经济效益较固定资产投资敏感，对指标影响较大。在经济效益下降10%时，经济内部收益率仍大于社会折现率8%，效益较好，项目承受风险的能力较强。

6) 综合效益评价

本项目的实施将对腹地经济起到重要的促进作用,为社会和企业节约大量的运输费用和生产成本,完善腹地交通运输体系。同时,水路作为一种环境污染小的运输方式,本项目社会风险小、社会适应性强。因此,本项目带来的经济和社会效益明显。

14.3.2 苏南运河无锡段三级航道整治工程

1) 项目概况

苏南运河无锡段三级航道整治工程是典型的交通基础设施项目,由政府部门负责出资建设和运行维护,没有实际的经营收入,具有很强的外部效果和明显的公共产品特征。故本项目只作国民经济后评价,不作财务评价。

2) 评价依据、原则、方法

以《建设项目经济评价方法与参数(第三版)》相关要求为编制依据,采用"有—无"对比方法,全面识别项目有关"效益"(项目对社会作出的贡献)和"费用"(社会为项目付出的代价),定量测算项目在一定时期内的盈利水平,进而评价项目的经济合理性。其中:"无项目"情况下,该河段仅能满足500吨级船舶通航,随着船舶大型化和船舶流量增加,四级航道标准已不适应货运量的发展需要;在"有项目"情况下,1顶2×1 000吨级船队、1 000吨级船舶可24 h双向通航。

3) 基本数据

(1) 评价参数:社会折现率8%。

(2) 评价指标:经济内部收益率(EIRR),经济净现值(ENPV)。

(3) 项目评价期:本项目计算期为2007—2030年。

4) 效益费用估算

(1) 效益识别

① 船舶平均载重吨提高产生的效益

在"无项目"时,苏南运河无锡段船队及单船大多为100~300吨级。随着该段河道及整个苏南运河通航标准的提高,船舶大型化趋势明显,500吨级及以上的船队和单船将成为主导船型,平均载重吨位还将进一步提升。一般而言,船舶的单位运输成本与船舶吨位大小成反比关系,且吨位越大、单位运输成本越低。

综合考虑船型大型化和单位运输成本的两个因素,匡算得出,项目实施前后的通行船舶单位运输成本相差352元/(万t·km)。苏南运河无锡段运输里程约39 km。船舶单位运输成本差值乘以无锡段运输里程数、年度货物运量,即为"有项目"比"无项目"时因船舶平均吨位提高而产生的效益。

② 船舶航速提高的效益

项目实施前,苏南运河无锡段航道的拥挤度大于或接近于2。项目实施后,航道加宽、水深加大,船舶拥挤度明显下降,各种类通行船舶的船速将达正常的营运速度。在本项目所在的航段上,取各类船舶平均航行近似计算,实施前平均航速5.7 km/h,需航行时间6.9 h;实施后平均航速增加到7.5 km/h,需航行时间5.2 h,航行行驶时间平均缩短约1.7 h。在船员工资、船舶油耗、折旧、修理费等成本基本相同的情况下,相当于少行驶约 12.75 km 的航程,乘以单位运输成本 708 元/(万 t·km)及货运量,即为"有项目"比"无项目"因船舶航速提高而产生的效益。

③ 资产余值回收

采用平均年限折旧法,本项目使用年限按 50 年计,残值率按 5% 计,到 2030 年,本项目固定资产余值为 9.44 亿元,作为评价期末 2030 年的项目效益。

(2) 费用识别

① 固定资产投资

本次为项目后评价,固定资产投资费用按实际完成投资额计算,决算报告显示实际投资额为 15.68 亿元(含地方拆迁配套 2.33 亿元)。

② 新增的运营维护成本

运营维护成本是指航道项目建成后,为使其持续维持在三级标准状态而新增的疏浚、清障、扫床等工作费用。目前,三级航道日常维护费标准是 4.2 万元/(km·a)。近期开始新一轮航道疏浚,距离苏南运河无锡段三级航道整治工程交工约 10 年,所需经费约 5800 万元。扣除项目实施前的运营维护成本,本项目每年需新增的营运维护成本在 250 万~300 万元的水平。

5) 经济评价

计算结果

本次国民经济评价指标采用动态测算方式,重点在对计算期内(2007—2030 年)的直接费用、直接效益进行充分识别的基础上,通过编制效益费用现金流量表,计算得出本项目实施后的经济内部收益率(EIRR)、净现值(ENPV)等指标(表 14.3)。

表 14.3 国民经济效益费用流量表 (单位:万元)

计算期(年)	费用流量			效益流量				净效益流量
	固定资产投资	新增的营运维护成本	小计	运输成本节约的效益	航速提高的效益	资产余值回收	小计	
2007	8 704		8 704					−8 704
2008	17 409		17 409					−17 409
2009	36 268		36 268					−36 268
2010	29 015		29 015	14 527	9 552		24 079	−4 936
2011	29 015	250	29 265	15 554	10 228		25 782	−3 483
2012	2 901	250	3 151	16 409	10 790		27 199	24 048
2013	1 451	250	1 701	21 288	13 998		35 286	33 585
2014	1 451	250	1 701	20 541	13 507		34 048	32 347
2015	1 451	250	1 701	17 916	11 781		29 697	27 996
2016	2 901	270	3 171	20 037	13 176		33 213	30 042

续表

计算期(年)	费用流量			效益流量				净效益流量
	固定资产投资	新增的营运维护成本	小计	运输成本节约的效益	航速提高的效益	资产余值回收	小计	
2017	4 352	270	4 622	22 448	14 761		37 209	32 587
2018	4 352	270	4 622	20 897	13 741		34 638	30 016
2019	5 803	270	6 073	23 114	15 199		38 313	32 240
2020		270	270	21 539	14 163		35 702	35 432
2021		280	280	22 617	14 872		37 489	37 209
2022		280	280	23 747	15 615		39 362	39 082
2023		280	280	24 934	16 396		41 330	41 050
2024		280	280	26 182	17 216		43 398	43 118
2025		280	280	27 490	18 077		45 567	45 287
2026		300	300	28 315	18 619		46 934	46 634
2027		300	300	29 165	19 178		48 343	48 043
2028		300	300	30 040	19 753		49 793	49 493
2029		300	300	30 942	20 346		51 288	50 988
2030		300	300	31 870	20 956	94 410	147 236	146 936

经测算，在重点考虑直接效益、直接费用的前提下，本项目经济内部收益率（EIRR）达到24.75%，效益费用比达到2.3，且经济净现值（ENPV）达到118 062万元，大于零。

6）综合效益评价

（1）航运产业效益

① 改善通航条件，节约运输成本

苏南运河无锡段经整治后，通航船舶最大船舶吨位将从500 t提高到1 000 t，能够适应船队、单船、集装箱船等多种船型，各类船舶的船速将达到或接近正常的运营速度，设计通行能力大幅增长，增长率为93.2%。据初步测算，该段航道的设计年通行能力是沪宁高速无锡段货运能力的4倍多。

② 提升管理水平，保畅通促安全

航道整治以后，航道通畅性和安全性得到改善，管理效能也大大提高，苏南运河无锡段航运质量不断提升，行业管理单位建设大型工程水平得到提高。航道运行以来，苏南运河无锡段未出现重大航行事故。同时，苏南运河无锡段整治工程提升服务水平方面的综合措施，为今后从事类似工程积累了丰富的经验。

③ 优化航道网络，带动水运发展

随着苏南主干航道升级改造以及常州德胜河、锡十一圩线航道的升级改造完成，无锡市的出江水道和出江口门更加宽深、畅通，能够更加便捷地"通江达海"。三级航道可以航行千吨级以上船舶，入江船舶不仅可以上行至西南各地、北进京杭运河苏北段直至苏北、山东等地港口,还可以下行直达包括洋山港在内的上海诸港,为发展直接接驳远洋巨轮的内河集装箱运输奠定了必要的设施基础条件。此次航道的升级,加强了与沿江港口的配套合作、促进了与邻市航道网的有效衔接,形成通畅、通达的航道网络。

④ 带动物流增量,促进经济发展

对于依靠水路运输的企业来说,运河改造带来了良好的经济效益。经计算,原单位为 3.66 亿元/(km^2·万 t),新建港口后为 5.95 亿元/(km^2·万 t),增加 2.29 亿元/(km^2·万 t),提升 62.6%。

⑤ 促进港口及物流园区布局优化

借助苏南运河改造,相关部门改善投资环境,调整产业布局,重点扶持了空港物流园区、西站物流园区、太运物流中心、胡埭物流中心、林凯物流中心和下甸桥物流中心六个物流基地的改造,推动第三产业规模化、集约化发展;经功能整合和开发,传统运输条件下环节多、速度慢、费用高和过程可靠性差的问题很大程度上得到了解决或改善,较好地适应了当前经济和社会发展的需要。

(2) 生态环境效益评价

① 打造环境宜居城市

运河改造,充分挖掘运河周边历史文化,重点突出了无锡本地的文化元素,同时通过对沿岸现有绿地的扩建与完善,增加了城市绿量和景观层次,打造市民文化广场、市民休闲广场和生态湿地公园,优化了运河沿线和谐宜人的城市环境。苏南运河无锡段成为集"美化、绿化、亮化、文化"于一身的"黄金航道、景观航道、生态航道",实现了城市与运河、人与自然和谐共融。

② 绿色减排效益显著

绿色现代航运促进节能减排。水运作为环保、节约的绿色运输方式,单位货运量的二氧化碳、氮氧化合物排放量分别是公路的 1/3、1/2,是铁路单位货运量的污染物排放量的 1/3.3。随着苏南运河无锡段航道等级提升,船舶吨位、载重量利用率上升,同时吸引"公转水"运输方式改变,促使水路货物周转量在货物周转总量中的占比增大,船舶单位货物周转量平均油耗呈现逐步下降趋势,大气污染物排放量相应减少。航道整治后航行速度提升带来的船舶油耗节约及碳排放减少根据相关经验数据测算如下:航道整治前后对比每艘次船舶节约油耗约 0.27 t,根据 IPCC 推荐的碳排放系数 3.179 kg CO_2/1 kg 柴油计算,每艘次可减少 CO_2 排放量约 0.86 t。同时,通过落实各种生态环保措施,航道沿线临时占地已得到恢复,植被生长良好,施工弃土得到充分利用。航道沿线进行了全线护岸、护坡设置绿化带,水土流失防治效果较好。项目未穿越生态红线区,施工期和运营期未对生态红线区产生不利影响。沿线生态补偿、生态护岸等措施均已落实,生态恢复效果良好。

③ 水环境得到较好改善

苏南运河无锡段三级航道整治紧密结合水环境综合整治规划实施河道生态清淤,尽可能沟通水系,封堵城市排污口,并建设生态岸坡,努力使运河水环境逐步改善。航道整治积极配合环保部门加强对两岸排水口的核查,进行排污口规范化整治,按照城市雨污分流管道改造规划要求,对于雨水口进行保留,雨水无污染直接排入运河,污水进入污水处理厂进行处理后排放。以运河护岸新建、加固为契机封堵了一批城市生活排污口,对运河水环境整治起到了积极而长远的促进作用。水质监测断面显示,水质较项目实施前有明显改善。

④ 固体废弃物得到妥善处置

本项目在施工期和营运期采取了有效的固体废物污染防治措施,各类固体废物均得到了妥善处理。针对船舶垃圾,在服务区和港口均设置了船舶污染物接收装置,同时有油污水接收船日常巡航接收。

参考文献

[1] 周冠伦,等.航道工程手册[M].北京:人民交通出版社,2004.

[2] 黄永铭,洪伟.常州内河航道绿色建设途径与实践[J].珠江水运,2021(5):23-25.

[3] 江苏省交通运输厅.江苏省"十四五"水运发展规划[EB/OL].(2021-08-02)[2024-03-30].https://jtyst.jiangsu.gov.cn/art/2021-8-6/art_77131_9966053.html.

[4] 江苏省交通运输厅.江苏省干线航道网规划(2017-2035年)[EB/OL].(2018-10-01)[2024-03-30].https://jtyst.jiangsu.gov.cn/art/2018/10/1/art_48280_7848606.html.

[5] 陈珺.探秘航道建设的"绿"之路[J].中国水运,2021(5):20-21.

[6] 陈仲扬.交通运输领域如何实现绿色低碳转型[J].唯实,2022(3):25-27.

[7] 中华人民共和国交通运输部.内河航道绿色建设技术指南:JTS/T 225—2021[S].北京:人民交通出版社,2021.

[8] 中华人民共和国交通运输部.内河航道绿色养护技术指南:JTS/T 320—6—2021[S].北京:人民交通出版社,2021.

[9] 江苏省交通运输厅.绿色引领,江苏港航高质量发展蹄疾步稳[EB/OL].(2020-10-28)[2024-03-30].https://jtyst.jiangsu.gov.cn/art/2020/10/28/art_65478_9550245.html.

[10] 姚嘉林,简丽,厉明玉.新时期绿色公路的内涵特征与建设理念[J].交通世界,2018(17):3-6.

[11] 岳丹,李明君,李娜,等."双碳"背景下绿色公路建设理念与实现方式探讨[J].交通节能与环保,2022,18(4):40-44,65.

[12] 江苏省交通运输厅.省交通运输厅关于印发江苏省"十四五"绿色交通发展规划的通知[EB/OL].(2021-09-08)[2024-03-30].https://jtyst.jiangsu.gov.cn/art/2021/9/15/art_77131_10014617.html.

[13] 交通运输部.交通运输部办公厅 上海市人民政府办公厅 江苏省人民政府办公厅 浙江省人民政府办公厅 安徽人民政府办公厅关于印发《关于协同推进长三角港航一体化发展六大行动方案》的通知[EB/OL].(2018-12-17)[2024-03-30].https://xxgk.mot.gov.cn/2020/jigou/syj/202006/t20200623_3314684.html.

[14] 交通运输部.绿色交通设施评估技术要求 第3部分:绿色航道:JT/T 1199.3—2018[S].北京:人民交通出版社,2018.

[15] 江苏省市场监督管理局.江苏省绿色航道建设指南:DB 32/T 4191—2022[S].南京:中国质量标准出版传媒有限公司,2022.

[16] 刘保国.当代中国绿色发展道路初探[J].山西高等学校社会科学学报,2019,31(1):1-6,11.

[17] 吴武林,程俊恒,白华."十四五"时期中国绿色发展趋势分析与政策展望[J].经济研究参考,2020(12):44-54.

[18] 李雅兴,闵雪.中国绿色发展道路的生成逻辑:兼论"美丽中国"目标[J].井冈山大学学报(社会科学版),2020,41(1):20-26.

[19] 毕清华.交通强国下推进我国绿色交通发展研究[J].中国资源综合利用,2018,36(7):100-101,106.

[20] 李庆瑞,钱俊君,卢毅,等."十四五"绿色交通高质量发展十大趋势[J].交通运输部管理干部学院学报,2020,30(4):14-17.

[21] 蔡欧晨,彭传圣.我国水运业绿色发展和可持续发展的趋势及建议[J].水运管理,2018,40(7):5-9.

[22] 高嵩,焦芳芳,李坤.新时代内河航运高质量发展的若干思考与建议[J].中国水运,2022(9):8-11.

[23] 中国水运报.潮涌四十年|绿色发展入人心 美丽水运添活力[EB/OL].(2018-12-14)[2024-03-30].https://mp.weixin.qq.com/s/qDi5r_mwL8XZj1C4yFiX7Q.

[24] 江苏港航.【大运河文化带】江苏:打造一条绿色现代航运发展示范带[EB/OL].(2020-05-15)[2024-03-30].https://mp.weixin.qq.com/s/rK1w-eH3xVq2Tcmk4K-fUQ?search_click_id=17568456616328760726-1667146146912-4800882814.

[25] 长江航运.如何让黄金水道成为绿色大通道?[EB/OL].(2018-08-11)[2024-03-30].https://mp.weixin.qq.com/s/4tzAqPkdgxeL1G82l_4i1A.

[26] 长江航运.长江航运高质量发展大家谈②[EB/OL].(2022-01-28)[2024-03-30].https://mp.weixin.qq.com/s/CRo4dnZ_aVADMuVqPj4Uug.

[27] 中国青年报.我国生态文明建设 取得历史性成就[EB/OL].(2022-02-25)[2024-03-30].https://zqb.cyol.com/html/2022-02/25/nw.D110000zgqnb_20220225_2-03.htm.

[28] 河南省中国特色社会主义理论体系研究中心.新时代推动绿色发展的价值意蕴及实现路径[EB/OL].(2019-06-20)[2024-03-30].http://theory.people.com.cn/nl/2019/0620/c40531-31169679.html.

[29] 赢海航运通.航海日活动组委会办公室副主任 费维军:国内航运绿色低碳发展问题与建议[EB/OL].(2022-07-21)[2024-03-30].https://mp.weixin.qq.com/s/QVPC2_ebFindB2x9fnfcjQ.

[30] 华阴文旅.【文旅百家】张辉:交旅融合的中国智慧和中国案例[EB/OL].(2023-06-21)[2024-03-30].https://mp.weixin.qq.com/s/7gXokxBXzHi84w6WuIl89A.

[31] 世界新能源汽车大会.视角|中国工程院院士严新平:水运交通与新能源融合的路径与前景[EB/OL].(2022-12-01)[2024-03-30].https://mp.weixin.qq.com/s/d3Eke5A84vggUb3p3fG57g.

[32] 中华人民共和国交通运输部.航道工程设计规范:JTS 181—2016[S].北京:人民交通出版社,2017.

[33] 宋澜涛,段建廷,徐燕燕. 水运量预测方法及其应用研究[J]. 科教导刊—电子版(下旬),2015(3):148.

[34] 李立伟,林桦,王雅. 我国内河航道发展规划技术等级评定方法[J]. 水运管理,2020,42(7):43-46.

[35] 殷兆进,袁洪春. 水网地区航道OD调查方法研究[C]// 自动化集装箱码头应用技术交流会论文集. 厦门,2015:404-410.

[36] 江苏省交通规划设计院有限公司. 苏南运河三级航道整治工程工程可行性总报告[R]. 2008.

[37] 江苏省交通规划设计院有限公司. 丹金溧漕河航道整治工程工程可行性研究报告[R]. 2009.

[38] 张秀侠,孙亭亭,凌中水. 四阶段法在水运交通量预测中的应用[J]. 交通科技,2016(2):200-202.

[39] 周泓伶. 长江桥区航道船舶交通统计与仿真方法研究[D]. 武汉:武汉理工大学,2014.

[40] 刘敬贤,刘振东,周锋. 基于广义回归神经网络的船舶交通量预测模型[J]. 中国航海,2011,34(2):74-77,85.

[41] 王硕. BP神经网络在高速公路交通量预测中的应用[J]. 中国科技信息,2010(8):248-251.

[42] 中华人民共和国交通运输部. 内河数字航道工程建设技术规范:JTS/T 185—2021[S]. 北京:人民交通出版社,2022.

[43] 王凯. 船舶实时交通流信息采集与统计研究[D]. 武汉:武汉理工大学,2011.

[44] 李振福. 水运系统工程[M]. 大连:大连海事大学出版社,2007.

[45] 殷兆进,袁洪春. 水网地区航道货运量的预测方法[J]. 水运工程,2011(7):147-152.

[46] 华设设计集团. 京杭运河施桥船闸至长江口门段整治工程工程可行性研究报告[R]. 2019.

[47] 陈冬,陈奕超,刘秀彩. 基于多源水运大数据的货运OD特征挖掘算法研究[J]. 中国水运,2021(9):94-96.

[48] 中华人民共和国住房和城乡建设部. 内河通航标准:GB 50139—2014[S]. 北京:中国计划出版社,2015.

[49] 中华人民共和国交通运输部. 运河通航标准:JTS 180—2—2011[S]. 北京:人民交通出版社,2012.

[50] 江苏省市场监督管理局. 平原水网地区闸控航道通航标准:DB32/T 3946—2020[S]. 北京:中国标准出版社,2021.

[51] 董敏,查雅平,姚海元,等. 单孔跨越多线通航航道桥梁通航净空宽度探讨[J]. 公路,2020,65(9):170-172.

[52] 中华人民共和国交通运输部. 疏浚与吹填工程设计规范:JTS 181—5—2012[S]. 北京:人民交通出版社,2013.

[53] 左甲鹏,陈一梅,周剑雄. 基于生态保护的内河航道生态疏浚探讨[J]. 中国水运(下半月),2014,14(3):176-178.

[54] 金相灿,李进军,张晴波. 湖泊河流环保疏浚工程技术指南[M]. 北京:科学出版社,2016.

[55] 杨涛,周志辉. 疏浚与吹填工程施工技术[M]. 北京:中国水利水电出版社,2019.

[56] 中交武汉港湾工程设计研究院有限公司,长江航道规划设计研究院. 灌河口5万吨级航道整治工程可行性研究报告[R]. 2015.

[57] 杨翼远,陈宇,邵荔佳. 生态航道的"蝶变"[N]. 中国水运报,2022-05-30(1).

[58] 中华人民共和国环境保护部. 湖泊河流环保疏浚工程技术指南(征求意见稿)[EB/OL]. (2014-05-29)[2024-03-30]. https://mee.gov.cn/gkml/hbb/bgth/201406/w020140612431125211013.pdf.

[59] 罗志强,王德咏. 瓦埠湖航道环保疏浚及疏浚土资源化处理技术[J]. 中国水运,2022(1):124-126.

[60] 中交第二航务工程勘察设计院有限公司,华设设计集团股份有限公司,南京市园林规划设计院有限责任公司,等. 京杭运河江苏段绿色现代航运综合整治工程(江北段)初步设计设计说明书[R]. 2021.

[61] 熊庭,郭昊,范世东,等. 生态疏浚技术的应用现状及发展趋势[C]// 2022世界交通运输大会(WTC2022)论文集:轨道交通与水上运输篇. 北京:人民交通出版社,2022:352-365.

[62] 任加锐. 基于生态理念的京杭运河苏北段航道疏浚工程建设:京杭运河徐扬段大王庙—蔺家坝船闸段航道疏浚工程[J]. 中国水运(下半月),2015,15(3):274-275.

[63] 胡志超. 航道建设与生态保护:京杭运河徐扬段大王庙至蔺家坝船闸段疏浚工程[J]. 中国水运(下半月刊),2011(2):159-160.

[64] 高扬,罗荣彪,刘成. 疏浚及生态修复技术在玄武湖的工程应用[J]. 江苏水利,2020(11):48-51.

[65] 徐海潮,程飞,曹晓建,等. 南通至太仓长江河段航道维护生态环保疏浚探讨[J]. 港工技术,2017,54(1):83-88.

[66] 中设设计集团股份有限公司. 通海港区—通州湾港区疏港航道整治工程环境影响报告书(报批稿)[R]. 2020.

[67] 江苏省交通运输厅航道局,淮安市航道管理处,东南大学交通学院. 绿色低碳航道评价手册[R]. 2015.

[68] 东南大学交通学院. 通扬线高邮段绿色航道评价报告[R]. 2021.

[69] 朱梦姝. 内河航道疏浚工程"绿色度"与风险评价研究[D]. 成都:西南石油大学,2018.

[70] 江苏省交通规划设计院股份有限公司. 通扬线(运东船闸—海安船闸段)航道整治工程可行性研究(报批稿)[R]. 2011.

[71] 王小峰,苏磊,陈聪亮,等. 基于层次分析法航道疏浚工程绿色评价体系初探[J]. 中

国水运(下半月),2018,18(12):125-127.

[72] 江苏省人民政府. 省政府关于印发江苏省国民经济和社会发展第十四个五年规划和二〇三五年远景目标纲要的通知[EB/OL]. (2021-02-19)[2024-03-30]. https://www.jiangsu.gov.cn/art/2021/3/2/art_46143_9684719.html.

[73] 陈征,王妮妮,侯珏,等. 浅析内河航道节能现状及技术应用[J]. 交通节能与环保,2015,11(1):43-46.

[74] 交通运输部. 交通运输部关于印发《内河航运发展纲要》的通知[EB/OL]. (2020-05-29)[2024-03-30]. https://www.gov.cn/zhengce/zhengceku/2020-06/04/content_5517185.htm.

[75] 陈慧军. 关于内河生态航道建设发展研究[J]. 科学家,2017,5(3):20,32.

[76] 徐星璐,陈一梅,夏舒豪,等. 内河限制性航道护岸全生命周期能耗计算方法[J]. 水科学与工程技术,2014(2):37-39,40.

[77] 张婧媛. 内河航道整治工程能耗及节能减排影响研究:以京杭运河常州市区改线段为例[D]. 南京:东南大学,2012.

[78] 国家市场监督管理总局,国家标准化管理委员会. 综合能耗计算通则:GB/T 2589—2020[S]. 北京:中国标准出版社,2020.

[79] 江苏省发展和改革委员会. 省发展改革委关于明确能源消耗折标系数参照标准的通知[EB/OL]. (2008-04-25)[2024-03-30]. https://fzggw.jiangsu.gov.cn/art/2008/4/30/art_284_6648297.html.

[80] 中设设计集团股份有限公司. 宿连航道(京杭运河至盐河段)整治工程一期工程军屯河枢纽和沭新河南船闸初步设计[R]. 2020.

[81] 交通运输部. 关于交通运输行业节能低碳技术推广目录(2021年度)的公示[EB/OL]. (2021-11-22)[2024-03-30]. https://xxgk.mot.gov.cn/2020/jigou/zhghs/202111/t20211122_3627365.html.

[82] 中设设计集团. 通海港区—通州湾港区疏港航道整治工程工程可行性研究报告[R]. 2019.

[83] 中华人民共和国交通运输部. 水运工程节能设计规范:JTS/T 150—2022[S]. 北京:人民交通出版社,2023.

[84] 中华人民共和国住房和城乡建设部. 建筑工程绿色施工评价标准:GB/T 50640—2010[S]. 北京:中国计划出版社,2011.

[85] 谢丽娟. 浅谈建筑设计中节能建筑设计[J]. 砖瓦,2020(8):69-70.

[86] 孙国亭. 建筑施工中绿色节能施工技术的应用[J]. 陶瓷,2022(3):130-132.

[87] 朱红亮,张明. 丹金溧漕河(常州段)打造"绿色、循环、低碳"航道的探索[J]. 城市建筑,2016(11):358,361.

[88] 国家质量监督检验检疫总局,中国国家标准化管理委员会. 用能单位能源计量器具配备和管理通则:GB 17167—2006[S]. 北京:中国标准出版社,2007.

[89] 国家技术监督局. 评价企业合理用电技术导则:GB/T 3485—1998[S]. 北京:中国标

准出版社,2004.

[90] 国家质量监督检验检疫总局,中国国家标准化管理委员会. 船用燃料油:GB 17411—2015[S]. 北京:中国标准出版社,2016.

[91] 中华人民共和国交通运输部. 港口和船舶岸电管理办法[EB/OL]. (2019-12-09)[2024-03-30]. https://www.gov.cn/zhengce/zhengceku/2019-12/26/content_5464208.htm.

[92] 中华人民共和国交通运输部. 交通运输部关于印发《绿色交通"十四五"发展规划》的通知[EB/OL]. (2021-10-29)[2024-03-30]. https://www.gov.cn/zhengce/zhengceku/2022-01/21/content_5669662.htm.

[93] 南通市交通运输局. 连申线如皋水上服务区实现分布式光伏发电[EB/OL]. (2023-02-28)[2024-03-30]. https://jtysj.nantong.gov.cn/ntjy/bmdt/content/b9b7d41f-9698-4471-bc83-cae2589516a3.html.